1938,
L'ŒIL DU CYCLONE

Frédéric Mitterrand
De l'Institut

1938,
l'œil du cyclone

Récit

XO
EDITIONS

ISBN : 978-2-37448-239-2

1938, l'œil du cyclone est un récit qui évoque une période historique précise. Une certaine dose de mentir-vrai instillée par l'auteur pour rendre compte de l'atmosphère générale ne contredit pas la réalité des événements et des caractères. Ainsi, les dialogues entre les principaux personnages reprennent pour l'essentiel des propos qui ont été effectivement prononcés durant leurs échanges ou qui ont été racontés à partir d'autres conversations similaires.

Pour Mathieu

J'ai planté un olivier que l'on regarde avec complaisance, mais dont on ne peut attendre beaucoup d'ombrage. Ce n'est même pas cela. C'est moins qu'un olivier, c'est seulement un germe d'olivier qui a été planté. Et il commence à soulever, à la surface du sol, de petites mottes de terre. Il cherche le soleil, il voudrait le trouver. Il croîtra si personne ne l'écrase d'un pas brutal. Et si, par malheur, il devait être écrasé, je souhaite que ce ne soit pas un pied français qui commette un pareil crime.

Aristide BRIAND

Il reste le cauchemar, l'horreur non résolue de nos existences. Tout ce qui s'écrit sur lui sera lu. Mais l'idée qu'il devrait lui-même nous adresser la parole, en se servant de notre langage commun, en dévidant des événements ordinaires, demeure inacceptable.

Gitta SERENY

Nous méritons toutes nos rencontres. Elles sont accordées à notre destinée.

François MAURIAC

Prologue
(un petit rappel historique)

En décembre 1938, deux mois après la conférence de Munich, où le Premier ministre britannique Chamberlain et le président du Conseil français Daladier ont cédé à Hitler le pouvoir de dépecer la Tchécoslovaquie pour annexer les territoires des Sudètes, le ministre des Affaires étrangères du Führer, Joachim von Ribbentrop, vient à Paris pour signer une déclaration de « relations pacifiques » et de bon voisinage entre l'Allemagne et la France. S'agit-il d'une confirmation solennelle de la volonté de paix affichée par Hitler, qui a assuré ne plus avoir de revendications en Europe, après Munich, ou d'une nouvelle manœuvre destinée à endormir la vigilance des démocraties qui l'ont déjà laissé occuper la Rhénanie, annexer l'Autriche, réarmer et militariser l'Allemagne à marches forcées ?

Quatre semaines plus tôt, l'Allemagne hitlérienne a d'ailleurs montré son visage le plus hideux en déclenchant un gigantesque pogrom, la « Nuit de Cristal[1] ». Cette

1. La Nuit de Cristal, ainsi nommée cyniquement en raison du nombre de magasins appartenant à des Juifs dont les vitrines ont été brisées, désigne le pogrom déclenché à travers toute l'Allemagne durant la nuit du 9 au 10 novembre 1938, à la suite de l'assassinat à Paris du conseiller d'ambassade Ernst vom Rath par le jeune Juif polonais Herschel Grynszpan. Orchestrée par Goebbels et Heydrich, avec l'accord d'Hitler, elle cause la mort d'au moins 3 000 Juifs et l'enfermement dans les camps de concentration de 20 000 de leurs coreligionnaires. Elle donne le signal d'un nouveau cycle de persécutions qui annoncent la Shoah.

aggravation brutale des persécutions contre les Juifs n'a suscité que peu de réactions en France, où l'antisémitisme exerce des ravages dans l'opinion sous une forme plus ou moins larvée.

En Angleterre, le cabinet de Sa Majesté, toujours dirigé par Chamberlain, prône l'apaisement à l'égard d'Hitler et voudrait donc croire à ses promesses, malgré les mises en garde de l'ancien ministre Churchill, déconsidéré et écarté du pouvoir. En France, où l'instabilité ministérielle et la crise économique et sociale ont affaibli la République, le président du Conseil, encore Daladier, qui jouit d'une grande popularité pour avoir évité la guerre à Munich, n'accorde aucune confiance à Hitler. Il pense que le conflit armé est inévitable et veut gagner du temps pour renforcer la défense du pays, aux mains d'une caste militaire pourtant vieillissante et épuisée. Les deux démocraties sont travaillées de surcroît par divers mouvements favorables au régime nazi qui exercent une forte influence. Le souvenir apocalyptique de la guerre de 14-18 hante toutes les consciences, incitant les vainqueurs au renoncement et les vaincus à la vengeance.

Il ne reste pratiquement plus rien du traité de Versailles, et la Société des Nations qui devait régler pacifiquement les conflits, désertée par le Japon, l'Italie et l'Allemagne, est complètement inopérante.

Autre facteur d'incertitude, Mussolini le Duce de l'Italie fasciste, modèle d'Hitler à ses débuts, devenu son disciple, guette le moment favorable pour assurer sa maîtrise sur la Méditerranée au détriment de la France et de la puissance navale britannique. En Espagne, les troupes nationalistes de Franco, soutenues par l'Axe des dictatures, sont sur le point de l'emporter sur les forces républicaines. Faibles et apeurées, les petites nations européennes longtemps protégées par la France glissent peu à peu dans l'orbite allemande. Le mastodonte de la Russie soviétique, isolé par la terreur universelle qu'inspire son régime et par le relais qu'il active à travers les partis communistes, se tient apparemment à l'écart, mais pour combien de temps encore ? Quant à l'Amérique du président Roosevelt, en plein redressement, elle est bien loin, réticente à sortir de son isolement pour prêter main-forte aux démocraties.

À Paris, si l'inquiétude est perceptible, on continue de vivre au rythme des grèves et des congés payés, des intrigues politiques et de Tino Rossi. La vie mondaine, les spectacles, la littérature et les arts brillent d'un éclat incomparable. Tout est en place pour que la visite de Joachim von Ribbentrop soit un succès auprès de ceux qui croient en la paix et de ceux qui n'y croient plus mais espèrent encore.

N'ayez pas peur. Il est végétarien.
(Photomontage, John Heartfield.)

Chapitre I
Le Lambeth Walk

Nous sommes libres et joyeux
Et chacun fait ce qu'il veut
Pourquoi pas venir là-bas
Tous les garçons, toutes les filles
Vous les trouverez dansant
Le Lambeth Walk !

Lupino LANE

Vous souvenez-vous de Lupino Lane ? Si vous l'avez oublié, ce serait bien naturel. Il a été effacé par la guerre avec toute sa joie de vivre. C'était pourtant un bienfaiteur de l'humanité à sa manière, il rendait tout le monde heureux autour de lui. Lupino Lane appartenait à l'univers délicieux des grands amuseurs britanniques, des chansonniers blagueurs et des meneurs de revue en smoking des théâtres de variétés londoniens. Dans la tradition d'Ivor Novello si on veut, mais on ne se souvient pas d'Ivor Novello non plus.

Lupino Lane a inventé une danse, le Lambeth Walk, que l'on pratiquait à peu près partout en 1938. Pas à

Berlin ni à Rome, évidemment, les dictateurs détestaient le Lambeth Walk, mais à Londres, *of course*, et aussi à Paris, à New York et à Rio de Janeiro. Dans les surprises-parties, les boîtes de nuit, les soirées élégantes. On ne dansait plus la java rue de Lappe, ni le cotillon aux bals du comte de Beaumont, on dansait le Lambeth Walk. Ce n'était pas compliqué. Il suffisait d'adopter, sur un air entraînant, la démarche des loubards du quartier populaire londonien de Lambeth, une manière bien à eux d'avancer droit, chaloupée, en se déhanchant, la tête haute, avec si possible une belle fille à son bras. À la Bastille, à Broadway et au pied du Pain de Sucre, les jeunes qui n'avaient pas froid aux yeux marchaient pareil. Des rues comme à Lambeth, on en trouvait dans toutes les grandes villes. Ça se dansait en cortège, on allait loin, on revenait et on recommençait jusqu'à ce que la musique s'arrête.

Lupino Lane avait imaginé quelques mouvements supplémentaires : tous les quatre pas en cadence, le cortège stoppait net, on se tapait sur les cuisses en saluant sa partenaire, on poussait un long cri joyeux et puis ça repartait. Ce fut le trait de génie de Lupino Lane, le côté syncopé de la démarche en musique, ces pauses comme des invites à se réjouir et à recommencer quatre pas plus tard.

Il y avait des danseurs qui n'arrivaient pas à suivre, d'autres qui s'en sortaient très bien ; il ne fallait pas rater la reprise du cortège, ça créait un chahut monstre et finalement, toute la file prenait le rythme. À Nogent, l'eldorado du dimanche des classes populaires, pour les gars en casquette et leurs copines, c'était impeccable pour draguer ; chez Maxim's ou dans les réceptions mondaines, c'était une astuce inespérée pour s'encanailler. On assistait aussi à des démonstrations dans les magazines illustrés et au cours des actualités au cinéma – Lupino Lane, d'ailleurs, en avait tiré un film désopilant, où l'on voyait des rombières endiamantées au bras de beaux gosses effrontés succombant aux appels du cortège. Ce fut un tel succès qu'il valut même au célèbre fantaisiste d'être invité à Buckingham.

Des petits malins agrémentaient les arrêts répétés du cortège pour pousser un cri à leur façon. Le magnifique Roland Toutain, le roi des cascadeurs, celui qui faisait des acrobaties sur les ailes d'un avion en plein vol, y allait d'un «*Heil Hitler!*» tonitruant à chaque pause. Fou rire général garanti, sauf lors d'un bal de charité tout ce qu'il y a de chic au Pré Catelan, où l'ambassadeur d'Allemagne était parti apparemment furieux. Une caricature de Jean Effel tirait ironiquement les leçons du triomphe universel de Lupino Lane: Hitler, Mussolini, Chamberlain et Daladier y dansaient le Lambeth Walk à Munich avec des mines réjouies.

Paris est toujours une fête en 1938, encore et plus que jamais, tous les milieux y sont pris d'une frénésie de plaisirs. Maurice Chevalier le racontera dans ses souvenirs: «Une gaieté folle dans la grande ville. Oui, folle. C'est bien ça. Anormale, on s'amuse trop! On rit trop fort! Il y a de l'hystérie dans tout ça. Et on danse! Et on s'envoie en l'air! Et allez donc! Toute cette période fait penser à la mer quand le temps s'obscurcit et que de grosses vagues de fond brutalisent le navire. Le temps tourne au cyclone...» Oui, le cyclone bat aux frontières, et si tous les cortèges enchantés mènent forcément quelque part, le Lambeth Walk entraîne sa joyeuse bande tout droit à la catastrophe. Ailleurs, c'est déjà l'enfer, et le 6 décembre 1938, un envoyé du démon arrive à Paris, Joachim von Ribbentrop, le ministre des Affaires étrangères du Reich allemand.

Chamberlain, Hitler, Mussolini, Daladier dansent le Lambeth Walk.

Chapitre 2
Le sous-préfet de Compiègne

Nous autres, Allemands, nous attendons du traité franco-allemand, nous lui demandons même de devenir plus efficace, de mois en mois et d'année en année; nous le demandons en nous souvenant des souffrances indicibles et des millions d'hommes qui ont versé leur sang à la frontière du Rhin. Et nous croyons savoir que les Français ne pensent pas autrement que nous.

Éditorial du *Frankfurter Zeitung*

Le sous-préfet de Compiègne vient de se couper en se rasant. Le genre de petit accident stupide qui se produit lorsqu'on est pressé et que l'on pense anxieusement au lourd programme de la journée qui s'annonce. Il fait encore nuit, le 6 décembre 1938, et l'arrivée de Ribbentrop est prévue à 8 h 54 exactement. Le sous-préfet se demande s'il aura le temps de dissimuler son écorchure avant de se retrouver face au ministre des Affaires étrangères du Reich allemand. Un sparadrap sur le visage au-dessus de l'uniforme à galons dorés ferait forcément mauvaise impression. Ces nazis arborent toujours un maintien et des tenues impeccables dans les cérémonies officielles, et au moindre manquement, ils ne ratent pas l'occasion de mépriser un peu plus les Français, désordonnés et débraillés, comme tout le monde le sait en Allemagne. Et puis, il faut compter avec la présence des nombreux pseudo-journalistes d'outre-Rhin dans la délégation du ministre, à l'affût du moindre détail désagréable.

Ribbentrop, donc, est envoyé en visite officielle en France par Hitler pour manifester de manière éclatante la volonté de paix du Führer, deux mois après la conférence de Munich qui lui a permis d'annexer les Sudètes, trois millions et demi d'Allemands en plus sur la bordure de la Bohême et plus profond encore, après les huit millions d'Autrichiens qui se sont laissé engloutir par l'Anschluss au printemps de la même année, avec enthousiasme pour la plupart d'entre eux et dans le silence pétrifié des démocraties sidérées par la rapidité d'un tel coup de force. Munich et le lâche soulagement d'avoir vu s'éloigner la menace de la guerre au prix de l'abandon de l'armée tchécoslovaque, comme l'a écrit judicieusement Léon Blum.

Illusion et déshonneur ou trêve dans la course d'un conflit inévitable pour se réarmer : le sous-préfet est comme à peu près tout le monde en France, il hésite entre les options possibles. Il n'a pas besoin qu'on lui rafraîchisse la mémoire, l'histoire marche à pas de géant depuis le début de l'année. Cependant, il n'est pas là pour évoquer l'incertitude de ses sentiments, mais pour faire son devoir qui est d'accueillir convenablement l'émissaire d'Hitler ; il pourrait tout aussi bien se passer des instructions angoissées dont le bombarde le ministre de l'Intérieur Albert Sarraut, dont les déclarations de matamore lors de l'occupation de la Rhénanie se sont dégonflées en le couvrant de ridicule.

Depuis l'assassinat du roi Alexandre Ier de Yougoslavie et celui de Louis Barthou, à Marseille sur la Canebière, quatre ans plus tôt, les gouvernements successifs de la République vivent dans la hantise d'un autre attentat. Le sous-préfet a donc tout préparé minutieusement : escadron de gardes mobiles aux abords de la gare et sur le quai, tri sévère des reporters accrédités, sélection des cheminots et du personnel de la SNCF. De toute façon, cela ne devrait pas durer longtemps, il s'agit seulement de décrocher les voitures-salons du ministre et de la délégation, et de les raccrocher à un train spécial qui filera directement vers Paris. *A priori*, il n'y a que ce problème de sparadrap qui reste à résoudre, tandis que l'heure tourne et que le jour se lève sur un pâle soleil de décembre.

Albert Guérineau a fait ce qu'on appelle une belle guerre dans l'infanterie, avec blessures et citations. Ensuite, sa carrière s'est déroulée lentement en Alsace-Lorraine libérée où personne n'avait eu envie de le remplacer, tant il fut difficile d'implanter l'administration de la République après un demi-siècle d'occupation germanique, entre l'hystérie des patriotes revanchards et les regrets plus ou moins avoués des nostalgiques de l'Allemagne. Par expérience et par tempérament, Albert Guérineau ne déteste pas les Allemands. Il a traversé trop d'épreuves pour s'abandonner à ce genre de travers, même si Joachim von Ribbentrop – il se répète le nom exact du ministre avec une sorte de délectation funèbre – et sa réputation de nazi aux prétentions de grandes manières ne lui inspirent rien qui vaille.

Albert Guérineau est un républicain tranquille qui n'abuse pas de son pouvoir et exerce ses fonctions avec bienveillance. Il est très apprécié à Compiègne, quand l'Oise est un département compliqué, un véritable feuilleté de la société française : des aristocrates qui détestent « la gueuse » et que leurs métayers saluent humblement comme sous l'Ancien Régime, des paysans prospères qui votent radical-socialiste, des anciens combattants qui n'arrêtent pas de lever le drapeau dans la clairière de Rethondes, des cheminots communistes qui renâclent devant l'agonie du Front populaire et menacent de s'insurger depuis l'écrasement tout récent de la grève générale par le président du Conseil Édouard Daladier.

Il faut beaucoup de doigté pour maintenir l'ordre et apaiser les esprits. Et pour accueillir Ribbentrop, Albert Guérineau ne s'étonne plus d'avoir été préféré à son supérieur hiérarchique, le préfet de l'Oise, un affidé d'Albert Sarraut, qui pratique les déclarations sonores et l'art de se défausser sur d'autres des responsabilités qui pourraient lui attirer des ennuis. Tel valet, tel maître. Lorsqu'il lui a demandé ses instructions, par correction, il n'a obtenu qu'une réponse expéditive : « Débrouillez-vous ! » Il va donc falloir qu'il se débrouille avec Ribbentrop et la bande des gens peu recommandables qu'il traîne à sa suite. Il en a pris son parti ; au fond, il a l'habitude des situations délicates et des obligations pénibles. C'est sans doute pour cela que Daladier le protège de loin. Il y pense parfois.

Albert Guérineau est un homme seul, empâté par les banquets républicains, digne et silencieux, avec ses yeux tristes dont on a du mal à soutenir le regard. Son unique amie est sa chienne Mitsou, qui le contemple constamment avec toute la tendresse et la confiance des bêtes heureuses, qui dort sur son lit la nuit, qui le suit partout où il peut l'emmener avec lui. Elle se fiche bien qu'il ait encore son sparadrap sur la joue quand il sort précipitamment de leur chambre et referme la porte sur elle.

8 h 54, le *Nord-Express* entre en gare de Compiègne et s'arrête dans un crissement de freins. Beau temps froid et sec. Tout est en ordre. Les reporters ajustent leurs flashs et leurs caméras, les gendarmes se mettent au garde-à-vous, la cape réglementaire du sous-préfet ondule doucement au vent d'hiver. Mlle Leribaud, sa secrétaire depuis vingt ans, constate qu'il y a quand même quelque chose qui cloche. Elle a l'œil, Mlle Leribaud, et depuis tout ce temps, elle a décidé qu'elle a des droits sur Albert. Elle s'approche à pas de loup et arrache le sparadrap d'un coup sec. Ni vu, ni connu. Ça passe ou ça casse... ouf, la petite écorchure est invisible. Le sous-préfet est soulagé, fait un signe de gratitude à sa secrétaire. Mais il n'a pas bon moral, il repense à toutes les fois où il aurait dû virer la Leribaud et où il n'a pas osé le faire.

Il monte dans le wagon-salon du ministre avec deux reporters à sa suite. Ce n'était pas prévu, mais il est trop tard pour réagir. Cafouillage. Le pire, c'est que les Allemands qui se tiennent dans le couloir n'ont pas l'air surpris, ils sourient avec indulgence. Un géant en uniforme SS, l'*Oberführer* Alexandre Freiter von Dörnberg, chef du protocole du ministère des Affaires étrangères, claque des talons devant le sous-préfet. Décidément, ils ne peuvent pas s'en empêcher, se dit Albert Guérineau. Dörnberg est un ancien des corps francs dans les pays Baltes, que Ribbentrop a enrôlé durant son ambassade à Londres en 1936, un épisode lamentable où il s'est couvert de ridicule par son snobisme et ses gaffes à répétition, et dont il a gardé une haine irrépressible à l'égard des Anglais.

L'*Oberführer* conduit le sous-préfet vers la salle à manger comme s'il était en état d'arrestation. Ça ne devait pas rigoler du côté de Tallinn en 24, lorsqu'on se retrouvait en face d'un géant pareil, pense Albert Guérineau. Voilà, nous y sommes, Ribbentrop est en train de prendre son petit déjeuner avec le docteur Schmidt, l'interprète officiel d'Hitler. Le ministre parle bien français, mais enfin, on ne sait jamais avec ces Français qui jouent toujours sur les mots. Il est en civil, bel homme, l'air aimable. Schmidt arbore un sourire de concierge à la réception d'un grand hôtel. Ces deux messieurs restent assis tandis que le sous-préfet débite son petit discours de bienvenue au nom de la République française. Ribbentrop le remercie avec la politesse automatique que l'on réserve à un chef de rang quand on passe la commande. Mais il a remarqué la présence des deux reporters qui ont réussi à se faufiler, et il se fend de quelques commentaires supplémentaires : « Entre la France et l'Allemagne, il n'existe pas de problème vital qui ne puisse être réglé amicalement. La France a de fidèles amis, l'Allemagne aussi. Ne pourrions-nous jeter un pont entre ces amis ? Voilà ce que je suis venu dire à Paris. Et quel plaisir pour moi de traverser cette campagne adorable sous ce beau soleil. »

Les reporters en ont eu pour leur argent : des mots de paix, l'allusion à peine voilée aux tensions franco-italiennes, le compliment adressé au paysage. Ils griffonnent fébrilement. Les rideaux du compartiment sont tirés, Albert Guérineau se demande ce qu'il a bien pu voir de la « campagne adorable » – les péniches sur les canaux, les champs de houblon, plutôt rien du tout. Photos souvenirs. Un choc, on vient de raccrocher le wagon-salon à la nouvelle locomotive. Le sous-préfet se hasarde à préciser que c'est une Pacific Chapelon, le dernier cri de la mécanique française, qui emmènera le ministre à Paris sans heurt et rapidement. Mais Ribbentrop n'est pas intéressé, il se referme comme une huître. De toute façon, le train va repartir, les quatre minutes prévues se sont écoulées, il est temps de prendre congé.

Le sous-préfet salue, il se retrouve sur le quai, le train s'éloigne. Ribbentrop et son interprète, le géant nazi, Mlle Leribaud, les gendarmes, les couloirs de la sous-préfecture où la peinture s'écaille, allez, que le monde aille à sa perte, rien n'a vraiment d'importance, seulement Mitsou qui m'attend et qui va me faire fête.

Albert Guérineau. Mélancolie du devoir accompli.

Chapitre 3
Un rapport sur Joachim

> *Le régime d'Hitler est incompris. Ce qui extérieurement apparaît comme militaire est en fait un simple moyen de concentrer toute l'énergie du peuple allemand sur la reconstruction interne du pays et la suppression du marxisme.*
>
> Joachim von Ribbentrop

Note interne des services du deuxième bureau
concernant le ministre Joachim von Ribbentrop, rédigée
par un agent anonyme, transmise pour information
à M. le Président du Conseil, Édouard Daladier.
6 décembre 1938. Confidentiel.

Une belle gueule de voyou chic, pourri de l'intérieur par le cynisme, l'arrogance, l'absence de tout sens moral. L'abord peut sembler séduisant, car il sait user de sa prestance et parle un français mélodieux ; mais cette apparence d'homme du monde assuré de son charme, et de responsable politique pratiquant les usages diplomatiques, ne résiste pas à un examen attentif et à des contacts approfondis. Il est difficile de déterminer par quel processus de telles tares ont pu s'emparer de sa personnalité malgré l'éducation stricte et les principes rigoureux inculqués par sa famille et son milieu.

Ancêtres militaires sur plusieurs générations ayant servi la dynastie de Hanovre, ralliés ensuite à la Prusse de Bismarck et des Hohenzollern. Élevé à la schlague par son père exerçant un commandement militaire à Metz, annexé à l'Empire allemand. Orphelin de sa mère, à laquelle il était très attaché, à neuf ans, études médiocres mais bon cavalier et excellent joueur de violon. Jeunesse errante en Suisse, en Angleterre, et début de carrière professionnelle prometteur au Canada. Une petite fortune héritée de sa mère lui ouvre les portes de la société internationale élégante. Il est marqué par la mort de son frère atteint par la tuberculose ; on lui retire un rein pour la même raison. Crises d'abattement et de dépression, conséquences de son état de santé fragile.

Croix de fer durant la guerre, sans faits d'armes remarquables, et stage à l'ambassade d'Allemagne en Turquie à la fin du conflit. Il épouse après la guerre une des filles de la riche famille du brasseur Henkell, devient négociant en spiritueux, et son succès dans cette activité lui permet de mener une vie mondaine très active dans les milieux de la haute bourgeoisie et de l'aristocratie, et d'entretenir des relations suivies avec de grandes familles juives. Mari fidèle et père attentionné pour ses enfants. Sa femme Annelies exerce une forte influence dans le couple. Elle passe pour être très intelligente, ambitieuse et impliquée dans les progrès de la carrière de son époux.

Adopté par une parente éloignée, Joachim peut ajouter la particule « von » à son patronyme, ce qui conforte encore la réussite de son ascension sociale, en lui permettant d'être inscrit dans les registres de la noblesse allemande. Cette procédure légale assez courante en Allemagne se traduit cependant par une transaction financière au profit de la parente en question, ce qui lui vaudra plus tard les sarcasmes de Goering et de Goebbels. Il se situe alors encore politiquement à droite dans la mouvance des nationalistes monarchistes très anticommunistes, humiliés comme la plupart des Allemands par les clauses jugées insultantes et injustes du traité de Versailles, mais soutenant la politique pragmatique et prudente du chancelier Stresemann qui a joué la carte du rapprochement avec Aristide Briand, et résignés au maintien du régime de la république de Weimar présidée par le vieux maréchal von Hindenburg, perçu par l'opinion comme le régent provisoire d'une restauration prochaine.

À partir de la grande crise économique et sociale, qui plonge l'Allemagne dans une vague de démoralisation générale mais qui n'affecte pas sa fortune – on continue à consommer de l'alcool en plein désastre –, et face à la montée en puissance du nazisme, pour lequel il n'avait pas d'affinités *a priori*, tout se détraque. Le parcours régulier d'une ascension sans accroc jusqu'aux sommets de la hiérarchie des castes allemandes se dévoie. Il lie désormais son destin à l'esprit et à la violence des bas-fonds qui se lancent à la conquête du pouvoir, à l'appel d'un agitateur longtemps ignoré ou méprisé. Le fait est que l'alliance entre Papen, le renégat de la droite qui croyait pouvoir manipuler Hitler, et le Führer lui-même s'est nouée lors de plusieurs rencontres successives dans sa confortable villa de Dahlem, un quartier huppé de Berlin. On connaît le résultat décisif de ces conciliabules secrets : ils ont arraché à Hindenburg les clés de la chancellerie au profit d'Hitler, qui saura récompenser le zèle d'un intermédiaire si efficace.

A-t-il été faisandé par son opportunisme, un pacte faustien avec le nazisme, une subordination fanatique à Hitler ? S'agit-il d'un dédoublement de sa personnalité sous le feu des circonstances ou de la révélation longuement différée d'une bassesse de caractère intrinsèque, qui n'avait pas été décelée et dont il n'avait peut-être même pas conscience ? Faut-il poser un diagnostic médical de schizophrénie sous l'emprise subite et persistante d'un esprit démoniaque ? Le professeur Freud, qui vient de quitter Vienne pour échapper aux nazis, pourrait peut-être éclairer ce comportement : il recrée une enfance traumatique, où son épouse apporte la protection de sa mère disparue, tandis qu'Hitler lui impose la domination étouffante de son père, à qui il cherchait vainement à plaire. On n'écartera pas non plus l'hypothèse d'une pédérastie latente : obsession narcissique pour des uniformes et tout l'attirail viril du nazisme, préservation maniaque de son physique avantageux et faussement juvénile, désintérêt pour les femmes et absence de relations adultères en dehors de son mariage, indulgence inattendue et protection apportée à un conseiller convaincu d'attentats sexuels sur des « Hitler jugends ».

La récompense attendue pour ses services lors de la dernière étape de la marche au pouvoir d'Hitler met du temps à venir. Il est dédaigné par les briscards du nazisme qui vilipendent son absence de convictions, ses relations israélites, ses accointances avec l'aristocratie, malgré tous ses efforts pour se faire accepter. Il donne des gages en tenant table ouverte à des hommes d'affaires qui hésitent encore, et de redoutables hôtesses du gratin toutes prêtes à user de leur influence dans des milieux rebutés par la vulgarité et la brutalité des nazis. Les sorcières du Führer lui servent d'agentes zélées. Il abandonne brusquement ses anciens amis et ses associés juifs, et ne fait pas un geste pour leur venir en aide. Il devient le propagandiste acharné du nouveau régime dans les réceptions d'ambassade. Cependant, sa prédilection pour les mondanités le sert auprès d'Hitler, tout petit bourgeois au lourd accent de provincial autrichien hanté par son passé de vagabond viennois, avide de reconnaissance sociale. Le Führer, qui honnit les diplomates – qui le lui rendent bien –, estime qu'il peut incarner une image élégante et distinguée de son régime. Il lui confie finalement les rênes d'une sorte d'agence de relations publiques en liaison avec le ministère des Affaires étrangères. Cette officine se développe rapidement.

La réputation d'incompétence et de nullité, largement colportée par ses interlocuteurs étrangers et ses adversaires au sein du parti, doit être nuancée. Sa culture est superficielle, mais celle plus étendue de son épouse y remédie partiellement. Sa connaissance du monde extérieur est encombrée de lieux communs et de préjugés, mais il a tout de même acquis une certaine expérience de l'Angleterre, du Canada, des USA et de la France. Ses talents de négociant ont développé en lui un sens du marchandage et de la rédaction d'accords en trompe-l'œil qui permet de prendre l'avantage. Il est d'ailleurs apprécié comme un partenaire commercial plutôt efficace et honnête.

À force d'entretenir Hitler de ses prétendues connaissances sur la société et le mode de vie des élites britanniques, Ribbentrop est nommé ambassadeur à Londres par le Führer, fasciné par la puissance et le prestige de l'empire. Un pas de géant pour sa carrière.

Il ne tarde pas à s'y faire très mal voir. Il affiche lourdement son soutien à Édouard VIII, dont les affinités pour l'Allemagne nazie entraîneront l'abdication, autant que sa liaison fatale avec l'aventurière américaine Wallis Simpson. Il commet l'impair malencontreux de faire le salut hitlérien devant le nouveau roi, George VI, en lui présentant ses lettres de créance. Il s'embrouille dans de vaines tentatives pour faire venir le Premier ministre Baldwin en visite officielle en Allemagne.

Autrement, sa femme et lui mènent la grande vie, font redécorer leur ambassade par Speer, et reçoivent la cour et la ville sans prendre conscience que leurs invités les prennent pour des «*social climbers*». Un jugement rédhibitoire aux yeux de la *gentry* des manoirs mal chauffés, des *ladies* qui montent en amazone et des baronnets qui dînent dans des clubs sélects d'un bœuf à la menthe aussi coriace que les semelles du fantôme de Wellington. Sa mission est un échec cuisant qu'il met sur le compte de la perfide Albion et qu'il fait passer pour un succès auprès du Führer. Ses tortueuses intrigues lui permettent de déboulonner enfin le ministre des Affaires étrangères Neurath et de prendre sa place. Décidément aveuglé par ses flatteries et son entregent, Hitler le tient pour son «nouveau Bismarck», au grand dam des hiérarques du parti, dévorés de jalousie et de rage impuissante.

Il est maintenant en première ligne pour hurler avec les loups et jouer les inutilités sonores lors de l'Anschluss, de la crise des Sudètes et de la conférence de Munich. Il terrorise autant qu'il lui est possible de le faire l'infortuné chancelier d'Autriche Schuschnigg avant que celui-ci ne disparaisse dans un cul-de-basse-fosse. Il exaspère Ciano, le ministre italien des Affaires étrangères et gendre de Mussolini, par ses rodomontades guerrières. Il chasse dans les forêts de Pologne avec le frivole et inconséquent colonel Beck pour lui faire croire que son pays n'a rien à craindre de la part du Reich, quand il sait parfaitement que son sort funeste est déjà scellé. Il se fait haïr des diplomates de son ministère, excédés par ses négligences et ses colères. C'est cet homme qui arrive à Paris pour signer une déclaration qui ressemble comme deux gouttes d'eau à celle qu'Hitler a paraphée pour embobiner le Premier ministre britannique Chamberlain.

Le président du Conseil ne doit pas se départir de la méfiance qu'inspire un tel individu. Une politesse de snob, un vernis de culture sur un magma de goûts vulgaires, la morgue pour pallier la médiocrité des sentiments et des idées, la vanité en auxiliaire de la rancune et de la violence, la servilité et le mépris comme méthode selon les hommes et les circonstances, tel est Joachim von Ribbentrop, le ministre des Affaires étrangères d'Hitler, qui pose au conseiller écouté du Führer alors qu'il n'en est que le chien couchant.

Joachim von Ribbentrop.

Chapitre 4
La gare des Invalides

Le faux courage attend les grandes occasions... Le courage véritable consiste chaque jour à vaincre les petits ennemis.

Paul Nizan – Prix Interallié 1938
pour *La Conspiration*

Comment recevoir le ministre des Affaires étrangères du Reich avec les honneurs protocolaires de rigueur, lorsque l'encre des accords de Munich est à peine sèche ? Et comment l'accueillir suffisamment discrètement quelques jours après l'écrasement par le gouvernement Daladier d'une grève générale qui a failli paralyser la France, suscitant les ricanements de la presse allemande et laissant une menaçante traînée d'amertume dans la classe ouvrière, et alors que les nazis viennent de se livrer contre les Juifs à l'effroyable pogrom de la Nuit de Cristal ?

On voudrait croire à la paix, mais on n'y croit plus vraiment. Hitler est reparti dans un discours enflammé contre les démocraties à Sarrebruck, la botte des pseudo-libérateurs des Sudètes y piétine garanties et engagements solennels en instaurant un régime de terreur, les débordements de cruauté antisémite ne connaissant aucun répit. Et il y a maintenant quatre-vingts millions d'Allemands soumis à la propagande obsédante de Goebbels et au déferlement de parades et de cortèges d'une jeunesse fanatisée, contre quarante millions de Français et autant de motifs de hargne, de rouspétance et de frivolité.

On considère généralement avec une méfiance embarrassée le projet de déclaration de bonne entente entre l'Allemagne et la France que Ribbentrop vient signer à Paris. Il a certes fait l'objet de soigneuses relectures entre la Wilhelmstrasse et le Quai d'Orsay. Hitler fait mine d'y attacher un grand prix lors de la visite d'adieux de l'ambassadeur François-Poncet au Nid d'Aigle du Berghof, en déployant toute la cordialité dont il peut se montrer capable, et les Français ont finalement renoncé à repousser la date de la signature. Puisque le Premier ministre de Sa Majesté Chamberlain a signé un document du même ordre avec le Führer au lendemain même de la conférence de Munich et l'a brandi devant les caméras des actualités en descendant de l'avion du retour, il est important que la France cesse de donner l'impression qu'elle est constamment à la remorque de l'hypocrite «*Nanny*» anglaise qui la traite avec une condescendance humiliante. Signer, c'est une manière d'affirmer que la «*Nanny*» n'est pas la seule à décider sans se soucier des mouvements d'humeur des «mangeurs de grenouilles indisciplinés».

Mais le gouvernement est divisé entre ceux qui estiment qu'il faut saisir toutes les chances d'un accord autour du ministre des Affaires étrangères Georges Bonnet, ceux qui jouent la montre et veulent gagner du temps comme le président du Conseil Daladier et ceux qui, à l'instar du ministre des Colonies Georges Mandel, flairent une ruse de plus pour endormir les Français et dénoncent auprès de leurs collègues une manœuvre délétère de la part d'un régime dont le cynisme et la brutalité les révulsent. Enfin, surmontant ses hésitations, Daladier a tranché, on signera et on fera bonne figure.

La presse est également partagée. Wladimir d'Ormesson, le grand prêtre du *Figaro*, émet, comme on pouvait s'y attendre, un jugement balancé : « La France n'a pas la possibilité de relâcher son propre effort, elle doit au contraire – puisqu'il a été très inférieur jusqu'ici – l'accentuer. Mais cette prise de contacts directs et cette détente psychologique peuvent et doivent créer une base sérieuse pour que les deux pays, faisant preuve d'égards réciproques, développent leur politique dans une atmosphère purifiée des polémiques. » Pas un mot sur le sort des Juifs et les atrocités de la Nuit de Cristal où les nazis « purifient » à leur manière. *Le Temps*, dont l'éditorial en première page n'est pas signé, y va du même couplet : « On doit considérer que l'acte qui sera signé par les deux ministres des Affaires étrangères constitue une contribution utile à l'assainissement de l'atmosphère politique en Europe et à la consolidation de la paix. »

Léon Blum, dans *Le Populaire*, est évidemment plus circonspect, mais témoigne à nouveau de sa mansuétude : « Il conviendra de recevoir le ministre avec la politesse qui lui est due. » *Le Petit Parisien* est encore plus courtois, puisqu'il écrit qu'il faudra « l'accueillir avec une aimable et digne correction ». Le colonel de La Rocque, dans *Le Petit Journal*, pratique à son tour la balançoire de celui qui a eu maille à partir avec l'ordre républicain : « Toute manifestation hostile serait criminelle : je pense que cette fois le gouvernement et la préfecture de police auront prévu et pourvu. Toute manifestation d'enthousiasme serait inconvenante. »

Gringoire, du sournois Horace de Carbuccia, dont les virulentes campagnes de calomnie ont poussé au suicide le ministre socialiste Roger Salengro, joue comme d'habitude sur les deux tableaux : série d'articles critiques sur l'Allemagne hitlérienne et premières pages grandes ouvertes à l'éditorialiste Henri Béraud, qui enfile sans frein les malédictions antisémites : « Le Juif est l'ennemi-né des traditions nationales. Il n'est ni soldat, ni ouvrier, ni paysan. Comment serait-il digne d'être chef ? Il faut beaucoup plus qu'un Juif pour remplacer la moitié d'un Breton… » et d'autres gracieusetés de la même eau que Ribbentrop a dû lire avec plaisir dans son wagon-salon, Dörnberg ayant fait dévaliser le kiosque à journaux de la gare de Compiègne.

Seule *L'Humanité* tire à boulets rouges sur la visite du ministre et le projet de déclaration. Gabriel Péri réclame « le départ d'un gouvernement de malheur public et de déshonneur national ». Sueurs froides assurées pour le ministre de l'Intérieur Albert Sarraut, qui redoute un coup de main de quelques énergumènes communistes. Heureusement pour lui, la préfecture de police de Paris est dirigée par Roger Langeron, un ancien du cabinet de Clemenceau, un spécialiste des renseignements généraux. Sa main ne tremble pas et il dispose d'une vaste panoplie de mouchards à tous usages rétribués par les fonds secrets.

Quant à l'opinion publique, elle est plutôt indifférente ; le beau monde garnit ses carnets de bal et se demande qui sera invité au grand raout prévu à l'ambassade d'Allemagne pour fêter la signature. Les autres, tous les autres courbent l'échine sous les mesures prises par le ministre des Finances, Paul Reynaud, qui rogne sur un pouvoir d'achat déjà sérieusement écorné par la crise économique.

Au fond, en dehors de l'inévitable cohorte des amis autoproclamés de l'Allemagne, graines de fascistes, journalistes véreux, ou affairistes plus ou moins stipendiés par le Reich, le seul visiteur allemand auquel on s'intéresse, en frissonnant, c'est Eugène Weidmann, escroc multirécidiviste et tueur en série « au regard de velours » qui vient d'être arrêté. Son tableau de chasse surclasse de loin l'enlèvement en plein Paris du général Miller par des agents de la Guépéou, et le tout-venant des meurtres de maris adultères par des épouses jalouses et de fonctionnaires bien notés mais aux mœurs « contre nature » par des gigolos surgis des bas-fonds et qui n'ont pas lu Francis Carco. Autrement, les vacances de Noël sont proches : floraison de réclames pour les sports d'hiver en Allemagne – hôtels grand confort, sécurité absolue, prix étudiés.

On a donc choisi la gare des Invalides pour l'arrivée du ministre et de sa délégation. C'est une gare de rien du tout, enfoncée au bord de la Seine, juste bonne pour desservir Meudon et Versailles. Mais c'est loin des quartiers dangereux de l'Est et du Nord, au centre du cercle restreint et bien ordonné où se situent l'hôtel de Crillon et le palais de l'Élysée sur la rive droite, le Quai d'Orsay, Matignon et l'ambassade d'Allemagne sur la rive gauche. Le ministre pourra se déplacer sans risque. Déluge de plantes vertes, draperies à profusion, plumets des gardes républicains et tapis rouges bien sûr, mâts pour les drapeaux. La gare étant en contrebas, la croix gammée a l'air de traîner par terre quand on est sur l'esplanade, mais en gros, le ministre ne pourra pas dire qu'on n'a pas bien fait les choses.

C'est dans ce décor de théâtre que s'arrête le train de Joachim von Ribbentrop à 11 heures exactement. Georges Bonnet, sa calvitie soigneusement humectée pour ramener sur le crâne les cheveux qui lui restent, Robert Coulondre arrivé la veille de son ambassade à Berlin, leurs épouses en toilettes à fleurs, Alexis Leger, l'impavide et inoxydable tout-puissant secrétaire général du Quai d'Orsay, tout le gratin du ministère, les parlementaires spécialistes des bons offices entre les deux pays et les représentants du Comité franco-allemand sont sur le quai avec l'ambassadeur du Reich, le très distingué et mélancolique comte von Welczeck, et ses principaux collaborateurs, ainsi que les délégués des Allemands de Paris. Enfin, ceux qui n'ont pas fui les persécutions nazies et mènent des existences précaires d'exilés sans papiers.

Un jeune homme qui appartient à l'entourage rapproché de Ribbentrop se faufile discrètement dans l'assistance. Blond et de physique agréable, mais d'apparence curieusement incolore, Otto Abetz est l'agent infatigable des amitiés franco-allemandes, multipliant les initiatives dites culturelles et les voyages d'études en Allemagne, où s'engouffre la pléthore de journalistes, d'artistes et d'intellectuels, de députés et d'anciens combattants dont il a rempli son carnet d'adresses. C'est un orfèvre des démarches insinuantes, des enveloppes lubrifiantes et des confidences imprudentes qui pourront servir pour plus tard. Les petits secrets, les faiblesses et les vices l'intéressent au plus haut point, recueillis avec indulgence, consignés avec soin et transmis à Berlin. À Paris, Otto Abetz connaît tout le monde et tout le monde le connaît.

Mais le moment, pour lui, n'est pas aux effusions trop voyantes et il se garde de se faire remarquer ; par définition, un homme de l'ombre évite la lumière et les maîtres chanteurs mesurent toujours la vertu du silence.

Beau soleil de fin d'automne, pas de ces manteaux qui engoncent. Les Français sont en tenue de ville, les officiels allemands en jaquette et haut-de-forme, quelques uniformes. Ribbentrop, en complet fort bien coupé, se déclare enchanté de faire la connaissance de Georges Bonnet et de retrouver Paris, où il rappelle qu'il a séjourné à plusieurs reprises dans une autre vie. Oui, quand il était représentant en champagne, pense Coulondre en évitant de creuser ce chapitre de la vie du ministre. Présentations, salutations, sourires entre gens qui jouent la comédie d'appartenir au même monde.

Discret mouvement de curiosité pour découvrir Mme von Ribbentrop, en tailleur sombre et chapeau amarante, qui reçoit une gerbe d'œillets et de roses rouges offerte par Odette Bonnet. Annelies von Ribbentrop, que l'on dit pourtant sévère et proche du Führer, remercie dans un français dont on trouve aussitôt la pointe d'accent tout à fait charmante. Le ministre du Reich n'est pas en reste d'amabilités, il salue le mécanicien et le chauffeur de la locomotive, qui essuient leurs mains tachées de cambouis sur leurs bleus de travail. Gabin et Carette dans *La Bête humaine* en face de Stroheim, surgis de *La Grande Illusion*, s'amuse intérieurement Alexis Leger, un homme qui va au cinéma pour ses loisirs quand il n'écrit pas des poèmes.

Les caméras d'Éclair-Journal n'ont rien perdu des détails de cette cérémonie d'accueil prometteuse. Léger moment de flou quand même, lorsque le ministre se raidit et fait le salut nazi pour saluer un peu longuement les principaux délégués des citoyens allemands de Paris, alignés comme à la parade. Jean de Castellane, membre éminent du conseil municipal, peu porté sur les congratulations germaniques, glisse au député Scapini, président d'honneur du Comité franco-allemand: «C'est invraisemblable, il faut le voir pour le croire!» Il a oublié que Scapini serait bien en peine de lui répondre, il est aveugle de guerre.

La priorité, dans ce genre de rencontres officielles, c'est de faire respecter l'horaire du programme et d'enfourner tout le monde, le plus vite possible, dans les voitures qui attendent sur l'esplanade. Les engins des motocyclistes ronflent déjà. «*Bitte schön, bitte schön*», tempête le chef du protocole en essayant de presser le mouvement. Il se fait fusiller du regard par Georges Bonnet, qui ne parle pas allemand et aurait bien voulu débiter un petit compliment de circonstance.

Ribbentrop monte dans la limousine Vivastella, orgueil de l'automobile française et des usines Renault, avec l'ambassadeur allemand, les portes claquent, le cortège suit, direction l'hôtel de Crillon, où la suite royale a été réservée pour le ministre et son épouse. Certes, la Vivastella, c'est moins impressionnant que la Mercedes à six roues du Führer, mais enfin, c'est ce qu'on a de mieux à offrir; et les fenêtres de la suite royale qui ouvrent sur la place de la Concorde, ce n'est pas mal non plus. Pour le ministre, la chambre où dormirent la grande duchesse de Luxembourg, le sultan du Maroc et Charlie Chaplin. Pour Mme von Ribbentrop, deux tapisseries de la bataille de Fontenoy et du passage du Rhin par Louis XIV qu'on n'a pas eu le temps de décrocher. En revanche, le personnel du palace n'a pas lésiné pour faire disparaître la terrible odeur de cigare laissée par le roi Carol II de Roumanie qui vient de partir.

Dans le registre d'un séjour parfumé, le bouquet de fleurs qu'Odette Bonnet a offert à Mme von Ribbentrop a disparu dans l'agitation générale, à moins que son mari ait préféré le soustraire à l'attention des photographes. Mais il y en a un autre qui attend, un véritable buisson d'orchidées en évidence dans la chambre de l'épouse du ministre, confiée à la garde vigilante de Mlle Lejay, la gouvernante optimale qui s'occupait des souverains britanniques lors de leur visite triomphale à Paris l'été dernier. Précision délicate mais un peu maladroite d'Odette Bonnet à l'adresse de sa nouvelle amie Annelies von Ribbentrop, chez qui l'évocation du couple royal anglais n'éveille que de mauvais souvenirs. Un type qui bégaie et ne peut aligner deux phrases à la suite, son épouse trop sucrée pour ne pas être perfide – « la femme la plus malfaisante d'Europe », selon le Führer –, les gorges chaudes de la cour qui surnommaient Joachim « Brickendorf », le fauteur de gaffes, quand la presse populaire l'appelait « Ribbensnob ». Il faut toujours se méfier des Français, mais les Anglais sont pires.

Le comte Johannes von Welczeck est un ambassadeur à l'ancienne. Il regrette les Hohenzollern et la mosaïque des principautés allemandes. Il déteste les nazis et méprise Ribbentrop. Mais comme tous les diplomates d'un rang élevé, il a prêté serment d'obéissance au Führer et il ne saurait être question de trahir sa parole. Question d'honneur, même s'il lui arrive souvent de penser qu'il n'y a pas d'honneur qui tienne avec une bande de gangsters. Son collègue à Moscou, Schulenburg, est comme lui, et il se demande parfois lequel d'eux deux tiendra le plus longtemps. Être en poste chez l'ennemi héréditaire qu'il respecte et sous la menace constante d'une nouvelle guerre ne le tourmente pas, puisque son devoir, du moins tel qu'il l'entend, est précisément de s'efforcer de l'éviter. Mais il a lu *Mein Kampf* et il sait que sa peine ne servira à rien. Hitler travaille à l'anéantissement de la France, la déclaration que l'on signera tout à l'heure n'est qu'un mensonge de plus sur le chemin de la destruction.

Mein Kampf est un cauchemar pour l'ambassadeur. On le bombarde d'instructions depuis Berlin pour qu'il obtienne l'interdiction des éditions françaises du livre, tandis qu'Otto Abetz parraine, mine de rien, la seule traduction expurgée et tendancieuse de l'essayiste et sympathisant avéré des nazis Jacques Benoist-Méchin, largement publiée dans *Match*, le magazine moderne et en plein essor. Les chapitres qui ont miraculeusement disparu ont de quoi donner des sueurs froides au pacifique Welczeck. Ils évoquent en large et en travers la haine du Führer pour la France, aux mains des Juifs et des Nègres, et ses projets d'anéantissement: «L'ennemi mortel, l'ennemi impitoyable du peuple allemand est et reste la France», «L'attitude de la France est un péché contre l'existence de l'humanité blanche et déchaînera un jour contre ce peuple tous les esprits vengeurs d'une génération qui aura reconnu dans la pollution des races le péché héréditaire de l'humanité», «Il faut prendre sur nous de faire tous les sacrifices susceptibles de contribuer à annihiler les tendances de la France à l'hégémonie».

Lorsqu'il se sent écrasé par un mécanisme dont il n'a pas le contrôle, l'ambassadeur regrette avec une intensité physique son château, ses terres en Silésie où il aurait pu mener une vie ennuyeuse, pauvre mais décente. Ou alors, il aurait pu se retirer encore plus loin, au Chili, le pays de sa femme, avec ses deux filles qui sont si belles, et disparaître pour de bon des radars de la Gestapo. Au lieu de quoi il se retrouve dans cette voiture à répondre à un véritable interrogatoire mené par son ministre, qu'il juge indigne de toute estime et qui a tombé le masque des bonnes grâces pour ne montrer que son vrai visage soupçonneux et plein de morgue. Ribbentrop s'inquiète des réactions négatives suscitées par la Nuit de Cristal dans l'opinion française. L'ambassadeur minimise leur importance, insiste sur la retenue de la presse et la grande correction des autorités françaises, qui ont présenté leurs condoléances après l'assassinat du conseiller vom Rath. Georges Bonnet et le président Daladier ne se sont-ils pas déplacés en personne à l'ambassade pour s'incliner devant la dépouille mortelle ? Welczeck n'a qu'une inquiétude : que Ribbentrop se lance dans des imprécations antisémites, réclame lors des entretiens avec Bonnet qu'on livre le jeune Juif Herschel Grynszpan, auteur de l'attentat, à la justice allemande. Heureusement, le trajet est bref entre les Invalides et le Crillon, et la conversation tourne court.

L'ambassadeur a pu garder pour lui tout ce qu'il a appris de l'enquête même par la police française. Certes, il y a une vérité officielle, celle de la propagande allemande : un jeune espoir de la diplomatie allemande assassiné par un adolescent juif, sans patrie ni frontière, sous prétexte de venger ses parents expulsés du Reich, l'attitude toute de noblesse du Führer qui a ordonné des funérailles nationales pour la victime, le sursaut d'indignation légitime de la population allemande contre les Juifs globalement considérés comme complices. Et il y a ce que l'ambassadeur sait vraiment de cette affreuse histoire. C'est lui qui devait être assassiné par le jeune

Juif, vom Rath a eu la malchance de le remplacer par hasard. Le conseiller n'était pas un suppôt du régime, et il était même inquiété par les services d'Himmler. Il menait en revanche une vie nocturne débridée dans les cabarets à vocation masculine de la capitale, où il avait peut-être croisé le jeune vagabond qui allait le tuer. Le meurtre n'avait été qu'un prétexte pour déclencher la Nuit de Cristal à l'appel de Goebbels et de Heydrich. Le sort déjà odieux des Juifs en Allemagne, motif de l'acte de l'adolescent criminel, allait encore s'aggraver au mépris de toute considération humaine.

Le ministre est arrivé. Escorté par ses gardes du corps de la police française, il s'engouffre dans la porte à tambour du Crillon. L'ambassadeur pousse un soupir de soulagement, il n'a pas été contraint de s'engager sur le terrain glissant de ses propres sentiments à propos de cette sombre affaire. Plus que trois jours à endurer.

Georges Bonnet accueille Joachim von Ribbentrop à la gare des Invalides – 6 décembre.

Chapitre 5
Le Nid d'Aigle

C'est un Nimmersatt, *un homme qui n'est jamais rassasié, qui n'a pas le sens de la mesure, qui n'attache du prix qu'à ce qu'il ne possède pas encore, et qu'un démon pousse aux extrêmes !*

Sur Hitler – Mémoires
de François-Poncet

Le 18 octobre 1938, l'ambassadeur de France André François-Poncet regarde le jour se lever sur Berlin de la fenêtre de son bureau. En pyjama, la moustache encore hérissée, le teint brouillé par le dîner d'adieu qu'il a donné la veille pour le gratin empoisonné du régime nazi, il est d'humeur morose. La nouvelle de son départ inattendu pour l'ambassade de Rome lui a valu une avalanche de compliments et regrets hypocrites, et il sait très bien que le ministre des Affaires étrangères Ribbentrop l'a décoré de la grand-croix de l'Aigle du Reich tout en télégraphiant à ses amis fascistes qu'il faudrait se méfier d'un personnage hostile et dangereux.

Il lui reste trois heures avant de prendre l'avion qu'Hitler lui a fait envoyer afin de le recevoir à Berchtesgaden pour une visite de congé protocolaire. Ce n'est pourtant pas dans les habitudes de l'ambassadeur de traîner au petit matin dans son bureau en désordre avant une audience qui susciterait une flambée d'excitation chez tout autre diplomate de son rang. Mais il ne doute pas que la journée, une fois de plus, sera longue et décevante ; et voilà, l'ambassadeur n'en peut plus de Berlin, du nazisme et de son Führer. Il n'attend plus rien de cette rencontre, et la perspective de devoir endosser son frac et de fermer son col dur l'épuise déjà. Il vient de l'écrire rageusement dans le journal très privé qu'il tient depuis sept ans et qui lui permet de se libérer un peu de toutes les anxiétés accumulées : « Je n'ai jamais un moment de répit et de tranquillité. Je vis dans l'insécurité et l'inquiétude du lendemain, obligé à une vigilance, à une tension d'esprit continuelles, l'œil fixé sur une flamme qui, à peine éteinte, se rallume et se rapproche inexorablement du tonneau de poudre. Et puis, je suis comme saturé du nazisme ! Obsédé par ce régime, ses méthodes, son langage, son mystère, sa police, sa tyrannie, son orgueil, ses chants, ses défilés, ses claquements de talons, son bruit de bottes hallucinant. Lassitude de chercher à retenir un Hitler qui s'échappe sans cesse. »

François-Poncet ouvre la fenêtre, une bouffée d'air frais et la rue qui se dévoile devant lui le rassérènent. La porte de Brandebourg est encore enveloppée par des lambeaux de brouillard que dispersent les rafales du vent humide de l'automne dans la lumière incertaine de l'aube. Elle donne l'impression d'osciller, malgré sa masse triomphale, à la cadence où elle apparaît et disparaît, tandis que des volutes de feuilles mortes crachées du Tiergarten tout proche s'engouffrent entre les colonnes. Le quadrige que Napoléon avait dérobé et que les Prussiens ont replacé au sommet du monument à la chute de l'Empire, la Pariser Platz qui s'étale au pied de l'ambassade après qu'ils avaient occupé Paris en 1815 : cela fait longtemps que François-Poncet a renoncé à considérer que le palais Beauvryé, où il est installé avec ses services, est planté comme une écharde au cœur même de l'interminable querelle franco-allemande. C'est sur un ton de détachement ironique dont il est coutumier qu'il évoque, devant ses visiteurs ébahis, les miasmes de l'histoire entourant le siège de la représentation diplomatique de la France. En revanche, il est hanté par d'autres souvenirs plus récents qui ne l'incitent pas à des remarques plaisantes. C'est depuis ce même bureau qu'il a vu brûler le Reichstag en février 1933, entendu les mitraillages de la Nuit des Longs Couteaux en juin 1934, et les marches sanglantes de la descente aux enfers de l'Allemagne et de l'exaspération de la dictature nazie.

L'ambassadeur est un germaniste distingué, agrégé d'allemand, qui parle à la perfection la langue de Goethe ; il lui a consacré un mémoire de fin d'études portant sur *Les Affinités électives*. Blessé à Verdun, ce qui suscite toujours la considération de l'adversaire, il a aussi été envoyé en Allemagne après la guerre par Poincaré, ce qui est plus difficile à faire valoir, au pire moment de l'occupation de la Ruhr par les Français et de l'inflation cataclysmique où même les brouettes des ménagères débordaient de milliards de marks insuffisants pour nourrir leur famille. Il aime l'Allemagne et sa culture, que les Français connaissent pourtant si mal, et il a de nombreux amis allemands avec qui il a tissé les liens d'une réconciliation qu'il appelle de ses vœux.

Député de centre droit, sous-secrétaire d'État à l'Économie, il appartient aussi à l'élite de la IIIe République par sa formation intellectuelle, son entregent, ses grandes manières. Toujours tiré à quatre épingles, arborant une fine moustache bien cirée, il incarne la caricature du notable français qui fait rire et attire la sympathie au théâtre de boulevard par son apparence et son esprit de repartie. Mais le temps est bien passé où il pouvait dire en plaisantant que l'avènement du nazisme, ce serait « la patrie de Heine envahie par les Boches », car Hitler est bel et bien là.

Arrivé à Berlin aux dernières heures de la république de Weimar dont il a ausculté l'agonie, il a assisté à la prise de pouvoir de celui dont il a tout de suite perçu la dangerosité. Il a traversé les convulsions sinistres, les provocations internationales et les succès du régime en cochant sombrement toutes les pages de *Mein Kampf*, qu'il a lu comme le programme annoncé d'une tragédie au dénouement inéluctable. Diplomate dans l'âme, il a su dissimuler le sentiment d'horreur que lui inspirent les nazis, en usant d'une bonhomie de bon aloi et d'une courtoisie souriante qui les intimident et les fascinent, sans cesser de prévenir les gouvernements français successifs de la gravité de la menace allemande.

Il pense qu'il reste néanmoins une dernière chance pour arrêter la machine infernale de la course à l'abîme. Pour lui, cette chance s'appelle Mussolini. Il a vu le Duce à l'œuvre durant la conférence de Munich, jouant les arbitres, sortant *in extremis* de sa poche le projet de découpage territorial de la Tchécoslovaquie sur lequel on pourrait s'accorder. Au bal des gangsters, celui qui prétend pouvoir éviter le bain de sang s'attire la gratitude des complices épouvantés. Mais le fait d'avoir eu raison avant tout le monde en sentant le jeu d'Hitler n'empêche pas François-Poncet de se tromper sur celui de Mussolini. La carte est biseautée. Le Duce n'est plus que le jouet sonore d'une partition qui lui échappe, il est déjà passé de l'autre côté et rien ni personne ne pourrait l'inciter à revenir en arrière. Si l'ambassadeur s'apprête à quitter Berlin avec soulagement, c'est avec une confiance illusoire qu'il va rejoindre Rome.

L'heure tourne. Il fait grand jour, à présent, sur la Pariser Platz, et le brouillard s'est dissipé. André François-Poncet respire un bon coup et s'apprête à redevenir l'ambassadeur au maintien irréprochable que sa femme et ses enfants admirent. Il y a au moins cela pour supporter les soucis d'une mission ingrate : sa famille aimante et heureuse. Une épouse qui le seconde merveilleusement, toujours élégante et souriante malgré les persiflages et les regards en dessous des femmes des dignitaires nazis, le bon ton bien français qui ne cille pas au milieu de l'étalage de luxe tapageur et de mauvais goût vulgaire des nouveaux riches du régime. Des enfants dont les rires et les jeux égaient la résidence, qui s'amusent aux imitations de leur papa et laissent traîner leurs patins à roulettes dans les couloirs.

André François-Poncet est un père strict pour les études et la politesse, mais tendre et indulgent pour le reste. Et puis, il raconte si bien les anecdotes, les petits en redemandent. On se gondole encore à la description de sa partie de train électrique avec Goering et ses neveux, des blondinets bien peignés. À Carinhall, le somptueux relais de chasse du jovial maréchal de l'air près de Berlin, son zoo, ses lacs et ses forêts. Dans une salle immense, un Märklin géant à faire rêver les gamins du monde entier, avec des lignes de chemin de fer qui parcourent une carte en relief du Reich et traversent la frontière alsacienne, et des modèles réduits d'avions, véritables merveilles de l'électronique allemande. Tout pour épater le visiteur. Ce jour-là, les trains roulaient à vive allure, les avions s'envolaient sur ordre du maréchal, avant de se dérégler brusquement et de commencer à bombarder frénétiquement les gares françaises. Goering appuyait vainement sur les commandes électriques pour faire cesser le carnage, en transpirant abondamment, tandis que les chers petits Hitlerjugend surexcités applaudissaient à tout rompre les exploits de la Luftwaffe miniature. Curieux spectacle pour un invité de marque, l'ambassadeur de France, imperturbable.

Avant de passer dans son *dressing-room*, André François-Poncet relit rapidement la lettre de son collègue Lacroix, l'ambassadeur de France à Prague, que la valise vient de lui faire parvenir. Lacroix n'est pas un mauvais bougre, mais c'est un diplomate « de la carrière », fait pour des postes tranquilles. Il s'affole facilement, et depuis que la Tchécoslovaquie se convulse comme un poisson qu'on a sorti de l'eau, il ne sait plus où donner de la tête et a peur de son ombre. Sa lettre diffuse un écho sinistre du drame qui se déroule en Tchécoslovaquie depuis le dépeçage décidé à Munich de l'ancien allié de la France. Les Allemands ne respectent aucune des clauses de sauvegarde sur lesquelles ils s'étaient engagés. Ils ont refusé d'organiser les plébiscites prévus dans les zones incertaines où ils n'étaient pas en majorité et ils les occupent militairement. Ils s'emparent des biens et des entreprises tchèques et ils expulsent tous ceux qui tentent de leur résister. Ils tracent la frontière qui sépare les Sudètes de ce qui reste de la Bohême sans tenir compte des avis de la commission internationale chargée de veiller au respect des accords. Des pans entiers de l'industrie tchèque sont désormais en ruine : l'usine Škoda est cernée, les brasseries de Pilsen sont coupées de leurs sources d'eau, les mines, les cristalleries, l'industrie textile ne fonctionnent plus qu'au ralenti faute d'approvisionnements. Il faut maintenant se munir d'un passeport pour aller d'une grande ville à une autre, car les lignes de chemin de fer traversent des zones annexées par le Reich.

Le Führer a inspecté les fortifications tchèques qui n'ont servi à rien. Il a fait tirer dessus au canon pour éprouver leur solidité, puis il a ordonné leur démantèlement et transféré le matériel au bénéfice de l'armée allemande. Il refuse de garantir la sûreté du moignon d'État qui subsiste, tant que les Polonais et les Hongrois n'auront pas fini de se servir des morceaux qu'ils réclamaient. Les Polonais en ont profité pour s'emparer du territoire de Teschen, les Hongrois exercent une pression infernale sur le sud de la Slovaquie et s'apprêtent à gloutonner la Ruthénie à l'extrémité orientale. Une contrée misérable, grande comme la moitié de la Belgique qu'ils dominaient impitoyablement du temps des Habsbourg, où ils n'ont laissé que des mauvais souvenirs à une population arriérée d'Ukrainiens et de Juifs terrifiés devant un sort inéluctable. Hitler l'a promise à l'amiral Horthy, le régent de Hongrie, qui obtiendrait ainsi une frontière commune avec la Pologne. Pas cette fois-ci, mais pour le coup d'après, qui ne saurait tarder. Il faut d'abord finir de régler leur compte à ces Tchèques qui ergotent encore. Mais qui pourrait se soucier de ces territoires et de ces gens dont on ne sait rien, dont on ignore même où ils se trouvent, comme ne cesse de le dire si aimablement Chamberlain ?

La ville de Prague a retrouvé Kafka, elle offre le spectacle lugubre d'une capitale fantôme. Elle peine sous le nombre de réfugiés des Sudètes, des Tchèques qui sont arrivés en traînant des charrettes chargées de meubles, de vêtements, d'effets personnels ; mais aussi des Allemands réfractaires aux nazis, des Juifs traumatisés par les persécutions infligées à leurs coreligionnaires lors de l'Anschluss en Autriche. Ils sont accueillis avec hostilité et se débattent dans une misère effroyable.

Depuis la démission du président Beneš qui s'est enfui en Angleterre, qui lui a fait grise mine, après être passé par Paris où personne n'a osé le recevoir, les dirigeants tchèques se couchent littéralement devant les nazis dans l'espoir d'être épargnés par une nouvelle agression. Le ministre des Affaires étrangères vient mendier de maigres accommodements à Berlin, mais ne recueille qu'humiliations et rebuffades de la part de Ribbentrop, tandis que les nazis s'infiltrent dans l'administration et exigent l'adoption d'une législation antisémite. D'ailleurs, les Français ne représentent plus rien à Prague. Les Tchèques leur reprochent d'avoir trahi leur confiance, mais ils n'ont plus d'autre choix que de se soumettre et de plier. Lacroix peut bien s'apitoyer sur leur sort, ce sont des larmes de crocodile, on n'a pas oublié, là-bas, qu'il venait invectiver le président Beneš en pleine nuit pour l'inciter à céder les Sudètes, avant même la conférence de Munich. Un homme de Bonnet sans doute, notre ministre des Affaires étrangères, qui mène sa politique d'apaisement vis-à-vis des Allemands en catimini, sans l'aval du président Daladier. Retors et déloyal, Bonnet méprise François-Poncet, qui le lui rend bien.

L'ambassadeur repose la lettre de Lacroix sur son bureau. Il n'a pas besoin de la lire une troisième fois pour prédire ce qui va suivre. Les Slovaques, stipendiés par Hitler, menacent déjà de rompre avec Prague, les Allemands mettent la Bohême-Moravie en coupe réglée, encore quelques semaines et la Tchécoslovaquie n'existera plus. Il n'a pas oublié ce que lui a dit Goering, l'air mauvais : « C'est un pays ridicule qui n'a pas de raison d'être, un appendice malsain au cœur de l'Europe, qui menace la paix et qu'il faudra bien sectionner. » Une autre version, grandeur nature, de la partie de train électrique.

Il y a aussi une autre enveloppe sur le bureau, des nouvelles de Louise de Vilmorin, une proche amie de sa femme qui a précisé qu'elle ne souhaitait pas lui répondre. Il doit bien y avoir une raison à ce manquement qui n'est pas dans ses habitudes. La belle Louise vient d'épouser le comte Pálffy d'Erdőd, un aristocrate magyar qui règne sur des milliers d'hectares, dans une de ces provinces de Slovaquie que les Hongrois ne vont pas tarder à annexer. Elle mène une existence délicieuse dans un château de conte de fées, avec un homme charmant qui cousine avec toute l'aristocratie européenne. Parties de chasse, bals et concerts. Elle conclut sa lettre par une déclaration passionnée : « Je l'aime, il m'aime, chaque promenade est un aveu, chaque retour une promesse. » François-Poncet se retient de jeter l'enveloppe à la corbeille. Louise, quand même ! Mais quand donc cesseront-ils tous, ces bienheureux du grand monde, de vivre comme si de rien n'était, quand commenceront-ils à ouvrir les yeux devant la catastrophe qui va tous nous emporter, eux comme les autres, aveugles et sourds lorsqu'ils avaient au moins l'intelligence et la culture qui leur auraient permis de comprendre. Il y a des moments où l'ambassadeur pense à Léon Blum avec sympathie.

François-Poncet sait qu'il ne servirait à rien d'aborder la réalité de la situation en Tchécoslovaquie avec Hitler et de le confronter à sa mauvaise foi. Il n'a aucune instruction à ce sujet, son ministre Bonnet fait comme si le processus déterminé à Munich s'appliquait paisiblement. Quelques petits courts-circuits sans importance et au fond bien naturels qui ne valent pas la peine d'être évoqués, cela risquerait de braquer inutilement les Allemands et de remettre en cause l'apaisement général, telle est la position du Quai d'Orsay. Tout se passe aussi comme si Bonnet n'avait pas entendu le discours prononcé par le Führer à Sarrebruck quelques jours plus tôt, lourd de menaces à l'encontre de l'Angleterre et de « ces types à parapluie qui sont éteints et n'ont plus rien à faire avec l'Allemagne, où leur temps est révolu ». François-Poncet sait qu'Hitler, comme un joueur qui a gagné la partie sans avoir fait sauter la banque, regrette de ne pas avoir poussé plus loin son avantage à Munich sur « les vermisseaux » qui avaient déjà renoncé à la guerre, pour obtenir le démantèlement complet de la Tchécoslovaquie, qui était à sa portée. Mais à quoi bon se risquer à subir un flot de dénégations mensongères, ou pis, à essuyer l'une de ces crises de rage qui ne mèneraient à rien, de la part d'un dictateur insatiable et sans scrupule, dont on peut seulement prévoir qu'il est imprévisible.

Non, l'ambassadeur n'a plus qu'une seule chose à accomplir avant de quitter son poste : faire approuver par Hitler le projet de déclaration sur des relations politiques pacifiques et de bon voisinage entre l'Allemagne et la

France, que Ribbentrop et Bonnet veulent signer solennellement à Paris. Un chiffon de papier de plus, comme celui que Chamberlain était si fier d'avoir obtenu du Führer et qu'il brandissait à Londres à sa descente d'avion. Au lendemain de Munich, quand Hitler l'avait promené dans son appartement personnel et à la fameuse brasserie de ses premiers meetings, comme on tourne les pages d'un album intime pour un nouvel ami très cher. Daladier, au moins, n'était pas tombé dans le panneau et était reparti pour Paris avant cette séance d'émouvantes évocations mémorielles, et il avait fallu toute la persévérance de son ministre des Affaires étrangères pour que la déclaration de bon voisinage refasse surface et que François-Poncet soit chargé de la remettre sur le tapis pour sa visite d'adieu au Führer. Mais au fond, quelle importance, pense l'ambassadeur, une promesse de plus ou de moins de la part d'Hitler, puisqu'elles ne valent rien. Cela pourrait peut-être servir à Rome pour amadouer les Italiens. Le simple fait de penser qu'il s'agira de sa dernière démarche diplomatique en Allemagne avant de gagner le palais Farnèse suffit à redonner de l'entrain à François-Poncet et à ranimer sa propension largement écornée à sa gaieté naturelle.

À Tempelhof, devant le Junkers d'Hitler, dont les hélices commencent à tourner, l'ambassadeur est rejoint par Paul Stehlin, son attaché militaire pour l'aviation, qui doit l'accompagner. Il ne pouvait souhaiter un meilleur compagnon de voyage que ce jeune capitaine au caractère bien trempé et à l'intelligence acerbe. Il aime Stehlin et c'est déjà une longue histoire. Pourtant, entre eux deux, au début de leur relation, cela avait plutôt mal commencé, François-Poncet avait même failli demander le rappel de cet officier pétri d'insolence. Stehlin était mal vu de ses supérieurs à l'ambassade. Il leur reprochait de se laisser promener par les Allemands et de négliger les notes alarmantes qu'il leur faisait tenir. Ce n'était pas dans leurs habitudes de se laisser tancer par un blanc-bec de capitaine et ils s'en étaient plaints auprès de François-Poncet, qui avait déjà suffisamment de soucis pour prendre la défense d'un subordonné qu'il connaissait à peine. Mais il était difficile de le faire taire.

Jouant le tout pour le tout et au mépris des règles hiérarchiques, Stehlin avait poussé brusquement la porte de l'ambassadeur pour lui remettre en mains propres un rapport particulièrement inquiétant sur la fabrication accélérée des Stukas, la nouvelle génération des appareils de bombardement conçus pour fondre en piqué sur leurs objectifs et pour répandre la terreur en activant des sirènes aux hurlements de hyènes. Stehlin maîtrisait bien la langue allemande et il n'avait pas eu besoin qu'on lui fasse un dessin pour saisir le sens du terme «*Sturzkampfflugzeug*», qui accolait les mots «*Sturz*» (chute), «*Kampf*» (combat) et «*Flugzeug*» (avion), et dont l'abréviation «*Stuka*» résonnait sinistrement à ses oreilles.

François-Poncet, sidéré par l'intrusion intempestive de ce semi-inconnu dans son bureau, mais piqué par sa véhémence, et sans doute aussi par le charme juvénile qu'il dégageait, avait finalement consenti à l'écouter au lieu de lui intimer l'ordre de sortir. L'entretien s'était prolongé, Stehlin refusant de partir avec une morgue invraisemblable tant que l'ambassadeur n'aurait pas lu devant lui les quatre pages dactylographiées qu'il avait flanquées sur sa table de travail.

« Vous voudriez peut-être aussi que je l'apprenne par cœur, votre rapport ?

— Ce n'est pas la peine, monsieur l'Ambassadeur, je sais que vous comprenez tout très vite ! »

Décidément, ce garçon le changeait des attitudes compassées de son entourage, il avait bientôt jugé de la qualité de l'homme, l'avait pris en affection. De telle sorte qu'il l'avait même introduit dans son cercle de famille, tandis que son épouse, également séduite par le trublion, en était venue à le traiter comme le grand fils de la maison.

Vol sans histoire. C'est Hans Baur, le pilote personnel du Führer, qui est aux commandes. Hitler a longtemps eu peur de prendre l'avion, jusqu'à ce qu'il fasse confiance à cet ancien quincaillier devenu l'un des as de la Grande Guerre. Un nazi fanatique, spécialiste des apparitions soudaines du nouveau Wotan au milieu des nuées pour galvaniser l'enthousiasme des masses, à Nuremberg et ailleurs sur le territoire du Reich. Stehlin se paye le luxe de le présenter à l'ambassadeur.

« Mais enfin, Stehlin, vous les connaissez tous ?

— Pas tous, monsieur l'Ambassadeur, mais celui-là, je l'ai à l'œil, il attend avec impatience de pouvoir bombarder Paris. »

Autrement, l'ambassadeur a dormi et Stehlin a photographié mentalement tous les détails de la cabine et du pilotage.

À Berchtesgaden, les habituels dolichocéphales blonds en uniformes noirs Hugo Boss attendent François-Poncet et son compagnon sur le tarmac. L'officier Alexandre von Dörnberg se détache de la rangée de robots alignés devant les voitures, un sourire de commande aux lèvres, et annonce, après d'aimables salutations, qu'il faudra faire une heure de route, car le Führer recevra ses invités dans la nouvelle retraite qu'il s'est aménagée et non à sa résidence habituelle du Berghof. Il précise que c'est une faveur, car aucun visiteur étranger n'a encore eu l'honneur d'y être convié. « On va vers les hauteurs », glisse Stehlin à François-Poncet. L'ambassadeur pense que c'est une allusion à la taille de Dörnberg, qui mesure deux mètres et devra se plier difficilement en deux pour se caler dans la Mercedes. Stehlin est mieux informé, et sait que le Führer a fait édifier un véritable nid d'aigle, d'où il peut embrasser d'un seul coup d'œil les Alpes, l'Allemagne et l'Autriche.

« Encore une insolence ! » lui murmure gaiement François-Poncet, qui s'apprête à aller de surprise en surprise.

L'ingénieur Fritz Todt, qui a couvert le Reich d'une toile d'araignée de plusieurs milliers de kilomètres d'*Autobahn*, a bien mérité de son Führer. Son organisation d'acier, ses techniciens, ses travailleurs et ses esclaves, puisés dans le réservoir inépuisable des camps de concentration, ont creusé au prix d'efforts prodigieux une route qui serpente longuement dans la montagne et conduit à un tunnel dont la gueule s'ouvre sur l'extérieur, comme celle d'une bête féroce tapie dans la roche. Postes de garde munis de mitrailleuses, interminable parcours souterrain où les pas résonnent entre les parois, lourdes portes de bronze, un ascenseur qui peut contenir plusieurs dizaines d'hommes en armes et monte à toute allure jusqu'au sommet de la montagne, couronnée à près de deux mille mètres d'altitude par le Nid d'Aigle du Führer.

L'ambassadeur laisse Stehlin dans une salle réservée aux officiers de service, et pénètre dans le vaste salon, où Hitler l'accueille devant une baie vitrée qui dévoile le panorama wagnérien dont il berce ses rêves de puissance effrénée et d'empire universel. Le Führer tend une main molle à son visiteur, son regard morne s'enflamme, il observe intensément l'effet de sidération qu'il peut lire sur le visage de son hôte. André François-Poncet ne se laisse pas facilement impressionner et il est habitué aux réalisations colossales du nazisme, mais son intelligence s'égare entre toutes les références qui lui permettraient de trouver le mot ou le nom qui désignerait ce qu'il découvre et le laisse littéralement sans voix. Le château des chevaliers du Graal, un dessin fantastique de Victor Hugo, le palais d'un milliardaire misanthrope, un repaire de brigands où ils accumuleraient leurs rapines et leurs trésors ? L'œuvre d'un esprit normal, ou celle d'un homme tourmenté par la folie des grandeurs, par une hantise de domination et de solitude, ou simplement en proie à la peur ? Hitler est satisfait par le maintien de François-Poncet, il l'entraîne aimablement près de la cheminée, où brûlent d'énormes bûches. Ribbentrop se tient dans l'ombre, immobile et silencieux. On sert le thé, agrémenté d'un assortiment de sucreries dont raffole le Führer.

Vaste tour d'horizon, comme l'écrirait Geneviève Tabouis dans *Marianne*. L'idée que la fameuse journaliste serait peut-être cachée dans un recoin du grand salon glisse une note de gaieté bienvenue dans l'esprit de François-Poncet, d'autant plus réjouissante qu'Hitler la déteste tout particulièrement. « La plus intelligente des femmes sait ce que je vais faire avant que je ne le sache moi-même ! »

Mais non, la petite souris qui pénètre partout et invente si bien ce qu'elle a deviné sans le savoir n'a quand même pas réussi à s'infiltrer dans le Nid d'Aigle. C'est bien dommage que l'ambassadeur ne puisse profiter de ses lumières « puisqu'elle ne prédit que des événements malheureux et, le pire, c'est qu'ils arrivent toujours », comme l'a si bien dit le ministre grec des Affaires étrangères, ce vieux renard de Nikolaos Politis, incollable par sa nationalité et ses fonctions en catastrophes politiques de tous ordres. Or, l'ambassadeur ne sait que penser de la teneur de son entretien avec Hitler.

Le Führer consacre les deux heures de la rencontre à dissimuler soigneusement ses intentions. Il s'exprime courtoisement, calmement, sur le ton tranquille d'une agréable conversation au coin du feu. Il s'anime seulement, avec une brusquerie soudaine, pour accuser l'Angleterre de perfidie, encore plus violemment que lors de son discours à Sarrebruck, et pour faire porter la responsabilité des incidents de Tchécoslovaquie sur l'impéritie et la mauvaise volonté du gouvernement de Prague, ce ramassis de politicards ignares et corrompus qui devraient lui manifester leur reconnaissance d'avoir été épargnés, alors qu'il aurait pu les balayer d'un revers de ses chars. Griefs forgés de toutes pièces, mauvaise foi récurrente : rien de neuf pour l'ambassadeur, qui connaît tout cela par cœur et qui garde un souvenir horrifié des journées de Nuremberg, où il s'est rendu pour la première fois en septembre. Les éclats de la voix devenue instantanément plus rauque, les yeux qui fixent avec une inquiétante intensité un horizon indéfinissable, le sérum de la terreur qui s'écoule d'un seul coup dans les veines du dictateur, c'est l'Hitler des menaces hystériques et des cris démoniaques traversant la pièce telle l'ombre d'une aile de vampire. Et puis ça passe et ça disparaît comme c'est arrivé, l'ambassadeur en a aussi l'habitude.

Autrement, pas de nouveaux indices sur ce que médite Hitler: incriminer l'Angleterre et ce malheureux Chamberlain pour tenter de créer un motif de désunion entre Londres et Paris, accabler les Tchèques malgré leur désolante servilité pour justifier la mise en coupe réglée de leur pays… il fallait s'y attendre, la presse nazie entonne ce genre de couplets à longueur de colonnes et on ne peut pas en tirer de conclusions sur la suite des volte-face imprévisibles du Führer. Sinon, rien de plus précis. Hitler est dans une phase de détente, et même s'il prépare quelques nouveaux coups redoutables à l'égard de Prague, où son emprise s'appesantit un peu plus chaque jour, du territoire lituanien de Memel, que parcourent des hordes nazies exigeant leur annexion au Reich, voire de la Pologne, dont le gouvernement de têtes folles s'illusionne sur son alliance avec Berlin, le discours demeure lénifiant et apparemment raisonnable.

Hitler se pose en garant de l'esprit de Munich, en défenseur de la paix et en partenaire digne de confiance de la France. Il est impossible de lui faire quitter la tanière de la bonne volonté dans laquelle il se cache. À quoi bon essayer ? Pour l'instant, il n'en sortira pas. Et d'ailleurs, Ribbentrop, sifflé comme un chien par son maître, s'approche avec son projet de convention de bon voisinage, qu'Hitler regarde à peine mais à laquelle il prétend accorder la plus grande importance, en se disant pressé de la voir signée entre la France et l'Allemagne. Enfin, c'est intéressant tout de même, ce papier que

François-Poncet prend pour un autre mensonge, que le Führer et son sbire avancent tel le prospectus de réclame d'un produit avarié et dont chacun des trois hommes qui en vantent l'intérêt pense qu'on pourrait, au fond, aussi bien le jeter au feu qui ronfle dans la cheminée monumentale. Oui, intéressant malgré tout, parce qu'il donne l'occasion à Hitler de dévoiler pour la première fois à l'ambassadeur des sentiments pleins de bienveillance à l'égard de la France. Vigilance, vigilance, mais c'est toujours bon à prendre.

François-Poncet accueille ces protestations d'amitié avec le plus aimable de ces sourires qui ont tant contribué à son agréable réputation. Qui a dit qu'on peut dîner avec le diable en se munissant d'une grande cuillère ? Le sinistre docteur Goebbels n'a-t-il pas rappelé récemment, et non sans raison, qu'« on ne gagne pas à la loterie si l'on ne veut pas courir le risque d'acheter au moins un billet ». D'où quelques notes en marge du télégramme que l'ambassadeur adressera au Quai d'Orsay.

François-Poncet : Le président Daladier sera très sensible à vos propos, monsieur le Chancelier.

Hitler : J'ai beaucoup apprécié le président Daladier lors de notre rencontre à Munich. Un homme de la terre qui a fait la guerre, pas de boniments inutiles. Comme moi. Alors que ces Anglais qui parlent avec une boule dans la bouche et qui ont avalé leur parapluie, je me demande comment il les supporte. D'ailleurs, il ne faut pas leur faire confiance, ils mentent comme ils respirent.

François-Poncet : Il a combattu dans le même secteur que vous et il a été blessé comme vous.

Hitler : Oh moi, c'étaient les yeux, les gaz m'avaient rendu aveugle.

François-Poncet : Il a une sainte horreur de la guerre.

Hitler : Comme moi ! Vous savez bien que je reçois avec honneur toutes les délégations de vos anciens combattants qui demandent à me voir. Je vous remercie ainsi d'avoir fait venir M. Scapini, je m'incline avec respect devant cet aveugle de guerre.

François-Poncet scrute Hitler, pour la dernière fois, il l'espère. Un petit employé sans prestance, avec des manières communes et une voix rauque où traîne l'accent d'un patois autrichien. Teint livide d'insomniaque et regard terne avec des yeux bleus fixés dans le vide. Heureusement pour les caricaturistes, la mèche et la petite moustache en brosse ; sinon, rien à retenir. Seules les mains sont belles et soignées. François-Poncet a pensé longtemps qu'elles étaient manucurées comme celles d'un inverti, mais Stehlin lui a confié qu'il y aurait une femme quelque part, une certaine Eva Braun que personne ne connaît hors du cercle rapproché du Führer.

Hitler observe lui aussi l'ambassadeur. Un de ces Français trop distingués qui ne savent rien du peuple et dont la politesse l'exaspère. Cette moustache bien cirée qui rebique sur les côtés, ce parfum d'eau de lavande, cette langue allemande mélodieuse. La vignette parfaite de l'ennemi héréditaire déguisé en homme du monde.

François-Poncet : Cela faisait plusieurs années que le président Daladier voulait vous rencontrer, avant Munich.

Hitler : Oui, à Kehl sur le Rhin, j'y étais tout à fait favorable, mais le Front populaire et votre presse juive ont torpillé le projet. Ils seront toujours contre nous, ils veulent la guerre, une autre guerre.

François-Poncet: Le Président vous a saisi de ses projets pour humaniser la guerre...

Hitler: Je lui ai répondu affirmativement. Nous pouvons travailler sur ce sujet, à condition que la Société des Nations ne vienne pas y fourrer son nez. L'Allemagne a quitté la SDN, ce n'est pas pour y retourner par une autre porte. Toutes ces réunions, ces paroles inutiles pour savoir si le Paraguay a raison contre la Bolivie, ces incapables qui festoient dans les restaurants et les hôtels de Genève ! Vous savez bien qu'ils ont fait échouer la Conférence sur le désarmement malgré toutes les offres et les propositions de l'Allemagne. Je vous la laisse, votre SDN avec votre ministre Paul-Boncour qui insulte le Duce en le traitant de César de carnaval, et ce singe-là, le Négus, qui vient gémir à la tribune. L'Éthiopie, membre de la SDN ! La belle affaire ! Et pourquoi pas les Nègres de nos anciennes colonies ! Les Italiens ont bien fait de partir eux aussi. Il n'y a plus que des microbes de nations pour s'y intéresser et les Russes, les Soviets avec ce Juif de Litvinov... Un Juif bolchevique à la SDN, grand bien lui fasse !

François-Poncet: Une partie de l'opinion publique française a du mal à vous suivre, elle en est restée à vos déclarations dans *Mein Kampf*.

Hitler: Allons, allons, on sortait de la guerre, le coup de poignard dans le dos, ce torchon de traité de Versailles. L'occupation de la Rhénanie avec Poincaré qui nous envoyait tous ses Nègres. Ils ont souillé la race allemande en profitant de l'innocence de nos femmes. Vous les avez vus, ces métis de Nègres, dans les villes allemandes, on ne sait pas quoi en faire, même pour le service du travail obligatoire.

François-Poncet: Donc, c'était le message du patriotisme et de l'indignation, la France ennemie éternelle...

Hitler: Exactement. Vous avez un brillant jeune journaliste qui est en train de faire une nouvelle édition avec une traduction appropriée. Je l'ai reçu à ce sujet. Jacques Benoist-Méchin. Il a aussi écrit *Histoire de l'armée allemande*, dont mes généraux me rebattent les oreilles. Ce sont des hommes comme lui qu'il nous faut pour avancer.

François-Poncet: Fernand de Brinon, Bertrand de Jouvenel, Abel Bonnard, Alphonse de Châteaubriant, vous faites leur carrière en leur accordant des entretiens, monsieur le Chancelier.

Hitler: Oui, des gens comme ça, qui ne se laissent pas manœuvrer par les communistes et les Juifs – les Juifs, surtout, le poison de votre politique.

François-Poncet: Permettez-moi de ne pas porter le même jugement sur notre politique, monsieur le Chancelier.

Hitler: Vous verrez, vous verrez. Ils ont déjà gangrené votre haute finance et vos usines. On me projette aussi quelques-uns de vos derniers films: *Le Quai des brumes*, *La Grande Illusion*, tout ce pacifisme bêlant pour des enfants, ce désespoir apporté par la perversité du pseudo-romantisme juif. En Allemagne, le docteur Goebbels a balayé toute cette ordure.

François-Poncet pense qu'il n'a plus à redouter de mauvaises surprises de la part de cet homme étrange et imprévisible, et pourtant si. Il reste sidéré chaque fois par ses sautes d'humeur brutales: aimable et courtois tout à l'heure, s'exprimant calmement, et soudain ce ton métallique, ces expressions d'une rage mal contenue. Dès qu'il parle des Juifs, cette violence qui affleure. Puis, après, plus rien, il se calme comme il s'est mis en colère. Hitler pense: qu'il aille redire à ses maîtres que le Führer n'a pas fini de régler ses comptes avec les Juifs.

François-Poncet: Malheureusement, je ne pourrai pas assister à la signature de la déclaration entre M. Ribbentrop et mon ministre, M. Bonnet.

Hitler: Que cela ne vous empêche pas de bien la préparer!

François-Poncet: M. Coulondre me remplacera. Vous avez donné votre accord pour qu'il me succède. Un diplomate de grande valeur. Il parle également l'allemand.

Hitler: Tous les ambassadeurs de France parlent allemand, décidément! C'est bien.

François-Poncet: Il était en poste à Moscou.

Hitler: Nous y avons Schulenburg, le comte Friedrich-Werner von der Schulenburg. Encore un de ces fieffés aristocrates. Je me suis débarrassé de tous ces princes qui me suppliaient de restaurer les Hohenzollern quand je suis arrivé au pouvoir, mais il y a encore des aristocrates partout, dans l'armée, la diplomatie.

François-Poncet: Si je puis me le permettre, monsieur le Chancelier, vous avez bien le fils du Kaiser, le prince August-Wilhelm, parmi vos disciples les plus fervents.

Hitler: Aussie? Mais c'est un imbécile! Juste bon à déposer des gerbes dans les cimetières. Ribbentrop va vous l'envoyer au cimetière allemand de Paris au printemps prochain, et il se répandra ensuite partout pour dire que le Führer lui a confié une mission très importante.

François-Poncet: Il pourra visiter Paris !

Hitler: Visiter Paris, oui, moi aussi, j'aimerais pouvoir visiter Paris. Les monuments, le Louvre, les collections des grands maîtres de la peinture. N'oubliez jamais que je suis d'abord un artiste.

François-Poncet revoit mentalement les tableaux et les cartes postales qu'Hitler peignait à Vienne quand il y traînait comme une sorte de clochard refusé par les écoles d'art. C'est vrai qu'il a une certaine patte, mais les couleurs sont éteintes, les paysages vides. Il repense à cette visite de l'exposition d'art français où le Führer dissimulait à peine son dédain pour l'« art dégénéré » des impressionnistes. Il y a quand même acheté une statuette. Qu'est-ce qu'elle a pu devenir, cette statuette ? François-Poncet jette un regard furtif autour de lui. En tout cas, elle n'est pas là, on l'imagine mal dans ce décor dépouillé et glacial.

Hitler repense à ces architectes français qu'il a reçus ici il y a quelques jours. Une bonne leçon pour eux, appelés à admirer des maquettes du futur Berlin, Germania, modelées par Speer, sur ses instructions. Stupéfaits, les architectes, rien à voir avec ce que peut produire leur République agonisante !

François-Poncet: Cela arrivera certainement un jour, monsieur le Chancelier, lorsque la situation politique sera plus favorable.

Hitler: Peut-être, mais j'ai déjà cinquante ans et encore tant de choses à accomplir pour l'Allemagne. Vous allez nous manquer, vous êtes un vrai Français, monsieur l'Ambassadeur. Je vous ai beaucoup apprécié.

François-Poncet : Ce fut un honneur pour moi d'accomplir ma mission en Allemagne, auprès de vous, monsieur le Chancelier.

Hitler: Il faudra revenir me voir, Excellence, vous serez le bienvenu et j'aurai toujours plaisir à causer avec vous. J'y tiens d'autant plus qu'il n'y aura plus de sujets de frictions entre la France et l'Allemagne, puisque j'ai renoncé à l'Alsace et à la Lorraine. Ça n'a pas été simple, croyez-moi, entre le parti et l'armée, qui étaient d'accord pour une fois et ne voulaient pas que le Reich abandonne des provinces qui sont en vérité bel et bien allemandes. Il a fallu les forcer. Et pourtant, oui, j'y ai renoncé, ce sera inscrit dans la déclaration. Ils peuvent être fiers de vous, à Paris. Le Führer ne remet pas en cause les frontières actuelles de la France, le Führer renonce à l'Alsace-Lorraine.

”

Il fait nuit. François-Poncet[1] a laissé Hitler et Ribbentrop dans la solitude du Nid d'Aigle. En sortant du tunnel, il lève la tête et regarde la masse écrasante et sombre des rochers, au-delà, vers le sommet de la montagne. La grande baie est éclairée, la lumière dans le salon n'a pas été éteinte. Que sont-ils en train de se dire, ces deux hommes dangereux animés par des passions mauvaises ? Pour une fois, l'ambassadeur n'a pas envie de le savoir, sa mission est terminée. Il lui reste seulement à rédiger le compte rendu de son entretien pour le Quai d'Orsay, aussi exact et précis que possible, en insistant dans sa conclusion sur l'impérieuse nécessité de n'accorder aucun crédit aux paroles aimables dont le Führer l'a abreuvé.

1. André François-Poncet retrouvera l'Allemagne à plusieurs reprises : emprisonné en 1943 sur ordre d'Hitler, haut-commissaire de la zone d'occupation française en 1949, ambassadeur en République fédérale en 1955. Membre de l'Académie française.

Il garde le silence. Stehlin l'attend devant la Mercedes qui le conduira à l'aéroport de Berchtesgaden. Le capitaine vient de passer ces deux heures dans l'atmosphère morose du corps de garde des SS. Il aurait sans doute beaucoup de choses à raconter. Il sait si bien trouver un sens à chaque détail ; mais il se tait devant le visage fermé de l'ambassadeur, qui s'abîme dans ses pensées et reste muet. Obstinément. Ce qui ne lui ressemble pas quand il trouve toujours un mot plaisant, une formule amusante pour dissiper la tension des situations difficiles.

Dans le Junkers qui les ramène à Berlin, à l'approche de Tempelhof, le jeune attaché militaire tente pourtant de rompre la glace. « Dans un mois, monsieur l'Ambassadeur, en Italie, avec Mussolini, vous ressentirez moins d'inquiétude. » François-Poncet sort brusquement de son apathie et lui lance un regard courroucé : « Détrompez-vous, Stehlin, en Europe aujourd'hui, il y a deux fous en liberté ! »

Hitler – André François-Poncet.

Chapitre 6
Les deux amis

Ah, les cons ! s'ils savaient…
Daladier devant la foule en liesse
qui l'accueille au Bourget, à son retour
de la conférence de Munich

Édouard Daladier est une énigme, peut-être aussi pour lui-même, car c'est un homme qui ne pratique guère l'introspection. Il ne se confie qu'à un petit cercle de proches, ses collaborateurs directs, qui lui vouent une admiration et une fidélité sans faille. Ils sont sérieux et compétents, mais sans grand relief ni beaucoup d'imagination. Fonctionnaires issus de la filière préfectorale ou des grands corps de l'État, ils lui doivent leur carrière. Ils le craignent aussi. Leur patron lit toutes les notes et tous les dossiers qu'ils préparent pour lui, et c'est un maître des corrections au crayon rouge et des questions obliques, qui traque sans pitié les approximations et les réflexions superficielles. Souvenirs des longues années où il fut enseignant dans les lycées, il morigène vertement comme le ferait un professeur avec ses élèves. Mais s'il sermonne, il ne punit pas, abrupt et volontiers coléreux, il sait se faire aimer. On subit ses algarades sans se plaindre, on n'ébruite pas ses éclats de voix, on le suit sans rechigner, c'est un homme qu'on ne quitte pas. Le type assez rare du sentimental triste dont les fleurs poussent à l'intérieur, et que l'on servira en toutes circonstances.

Il manque d'allure ; taille moyenne, râblé, la tête enfoncée dans les épaules, une maigre touffe de cheveux rescapés de la calvitie, ni beau ni laid, mais le corps d'ancien sportif engoncé dans des gros manteaux et des complets sombres d'employé aux écritures, la démarche lourde sur des croquenots de flic. Un petit bourgeois de province, le Français moyen en visite quand on le compare au Premier ministre britannique, Neville Chamberlain, vieux gentleman tiré à quatre épingles avec ses cols cassés et ses costumes venus de Savile Row et son parapluie qui ne sert à rien d'autre qu'à faire la joie des caricaturistes ; rien à voir non plus avec le ministre des Affaires étrangères de celui-ci, lord Halifax, grand vautour suave à l'élégance impeccable et funèbre d'un croque-mort qui viendrait d'enterrer la reine Victoria. Sans parler de tous ces nazis qui paradent en uniforme et pètent de santé et d'arrogance. Odeur de naphtaline pour lui, parfum de violette et arômes de Jermyn Street pour les suivants, musc des bagarres pour les derniers.

C'est un digne enfant de la République, fils d'un boulanger de Carpentras. La communauté juive y est importante depuis le temps du règne des papes qui la préservèrent ; la famille prend parti pour Dreyfus. Bibliothèque riche d'un fonds considérable, école communale modèle Jules Ferry, où l'intelligence et l'ardeur au travail du jeune Édouard sont remarquées par son instituteur. « Je ne passerai pas mon certificat, je passerai mon baccalauréat. » Le père acquiesce : « S'il le veut, le petit étudiera. » Bourse, interne au lycée Ampère de Lyon, où il aura Édouard Herriot pour professeur, ascension scolaire à l'effort et au mérite, sans renier la modestie de ses origines. « Ne me parlez pas du peuple, je le connais encore mieux que vous », répondra-t-il avec humeur, un jour, à Léon Jouhaux, le patron de la CGT.

Premier à l'agrégation d'histoire, professeur de lycée à Nîmes puis Grenoble, noté par l'inspection : « M. Daladier est né chef de groupe et chef d'école. » Il est élu maire de Carpentras à vingt-sept ans, lors de la percée surprise d'un mouvement orienté à gauche, « Les Hommes nouveaux de la République », dont le programme plutôt vague consiste surtout à « sortir les sortants ». Survient presque aussitôt la guerre. Simple soldat, il manifeste un grand courage, traverse les pires batailles avec blessures et citations, et se retrouve capitaine à l'heure de la victoire. L'épreuve du feu, l'horreur des tranchées et des combats le marquent au fer rouge. Il en gardera la hantise de précipiter une autre génération dans une nouvelle guerre, et se sentira toujours investi de la mémoire de ses camarades tombés au front pour éviter d'ajouter encore des morts à ceux qu'il a vu tomber autour de lui. Il le dira et l'écrira plus tard à Hitler, avec des accents profondément sincères et émouvants.

Député du Vaucluse en 1919 aux couleurs de la mouvance radicale-socialiste quand c'est le bleu horizon qui obtient la majorité à la Chambre, il passe pour un espoir de la vie politique avec ses déclarations sonores et prudentes : « La France épuisée et meurtrie a un besoin absolu de sécurité et de paix. » Herriot, qui a déjà largement entamé sa carrière de ministre à tout faire, l'a pris sous son aile. Daladier a visité avec enthousiasme l'Italie durant son voyage de noces, avant la guerre. Il parcourt à présent avec son protecteur l'Allemagne de la misère, de la rancœur et de l'incertitude, et la Russie de la nouvelle politique économique, où un libéralisme éphémère pointe timidement le nez. Ils se trompent dans les grandes largeurs tous les deux, en prévoyant une révolution communiste à Berlin et le retour du capitalisme à Moscou. Il devient ministre à plusieurs reprises. Colonies, Travaux publics, Instruction publique et Beaux-Arts ! Herriot donne encore le *tempo* des tours de valse.

Daladier est nommé président du Conseil, enfin, en 1933, quand la grande crise économique atteint la France de plein fouet. Il est pris dans les remous de l'affaire Stavisky, l'escroc corrupteur au carnet d'adresses doré sur tranches, retrouvé dans un chalet de Chamonix, suicidé d'une balle qu'on lui a tirée dans le dos, comme le précise gentiment *Le Canard enchaîné*. Le scandale déclenche une crise de conscience sans précédent à l'égard de la République, dont profitent l'extrême droite et plusieurs ligues d'anciens combattants pour tenter de renverser le régime. Daladier démissionne à la suite de l'émeute cataclysmique du 6 février 1934, qu'il n'a su ni prévenir ni vraiment réprimer. « Le gouvernement, responsable de l'ordre, se refuse à l'assurer aujourd'hui avec le concours de moyens exceptionnels susceptibles d'entraîner une répression sanglante et une nouvelle effusion de sang. Il ne veut pas employer les soldats contre les manifestants. » Démission, solitude, sentiment d'avoir été trahi par ses pairs, amertume, effacement temporaire. L'extrême droite défile aux cris de « Au poteau, au poteau, Daladier le fusilleur », alors qu'il n'a fusillé personne, justement. Premier accident sérieux d'un parcours politique qui avait surmonté toutes les embûches d'un parlementarisme en pleine déliquescence.

Le passage à vide ne dure pas longtemps. Par conviction, car l'alerte factieuse a été chaude, et par habileté tactique pour sortir de la crise politique, il devient l'un des maîtres d'ouvrage du Front populaire aux côtés du socialiste Léon Blum et du communiste Maurice Thorez. « Si ma présence a un sens, c'est le suivant : il s'agit d'un accord fraternel dans la bataille républicaine entre classes moyennes et prolétariat. » Loyal vis-à-vis du Front populaire comme vice-président du gouvernement et ministre de la Défense nationale, il le laisse s'essouffler sans réagir. « Toutes les réformes, nous les acceptons, mais dans l'ordre et la paix intérieure. La paix sociale est la condition indispensable d'une défense nationale efficace. » Il en sera finalement le fossoyeur, en accédant à la présidence du Conseil en avril 1938. « On ne peut s'accommoder d'un ralentissement ou d'un arrêt de la production, surtout dans les industries qui travaillent pour la sécurité du pays. » Devant la montée du péril hitlérien, il se veut le grand ordonnateur du redressement qui remettra les Français au travail pour rattraper le retard sur une Allemagne enrégimentée. Il rogne sur les quarante heures, soutient le plan de rigueur et de productivité de Paul Reynaud, son ministre des Finances qui rêve de le remplacer. Il brise la grève générale de novembre et lance un programme de réarmement. Il n'hésite pas à ouvrir des camps d'internement pour les étrangers jugés indésirables. Les accords de Munich, qu'il considère pourtant comme le résultat d'un traquenard, l'ont rendu extrêmement populaire.

Longtemps figure centrale du Parti radical, Daladier lui appartient par toutes les fibres de son attachement à la République, son aptitude aux marchandages, aux compromis et aux pansements provisoires appliqués à une instabilité ministérielle endémique. Il en est devenu le chef, après avoir réussi à supplanter Herriot, le père tutélaire dont il était le successeur naturel, un autre premier à l'agrégation, mais de lettres, dans cette élite républicaine où les humanités classiques l'emportent largement sur les diplômes de droit ou d'économie. Orateur puissant dans les congrès du parti et au cours des campagnes électorales, il est vraiment à son affaire à la Chambre des députés et c'est un orfèvre des combinaisons gouvernementales, du dosage subtil dans l'attribution des maroquins.

Mais le temps presse, en vérité ; il réclame et obtient les pleins pouvoirs, gouverne à coups de décrets-lois. Ses adversaires crient à la « dictature Daladier ». Pourtant, ses relations sont restées convenables quoique sans chaleur avec Léon Blum, tandis qu'il est à couteaux tirés avec les communistes, qui l'accusent d'avoir trahi le Front populaire. Il est en fait quatre fois prisonnier. Du mécanisme de la marche à l'abîme orchestré par Berlin et l'égoïsme aveugle de l'allié britannique ; de l'impéritie des gouvernements précédents qui ont laissé s'affaiblir la France ; d'un système politique qui lui a permis d'accéder au pouvoir. Il le sait, mais il ne parvient pas à maîtriser les remèdes à ces engrenages implacables. Comme l'écrira le redoutable journaliste Pertinax : « Daladier fut l'image de la dernière décade républicaine. Coulé dans la facilité du régime, il était inapte à le rendre totalitaire pour la lutte. »

C'est un bourreau de travail qui accumule rapidement la masse des parapheurs entassés sur son bureau, un patriote incorruptible qui se garde des francs-maçons, des puissances d'argent et des groupes de pression. Il se méfie des militaires, se plaint des généraux dont les querelles l'exaspèrent, mais il peine à leur imposer son autorité. Il soupçonne d'incompétence le chef des armées Gamelin, tout en se refusant à remplacer celui dont le prestige l'intimide, et il songe même à en faire un maréchal de France. Au fond, il ne connaît pas grand-chose à l'armée, à la stratégie militaire, aux instruments d'une guerre moderne, et il est sourd aux recommandations d'un officier qui tente vainement de l'alarmer, ce colonel de Gaulle, dont il affirme pourtant avoir apprécié les ouvrages.

Ministre de la Guerre et de la Défense nationale, autant que président du Conseil, Daladier n'a pas voulu s'installer à Matignon et gouverne depuis l'hôtel de Brienne, d'où il exerce sa prééminence symbolique sur les militaires. Même ses adversaires lui reconnaissent une grande intelligence, mais celle-ci l'incite à douter, à peser le pour et le contre, interminablement, plutôt qu'à décider. Réputé énergique, il se laisse surnommer « le taureau du Vaucluse », même s'il attend souvent le lendemain ; le Premier ministre britannique Chamberlain, qui n'a pourtant pas de leçon de détermination à offrir, précise : « Oui, un taureau avec des cornes d'escargot. » « Un taureau qui sent l'étable », dira Caillaux, l'inoxydable et perfide président de la commission des Finances du Sénat. Et Pertinax encore : « Du taureau, il a, si l'on veut, la forte encolure, mais certainement pas le goût de foncer sur l'obstacle. Il est faible et flottant. Il n'est pas un personnage convexe à la Clemenceau, il est concave.» Le président du Sénat, Jeanneney, est aussi critique: «Sans boussole, ballotté entre tous ceux qu'il a consultés. D'où sa nature à la fois craintive et brutale. Il sent l'embarras de son irrésolution.» D'ailleurs, une bonne partie de la presse le brocarde sans pitié, ce qui le braque, le blesse et l'humilie.

Daladier ne se fait pas d'illusions sur les hommes en général, il peine à comprendre leurs travers et leurs passions, utilise leurs faiblesses pour se maintenir, et ne se juge pas meilleur qu'eux, ce qui l'incite à la réserve et au silence, lui fait adopter des manières brusques et bourrues, ce masque de gravité mélancolique qui ne le quitte pas. Homme du Midi, pas celui de la Côte d'Azur mais celui des garrigues sèches, du mistral et des villages pauvres et renfrognés, il en a l'austérité et la rudesse. C'est un pessimiste que le soleil n'a jamais réchauffé.

Durant sa jeunesse, il était sportif, ramait sur le Rhône, montait régulièrement à cheval, traversait la Provence à bicyclette. Il lui arrive encore de venir à l'hôtel de Brienne sur sa moto Norton, à l'ébahissement des gendarmes. On l'a connu gai et cordial, aimant les plaisanteries faciles. C'était il y a longtemps, il lui en reste une politesse un peu gourmée avec les dames, une courtoisie délicate lorsqu'il rencontre des artistes ou des écrivains, une bienveillance chaleureuse à l'égard des humbles et des sans-grade. Les tirailleurs marocains avec qui il a combattu durant la guerre lui étaient viscéralement attachés. Il a gardé un souvenir ému du ministère des Colonies, où il les avait retrouvés.

Il ne dîne pas en ville, est embarrassé en société et ne parle pas un traître mot d'anglais, une faiblesse dont il a secrètement honte. En revanche, féru d'histoire antique, il ausculte le monde en phrases latines, se voudrait Marc

Aurèle puis Virgile, avant de s'endormir comme une masse, assommé par la fatigue, les soucis, l'inquiétude. Veuf et inconsolable de la mort de sa femme, son amour de jeunesse, il a vécu longtemps dans un appartement sinistre proche de l'avenue de la Grande-Armée avec ses deux fils adolescents et sa sœur acariâtre pour tenir son ménage.

Mais il entretient désormais une liaison inespérée avec la marquise de Crussol d'Uzès. Jouissant d'une belle fortune procurée par des conserveries de poissons – d'où le mot célèbre sur « la sardine qui s'est crue sole » –, c'est une compagne avisée et discrète, qui lui a fait découvrir le beau monde, l'autre Midi, celui de la Riviera des promenades en bateau et des bains de mer. Elle a aussi obtenu qu'il ne roule plus ses cigarettes en public et n'accroche pas sa serviette autour de son cou dans les dîners officiels. Il lui est très reconnaissant d'avoir apporté un parfum de gaieté à sa vie mélancolique. Elle le protège et l'apaise, sans profiter de sa position, contrairement à sa rivale, l'ambitieuse comtesse de Portes qui harcèle son amant Paul Reynaud d'intrigues, de cancans et de serments d'amour. Étrange paradoxe de ces dragons républicains qui prennent des aristocrates pour maîtresses, comme Alexis Leger, l'inamovible secrétaire général du Quai d'Orsay, avec la comtesse de Fels.

Édouard Daladier a aussi un ami de cœur qu'il traîne avec lui et tyrannise depuis vingt ans, son directeur du cabinet civil, le timide et dévoué Marcel Clapier, natif de La Bastide-des-Jourdans, encore le Vaucluse, avec qui il s'entretient volontiers à cœur ouvert en provençal, lorsqu'ils pratiquent une camaraderie confidentielle et ne veulent pas être écoutés. Or, en ce 6 décembre 1938, ils ont beaucoup de choses à se dire, mais comme ils sont seul à seul, ils n'ont pas besoin d'abuser de leur subterfuge favori.

Édouard Daladier: Alors, Clapier, vous savez comment ça s'est passé ce matin ? Pas d'incidents, de mouvements divers ?

Marcel Clapier: Aussi bien que possible, monsieur le Président. Le préfet Langeron avait fait boucler le quartier. Il avait très bien préparé les choses avec les services de leur ambassade, pour contrôler les invitations. Et puis franchement, cette gare des Invalides, il faut beaucoup chercher pour la trouver ! En tout cas, les photographes et les reporters allemands ont pu aussi travailler comme ils l'avaient demandé.

Daladier allume une cigarette Boyards papier maïs. Il a pris l'habitude de fumer pendant la guerre. Le tabac et le vin du soldat, la République était généreuse avec ceux qu'elle envoyait à la mort. La Boyards papier maïs, c'est fort, c'est ce qu'il lui faut à l'idée de devoir supporter Ribbentrop et tous ces Allemands pendant deux jours. Ces Boches qui ne fument pas, qui font semblant de ne pas boire, comme leur Führer, ce végétarien dont le vice est la violence, on a quand même bien fini par les battre. Sa pensée vagabonde comme les volutes de la Boyards. Clapier ne dit rien, il a l'habitude des absences de son président quand il aborde une situation dangereuse. Elles ne durent jamais longtemps.

Édouard Daladier: Oui, la propagande de Goebbels, ils ne laissent rien au hasard, il leur faut des images.

Le discours de la paix, le ministre du Reich qui tend la main aux Français de la part du Führer, toute cette mise en scène, je connais tout ça par cœur. C'était à Munich, la foule qui agitait des petits drapeaux à croix gammée sur le parcours dès l'aérodrome, et Ribbentrop qui me disait dans la voiture : « Vous voyez, ils sont venus pour vous saluer, le peuple allemand veut la paix. » Vous l'avez trouvé comment, Ribbentrop, ce matin ?

Marcel Clapier : Bien plus aimable qu'à Munich. En dehors de vous et de Leger, nous n'étions que du menu fretin, il ne nous avait même pas regardés. Ce matin, de grands sourires à tout le monde, il a parlé du beau temps, un heureux présage pour sa visite, très content de revoir Paris, où il a beaucoup d'amis, et de faire enfin connaissance avec Bonnet, qu'il n'avait jamais rencontré. Ce genre de choses pour faire plaisir. En bon français. Sa femme aussi, l'air très à l'aise avec nos dames. Mais je pense comme vous, monsieur le Président, ça ne veut rien dire, avec eux, on ne sait jamais.

Édouard Daladier : Et Bonnet, vous l'avez trouvé comment ? Il n'était pas à plat ventre ?

Marcel Clapier : Plutôt convenable, il fallait être sobre devant la presse. Vous savez comme il est, ne jamais se découvrir.

Édouard Daladier : C'était son jour de gloire, pourtant. Il a tellement insisté pour le faire venir, pour ne pas changer les dates malgré les circonstances. Vous l'avez bien vu à la manœuvre : « Si on repousse la signature et la visite, ce sera un incident diplomatique très grave... » Avec cette manie de téléphoner tout le temps plutôt que d'écrire pour ne pas laisser de traces, ça m'exaspère. Enfin, là, des traces, il va y en avoir, avec tous ces photographes.

Marcel Clapier: Quand le ministre a fait le salut hitlérien devant les délégués de la communauté allemande, il regardait ailleurs. C'était interminable et il regardait ailleurs.

Édouard Daladier: Les délégués de la communauté allemande ? Un ramassis d'affairistes, de nazis camouflés et de pauvres types terrorisés rameutés par ce voyou d'Otto Abetz, sur qui j'ai les plus mauvais renseignements. Et la fameuse baronne Machin-Chose qui tient table ouverte au Meurice, elle était là aussi ?

Marcel Clapier: La baronne von Einem ? Non, en tout cas, je ne l'ai pas vue. Elle se fait plus discrète, avec tous les dossiers que nous avons sur elle. Elle m'a fait inviter, une fois, mais je n'y suis pas allé.

Édouard Daladier: Vous avez bien fait. Welczeck devait être au supplice. Son ministre et lui, ce n'est pas du tout le même monde. Moi, j'ai de l'estime pour cet ambassadeur. Il a été très bien avec nous pendant l'affaire de l'assassinat du conseiller vom Rath par ce pauvre réfugié juif.

Marcel Clapier: Grynszpan, dix-sept ans, des parents terrorisés et frigorifiés campant sur le *no man's land* entre l'Allemagne et la Pologne, refusés de partout…

Édouard Daladier: Oui, c'est ça, Grynszpan, un pauvre gosse perdu. Welczeck a fait tout son possible pour ne pas nous embêter avec les nazis qui poussaient derrière pour que ça s'envenime. Pas un mot de trop quand nous sommes allés à l'ambassade pour présenter nos condoléances avec Bonnet. Et en plus, c'était lui qui était visé. Le jeune l'a croisé dans la cour sans le reconnaître, avant d'aller tuer le conseiller, j'allais dire faute de mieux. C'est affreux.

Daladier pense aux photos du jeune meurtrier qui sont parues dans la presse. À peine plus âgé que son fils Jean, un garçon qui serait capable de faire la même chose pour venger son père. Le remords lancinant de ne pas assez s'occuper de lui serre brusquement Daladier, il lui a tellement promis qu'il prendrait bientôt une journée entière qu'ils passeraient ensemble ; mais comment faire ? Le président du Conseil n'a pas une minute à lui. Clapier a compris, il tente de faire dévier la conversation.

Marcel Clapier : Vous savez qu'il y a des rumeurs qui circulent sur la victime. Il n'était pas nazi et sortait beaucoup dans ces cercles, ces établissements où on ne rencontre que des messieurs. On l'y appelait, paraît-il, « Notre-Dame de Berlin »...

Édouard Daladier : N'écoutez pas ce genre de ragots. Vous savez que je déteste ça.

Marcel Clapier : On dit même qu'il y aurait fait la connaissance de son assassin, ce qui jette un autre éclairage sur toute l'affaire.

Édouard Daladier : Vous lisez trop les faits divers dans *Paris-soir*. Moi, ce que je retiens de toute cette triste affaire, c'est ce que Welczeck doit endurer sans trahir ses sentiments. La Nuit de Cristal, ces persécutions abjectes contre les Juifs, ce doit être impossible à expliquer pour lui. Un homme si convenable.

Marcel Clapier : Il paraît qu'il veut prendre sa retraite.

Édouard Daladier : Avec eux, on ne s'en sort pas comme ça. Vous avez vu comment Hitler s'est débarrassé de Röhm et de tous ceux qui lui faisaient obstacle. Röhm, c'était son camarade, son âme damnée. Vous n'avez quand même pas oublié la Nuit des Longs

Couteaux, ce massacre digne d'un règlement de comptes entre gangsters ? Et Blomberg et Fritsch, les officiers supérieurs qu'il a cassés pour des affaires de mœurs montées de toutes pièces. Il les a jetés en pâture, au déshonneur et à l'humiliation. François-Poncet, vous savez ce qu'il en pense. Coulondre, qui vient juste d'arriver à Berlin, il est déjà du même avis. Il compare avec Moscou. Chez les Soviets, on fusille, une balle dans la nuque au fond d'un cachot, après un procès de grand-guignol ; chez les nazis, on assassine au petit matin, ou alors c'est Dachau, le camp de concentration, la mort lente. Dire qu'il faut qu'on traite avec de telles gens. Bonnet, ça n'a pas l'air de le gêner. Et puis ces généraux, ces diplomates comme Welczeck qui ne sont pas d'accord, avant tout ce sont aussi des Allemands, alors ils obéissent.

Marcel Clapier: Ils ne sont pas les seuls ! Notre président de la République, le digne Albert Lebrun, il voulait retarder lui aussi la visite de Ribbentrop, et à cette heure-ci, il est obligé de le recevoir. Il fait ce que vous lui avez demandé de faire.

Édouard Daladier: Ce n'est pas la même chose ; le Président applique les décisions du gouvernement et il ne s'agit que d'une visite de courtoisie. Il ne peut pas faire autrement. C'est toujours comme ça que ça se passe. Il faut bien qu'il reçoive tout le monde, le prince de Siam qui est un gamin, le président Hoover qui n'a plus voix au chapitre en Amérique, le roi Carol II de Roumanie qu'il a emmené à la chasse à Rambouillet avec son fils, le voïvode Michel, qui n'ouvre pas la bouche tant il est terrifié par son père. Vous me voyez faire des simagrées avec toutes ces personnalités, comme si j'avais le temps avec tout ce que j'ai à faire.

Marcel Clapier: Alors, pourvu que ça dure ?

Édouard Daladier: Oui, pourvu que ça dure. Vous savez très bien ce que je souhaite. Qu'il se représente en avril, qu'on le réélise et que l'on continue comme ça. D'ailleurs, c'est ce que désirent les Anglais, et pour une fois, ils ont raison. Vous savez ce que m'a dit la reine, quand j'ai couché à Windsor, où j'ai eu si froid avec un calorifère qui ne marchait pas dans une chambre immense ? Les Anglais, leur confort, leur cuisine, tout un programme, n'est-ce pas…

Marcel Clapier: La reine fait campagne pour Lebrun ? Comment est-ce possible ?

Édouard Daladier: À demi-mot, à demi-mot, mais le message passe très bien. « Le roi et moi, nous apprécions beaucoup le président Lebrun. Il nous a si bien reçus lors de notre voyage à Paris l'été dernier. » C'est une femme très intelligente, très déterminée. Bien plus que son mari. La poigne de fer dans un gant de dentelle.

Clapier sent bien que la conversation prend un tour un peu difficile, mais il ne peut pas s'empêcher de poursuivre son idée. Devenu président de la République, Daladier l'emmènerait certainement avec lui ; le fils du charron de La Bastide-des-Jourdans, ce village perdu du Vaucluse, l'enfant de l'école laïque ayant monté un à un les échelons du savoir et de la réussite sociale. Mais son patron n'aime pas parler de tout cela. Il rallume une Boyards papier maïs, ce qui n'est pas bon signe.

Marcel Clapier: Il y a tout un mouvement dans le parti pour que vous vous présentiez ou pour que ce soit Herriot.

Édouard Daladier: Oui, pour se débarrasser de moi ! Et Herriot n'ira pas non plus, il tient trop à son confort ! Il préfère la présidence de la Chambre, l'hôtel de Lassay ; c'est joli, l'hôtel de Lassay, pas trop grand, la bonne taille. L'Élysée, on s'y perd, c'est froid, impersonnel. Vous savez à quel point Herriot aime les palais nationaux, il les connaît tous, un vrai *Guide Michelin*, les trois-étoiles et les autres...

Marcel Clapier: La cuisine est meilleure à l'hôtel de Lassay. Quand on a vu le président Herriot à table, on comprend mieux, c'est incroyable tout ce qu'il ingurgite.

Édouard Daladier: Le président Herriot est un grand homme. L'Hercule bienfaisant de la République. Il a l'appétit de sa puissante personnalité. Je n'aime pas qu'on le brocarde, vous devriez le savoir depuis le temps. Je lui suis redevable de ma carrière.

Marcel Clapier: Votre carrière, vous ne la devez qu'à vous-même !

Édouard Daladier: C'est vous qui le dites. En tout cas, ce n'est pas ce qu'il pense. J'ai toujours autant de peine à le manœuvrer. Gare aux coups de patte. Il a toujours faim de tout. De pouvoir, d'égards, de confidences, de combinaisons nouvelles. Il faut constamment nourrir la bête.

Marcel Clapier: Au congrès de Marseille, je l'ai observé à la table du Noailles : une douzaine d'huîtres, une sole au beurre, des œufs cocotte, la poularde pommes Joséphine, le petit sorbet, le lapin aux morilles, les fromages, la tarte Tatin, le café, les liqueurs, le clos-vougeot pour arroser le tout. La tradition lyonnaise et la cuisine du Midi additionnées ! J'ai conservé le menu, rien qu'à le regarder, j'en ai une crise de foie. Et en plus, c'est un homme qui n'a même pas besoin de faire la sieste.

Édouard Daladier: J'ai quand même réussi à l'endormir. C'est moi qui ai gagné le congrès, ce sont mes motions qui sont passées ! Et puis, quand ils ont voté, j'étais déjà parti sur le sinistre[1].

Marcel Clapier : Ils ne pouvaient pas faire autrement. Ils vous ont bien vu à l'œuvre pendant l'incendie des Nouvelles Galeries, la Canebière en flammes, l'effondrement de la coupole, les cris des victimes, l'affolement des pompiers et vous, seul, au milieu, à redonner de l'élan à tout le monde. Ils vous ont bien entendu : « Mais enfin, qui commande ici ! » L'enfer en plein congrès. Ah, si vous n'aviez pas été là, on ne pourrait plus compter les morts.

Clapier se remémore l'instant précis où l'un des assesseurs du congrès radical l'a prévenu qu'un incendie s'était déclaré aux Nouvelles Galeries, le grand magasin sur la Canebière. Son hésitation à avertir le Président. On ne sait jamais comment évaluer ce genre d'information brutale. La réaction immédiate de Daladier, décidant de se rendre sur place, les photos dans la presse du Président, le visage ravagé. Il y a un mois, soixante-treize morts. Il ne se passe pas un jour sans qu'ils y repensent tous les deux.

Édouard Daladier : Vous m'avez préparé les décrets de révocation ? Ne tardez pas. Il faut débarrasser la municipalité de Marseille de toutes ces fripouilles. Prébendes, copinage, paresse, voyous à tous les étages. Même pas de lances à incendie. J'ai seulement fait mon devoir. Si je n'avais pas eu le commandant de la base navale, le préfet

1. Un incendie ravage le grand magasin des Nouvelles Galeries à Marseille le 28 octobre 1938, au cours du congrès radical, et fait de nombreuses victimes. C'est un drame national, qui révèle l'impéritie de la municipalité et des services de secours.

de Toulon pour m'envoyer une brigade anti-incendie… c'est eux qu'il faudrait féliciter. Et maintenant, voilà Sarraut qui préside la cérémonie des obsèques ; quelle dérision ! Le ministre de l'Intérieur qui a laissé la situation pourrir à Marseille depuis des années. « Tout va bien, monsieur le Président, j'ai assuré la sécurité du congrès ! » Oui, et la sécurité des Marseillais, alors, vous y avez pensé ? Les gendarmes débordés, le maire introuvable, les commissaires en train de fricoter avec les souteneurs du Vieux-Port. Depuis l'assassinat du roi Alexandre et de Barthou, on a quand même eu tout le temps de passer un coup de balai. Au lieu de quoi, quatre années de pagaille et la Canebière maudite comme jamais !

Marcel Clapier : Ne vous échauffez pas, monsieur le Président. Je voulais seulement rappeler que vous avez montré aux congressistes que vous êtes l'homme des situations dramatiques. Ils étaient tous en train de se disputer pour des queues de cerises tandis que vous couriez à l'incendie. Certes, ils étaient déjà pour vous, mais vous leur avez fait honte.

Édouard Daladier : C'est curieux, c'est ce que m'a dit Guy La Chambre. Il triait ses valises sur la Canebière. On avait évacué son hôtel, le feu avait gagné les étages. Tous ces brandons enflammés qui tombaient partout. C'est un bon type, le ministre de l'Air, il a insisté pour m'accompagner quand j'ai quitté le congrès.

Marcel Clapier : Moi aussi, je l'aime bien. Et en plus, il a une femme ravissante, vous savez, la chanteuse Cora Madou. Pour lui, elle a renoncé à sa carrière.

Édouard Daladier : Oui, « le plus beau de tous les tangos du monde, c'est celui que j'ai dansé dans vos bras ». Mon fils Jean l'imite très bien. C'est une

Marseillaise, la vedette de l'Alcazar. Vous voyez, je ne connais pas que des messieurs qui me harcèlent pour leur Légion d'honneur. Enfin, tout ça nous éloigne de Ribbentrop.

Marcel Clapier: Et du président Herriot et de ses bons conseils.

Édouard Daladier: Je vous vois venir, encore l'Espagne ! Il refusait absolument qu'on intervienne. Il trouvait que je subissais l'influence de Pierre Cot, de tous ceux qui voulaient qu'on agisse, les comités antifascistes, les socialistes, les cocos, les intellectuels. Que sais-je encore. Moi, je parle de la table de famille, celle de mon enfance dans la boulangerie, à Carpentras.

Marcel Clapier: Qu'est-ce qu'elle disait la table de famille ?

Édouard Daladier: Elle parlait comme lui : « Mon petit, n'allez pas vous fourrer dans cette histoire, vous n'en retirerez que des ennuis. » Le ton de la confidence embarrassée, de la bienveillance affectueuse, comme lorsque j'étais son élève au lycée Ampère à Lyon. Du grand art ! Et pendant ce temps, Negrín et les républicains n'arrêtaient pas de frapper à notre porte pour nous demander de l'aide. Bonnet, comme de juste, était aux abonnés absents. Ce n'est pas fini d'ailleurs, je m'attends au pire, Franco s'approche de Barcelone. On va se retrouver avec des milliers de réfugiés sur les bras. Il faudra faire attention, il y aura de tout, des familles, des orphelins, des pauvres diables et aussi des enragés, des communistes, des anarchistes qui vont causer des dégâts. Et c'est encore Sarraut qui va devoir s'en occuper, je crains le pire, il est incapable de gérer ce genre de situation. On aura droit à de bonnes paroles et au bordel intégral.

Marcel Clapier : Il faudrait Mandel ! Il y mettra bon ordre.

Édouard Daladier : Vous n'y pensez pas. J'aurais une insurrection communiste. Ils le haïssent ; d'ailleurs, c'est réciproque. J'ai déjà réussi à les coincer en écrasant la grève générale. Chez Renault, les grévistes hurlaient au soutien à la République espagnole assassinée. On a arrêté les meneurs, je n'ai pas envie d'en retrouver d'autres en face de moi. Mandel, j'en ai besoin aux Colonies, il tient l'empire, les fantassins annamites, les tabors marocains, la force noire ! Il les comprend, il sait leur parler. On sera bien contents de les avoir, avec tout ce qui nous attend.

Marcel Clapier : Président du Conseil, ministre de la Défense nationale et de la Guerre, vous ne voudriez pas être aussi ministre de l'Intérieur, quand même !

Clapier pense : Heureusement que je suis là ; au fond, je suis le seul à qui il peut vraiment se confier sans redouter de recevoir un coup de poignard dans le dos. Il se dit aussi qu'on est reparti pour un tour d'évocation de la situation générale, le Président a besoin de parler de tout ce qui pèse sur ses épaules pour essayer d'avoir des idées nettes.

Il pense encore : Il s'est lancé, je ne vais pas pouvoir l'arrêter, l'heure tourne, et maintenant, une autre Boyards papier maïs.

Édouard Daladier : Je fais avec ce que j'ai, c'est tout. Mais je vais serrer de près Sarraut. On traitera les réfugiés avec humanité, et les indésirables, on les gardera dans des camps en attendant que ça se tasse. Je ne vois pas d'autre solution.

Marcel Clapier : De toute façon, Alexis Leger ne voulait pas de l'Espagne non plus. Et comme c'est lui qui décide depuis vingt ans au Quai d'Orsay… Les ministres passent, il reste au secrétariat général, une araignée sur sa toile !

Édouard Daladier : Il ne veut jamais de rien. La Rhénanie, le réarmement de l'Allemagne, l'Anschluss, les Sudètes, il a toujours un plan pour qu'on cède sans en avoir l'air. Poliment, raisonnablement, sans faire d'éclat. Il est comme Bonnet, il téléphone beaucoup, il laisse le moins possible de traces écrites. Quand on partait pour Munich, il refusait de monter dans l'avion sans instructions de son ministre, histoire de le compromettre. Il le méprise.

Marcel Clapier : Il écrit des poésies qui sont très appréciées des connaisseurs.

Édouard Daladier : Ah oui, Saint-John Perse, son nom de plume. Moi, je n'y comprends rien à ses poésies ; pour moi, ce sont des sortes de devinettes. Comme j'avais déjà du mal avec Mallarmé, alors vous pensez, Saint-John Perse… Vous savez que même Hitler lui a fait des compliments sur son œuvre de poète. On avait dû lui préparer une fiche ! J'étais sidéré.

Marcel Clapier : Je croyais qu'il l'appelait « le Nègre », qu'il disait : « Mais qui est ce Nègre qui ose m'interrompre, je ne veux plus le voir ! »

Édouard Daladier : Oui, c'est venu très vite, quand on a commencé à causer sérieusement. On lui avait certainement dit qu'il était né à la Guadeloupe.

Marcel Clapier : Il nous a bien aidés quand même à Munich, il savait tout par cœur, les pourcentages d'Allemands dans les villages, les fortifications tchèques, les clauses de garanties pour la suite.

Édouard Daladier : Ah, mais attention, je ne dis pas le contraire. Il refuse les aventures parce qu'il sait que nous sommes encore trop faibles. Je ne juge pas le poète, le serviteur de l'État est d'une intelligence exceptionnelle, et puis il est loyal. À mon égard, en tout cas. Si aucun ministre n'a réussi à s'en débarrasser, il doit bien y avoir une raison. Il est meilleur qu'eux tous réunis. Le malheur de la France qui incite des hommes de cette qualité à céder en essayant de limiter la casse…

Marcel Clapier: C'est lui qui a préparé, avec François-Poncet et les Allemands, le texte que Ribbentrop et Bonnet vont signer cet après-midi.

Édouard Daladier: Il est comme moi, il n'y croit pas du tout et il n'en dira rien non plus. On fait de drôles de choses pour gagner du temps.

Marcel Clapier: Et la cession du Sandjak d'Alexandrette aux Turcs, c'est encore lui qui prépare les actes. Bonnet n'y comprend rien. Les Syriens, qu'on fait lanterner avec leur indépendance, sont furieux et disent qu'on brade leur territoire et tout ça pour tenter d'amener Ankara dans notre camp. Pourquoi faire ce plaisir aux Turcs ? Atatürk vient de mourir. On ne sait pas grand-chose sur ceux qui vont suivre. C'est un peu cher payé, vous ne trouvez pas ?

Édouard Daladier: Alexandrette, l'Antioche hellénistique, la perle du Levant… Vous voulez que je vous dise, plus personne ne sait où c'est, tout le monde s'en fiche. Alors, aux Syriens ou aux Turcs, si je peux bloquer les Italiens dans les îles du Dodécanèse qu'ils refusent de rendre aux Turcs ou aux Grecs, c'est toujours ça de pris.

Marcel Clapier: Vous allez lui parler des Italiens, à Ribbentrop ? La Savoie, Nice, la Corse, la Tunisie, Djibouti… «*A noi, a noi*», «C'est à nous», on n'entend plus que ça dans les manifestations des jeunes fascistes devant le palais Farnèse, notre ambassade à Rome, et à la radio, on ne lit plus que ça dans la presse italienne.

Édouard Daladier: Parce que vous pensez que je vais rester silencieux? Vous me jugez bien mal, mon petit Clapier.

Marcel Clapier: Évidemment, je sais très bien ce que vous allez lui dire: «Vous pouvez en informer votre Führer. Si l'Italie passe aux actes, c'est la guerre. Je suis un paysan français sur mes terres. Je n'admettrai pas qu'on y touche. Je défendrai l'intégrité de l'empire.»

Édouard Daladier: Et il me répondra: «Je suis venu de Berlin pour vous dire que nous ne ferions plus la guerre, même pour reprendre l'Alsace-Lorraine. Vous pensez donc bien que nous n'allons pas la faire pour permettre à l'Italie de prendre la Tunisie.»

Clapier se rappelle la finale de la Coupe du monde de football au stade de Colombes le 19 juin, la victoire de l'équipe italienne sur la Hongrie qui lui a permis de remporter le trophée. On n'avait pas brillé dans la compétition et pourtant les soixante-cinq mille spectateurs, avec une majorité de supporters français, faisaient un triomphe sans précédent à la Squadra Azzurra. Un enthousiasme fort. C'était bien la peine! Inutile d'insister, Daladier aime trop le foot, et le salut fasciste du capitaine italien au président Lebrun lui est resté en travers de la gorge.

Marcel Clapier: L'Alsace-Lorraine?

Édouard Daladier: Encore une promesse dont il faut se méfier. Durant leurs journées à Nuremberg, les jeunes volontaires du Front du Travail se répondent en écho le nom de la province dont ils sont originaires. Le Mecklembourg, la Saxe, la Prusse... et au milieu, l'Alsace-Lorraine. Vous me direz que mon fils Jean manifeste au Quartier latin avec ses camarades pour réclamer Venise et Palerme aux Italiens ! C'est un jeune qui a le sang chaud comme c'est naturel à son âge. À mon retour de Munich, il m'a apostrophé : « Alors, nous n'aurons pas la guerre ! » Je lui ai répondu : « Rassure-toi, tu peux te préparer, ça ne devrait pas tarder. »

Marcel Clapier : C'est quand même curieux, ces manifestations italiennes au moment même de la visite de Ribbentrop à Paris. L'ambassadeur Guariglia a d'ailleurs demandé à le rencontrer au Crillon avant le dîner.

Édouard Daladier : Ça n'a rien de curieux. Les Allemands ont toujours deux fers au feu. Ça les arrange que Mussolini nous invective, quand le Führer nous assaisonne de ses chattemites. Alors, si les fous sont hypocrites en plus, il n'y a pas à s'étonner.

Marcel Clapier : Des fous, en ce moment, ce n'est pas ce qui manque en France non plus. Tous ces fadas de la sinistre bande de la Cagoule...

Édouard Daladier : Oui, mais ceux-là, on les a coffrés, et ils ne sont pas près de ressortir. On peut compter sur moi. Des comploteurs à la mie de pain, mais venimeux comme des reptiles.

Marcel Clapier : Vous étiez à la Défense nationale, je me souviens de vos éclats de voix quand vous remontiez les bretelles du président Chautemps pour qu'il sévisse enfin.

Édouard Daladier : Ah, Chautemps, le doux, le gentil Chautemps, toujours à s'arranger avec tout le monde. Je l'ai gardé au gouvernement. Il ne fait rien, c'est ce qu'il réussit le mieux. Enfin, des petites combines, quand même, des Légions d'honneur et des sous-préfectures pour ses amis de la Grande Loge, les coupes sportives, la vie parisienne, les dames l'adorent.

Marcel Clapier: Il aurait pu faire un président de la République. Trop de casseroles, peut-être…

Édouard Daladier: Lui aussi, il recevait les nazis en visite touristique à l'expo, Schirach, le parrain des Jeunesses hitlériennes, Papen, cette fripouille qui a fait la courte échelle à Hitler, il les abreuvait de bonnes paroles quand l'autre préparait l'Anschluss. Chautemps n'était plus là d'ailleurs quand c'est arrivé. On l'avait renversé. Il n'y avait plus personne. Les mains courantes. Encore un président du Conseil par défaut quand Blum n'en pouvait plus, le bouchon qui flotte sur le Front populaire à marée basse. Pour la Cagoule, je lui avais versé du Viandox dans sa camomille, ça l'a requinqué.

Marcel Clapier: Un beau coup de filet, ils étaient très nombreux, on n'arrivait plus à les compter.

Édouard Daladier: Des royalistes, des fascistes, des bourgeois, des militaires, des dévoyés. Ce fanatique de Deloncle, ce tueur de Filiol, ce gigolo gominé de Corrèze, sourire de miel et matraque à la main, quelle arrogance ! Ils en ont commis des crimes affreux, les frères Rosselli, les antifascistes exilés, Navachine le Russe blanc agent double ou triple, je ne sais plus ; une pauvre fille dans le métro qu'ils ont prise pour une autre, les deux flics en faction devant le patronat, et ce n'est pas tout, ils s'assassinaient aussi entre eux. Et avec ça, infiltrés partout, chez Schueller à L'Oréal, chez Michelin, chez Franchet d'Espèrey, qui ne se consolera jamais d'être l'autre maréchal. Et dangereux, en plus, avec tout cet argent que leur refilaient les Italiens.

Marcel Clapier: Ils auraient appelé le comte de Paris ?

Édouard Daladier: Celui-là, la prochaine fois qu'il saute par-dessus la frontière pour venir nous narguer, si je l'attrape, au gnouf direct. Qu'il reste en Belgique et qu'il se fasse oublier !

Clapier n'ose pas relancer le Président sur un sujet qui l'irrite au plus haut point, ce pied de nez du prétendant à la Royauté. Le comte de Paris a piloté un avion au départ de la Belgique, s'est posé dans un endroit désert près de la capitale, où l'on avait convoqué des journalistes, les a invités à déjeuner dans un château et est reparti comme il était venu, ni vu ni connu, au mépris de la loi d'exil qui lui interdit de venir en France. Le côté Bibi Fricotin de l'aventure l'amuse, mais il est bien le seul à en rire auprès de Daladier.

Marcel Clapier: Je me demande comment ça se passe en ce moment à l'Élysée. Vous savez que Ribbentrop s'est changé pour l'audience. Le grand jeu, toute la panoplie, l'uniforme noir, les décorations, le poignard au côté.

Édouard Daladier: Le poignard au côté, à l'Élysée ? Vous pensez qu'il veut assassiner le Président ? À la bonne heure, ça ne nous fera qu'un deuxième crime d'État en moins d'un mois !

Marcel Clapier: Espérons qu'il lui épargnera le salut hitlérien comme devant le roi d'Angleterre ! À Londres, ils n'en sont pas encore revenus.

Édouard Daladier: À Matignon, pour le déjeuner tout à l'heure, vous avez bien spécifié jaquette, pas d'uniforme. Il aura le temps de se changer ?

Marcel Clapier: Oui, ce sera juste, mais on a tout calculé. Je doute que le président Lebrun se lance dans une grande conversation pour le retenir. D'ailleurs, ce genre d'entretiens, ce n'est pas vraiment son fort.

Édouard Daladier: Allons, allons, c'est un bon orateur, la voix claire et bien timbrée. Enfin, quand il ne pleure pas, emporté par l'émotion. Les inondations, les catastrophes, la veuve et l'orphelin, avec lui, c'est toujours un problème. Il s'enroue, les larmes aux yeux, on passe tous pour avoir le cœur sec quand on est à côté de lui. Mais si j'en juge par mon expérience personnelle, Herr von Ribbentrop n'invite guère à l'émotion…

Marcel Clapier: Pour l'inauguration du monument à Albert Ier, il a été très sobre aussi. Un peu de vibrato sur le roi chevalier, mais pas d'embardée sur l'alliance franco-belge. Vous lui aviez fait la leçon, si je puis dire ?

Édouard Daladier: Il n'y a plus d'alliance franco-belge. La Belgique est neutre, ainsi l'a décidé son fils, le roi Léopold III. Paul-Henri Spaak et les socialistes laissent faire. C'est à croire que les Belges se méfient autant des Français que des Allemands. Ils ne doivent plus apprendre la géographie à l'école.

Marcel Clapier: Ils nous appelleront au secours quand ils seront attaqués.

Édouard Daladier: Les Hollandais, c'est encore pire, ils refusent de nous parler. Ils sont sûrs qu'il ne leur arrivera rien. On a beau leur montrer tous les rapports du deuxième bureau, ils font comme si ça ne les regardait pas. Depuis Munich, les petits pays ne nous font plus confiance.

Marcel Clapier: Le roi Léopold III est arrivé le matin, il est reparti le soir. Sa mère, la reine Élisabeth, et sa sœur, la princesse de Piémont, sont restées plus longtemps. Elles font plus attention à nous.

Édouard Daladier: Belle statue, sombre cérémonie. Le passé glorieux se dispersait comme les feuilles mortes au vent d'automne. Je m'attendais à ce qu'il y ait foule place de la Concorde. Personne. On avait pourtant bien fait les choses, tribune officielle avec les ministres, les parlementaires, le corps diplomatique, prise d'armes et défilé. Eh bien, rien, tout le monde avait l'air enrhumé.

Marcel Clapier: Vous avez vu le sondage. À notre retour de Munich, une écrasante majorité pour croire à la paix. Aujourd'hui, deux mois plus tard, c'est presque l'inverse. Je doute que la visite de Ribbentrop change quelque chose.

Édouard Daladier: Le roi Léopold III devrait lire nos sondages, ils méritent réflexion. C'est un homme étrange, très beau comme ils le sont tous dans sa famille, intelligent, instruit mais hanté par le souvenir de son père, il voudrait avoir son autorité et il se trompe. Il y a vraiment de quoi se faire du souci.

Marcel Clapier: Vous avez eu le temps de regarder la liste des invités pour le déjeuner ? Du côté allemand, vous aurez évidemment l'ambassadeur, sa femme et toute la délégation. On a soigné le menu, poularde sautée au champagne, ça devrait les mettre de bonne humeur. Vous ne couperez pas à Otto Abetz, les Allemands ont beaucoup insisté. Ils le présentent comme chef de service.

Édouard Daladier: Chef de service de quoi ? De l'espionnage ? De la cinquième colonne ? Celui-là, il ne perd rien pour attendre. Vous avez fait le nécessaire pour mes ministres israélites ? C'est un déjeuner restreint, j'espère qu'ils comprendront qu'on ne les ait pas mis sur la liste. Mais pour le dîner de ce soir au Quai d'Orsay, des bristols en bonne et due forme. Je compte sur eux.

Marcel Clapier: Les services de M. Bonnet ont soulevé des difficultés.

Édouard Daladier: Quelles difficultés ? C'est moi qui décide.

Marcel Clapier: Georges Mandel et Jean Zay ont fait répondre qu'ils ont d'autres obligations. M. Campinchi, qui n'est pas israélite, m'a fait savoir qu'il n'est pas question pour lui d'avoir à serrer la main d'un ministre nazi.

Édouard Daladier: C'est un Corse du genre coriace. En voilà un qui ne se fait pas d'illusions sur l'origine des manifestations italiennes. Vous avez lu l'article de François de Wendel ce matin ? Il écrit que cette visite est une honte. Henri de Kerillis dit la même chose, il fulmine contre moi depuis Munich et il en rajoute contre Wendel en le traitant de grand féodal allemand acoquiné avec Hitler. C'est à n'y rien comprendre.

Marcel Clapier: Ils sont pourtant du même avis.

Édouard Daladier: Oui, mais Wendel est un Lorrain, avec des aciéries des deux côtés de la frontière. Il n'en est que plus courageux, tandis que Kerillis est un cœur pur, une âme vibrante, un peu excité aux entournures. Quel triste état que le nôtre quand deux patriotes authentiques, certes pas de notre bord, ne sont même pas d'accord pour se rejoindre et nous soutenir quand on a besoin d'eux !

Marcel Clapier: Il faut s'attendre à encore d'autres défections pour ce soir. Cela dépendra des déclarations de la journée.

Édouard Daladier: On navigue à vue, comme d'habitude ! Clapier, je ne sais vraiment pas quoi penser. Où est-ce que tout cela va nous conduire ?

Le cendrier est plein, Clapier montre timidement du doigt la pendule sur la cheminée, le tour d'horizon a requinqué le Président, il est vraiment temps de se séparer.

Marcel Clapier: « *! Se fai pas lou civié avans d'avé la lèbre.* » On ne fait pas le civet avant d'avoir le lièvre.

Édouard Daladier: « *A l'an que ven que se sian pas mai que signen pas mens !* »

Marcel Clapier: Je vous retrouve bien là, oui, « s'il n'y a pas de naissance, qu'il n'y ait pas de décès »...

Ils rient.

Édouard Daladier.

Chapitre 7
Des gens bien convenables

Il est plus difficile de sortir de l'ordinaire que de sortir de Polytechnique...

Charles de GAULLE –
À propos du président Lebrun

Mme Lebrun est revenue sur un nuage de l'inauguration du Monument aux Mères françaises. Tout à fait ce qu'elle en attendait, et les délégations présentes manifestaient à l'évidence la même satisfaction. Il s'agit d'une très belle réalisation, fort édifiante, près de la place d'Italie, due au sculpteur Henri Bouchard, Prix de Rome et membre de l'Institut. Elle se déroule en arc de cercle avec des figures de travailleurs sur les côtés et une maman au centre avec un bébé dans les bras, entourée de deux jeunes adolescents dans des attitudes de gratitude et d'adoration respectueuse. Une banalité de bon ton que tout le monde peut apprécier, la noblesse des intentions se serait mal accommodée d'une œuvre d'avant-garde. Mme Lebrun a donné son patronage au comité qui a rassemblé les fonds nécessaires et il était naturel qu'elle préside au dévoilement de cet imposant ensemble de statues. Elles célèbrent l'héroïsme des femmes françaises de la Grande Guerre et les valeurs de la famille en ces temps de mobilisation contre la dénatalité.

Mme Lebrun est une petite dame très comme il faut et néanmoins fort sympathique, faisant honneur à son mari, le président de la République. L'opinion publique l'a trouvée parfaite lors de la visite des souverains britanniques, même si *L'Humanité* n'a pu s'empêcher de lui reprocher aigrement d'avoir fait la révérence à la reine Élisabeth. Sous des dehors modestes et sans histoires, c'est une personne cultivée, ouverte aux expressions artistiques, pratiquant discrètement les vertus chrétiennes. Elle n'hésite pas à confier ses sentiments au journal intime qu'elle tient chaque jour pour maîtriser ses émotions dans la situation très exposée qui est la sienne, auprès d'un époux à qui les événements infligent une tension permanente.

Depuis trente-six ans qu'ils sont mariés, leur union est, paraît-il, sans nuages. Ils se complètent et ils s'aiment. Deux enfants, des petits-enfants, la photo idéale du ménage bourgeois exemplaire. Autant elle est gaie et s'intéresse à tout, autant il est placide et se concentre principalement sur les devoirs de sa fonction. Elle rit facilement, il est d'humeur égale sur un fond d'inquiétude et de morosité. Elle lui dit ce qu'elle pense, il l'écoute et parle d'autre chose. Ce n'est pas qu'il soit ennuyeux, mais il est un peu court en société.

Né en Lorraine aux lendemains du désastre de Sedan, dans le bassin de Briey qui a échappé, à quelques kilomètres près, à l'annexion allemande, dans une famille de paysans prospères où son père l'a élevé à la dure,

Albert Lebrun a fait un parcours sans faute ; boursier en internat, major de Polytechnique, combattant décoré à Verdun, ministre à plusieurs reprises, avec une préférence personnelle pour les Colonies, président du Sénat, élu président de la République après l'assassinat de Doumer, parce qu'il n'inquiétait personne. Longtemps chaperonné par Poincaré, plus ou moins rival de François de Wendel, dont les aciéries embrasent le ciel de Briey, il n'a pas de véritables ennemis. On ne redoute de sa part ni de ces coups tordus, ni de ces rancunes inextinguibles qui sont la plaie de la vie politique.

À gauche en Lorraine, à droite à Paris, c'est un républicain modéré, mais pas modérément républicain. Il exerce ses fonctions protocolaires avec une dignité bienveillante et un peu terne, qui tranche sur la succession des scandales publics et des crises ministérielles qui animent la cour de récréation de l'Assemblée nationale, et dont l'opinion est écœurée. Hormis le fait qu'il chausse du 46 et pleure facilement, les caricaturistes et les chansonniers manquent de munitions pour le brocarder. « Pour être président de la République, il suffit de choisir le plus bête », disait Clemenceau. Albert Lebrun n'est pas bête, mais il fait partie de ces gens qui manifestent de l'intelligence pour comprendre un problème et manquent d'imagination pour le résoudre.

Il ne voulait pas recevoir Ribbentrop, mais Daladier l'a forcé. De retour de la cérémonie en hommage aux femmes françaises, son épouse l'encourage à sa manière : « On se donne bien du tracas pour recevoir ce ministre qui nous déteste certainement, mais enfin, c'est ainsi, parce qu'il faut ce qu'il faut. »

S'il y a un Allemand qui pourrait partager les réflexions désabusées de Mme Lebrun, c'est le comte von Welczeck, l'ambassadeur d'Allemagne, dont la distinction et la courtoisie sans faille sont mises à rude épreuve depuis le début de la matinée. À peine arrivé au Crillon, Ribbentrop a commencé à se plaindre et à l'accabler de récriminations. Il s'est étonné de l'absence d'un public enthousiaste sur le parcours. Le pont Alexandre-III et la place de la Concorde étaient déserts. À Munich, Daladier avait eu droit à une foule vibrante qui agitait des petits drapeaux à croix gammée. Les Français étaient-ils donc mal élevés au point de ne pas saluer avec gratitude l'envoyé du Führer ?

Puis le ministre des Affaires étrangères est revenu avec acrimonie sur le programme de la visite, pourtant arrêté après d'innombrables va-et-vient entre ses services à Berlin et ceux de l'ambassade à Paris. Welczeck subissait l'algarade sans broncher, de la part d'un homme « animé par une obsession presque pathologique de reconnaissance et par une vanité puérile. Il demandait que tout ce qui avait été prévu en son honneur soit mis en place dans le style le plus extravagant possible, en insistant sur la nécessité de surpasser la réception du roi d'Angleterre ». Le digne ambassadeur a eu l'impression que Ribbentrop était tout simplement fou, mais en somme, il ne s'étonnait plus de rien depuis que ses fonctions l'obligeaient à recevoir des nazis en visite à Paris. Il avait déjà eu droit l'année précédente aux caprices et aux commentaires désagréables de Baldur von Schirach lors de l'Exposition internationale, aux télégrammes furieux de la chancellerie pour ne pas avoir empêché le gouverneur de la Reichsbank, Schacht, d'aller déjeuner avec Léon Blum après sa visite au pavillon de l'Allemagne. Mais Schacht n'était pas officiellement nazi, on avait encore besoin du maître de l'économie allemande, et la réprimande avait donc été pour l'ambassadeur.

Un moment de répit, Ribbentrop est monté dans ses appartements pour se changer ; le comte von Welczeck attend dans le hall de l'hôtel comme un domestique, sous les regards torves des membres de la délégation furieux de ne pas avoir été conviés à l'Élysée. M. Abetz n'est pas diplomate, a précisé le chef du protocole. Voilà, c'est bon, Ribbentrop redescend en grande tenue de ministre du Reich, quelque chose entre un *Oberführer* à croix de fer de la SS et le prince Danilo dans *La Veuve joyeuse.* Mme von Ribbentrop est tout en noir. Deux spectres. On peut repartir, l'horaire a été respecté.

Le Président et Mme Lebrun attendent leurs hôtes dans le Salon des ambassadeurs, qui ouvre sur le parc. Une grande flambée dans la cheminée, bouquets de fleurs d'automne et mobilier national de style Louis-Philippe, des petits enfants jouent sur la pelouse. Atmosphère de château provincial et bien tenu. Rien à voir avec le protocole rigide des audiences compassées dans le décor écrasant et glacial conçu par Albert Speer pour la nouvelle chancellerie du Führer, où les visiteurs doivent s'avancer lentement pour ne pas glisser sur le sol en marbre. Le Président porte une jaquette, Mme Lebrun un sobre tailleur gris de la Maison Lucien Lelong. L'ambassadeur est habitué à la dignité sans façon de ce couple entre deux âges, aux manières parfaites, et il sourirait de l'étonnement qu'il devine chez les Ribbentrop s'il n'était pas préoccupé par le bon déroulement de cette rencontre entre la République bon enfant et le Reich plein de morgue.

Le comte apprécie personnellement le président Lebrun, qui n'hésite pas à lui dire ses quatre vérités sur un ton cordial et familier, comme au cours de l'été dernier. « Je suis très fatigué, monsieur l'Ambassadeur, nous avons eu une année bien mouvementée et je pars pour deux semaines de vacances avec ma famille à Vizille. J'espère que nous n'aurons pas d'ennuis durant ce mois d'août. » Welczeck s'était incliné, la mort dans l'âme puisqu'il savait fort bien que le Führer soufflait déjà sur les charbons ardents de la crise des Sudètes. Mais « embrassons-nous, Folleville », Munich est passé par là, la presse française n'a pas insisté trop lourdement sur la Nuit de Cristal, le Quai d'Orsay s'est mis en quatre pour que la signature de la déclaration ne soit pas retardée et soit même entourée de tout l'apparat exigé par Ribbentrop.

Présentations et salutations, amabilités et sourires. Une petite confusion tout de même à laquelle nul n'avait réfléchi : dans quelle langue allait-on s'entretenir ? Le Président parle très bien allemand, le ministre s'exprime parfaitement en français. On choisit le français par égard pour Mme Lebrun et parce que Mme von Ribbentrop le maîtrise aussi.

Ribbentrop se lance dans un éloge très appuyé de la France et de son art de vivre. Il a rappelé qu'il a croisé M. Daladier quand il était étudiant à Chambéry et que le président du Conseil était un jeune enseignant d'histoire. On évite de remonter plus loin dans le fil des souvenirs, alors que le père du ministre commandait la place de Metz annexée à l'empire sous Guillaume II et que le jeune Joachim vivait une rude enfance à la prussienne, où l'on apprenait le français pour se préparer à la prochaine guerre. En revanche, tout à son panégyrique de la France, Ribbentrop s'étend longuement sur ses années de négociant en champagne et sur ses relations d'amitié nouées avec le marquis Melchior de Polignac, propriétaire de la marque Pommery. Le marquis par-ci, le marquis par-là, d'autres noms fort élégants suivent, comme enfilés sur un collier de perles. L'ambassadeur hoche la tête avec sympathie. En réponse à une question un peu vive de son ministre, il confirme que le marquis est bien inscrit sur toutes les listes d'invités aux réjouissances prévues pour célébrer la signature de la déclaration. Mais il est secrètement choqué par le snobisme de Ribbentrop qui s'agite sur son fauteuil, cet étalage de belles relations lui semble être le comble de la vulgarité.

Bien que le Président et Mme Lebrun n'appartiennent pas au même monde, on est en terres de connaissance. Le marquis est un fervent amateur d'aviation, un grand organisateur de meetings, il est proche de Lindbergh et de la fine fleur des chevaliers du ciel, il a conduit le deuil de Mermoz après sa disparition. C'est aussi l'un des membres éminents du Comité international olympique et on lui doit la création des Jeux d'hiver, qui ont rencontré un si grand succès à Garmisch-Partenkirchen. Le Président a donc eu l'occasion de le rencontrer à plusieurs reprises, mais il évite de s'étendre sur le sujet, car il a gardé une piètre opinion de cet aristocrate à la germanophilie peu nuancée. Melchior de Polignac est une des figures de proue du Comité France-Allemagne, animé par l'inévitable Otto Abetz, dont la réputation sulfureuse n'a pas échappé au Président. Ce qui n'est pas répréhensible en soi, si l'on songe que Jules Romains y frétille avec d'autres personnalités du monde intellectuel et artistique, mais ce qui devient plus problématique lorsqu'on envisage la profession de foi emphatique du marquis en faveur du régime nazi. Le fait que ce brillant causeur, très recherché dans les réceptions où l'on déchiquette à belles dents la République, soit un descendant en ligne directe du calamiteux ministre de Charles X n'est pas fait non plus pour susciter les affinités du Président.

Heureusement, Mme Lebrun garde le meilleur souvenir d'une série de concerts qu'elle a honorés de sa présence chez Marie-Blanche de Polignac, la fille de Jeanne Lanvin. On peut donc enchaîner sur la bienfaisante influence que les cousins du marquis exercent pour la vie musicale, même si Erik Satie et Francis Poulenc n'éveillent pas grand-chose parmi les références wagnériennes de Ribbentrop. Cependant, cette évocation permet de sortir la conversation languissante de la nasse où elle commençait à se morfondre. Et comme Mme von Ribbentrop demande en souriant qui sont ces charmants bambins qui s'ébattent sur la pelouse devant la porte-fenêtre, Mme Lebrun précise gaiement qu'il s'agit de ses petits-enfants et de jeunes cousins qui profitent joyeusement d'une journée de congé. Plutôt que de mentionner la grève des instituteurs qui expliquerait qu'il n'y a pas d'école aujourd'hui, un sujet délicat dont l'ambassadeur redoute que son ministre ne s'empare pour se lancer dans une tirade malvenue sur la bonne tenue de l'enseignement en Allemagne, où les professeurs ne font jamais grève. La conversation peut redémarrer sur le thème rassurant des joies de la famille. Enfin une touche de bonne humeur, après les convenances et la récitation du *Bottin mondain*. Pour un peu, on échangerait des photos.

À la demande de Mme Lebrun, l'épouse du ministre – « appelez-moi Annelies » – égrène les noms de ses chers petits. On retient Arnolf et Bettina, des adolescents qui font leurs classes dans les organisations de jeunesse si formatrices à leur âge, la petite Ursula, blonde comme les blés, le portrait de son père, et on glisse sur le petit dernier qui se prénomme Adolf, un détail émouvant certes, mais qui n'appelle pas de précisions inutiles, même si l'ambassadeur commet l'erreur d'indiquer que le Führer est son parrain, avant d'être fusillé du regard par Ribbentrop, qui n'admet pas qu'un subalterne se permette de commenter de quelque manière ses liens avec Hitler.

Mais la demi-heure réglementaire étant presque épuisée, le Président se risque enfin sur le terrain politique, pour se réjouir de la bonne conclusion des conversations qui ont abouti à la signature de la déclaration prévue pour cet après-midi. Sur un aimable signe d'approbation du ministre, il enchaîne avec les violentes manifestations antifrançaises en Italie, pour regretter qu'elles se déroulent au même moment. Le visage soudain fermé, Ribbentrop s'adresse brusquement en allemand à Welczeck pour lui reprocher de ne pas l'avoir prévenu que le sujet était susceptible d'être abordé. Sans se radoucir, il assure sèchement en français au Président qu'il s'agit d'un concours de circonstances dont les Allemands ne sont aucunement responsables. Malgré leur proximité politique avec Mussolini, ils n'ont aucun titre à intervenir dans un domaine qui concerne uniquement les relations entre Paris et Rome, ni à user de leur influence éventuelle sur le Duce. Albert Lebrun s'attendait de toute manière à cette réponse, il n'en croit rien, mais il s'abstient de la commenter, en faisant comme un geste d'impuissance. L'ambassadeur annonce en toussotant qu'il est l'heure de prendre congé, malgré tout l'agrément et l'utilité de cette rencontre ; les Ribbentrop remercient le couple présidentiel de leur accueil qui suscitera les meilleurs échos à Berlin, et on se quitte en faisant semblant de regretter que le temps soit si vite passé en une compagnie tellement agréable.

Après le départ de leurs hôtes, le Président et Mme Lebrun restent un instant immobiles et silencieux, en proie à de sombres pensées. Au fond, c'est la première fois qu'ils se sont trouvés face à un nazi convaincu, appartenant au premier cercle d'Hitler. Ils en ont retiré l'impression qu'on ne peut atteindre ces gens-là, même et surtout lorsqu'ils se présentent sous un jour qui se prétend aimable. Leurs sentiments demeurent cachés, indéchiffrables, si tant est qu'ils en aient. Le ministre n'a parlé que de lui, en exposant sans vergogne son carnet d'adresses où ne figurent que ses obligés, des ennemis de la République sans consistance, qui se tournent dans la direction où souffle le vent. Son comportement à l'égard de l'ambassadeur, un adversaire peut-être mais aussi un homme si convenable, leur a paru déplaisant, pénible à supporter pour des gens qui n'élèvent pas la voix et n'humilient jamais personne.

Et puis Ribbentrop s'est montré brutalement si cassant et désagréable lorsque le Président a abordé, pourtant prudemment et comme il en avait le devoir, le sujet des manifestations italiennes, qu'on peut se demander s'il n'a pas affiché enfin son vrai visage. Ils ne savent pas non plus que penser de Mme von Ribbentrop, qui est passée d'un maintien réservé à une familiarité étrange. Ils ont entendu dire qu'elle exerce un véritable empire sur son mari et qu'elle a joué un rôle déterminant dans l'ascension de sa carrière auprès d'Hitler.

Comme une vague de nostalgie les ramène vers une visite officielle infiniment plus heureuse, celle des souverains britanniques, le roi George VI et la reine Élisabeth, à Paris, au mois de juillet dernier. On y avait à nouveau triomphalement célébré l'Entente cordiale au milieu d'une liesse populaire extraordinaire. Un appartement magnifique avait été aménagé spécialement au Quai d'Orsay par les meilleures maisons de décoration afin de recevoir dignement ces hôtes illustres. Toute la capitale arborait de splendides décorations de fête, de grands panneaux leur souhaitaient un peu partout la bienvenue en anglais et en français. Le programme était épuisant, Opéra, Comédie-Française, concerts, ballets, banquets officiels et réceptions, mais aussi dépôts de gerbes, décorations, anciens combattants, discours en série, visites à des institutions sociales et culturelles, illuminations et feux d'artifice.

Les souverains ne s'étaient jamais départis de leur bienveillance et de leur bonne humeur, aimables et souriants avec tout le monde, un mot charmant pour chacun des invités, jamais fatigués de saluer la foule. Le roi avait touché les cœurs par sa gentillesse et son bégaiement mis sur le compte de sa timidité naturelle. La reine, par sa gaieté, son entrain, son délicieux accent. Et très simples avec ça, ils avaient battu la mesure joyeusement lorsque Maurice Chevalier s'était mis devant eux à chanter « Ma pomme, je suis plus heureux qu'un roi » au grand dîner du Quai d'Orsay, et malgré les mines décomposées du couple Bonnet. Des amis, en somme, au-delà de l'étiquette et du décorum indispensables. Ils avaient d'ailleurs beaucoup insisté pour que le Président et Mme Lebrun fassent leur visite de retour en Angleterre dès que possible, afin de prolonger de tels instants de civilisation raffinée sans les nuages noirs d'une actualité de plus en plus oppressante. Et Mme Lebrun s'était réjouie à la perspective que le couple royal lui présenterait bientôt les petites princesses Élisabeth et Margaret.

Même les légers soucis infligés au protocole amusaient encore les Lebrun : l'acharnement des services pour trouver où installer les « commodités » à proximité de la galerie des Glaces à Versailles pour le déjeuner d'apparat, où la République mettrait les petits plats dans les grands de la royauté, et le recours inespéré à la batterie de chaises percées de Louis XIV pour résoudre ce délicat problème ; le tohu-bohu et la bousculade occasionnés par les plans de table remis à l'envers aux invités. Mais à quoi bon comparer les souverains britanniques, qui suscitaient la joie sur leur passage, et le couple pompeux et réfrigérant qui venait de quitter l'Élysée. Deux univers inconciliables.

Puis Mme Lebrun se lève, ouvre la porte-fenêtre, appelle les enfants pour le déjeuner et se retourne vers son mari : « Ils nous déclareront la guerre par surprise, en trois quarts d'heure des milliers d'avions seront sur Paris et sèmeront mort et épouvante. L'évacuation rapide de la capitale sera impossible, ces événements peuvent être pour demain, pour après-demain, mais nous sommes en grand danger qu'ils accablent notre pauvre pays. » Le Président ne dit rien, il pense à la dernière cérémonie du 14 Juillet, au défilé magnifique des troupes de l'empire ; les Arabes, les Africains, les Annamites en armes et rassemblés sous le drapeau de la République pourront-ils répondre à l'appel de la France et lui porter secours quand sonnera l'heure de la grande épreuve ?

Le président Albert Lebrun et son épouse.

Chapitre 8
Le dragon du Saint-Siège

Je ne suis pas sorti du Vatican pour bénir des baïonnettes.

PIE XI

En ces jours de décembre où les premiers brouillards humides de la saison froide enveloppent Rome, le pape Pie XI s'apprête à rendre son âme à Dieu. Depuis qu'une maladie de cœur a failli l'emporter deux ans plus tôt, il sait que ses jours sont comptés. Les défaillances physiques se rapprochent et s'accumulent. L'ancien alpiniste intrépide d'apparence robuste et ramassée, qui ne craignait pas d'affronter autrefois le Cervin et le mont Rose, et de porter secours à des cordées égarées dans les glaciers, n'est plus qu'un frêle vieillard octogénaire à la démarche incertaine, et dont la voix longtemps si forte est réduite à un souffle qui peine à être entendu, malgré le silence pétrifié qui l'entoure. Lorsqu'il s'exprime à la station de TSF qu'il a fait installer au Vatican, parmi tant d'autres équipements modernes, comme la ligne de chemin de fer, ou l'électricité à sa résidence estivale de Castel Gandolfo, il lui faut s'y prendre désormais à plusieurs fois pour enregistrer les messages qu'il adresse au monde entier.

Mais si son corps l'abandonne et a du mal à obéir aux injonctions de sa volonté, il n'a en revanche rien perdu de ses vigoureuses capacités intellectuelles et de la rigueur inflexible de ses opinions. Et même quand ses forces s'amenuisent, il est toujours Achille Ratti, le modeste petit bourgeois milanais à la foi catholique ardente trempée dans l'acier d'une éducation sévère à peine adoucie par la bonté d'une mère adorée, le professeur de théologie à l'érudition encyclopédique, le bibliothécaire inamovible de la pinacothèque Ambrosienne maîtrisant jusqu'à l'enfer des rayons infinis de la Vaticane, le nonce de combat à qui son prédécesseur Benoît XV confiait la mission de refonder l'Église polonaise quand l'Armée rouge menaçait Varsovie, le cardinal primat de Milan, où s'affrontaient les fascistes et les communistes dans un climat de violences aveugles et incertaines.

Il devient le 258e successeur de saint Pierre, au terme d'une élection où le Sacré Collège était déchiré par les controverses sur l'attitude hésitante de Benoît XV durant la guerre. Pie XI s'appuie, de toute l'énergie qu'il possède encore, sur sa connaissance de la misère humaine, sa pratique intense de la prière et de l'étude, la fermeté de sa conscience apostolique. Et il persiste à exercer son pouvoir absolu sur l'Église avec une autorité que nul ne songerait à enfreindre. Ses délibérations sont préparées avec une précision méticuleuse qui ne supporte aucun à-peu-près de la part de ceux qu'il consulte : « *Niente press'a poco.* » (Jamais rien à peu près.) Ses ordres doivent être exécutés immédiatement : « *Non subito, ma prima di subito.* » (Pas tout de suite, mais avant tout de suite.) Les décisions qu'il prend seul, sans appel. « Les lois sont faites pour être observées, pas pour être dispensées. » Les audiences, solennelles ou privées, sont réglées selon un protocole intangible. « Apprenez ceci, que le protocole sert à remettre à leur place les gens qui ne savent pas rester à leur place. » L'apparat traditionnel impressionnant de la cour pontificale est respecté sans défaillance. « J'aime tellement les traditions que j'en crée de nouvelles. »

Le pape ne se lève jamais de son trône pour recevoir un visiteur officiel, et le « nous » de majesté est de rigueur. Les plaintes, les réflexions personnelles, les mots d'esprit ne peuvent être avancés qu'avec la plus grande prudence, et s'il observe en général une courtoisie sans fioritures, s'il lui arrive même parfois de se montrer aimable, le regard foudroyant et la repartie cinglante ne sont jamais loin. Aux franciscains germaniques qui lui préparent ses repas : « J'apprécie la précision allemande, j'apprécie la science allemande, mais de grâce épargnez-moi la cuisine allemande. » À un ambassadeur étranger réputé pour ses bonnes fortunes : « Nous savons bien qu'il y a plusieurs chemins qui mènent à la maison du Père, mais croyez-vous qu'il soit nécessaire de faire tant de détours ? »

Toutes ses saillies ne sont pas empreintes de la même indulgence. Pourtant, sous l'aile d'un tel caractère que ni la maladie ni la vieillesse ne peuvent faire fléchir, et malgré les aspérités de ses humeurs revêches et son peu de goût pour les effusions, le pape est aimé par tous ceux qui ont affaire régulièrement à lui, si tant est qu'un sentiment aussi abstrait que l'affection puisse avoir cours dans le labyrinthe des intrigues secrètes et des ambitions enfouies du Saint-Siège. Sa lucidité toujours en alerte, ses vertus, sa solitude suscitent des attachements qui sont bien au-delà du respect et du dévouement qu'il exige de chacun. Dans le monde chancelant surgi de la ruine morale universelle de la Grande Guerre, il apparaît comme le défenseur opiniâtre d'un principe d'humanité dépassant le seul message chrétien face à l'irruption des dictatures et de leur violence barbare. Contre le communisme de Staline, le fascisme de Mussolini, le nazisme d'Hitler, Pie XI incarne l'esprit de résistance.

Il est intraitable sur le dogme. Ainsi, son encyclique sur le mariage, *Casti connubii*, se déverse comme une douche froide sur les esprits égarés par la liberté de mœurs des Années folles succédant à un cauchemar de frustrations, d'absurdité criminelle et de deuils à n'en plus finir. Aucun réconfort à attendre de l'adultère bourgeois, de la sexualité éruptive des classes populaires, de la licence qui s'étale dans la littérature, la danse, le cinéma. Absolue méfiance à l'égard de Freud, cet antéchrist traînant son complexe d'Œdipe comme une casserole satanique, et juste un tremblement d'indignation sur ce qui ne devrait pas exister et n'existe donc pas, les macérations collégiennes des internats, les aberrations diaboliques dans certaines collectivités telles que les couvents et les missions, les danses modernes et les boîtes de nuit où se rencontrent les agents du désordre. *Horresco referens.*

L'encyclique pose une fois pour toutes « combien est grande la dignité de la chaste union conjugale ». Certes, le texte précise que la chasteté n'est pas l'abstinence, mais le distinguo est subtil et la frontière est ténue. Aux fidèles de comprendre : on s'unit afin de faire des enfants dans l'amour de Notre-Seigneur et il n'y a pas à sortir de là. Pour le désir, le plaisir, les pratiques un peu imaginatives, il ne faut pas s'attendre à des développements conciliants de la part du Saint-Père. Et s'il déclare saint le bon curé d'Ars, il fait canoniser à grand renfort d'artillerie liturgique Bernadette Soubirous et Thérèse de Lisieux, sœur de l'Enfant-Jésus et de la Sainte-Face, « l'étoile de mon pontificat ». Il n'hésite pas à glorifier les miracles, le culte des martyrs, les célébrations mariales, et à déployer toute la panoplie de la douceâtre sentimentalité mystique qui répand son eau bénite sur la piété des cœurs simples.

« Vous ne savez pas ce que nous savons, vous ne lisez pas ce que nous lisons. Du reste, c'est tout naturel ; vous ne vous placez pas sur le même plan que nous, vous vous tenez sur le plan politique. » Pie XI a été longtemps le professeur de théologie de l'élite des séminaires et il n'est pas surprenant que ses argumentations lumineuses empruntent des chemins où s'égarent les capacités de compréhension du commun des mortels. Certes, quelques jésuites et divers érudits en science canonique se mortifiant dans des recoins obscurs du Vatican parviennent sans doute à le suivre, mais ce ne sont pas des gens à répandre aux quatre vents les clés de leur raisonnement.

Par ses interprétations intraitables du dogme et en se plaçant sur le plan spirituel qui l'élève au-dessus de tous les autres, le souverain pontife fait évidemment de la politique. Comme l'écrit l'ambassadeur François Charles-Roux : « Si le Saint-Siège ne fait en principe de politique avec personne, tout le monde en fait avec lui. C'est ce qu'on attend de lui et cela correspond aux ardeurs de son caractère combatif. » Il n'a de comptes à rendre à personne, hormis au Très-Haut, avec qui il est le seul à s'entretenir. Nul n'est admis au secret de leurs échanges. Il dispose en revanche de tout un arsenal pour pilonner ses adversaires. Encycliques en latin mûrement méditées ; articles de *L'osservatore romano*, le seul journal qui échappe à la censure fasciste et qui est largement distribué, lu et commenté ; déclarations plus ou moins improvisées, dont il arrose visiteurs et pèlerins lors de ses audiences publiques ; fuites d'origine mystérieuse, que le gouvernement du Saint-Siège ne s'abaisserait jamais à démentir.

À Rome, où toutes les puissances se sont couchées devant celle de Mussolini, y compris celle du roi, le Vatican demeure un pôle d'électricité fulminante en état de tension permanent. Le Duce en est exaspéré et s'en plaint constamment, mais comment imposer des lois terrestres à celui qui n'en reçoit que du ciel ? Les foudres du Saint-Père ont une apparence terrible, elles excommunient l'Action française en semant la panique chez les monarchistes français ; elles ont un prétexte invariable, elles frappent tout ce qui menace les intérêts de l'Église. Ainsi, la définition du champ d'intervention est vaste, et il lui suffit de tirer sur le fil des atteintes à l'exercice de la religion catholique pour attaquer d'autres objectifs qui y sont reliés et menacer des systèmes politiques perçus comme hostiles. « Je ne suis pas un prophète, seulement un historien. »

Pie XI use de toutes les leçons du passé pour porter le fer de son verbe contre ceux qui ont le fol orgueil de croire qu'ils disposent de l'avenir. Pourtant, la nostalgie et l'aveuglement ne le retiennent pas, il prend le monde en plein bouleversement tel qu'il est. Son pragmatisme s'en accommode, son habileté s'en inspire. Il a vu s'effondrer des empires sans paraître s'en émouvoir et a conclu les accords du Latran avec l'Italie de Mussolini sans même consulter le Sacré Collège, en renonçant à ses États contre la souveraineté réduite à quarante-cinq hectares de la cité du Vatican, dès lors qu'il pouvait en tirer un renforcement de l'Église. En vidant une querelle inutile et sans espoir, il retrouvait toute sa liberté de mouvement. Une véritable révolution copernicienne supprimant «*urbi et orbi*» tout un pan de l'héritage doctrinal de Pie IX et de ses successeurs, qui ne pardonnaient pas que Rome fût devenue la capitale de l'Italie unifiée. Même Léon XIII, pourtant porté à l'apaisement, ne s'y était pas risqué, quand les princes de l'Église s'accommodaient d'arrangements à l'italienne pour aller et venir, et que dans les palais de l'aristocratie romaine on gardait pieusement le trône du Saint-Père retourné contre le mur en signe de protestation contre le sort du souverain pontife, prisonnier volontaire au Vatican. Force et perspicacité de l'homme de Dieu. «Le pape n'aime pas les princes», dira l'un des Habsbourg détrônés, ce qui est sans doute excessif. On ne saura jamais s'il regrette la chute du régime tsariste, mais il est certain qu'il regrette son remplacement par un régime prolétaire d'irréligion et de violence sanguinaire, dominé sans pitié par la tyrannie de Staline.

Un impétueux vent de conquêtes pour la propagation de la foi souffle sur tout ce pontificat: multiplication des séminaires et des associations, des missions envoyées dans le monde entier, ainsi que des délégations apostoliques en Asie et en Afrique, au risque de frottements avec les administrations coloniales. Nominations d'évêques chinois, et érection de diocèses au Japon pour manifester une défiance active à l'égard de l'impérialisme brutal de la clique militaire de Tokyo. Concordats pointilleux avec des États où l'Église pourrait être menacée, jubilés, canonisations en grand arroi, pèlerinages mobilisant des foules énormes de fidèles autour de cardinaux et de légats du pape solennellement adoubés pour l'occasion ; dialogue permanent avec Roosevelt et bénédiction du New Deal mis en œuvre contre le désastre de la crise économique ; réconciliation officielle avec la France, la fille aînée de l'Église, et avec le Front populaire multipliant les manifestations d'une alliance avec le Saint-Siège, qui renvoie les bouffeurs de curés de la République laïque et les inquisiteurs sectaires du clergé au magasin des accessoires d'une histoire dépassée. Le clergé est en ordre de marche, la curie obéit sans regimber, car la main du pape ne tremble pas pour remplacer quiconque tenterait de lui résister. Le Saint-Père travaille jour et nuit dans son cabinet croulant sous les livres et les dossiers, d'où il bombarde de notes manuscrites tous les rouages du gouvernement de l'Église. Répondre à l'une de ses convocations est une épreuve qui donne le sentiment d'être redevenus des écoliers aux cardinaux les plus aguerris et les plus majestueux.

Cependant, comme tout chef de guerre, Pie XI essuie des défaites. Au Mexique, la ligne de front du catholicisme est enfoncée par une série de révolutions, dont le principal point commun est la lutte antireligieuse. L'Église y fut longtemps toute-puissante, dans une complicité sans nuance avec une classe possédante féodale et une masse de fidèles ruraux attachés à leurs curés à peine plus instruits. L'heure de la vengeance est venue. Le président Calles, franc-maçon élevé par un oncle fanatiquement athée, déclenche une campagne anticatholique impitoyable. La pratique du culte est sévèrement réglementée, les écoles et les ordres religieux sont interdits et dispersés, des centaines d'églises sont fermées, et autant de prêtres récalcitrants jetés en prison ou fusillés, voire pendus le long des routes, sinistre avatar des chrétiens crucifiés par Néron après l'incendie de Rome. Les délices morbides de la martyrologie alimentent un déferlement de reportages, de photographies et de films qui font sensation. Inévitablement, dans un pays prompt aux rébellions, la persécution et ses excès suscitent la révolte des « Cristeros », les soldats du Christ ameutés dans les campagnes, et la guerre civile endémique se rallume. Calles et ses successeurs qu'il manipule serrent encore les vis de la répression sur la Vendée mexicaine. S'ensuivent dix années de confusion et environ cent mille morts, un tarif exorbitant même pour ceux qui travaillent du *sombrero*. Le pape soutient évidemment les Cristeros et célèbre la liturgie nouvelle du « Christ-Roi », ce qui ne contribue guère à amadouer les prisonniers et à calmer les rebelles. Faute de combattants, la situation finit par s'apaiser. On s'accorde sur un compromis : les lois antireligieuses ne sont pas abrogées, mais on ne les appliquera plus. Victoire ou échec en demi-teinte pour le pape. L'Église mexicaine n'est plus que l'ombre de ce qu'elle fut. Elle aura besoin de longues années pour se remettre.

Ce drame annonce la tragédie espagnole. Mais le Mexique, c'est loin, et les luttes fratricides qui s'y déroulent relèvent d'une sorte de folklore. Le général Tapioca contre le général Alcazar, *L'Oreille cassée* vient de paraître. Il est vrai qu'on ne lit pas beaucoup *Tintin* au Vatican. Avec l'Espagne, les enjeux sont bien plus importants. Cette fois, la guerre civile fait rage en Europe, dans un pays où le catholicisme est enraciné au cœur de l'histoire. Avant que deux Espagnes ne se jettent à la gorge l'une de l'autre, Pie XI avait admis l'avènement de la République après la chute de la monarchie ; il était resté sourd aux appels des partisans du roi Alphonse XIII réfugié à Rome ; le Saint-Siège avait entretenu des relations diplomatiques normales par l'entremise d'un nonce installé à Madrid. Mais les nationalistes qui se sont insurgés revendiquent, sous le commandement de Franco, une véritable croisade contre les « Rouges » qu'ils massacrent sans retenue, tandis que les républicains, dérivant de plus en plus à l'extrême gauche, couvrent les crimes des communistes et des anarchistes, qui détruisent les couvents et les églises, et fusillent les prêtres et les religieuses. Chaque camp commet des atrocités épouvantables, dont l'onde de choc divise profondément les opinions publiques.

Hitler et Mussolini se portent en renfort de Franco, lui livrent des milliers de « volontaires », du matériel, des armes et des avions qui bombardent les populations civiles, comme à Guernica. L'Espagne est devenue un champ de manœuvres pour les dictateurs. Mais les communistes se mobilisent également pour les républicains, moins efficacement mais tout aussi bruyamment, tandis que les démocraties se lamentent sans intervenir, en étalant le spectacle de leur impuissance. On comprend partout que la guerre en Espagne serait la répétition générale de celle qui menace en Europe.

Or, pour Pie XI, l'ennemi principal demeure malgré tout le communisme athée, « intrinsèquement pervers », incarnation politique d'une force démoniaque qui exerce son influence délétère sur les esprits qui se sont détournés de Dieu. Chaque convulsion du régime des Soviets, depuis les assassinats de masse, la terreur, la famine en Ukraine, jusqu'aux procès de Moscou, « fruits naturels d'un système qui est dépourvu de tout frein intérieur », l'enfonce un peu plus dans sa conviction.

Il lui a fallu pas moins de deux encycliques, *Quadragesimo anno* et *Divini Redemptoris*, pour formuler une condamnation sans appel. La main tendue aux catholiques par le Parti communiste français et Maurice Thorez est restée ballante, et le pape ne serrera jamais celle de Staline. La messe est dite.

Pourtant, Pie XI appelle aussi les nationalistes à refréner leur violence aveugle. Il désavoue les prêtres qui bénissent les troupes de Franco et se laissent complaisamment filmer, la soutane au vent et brandissant des crucifix, à la tête des cohortes des nouveaux « croisés ». Il maintient un contact avec le dernier carré des républicains qui tiennent encore à Barcelone et Madrid, et consentent à parler à ses émissaires. D'ailleurs, plusieurs évêques, politiquement marqués par leur soutien à la République, ont trouvé finalement refuge au Vatican. Mais l'Espagne est devenue folle, et les seuls interlocuteurs du pape lui mentent effrontément, franquistes évoquant la légitime défense et les atrocités de l'autre camp, républicains assurant contre toute vraisemblance qu'ils protégeront la liberté religieuse. Ses interventions sont vaines, il est condamné à l'impuissance, le magistère de la parole résonne dans le vide. Les écrits de Mauriac et de Bernanos, qu'il a lus avec attention, ne suffisent pas à infléchir l'attitude de la majorité des fidèles et du clergé, ni le sentiment largement répandu que le pape a choisi son camp, celui des défenseurs de la foi catholique contre les assassins de Dieu. Telle est sa défaite, dont l'ampleur s'aggrave sans cesse avec l'avalanche quotidienne des mauvaises nouvelles.

Les principes sont intangibles, les interventions se perdent, le pape navigue sur une mer parsemée d'écueils. Depuis les accords du Latran, les relations entre le Saint-

Siège et l'Italie ne cessent de se dégrader. Certes, la famille royale a enfin été reçue en grande pompe par le Saint-Père, mais elle ne compte plus vraiment politiquement. C'est Mussolini qui décide d'à peu près tout et il respecte de moins en moins les formes avec le souverain et la dynastie. Et puis, Victor-Emmanuel III, ce petit roi complexé par sa taille de nabot, amer et cramponné à l'apparence de ses derniers privilèges, est un libre-penseur en religion qui n'éveille aucune sympathie chez le pape. Cependant, les difficultés viennent du Duce et de son régime dictatorial qui ne cessent d'empiéter sur les prérogatives de l'Église. La bataille se concentre dans les sables mouvants du contrôle de la jeunesse. Le fascisme embrigade à tout-va les enfants et les adolescents dont l'éducation était *a priori* confiée à l'Église. Les *balillas* qui défilent sur la « via impériale » ne sont plus les enfants de la Vierge Marie. L'idéologie totalitaire et le culte de la personnalité du Duce rivalisent avec le message chrétien, en s'appuyant sur une propagande obsédante et les campagnes fielleuses d'une presse aux ordres.

La guerre d'Éthiopie a encore fait monter la tension. Le pape n'a pas condamné frontalement l'attaque de l'empire du Négus, les fascistes l'avaient rendue populaire ; elle vengeait l'Italie du désastre d'Adoua que Ménélik II lui avait infligé quarante ans plus tôt, et qui était encore dans toutes les mémoires. Mais il est intervenu diplomatiquement pour une solution négociée qui aurait préservé une part de l'Éthiopie. Peine perdue, enlisée dans les minables tractations des démocraties paniquées par la perspective d'une brouille durable avec Mussolini. C'était avant que les chars, le gaz moutarde, les bombardements aveugles, les tortures sadiques et les massacres des compères Graziani et Badoglio ne règlent la question et ne propulsent de tels criminels de guerre au firmament des héros du régime.

L'alliance de plus en plus étroite entre Rome et Berlin met fin aux dernières illusions d'une espèce de réconciliation. S'il s'oppose au fascisme, le pape le supporte comme un mal inévitable, et puis il demeure quand même un Italien qui répugne à se couper de ses compatriotes. Il combat en revanche le nazisme avec la même détermination qu'il met en œuvre contre le communisme. Lors des fameuses journées particulières de la venue d'Hitler à Rome, au printemps 1938, il quitte ostensiblement le Vatican pour sa résidence d'été de Castel Gandolfo, afin de ne pas avoir à recevoir le Führer. Il fait fermer les musées de la cité papale, éteindre partout la lumière pour éviter toute visite intempestive.

Dans la Ville éternelle où claquent les oriflammes à croix gammée, de jour comme de nuit sous le feu des projecteurs, la masse monumentale de Saint-Pierre, sombre et déserte, est plantée comme un reproche qui attire tous les regards. « À Rome, il n'y a de place que pour la croix du Christ. C'est la seule, il ne saurait y en avoir une autre. » Depuis, les relations entre les deux rives du Tibre sont réduites au minimum. Et Mussolini dissimule à peine qu'il attend avec impatience le rappel à Dieu du souverain pontife qui va si mal, selon ses médecins, parmi lesquels s'est infiltré le bon docteur Petacci, qui se trouve être, comme par hasard, le papa attentionné de la charmante Clara, la maîtresse en titre du Duce…

En attendant que la situation se dénoue dans l'intérêt du fascisme, Ciano, le gendre de Mussolini propulsé ministre des Affaires étrangères, travaille le Sacré Collège, qui procédera à l'élection du successeur, et pèse les chances, les avantages et les inconvénients des uns et des autres *papabili*. Dévotions outrancières et flatteries, tartuferies sonores et notes confidentielles, insinuations, ragots et rumeurs, Monsieur Gendre pense bien maîtriser la palette des cardinaux. Mais on ne manipule pas le Vatican comme une Lancia grand sport, et même si certains petits dossiers évoquent les protections très rapprochées dont des Éminences bénéficient de la part de gardes suisses soucieux de l'avancement de leur carrière, on ne retourne pas un prince de l'Église comme une starlette de Cinecittà. La tâche est malaisée et peut réserver des surprises. Prenant tout le monde de court, Pie XI vient de nommer une nouvelle fournée de cardinaux, dont certains ne sont connus que de lui seul. Ils échappent à toute influence extérieure et sauront respecter les ultimes volontés du Saint-Père. En amateur éclairé des coups fourrés, Ciano ne peut s'empêcher d'admettre qu'il ne s'attendait pas à voir surgir cette dernière carte et, dans son for intérieur, il juge que c'est bien joué.

Dès son accession au pouvoir en 1933, Hitler a voulu signer un concordat avec l'Église pour conforter son assise et se laisser le temps de s'emparer de la société allemande. Il a donc dépêché à Rome le distingué Franz von Papen, farfadet frivole et vaniteux de la république de Weimar, qui lui a fait la courte échelle pour l'aider à devenir chancelier et qui se prenait encore pour le seul renard dans le poulailler, avec pour mission d'endormir la méfiance de Pie XI. Le pape ne se faisait aucune illusion sur le caractère essentiellement criminel d'Hitler, la nature démoniaque du régime qu'il était en train d'instaurer, la vilenie de son émissaire. Mais il a signé, car il estimait alors qu'une sorte de contrat de non-belligérance avec les forces du mal lui permettrait de protéger le parti du Zentrum catholique et l'ensemble du clergé allemand. Cinq ans plus tard, il n'y a plus de Zentrum, les évêques allemands constamment tracassés sont soit soumis et silencieux, soit en exil, tandis que nombre de prêtres récalcitrants croupissent dans des camps de concentration. Des jésuites accusés de crimes sexuels et de détournements de mineurs, des bonnes sœurs convaincues d'avoir fraudé le fisc les y rejoignent. Tous les prétextes sont bons pour des parodies de justice qui excitent l'opinion.

Les associations catholiques ont été dissoutes ou contraintes de se fondre, à la schlague, dans les organisations satellites du parti nazi, les Hitlerjugend célèbrent les rites païens de la religion nouvelle glorifiant l'Allemagne ressuscitée et son Führer omniscient, à grand renfort de fêtes du solstice, de *Horst Wessel Lied*, et de manifestations de masse à Nuremberg. Le culte de la force virile, de la brutalité conquérante et de la purification collective par la violence a remplacé l'« obscurantisme geignard des Évangiles », catholiques et protestants étant jetés dans le même sac d'opprobre. L'éducation, la presse, un déferlement d'opuscules et de théories prétendument scientifiques comparent en permanence les fidèles des pratiques dépassées, paresseux, jouisseurs et corrompus, et les disciples ardents et vigoureux de l'idéal national-socialiste. L'eugénisme, la stérilisation et l'élimination des handicapés mentaux et des infirmes sont la conséquence logique de ces divagations. L'excommunication des partisans d'une telle abomination ne refrène en rien leur zèle. Pie XI ne s'est pas incliné devant le fascisme mussolinien, tempéré malgré tout par les mentalités italiennes. Il ne cédera rien au nazisme hitlérien, qui bande les ressorts de la discipline allemande pour foncer jusqu'aux derniers cercles de l'enfer.

« Il n'y a point de doute que le symbole du lamentable crucifié ne soit devenu pour Rome un moyen d'assoupir les âmes en les usant, dans le but de les dominer. Peu à peu, nous verrons les effroyables crucifix de l'époque du baroque, qui étalent à tous les carrefours leurs membres tordus et suppliciés, remplacés et supplantés par la mâle effigie des guerriers tombés au service de la patrie. » Pie XI a lu *Le Mythe du xx*[e] *siècle* d'Alfred Rosenberg – après *Mein Kampf*, le deuxième *best-seller* de l'idéologie nazie, dont même Hitler a reconnu qu'il avait sauté des chapitres auxquels il ne comprenait rien –, et il a, pour sa part, fort bien compris qu'il s'agissait d'un véritable *Guide Baedeker* pour la visite du territoire de la mise à mort de toute civilisation. Mais ce ne sont pas seulement la haine de plus en plus affirmée de l'Église et le paganisme offensif du régime qui prétendent éradiquer la foi chrétienne ; le cynisme d'une politique étrangère qui déchire les traités, réarme et mobilise massivement, la domination de l'Allemagne sur des États faibles et apeurés, qui suscitent sa réprobation. En un temps où la vulgate catholique considère encore les Juifs comme le « peuple déicide », l'antisémitisme hitlérien lui répugne et les persécutions antijuives lui font horreur. Il est le premier pape à prendre toute la mesure de la menace mortelle qui pèse sur les Juifs.

Les démocraties condamnent officiellement la politique raciale d'Hitler. L'Angleterre a des ministres juifs depuis Disraeli ; la République a triomphé finalement en France après l'affaire Dreyfus. Pourtant, l'antisémitisme contamine toujours les opinions publiques, avec plus ou moins de virulence selon les périodes de crise morale et sociale, mais dans toutes les couches de la société, et il s'étale impunément au travers de mouvements qui disposent d'une large audience, ainsi que dans la presse, la littérature, voire au fil de conversations de salon apparemment anodines.

Mit brennender Sorge (*Avec une brûlante inquiétude*), l'encyclique rédigée en allemand que Pie XI fait lire dans toutes les paroisses d'Allemagne le jour des Rameaux en 1937, en déjouant la Gestapo, fait l'effet d'une bombe. Tous les griefs sont rassemblés dans un réquisitoire implacable. Et si le sort des Juifs persécutés par le régime n'est pas spécifiquement désigné, la condamnation du racisme est sans appel. Elle ne se lit pas entre les lignes, mais dans les lignes mêmes du texte, au travers d'allusions et d'exemples précis, ainsi que d'un style clair et vigoureux qui ne laisse place à aucune ambiguïté. Plusieurs textes transmis aux séminaires et aux évêques, hors d'Allemagne où le régime fulmine désormais contre le pape, insistent encore dans la dénonciation du racisme et sur la protection des enfants d'Abraham, au cas où l'on n'aurait pas bien compris tout le sens de l'encyclique. En Allemagne, la répression anticatholique s'exacerbe mais, cette fois, les choses sont claires : dans l'ensemble de la chrétienté, les fidèles savent maintenant quelle est la voie que le pape leur a désignée et qu'ils devront suivre. Beaucoup l'oublieront, mais c'est une autre histoire.

François Charles-Roux, l'ambassadeur de France auprès du Saint-Siège, vénère le pape Pie XI. Il adore l'apparat, le protocole, les multiples splendeurs du Vatican. Sa foi chrétienne, dont il parle peu, s'y réchauffe par la pratique du décorum et de cérémonies traditionnelles héritées d'une histoire longue et mouvementée.

Son intérêt pour la politique internationale s'y nourrit de l'exemple du gouvernement hiératique de la papauté. Son attirance pour l'action, le secret, la camaraderie s'y épanouit parmi des hommes d'Église venus d'horizons divers et qui vivent entre eux dans l'accomplissement d'une mission mystérieuse. Cela tient du club très fermé pour initiés, du pensionnat pour vieux garçons, du gang aux ramifications mondiales. On y prie en latin, on y est assujetti à des rites hors du temps, on y est confronté à des épreuves redoutables. Le Vatican est un poste d'observation incomparable sur les convulsions du monde moderne, la vigie de la civilisation occidentale menacée, le navire amiral de vertus à la merci d'un naufrage.

François Charles-Roux aime aussi Rome, le sombre palais Taverna où il réside avec sa famille, la noblesse noire qui dédaigne les parvenus de la maison de Savoie et les ruffians du fascisme, la mélancolie des longs hivers, l'exubérance physique dans les ruelles de la canicule estivale, la perpétuelle hésitation entre la morale et le péché, l'étude et le désordre, la pénitence et le plaisir, où se joue le destin incertain de la Ville éternelle. Il a accompli un travail considérable depuis que la République et le Saint-Siège ont renoué des relations diplomatiques et qu'il a été élevé à la dignité d'ambassadeur pour assurer enfin une réconciliation active entre les anciens ennemis du clergé et les fidèles de l'Église. Les attardés du conflit jugent que c'est sans importance, les hommes de bonne volonté estiment que c'est capital. Il a choisi de croire simplement que c'est nécessaire.

Le pape est la clé de voûte de la chrétienté, il est la référence ultime des interrogations de l'ambassadeur. Le Saint-Père n'a pas d'amis, il ne dévoile guère ses sentiments et n'accorde sa confiance qu'avec réticence. Mais on peut partager ses délibérations et ses inquiétudes, devenir peu à peu son confident et son allié. C'est ce que voulait François Charles-Roux, c'est ce qu'il a obtenu et c'est pour cela qu'il le vénère. En ces jours de décembre 1938 où la République se vautre une fois de plus dans le déshonneur de Munich et où Mussolini vient de promulguer les lois antijuives qui alignent l'Italie sur l'Allemagne de la Nuit de Cristal, l'ambassadeur a demandé audience au pape. Pie XI use ses dernières forces à rédiger le discours qu'il veut prononcer en présence du Duce pour le dixième anniversaire des accords du Latran. On en redoute la teneur à Rome comme à Berlin. Il ne reçoit plus personne. Mais il a accepté la requête de François Charles-Roux. Ils savent l'un et l'autre qu'ils ne se reverront plus.

Le souffle de la mort a déjà emporté le cérémonial habituel. Accueilli dans la cour Saint-Damase par le seul marquis Sacchetti qui a troqué son uniforme noir brodé d'argent, sa fraise blanche et ses décorations contre une simple jaquette anthracite, l'ambassadeur est emmené par le vieil aristocrate à la mine grave à travers une succession d'antichambres qu'il n'avait jamais empruntées. Les gardes suisses, en petit nombre, se tiennent figés, tels des soldats de plomb dans une vitrine, au long des pièces vides. Personne d'autre et pas un bruit. Le froissement des soutanes, le faible brouhaha des *buffolantti* en culottes de velours, les murmures de tout le petit monde attaché au service de la cour pontificale se sont évaporés comme si des oiseaux aux plumes de couleur s'étaient enfuis d'une volière. Seuls résonnent les pas pressés du marquis sur le sol carrelé. Il ouvre sans frapper une porte dérobée et s'efface avec un sourire triste et plein de douceur pour faire passer l'ambassadeur. Le valet de l'au-delà au seuil du grand passage.

En soutane blanche et camail grenat bordé d'hermine, le pape est assis devant sa table de travail surchargée de livres et de documents, avec le petit portrait de sainte Thérèse de Lisieux bien en évidence sur le côté. Il est en train d'écrire. Le jeune prêtre jésuite qui l'assiste dans ses recherches pour la rédaction de son discours pour le dixième anniversaire des accords du Latran remarque l'arrivée de l'ambassadeur et s'éclipse aussitôt comme un reflet qui s'évanouit, sans un mot. Le Saint-Père continue à écrire. Charles-Roux est frappé par l'altération de ses traits, le visage livide, le souffle oppressé, la silhouette amaigrie courbée au-dessus du bureau, le léger tremblement qui accuse encore la fragilité de son apparence. Il tente de faire la première des trois génuflexions de rigueur, mais le pape relève la tête et l'arrête d'un geste vif, dans un mouvement de vigueur retrouvée. « Soyez le bienvenu, Excellence, nous nous réjouissons de vous voir. »

La voix est faible mais bien timbrée, l'accent milanais en français toujours aussi chantant, un éclair de gaieté passe dans le regard cerclé de fines lunettes aussi acéré qu'autrefois.

François Charles-Roux : Je remercie Sa Sainteté d'avoir daigné me recevoir.

Pie XI : Cela est bien naturel. Nous avons toujours ressenti votre présence comme un bienfait de Notre-Seigneur. Mais venez donc vous asseoir près de nous... Si, si, à la place du jeune prêtre qui m'assiste dans mes travaux et qui vient de se retirer. Nous serons plus à l'aise pour causer.

François Charles-Roux: Je me réjouis de constater que Sa Sainteté semble avoir recouvré sa santé.

Pie XI: Pieux mensonge, Excellence. Pieux mensonge, mais il vous sera pardonné, à condition que vous n'en commettiez pas un autre ! C'est un moribond qui vous parle, Excellence.

François Charles-Roux, déjà surpris par l'accueil insolite qui lui a été réservé à son arrivée au Vatican, et encore plus par la manière si familière et littéralement extraordinaire dont Pie XI se comporte avec lui, est submergé par une vague d'émotion. Il n'a jamais douté de la bonté foncière du Saint-Père ni de la qualité particulière de l'attention qu'il lui porte. Mais tout est stupéfiant, les appartements silencieux et déserts, ce cabinet de travail avec les bibliothèques remplies de livres, cette table surchargée comme celle d'un professeur d'université, cet accès de gaieté, étrange et totalement inattendu, de la part du souverain pontife. Celle d'un fidèle qui s'apprête à rejoindre le Créateur, d'un saint homme qui achève de mettre ses affaires en ordre, d'un pape délivré par le message qu'il est en train d'écrire pour dénoncer et condamner sans ambages les ennemis de la foi et de l'Église. L'ambassadeur veut en avoir le cœur net, ses sentiments personnels comme son devoir le lui ordonnent.

Pie XI: Le pape voulait aussi vous voir, Excellence. Nous suivons avec toute notre sollicitude les entretiens qui se déroulent actuellement à Paris entre le ministre Ribbentrop et votre gouvernement, et qui laissent espérer de nouveaux progrès après tant de déconvenues. Nous félicitons MM. Chamberlain et Daladier pour leur entreprise au bénéfice de la paix, même si nous pensons que nous ne serons plus là pour la voir pleinement s'accomplir. Il faudra toujours continuer dans cette voie, mais nous savons aussi comme il est difficile de l'emprunter, car on n'y rencontre pas que des hommes de bonne volonté.

François Charles-Roux: L'inquiétude ne s'est pas dissipée. Les événements survenus en Europe depuis quelques mois ne nous laissent pas en repos. L'Allemagne multiplie les incidents et les manifestations agressives un peu partout, l'Italie à son tour émet des revendications que nous ne pouvons pas accepter. Tout se passe comme si la parole donnée n'avait plus de valeur.

Pie XI: «*Dissipa gentes quae bene bella volunt!*» Dispersez les nations qui veulent la guerre.

Le pape s'est rembruni d'un seul coup. Sa voix est devenue plus forte, son regard s'est durci, il frappe de la main les phrases de son texte.

Pie XI: Les menées contre les intérêts légitimes de l'Église en Allemagne, les persécutions à l'égard du clergé et des fidèles, les atteintes à la liberté de pratiquer, la propagande antichrétienne, le paganisme insensé et le culte d'un prophète du néant qui se place au même niveau que le Christ piétinent sans vergogne notre concordat et les droits élémentaires de l'âme humaine. Nous avons protesté à de multiples reprises et n'avons reçu que des tromperies et des sarcasmes en guise de réponses.

François Charles-Roux: On s'alarme beaucoup en France du rapprochement entre l'Italie et l'Allemagne. Le Duce vient de promulguer des lois raciales qui sévissent déjà en Allemagne contre les israélites. On redoute une autre Nuit de Cristal ici même. Il y a déjà eu des brutalités, des assassinats et des suicides. Et ces enfants juifs à qui l'on interdit désormais d'aller à l'école !

Pie XI : C'est une abomination ! Par le Christ, et dans le Christ, nous sommes de la descendance d'Abraham. Non, il n'est pas possible aux chrétiens de participer à l'antisémitisme. L'antisémitisme est inadmissible. Nous, chrétiens, nous sommes spirituellement des sémites.

François Charles-Roux : Est-il possible de vivre en paix dans de telles conditions ?

Pie XI : Il ne faut pas désespérer de l'amour du Christ. Nos prières s'adressent constamment à lui pour ramener les égarés à la raison. Méditez l'exemple de sainte Thérèse de Lisieux. La petite voix qui mène à l'immense amour du Christ et à la sainteté. Regardez bien cette image d'elle que je garde toujours près de moi, le visage habité par la lumière de la charité et de l'amour.

François Charles-Roux contemple le portrait de sainte Thérèse. Il ne ressent pas grand-chose. Il s'en veut d'avoir trop écouté le discours de ses amis radicaux et mécréants. Le carmel, les sœurs de Thérèse qui s'y sont toutes enfermées, le père ayant perdu la raison, les extases à répétition, cette conspiration de bonnes âmes pour diffuser des Mémoires qui lui sont tombées des mains. Il lui est arrivé de penser qu'elle était peut-être folle. Il trouve la basilique de Lisieux horrible et boursouflée. Et puis, c'est un Marseillais qui déteste la Normandie, où il pleut tout le temps. Confus d'abriter de si mauvais sentiments, il reste modeste et silencieux. Heureusement, le pape a toujours les yeux braqués sur le portrait et ne fait plus attention à lui.

Pie XI : Les blessures infligées à l'Église ne se limitent pas seulement aux fidèles et à la foi catholique, elles concernent la conscience universelle et la dignité humaine. Vous le direz aux autorités de la République et de notre chère France, Excellence. Elles se sont rapprochées de nous, nos différends se sont apaisés, vous y avez personnellement contribué et vous savez que nous ressentons une très grande gratitude à votre égard. Vous le leur direz en notre nom, Excellence, c'est la parole du pape, celle du Christ et celle d'un homme parmi tous les autres hommes.

Le regard et la voix de Pie XI s'éteignent. Il est parvenu au terme de son effort, sa colère, la tension qu'il s'est imposée pour être entendu par l'ambassadeur l'ont épuisé. Cependant, François Charles-Roux voudrait en savoir plus sur le discours qu'il prononcera devant le Duce, même s'il ne doute pas qu'il s'agira d'une condamnation sans appel du dictateur, un message d'adieu comme une tache indélébile le marquant au visage. Mais on ne pose pas de questions au Saint-Père. Comme s'il avait pris conscience du souhait de l'ambassadeur, le souverain pontife se redresse en s'appuyant des deux mains sur la table de travail et se lance dans une dernière tirade, comme s'il expirait.

Pie XI: *Non abbiamo bisogno*, « nous n'avons pas besoin », a fixé pour le Duce les limites à ne pas dépasser, mais c'est une encyclique déjà ancienne maintenant, tout est allé de plus en plus mal et il n'en a pas tenu compte. *Mit brennender Sorge*, « avec une brûlante inquiétude », n'a pas empêché le Führer de poursuivre sa politique criminelle, bien au contraire. Ils sont dans le même bateau et cinglent vers le désastre. L'humanité tout entière est menacée par une faillite morale sans précédent, qui entraînera la ruine et la disparition de populations au complet. Qu'ils reçoivent la punition de leurs péchés et de leur obstination dans le mal, et que les cœurs innocents et les âmes pures trouvent la consolation de leurs tourments et la force de résister à ceux qui les leur infligent. Veillez et priez, Excellence, transmettez le message d'amour de notre Sauveur, mais n'oubliez pas que la miséricorde n'est accordée qu'à ceux qui acceptent de l'accueillir.

François Charles-Roux: Au dernier jour, même au dernier jour.

Pie XI: Nous sommes au dernier jour.

Le pape baisse la tête, se recroqueville, encore plus courbé sur sa table de travail, le souffle court, le regard qui se perd. Dans son élan d'indignation, il a froissé ses notes, renversé son encrier. Il murmure: « Nous vous bénissons, Excellence, que la paix du Seigneur soit avec vous. »

Le pape a recommencé à écrire, ses doigts se sont tachés d'encre. En sortant à reculons selon l'usage, l'ambassadeur est saisi par la grande tristesse de ne pas échanger encore un regard avec lui. Le marquis Sacchetti l'attend dans l'antichambre, près de la porte dérobée. « Si vous avez un instant, le secrétaire d'État, Son Éminence le cardinal Pacelli, souhaiterait s'entretenir avec Votre Excellence. » François Charles-Roux comprend aussitôt que personne, mis à part un jeune prêtre jésuite confiné en secret dans les appartements pontificaux, n'a accès au texte que le pape est en train de rédiger. Personne, pas même le secrétaire d'État, pourtant attaché au Saint-Père comme son ombre depuis près de dix ans, ne sait ce que le pape dira dans son discours devant le Duce pour le dixième anniversaire des accords du Latran.

François Charles-Roux tient le cardinal Pacelli en haute estime. C'est avec lui qu'il traite directement de toutes les affaires concernant les relations entre la France et le Saint-Siège. Leurs rencontres sont fréquentes et cordiales. Le secrétaire d'État est l'homme le plus puissant du Vatican après le pape, il bénéficie de toute la confiance du souverain pontife. Son expérience des relations internationales est sans égale. Il a été nonce apostolique en Allemagne durant toutes les années vingt et il a négocié la plupart des concordats avec divers États, dont celui que le régime nazi a signé avec le Saint-Siège. On lui doit aussi les meilleures heures de la réconciliation avec la France, où il a été reçu triomphalement sous le gouvernement du Front populaire, malgré le peu de sympathie du pape pour les socialistes.

Né à Rome dans une famille de la noblesse noire qui a toujours servi la papauté, d'un abord majestueux et sévère avec un physique de saint espagnol, maîtrisant plusieurs langues dont l'allemand qu'il parle à la perfection, d'une intelligence et d'une culture interdites au commun des mortels, le cardinal Pacelli partage officiellement les inquiétudes du pape devant la dégradation de la situation internationale induite par les ambitions effrénées des dictatures. Mais c'est un diplomate jusqu'au tréfonds d'une âme habitée par les certitudes de la foi, adepte des tractations secrètes et des interventions discrètes. Il les a multipliées à l'égard du pouvoir hitlérien et, malgré les échecs répétés, il estime que son devoir est de persévérer dans cette voie et ces méthodes. Or, sa puissance l'aveugle et le trompe. On ignore encore évidemment quelles en seront les conséquences tragiques.

Depuis que la mort prochaine du pape ne fait plus de doute, le Vatican et les chancelleries étrangères sont en effervescence. On avance des pronostics. À longueur d'articles dans les journaux et de notes diplomatiques confidentielles. La seule vraie question, rarement formulée mais qui hante les consciences, est de savoir si l'élu adoptera la position de plus en plus intransigeante du Saint-Père à l'égard des dictatures ou s'il prônera la prudence et l'apaisement. Le régime fasciste est particulièrement attentif. Les chances du secrétaire d'État sont faibles *a priori*, car il n'est jamais arrivé qu'un cardinal parvenu à un tel échelon de la hiérarchie vaticane soit élu. Pourtant, comme chacun sait, les voies du Seigneur sont impénétrables. Mussolini l'évite, mais Ciano, qui le rencontre souvent, l'observe et le redoute, constamment à la manœuvre auprès du Sacré Collège, et il flaire un danger. Le cardinal bénéficie aussi du soutien de la monarchie depuis que le roi lui a conféré le collier de l'Annonciade, un honneur que Goering trépigne en vain d'obtenir. Et puis, surtout, le pape ne fait pas mystère de ses préférences pour qu'il lui succède.

Apparemment indifférent à cette agitation, son esprit uniquement occupé des pensées spirituelles personnelles qui commandent son dialogue avec le ciel, ainsi que de leur incidence sur les affaires terrestres, déployant toute sa sollicitude pour le Saint-Père aux premiers stades de l'agonie, le cardinal Pacelli garde le silence et attend ce qui sera peut-être son heure. On sait qu'il sait, mais on ne sait pas ce qu'il sait.

L'entrevue de l'ambassadeur et du secrétaire d'État s'avère décevante. On évoque la signature de la déclaration franco-allemande, les revendications italiennes, les lois raciales et les persécutions contre les israélites, mais ce large tour d'horizon, qui ne suscite évidemment aucun désaccord, s'arrête au seuil de ce qui intéresserait au plus haut point le cardinal Pacelli, l'unique raison de cet entretien impromptu, le contenu du discours. L'Excellence est trop perspicace pour s'aventurer dans ce domaine et formuler des hypothèses, l'Éminence trop habile pour avoir l'air de reconnaître que la rédaction du texte lui échappe et quémander des informations. On se quitte avec le sourire, force civilités et quelques arrière-pensées. Ils en ont l'un et l'autre l'habitude, cela contribue d'ailleurs au plaisir qu'ils retirent de leurs échanges. Mais l'ambassadeur ne doute plus que la méfiance du cardinal Pacelli soit en alerte, et qu'il fera tout son possible pour édulcorer le texte quand il en prendra connaissance. En traversant Rome gagnée par la nuit, François Charles-Roux est alors pris, dans sa voiture, d'un fol espoir et d'une sinistre inquiétude, qui s'emparent en tumulte de son esprit : que le Saint-Père tienne jusqu'au jour de l'anniversaire où il devra prononcer son discours, à moins qu'il ne meure avant et que la condamnation solennelle et définitive des dictatures ne disparaisse avec lui.

Il retrouve le palais Taverna, sombre et glacé. Ah, ces hivers de Rome où l'on claque des dents sous des fresques de ce libertin de Sebastiano Ricci, et où l'on s'enrhume constamment dans d'immenses salons humides impossibles à chauffer. Son épouse, Séverine, qui le ravit par sa gaieté et ses belles manières depuis trente ans d'un mariage sans nuages, est absente, en visite chez la princesse de Piémont pour un ouvrage de dames. Il demande où sont ses enfants, mais le *cameriere* de service soupire qu'il n'en sait rien, ou plutôt si, ils ont fait dire qu'ils ne rentreraient pas pour dîner. En dégrafant son frac et le col dur qui l'oppresse depuis des heures, l'ambassadeur se sent tout à coup seul, abandonné, n'ayant plus de goût à rien. La mélancolie romaine, ce mal d'une ville qui promet beaucoup et ne donne rien, ou le chagrin d'une dure journée au chevet des soubresauts de la détresse humaine ? Il est trop las, trop anxieux pour choisir.

Comme ils étaient heureux à Prague dix ans plus tôt, tous ensemble ; Séverine était jeune et belle, les enfants encore petits et bien gentils. La République tchèque était en plein essor, la ville ouvrait ses trésors à la vie moderne et bruyait de toutes sortes d'aventures artistiques et littéraires. On y faisait des rencontres passionnantes, il avait le temps d'écrire. Son collègue Lacroix vient de lui envoyer une lettre lugubre. Prague n'est plus que la capitale fantomatique d'un moignon d'État dans les serres d'Hitler qui ne vont pas tarder à se refermer. Masaryk et Beneš, c'était quand même autre chose que tous ces fascistes brutaux et ignares sur lesquels il bute sans cesse, quand il ne devrait avoir affaire qu'à des hommes d'Église éduqués et subtils.

Et puis les enfants ont grandi et on ne peut plus les tenir. On l'avait prévenu. Prenez garde à Rome, ils ne résisteront pas aux maléfices de la douceur de vivre, « la grande *belleza* » de la fête permanente et cruelle. Des plaisirs de leur âge peut-être, mais en tout cas pas de leur monde. Ce qui devait advenir est advenu. Edmonde s'est donnée à un jeune prince désargenté d'une beauté solaire, mais qui se laisse gagner par les mirages de conquête militaire du fascisme. Ils se marieront peut-être, mais rien n'est certain. Cyprienne défraie la chronique mondaine depuis qu'elle a cédé à Ciano et qu'elle s'en prétend amoureuse. Il la balade comme un trophée dans sa petite cour de viveurs cupides et de snobs dépravés. Quant à Jean-Marie, il est toujours à traîner avec des garçons de bains de la plage d'Ostie, des serveurs de Trastevere et des soldats en permission qui font la galerie de la *stazione Termini*. Une proie de choix pour les maîtres chanteurs qui rôdent autour de l'ambassade quand ils ne noircissent pas les pages des rapports de police. François Charles-Roux, ambassadeur de France, membre de l'Académie des sciences morales et politiques, confident de Sa Sainteté, certains soirs comme celui-là, n'est qu'un humble pécheur qui n'a plus la force de porter le fardeau d'un monde courant à sa perte et les vicissitudes d'une famille qui se délite.

Le pape Pie XI.

Chapitre 9
Du caviar pour Genève

Il fallait un peu de joie pour supporter le malheur, pour continuer à vivre, il le savait maintenant, n'importe quelle sorte de joie, même infime, même idiote.

Albert Cohen — *Belle du Seigneur*

En cette belle journée de décembre au pâle soleil de fin d'automne, la salle à manger réservée du président de l'assemblée générale de la Société des Nations ouvre sur un magnifique panorama. Reflets bleutés du lac Léman, éclats scintillants du jet d'eau de Genève, blancheur immaculée des neiges éternelles du mont Blanc. Le palais a été inauguré quelques mois plus tôt, après douze ans de travaux, de longues tractations avec les autorités du canton penchées sur leurs calculettes, et de folles dépenses acquittées, avec les récriminations d'usage, par l'ensemble des États siégeant à cette assemblée générale annuelle qui vient juste de s'achever. En découvrant le nouveau cadre solennel abritant leurs délibérations, certains délégués de pays exotiques, comme le Liberia ou l'Afghanistan, n'en sont pas encore revenus d'une telle munificence, inconnue de leurs gourbis indigènes.

Au centre d'un grand parc arboré dominant la ville de Calvin, autrefois propriété privée d'une très ancienne famille, dont une massive injection de francs suisses a lubrifié finalement le refus de s'en défaire, le bâtiment aux lignes rigoureuses est aussi vaste que Versailles. Ses salles de conférences et ses salons de réceptions, ses bureaux, sa bibliothèque aux millions de livres offerts par Rockefeller, le labyrinthe de ses halls et de ses corridors, son standard téléphonique ultramoderne et son studio de radio flattent un penchant inavoué pour le faste et l'efficacité de fonctionnaires trop heureux de ne plus moisir dans leurs étouffantes et poussiéreuses administrations d'origine. Cependant, il ne s'agit pas d'une autre demeure royale célébrant l'exubérance des styles de l'Ancien Régime, mais d'un monument assurant le triomphe des Arts décoratifs des années trente. L'orgueil d'une race guerrière assoiffée de luxe a cédé devant l'altière sobriété des nouveaux artisans de la paix.

Un premier projet de Le Corbusier ayant effrayé par sa hardiesse, un collège international de cinq architectes renommés a conçu l'édifice et agencé les intérieurs avec un goût de station thermale et de *building* façon Empire State, en usant des matériaux, des revêtements et des meubles fournis par les maisons de décoration les plus cotées. Beaucoup de marbres, de tapisseries allégoriques, de statues sagement revêtues, quelques ajouts en provenance de pays désireux d'imprimer leur marque, en courant le risque de les voir finir dans les réserves pour ne pas déparer l'ensemble. L'apothéose ayant été confiée au Catalan profranquiste José Maria Sert, dont les fresques musculeuses glorifient la solidarité des peuples et l'espoir général en la fin de toutes les guerres ! Au temple de l'harmonie universelle, on ne saurait être trop regardant sur des définitions divergentes de la paix. L'avant-garde qui agite toute la scène de la création artistique occidentale contemporaine est évidemment absente de ce manifeste moderne d'académisme officiel et raisonnable. L'avenir dira si tout cela finira bien ou mal, mais comme l'avenir s'annonce plutôt sombre en 1938, on laisse à d'autres le soin de préférer le *Guernica* de Picasso ou les abstraites fulgurances de Kandinsky. Le palais des Nations à Genève, c'est le *Normandie* qui serait amarré sur le rivage d'un lac aussi immobile que la Confédération helvétique.

Durant les années vingt, quand la Société des Nations vibrionnait dans le cadre devenu bientôt trop étroit du vieux palais Wilson, et que l'on vivait encore dans l'illusion, entretenue par Briand et Stresemann, d'avoir mis la guerre hors la loi, le beau principe de la sécurité collective avait permis de résoudre plusieurs conflits mineurs entre des puissances herbivores, d'inventer le passeport Nansen pour les réfugiés apatrides des empires disloqués par la Grande Guerre, de faire reculer l'esclavage en Afrique et de protéger les progrès du droit du travail. Des questions épineuses, comme le statut de la ville libre de Dantzig et du territoire de Memel, avaient été aussi confiées à l'administration de la Société des Nations, appliquée comme deux tampons de chloroforme sur des blessures périphériques de l'Allemagne, avant que le malade encore assommé n'ait commencé à s'agiter malgré les soporifiques. Elle s'était aussi prêtée au jeu du Monopoly colonial, en répartissant les anciennes possessions germaniques en Afrique et ailleurs, entre les vainqueurs qui avaient juré leurs grands dieux de respecter les obligations de leurs mandats avant de les annexer sans ambages. Il est vrai que l'on se faisait alors une idée assez vague des grands lacs du Tanganyika au bord des eaux dormantes du Léman, et des déserts de Namibie au milieu des vertes prairies genevoises.

En ce temps-là, les hôtels et les restaurants de la cité helvétique faisaient des affaires florissantes en maîtrisant à grand-peine l'afflux en pleine effervescence des pacifistes cosmopolites. Hôtels des Bergues et Beau-Rivage, restaurants La Bavaria et L'Or du Rhône pour les personnalités importantes, pensions de famille et brasseries de la gare Cornavin pour les plus modestes. Politiciens animés de nobles sentiments, diplomates à vocation internationale, journalistes prenant le pouls du mouvement perpétuel, épouses d'ambassadeurs rivalisant de réceptions élégantes, ainsi que la piétaille des affairistes et des jolies dames de demi-monde attirées par les miettes du festin. Tous se passionnaient pour le suspense de négociations, microbiennes, entre des petits pays qui venaient de naître et mordillaient leurs voisins, les effets oratoires de quelques ténors qui décrochaient des prix Nobel de la paix comme à la tombola, les visites à grand renfort de réclame, de célébrités comme Rabindranath Tagore, Charlie Chaplin ou Albert Einstein.

L'argent coulait à flots, on parlait français entre gens de plus ou moins bonne compagnie, les pays Baltes ou la Yougoslavie passaient pour des puissances en devenir, le Roumain Titulescu et le Grec Politis étaient écoutés comme des oracles, Hélène Vacaresco et Louise Weiss nourrissaient de leurs opulentes poitrines l'appétit pour la concorde perpétuelle des contrées les plus lointaines. De quarante délégations, on était passé insensiblement à près d'une soixantaine et, pour l'administration générale, avec les collaborateurs, les experts, les juristes, les traducteurs, les secrétaires, les valets, les chauffeurs, les grooms et les chambrières, cela faisait finalement un monde fou à qui manquait seulement de ne pas avoir vu *La Soupe au canard* des Frères Marx au cinéma. Mais c'était encore trop tôt.

Et personne ne s'était interrogé non plus sérieusement sur les moyens d'action de la Société des Nations en cas de crise mondiale aiguë. Désaccordée par la multiplication des centres de décision, engourdie par sa bureaucratie pesante, ralentie par l'effet des opinions contradictoires et des bavardages, l'organisation internationale souffrait d'une infirmité insurmontable : elle ne disposait pas d'une armée pour faire respecter ses avis et ses résolutions. La Paix au bois dormant a sommeillé trop longtemps, quand le prince charmant l'a réveillée, il s'appelait Hitler, il n'était pas charmant du tout et le baiser qu'il lui donna fut celui de l'adieu et de la mort. Les aveux d'impuissance et les mauvaises nouvelles se sont alors succédé : dépeçage de la Chine par le Japon, invasion de l'Éthiopie par les Italiens, guerre civile espagnole, Anschluss de l'Autriche par le Reich, le traité de Versailles en confettis, les bonnes résolutions de Locarno[1] à la corbeille. Une crise majeure tous les six mois, on n'attend plus que le bouquet final.

En 1938, la paix n'est plus qu'une défroque et le palais une coquille vide, où les soixante nains affolés errent en vain, en poussant des cris de désespoir qui se perdent

1. Les accords signés à Locarno (Suisse) en 1925 garantissant les positions en Europe avaient permis à l'Allemagne de retrouver sa place dans le concert des nations.

dans un vacarme de bruits de bottes, tandis que les flammes de la guerre se rapprochent dangereusement. La Société des Nations n'était pas faite pour le poker des grandes puissances, mais elle pouvait s'approcher du tapis vert et rappeler les règles. Désormais, la partie se déroule ailleurs, les enchères se sont emballées, et ce sont des tricheurs qui mènent le jeu. L'Amérique de Wilson lui a manqué dès le début, le Japon est parti, l'Allemagne l'a suivi, l'Italie lui a emboîté le pas. Demeurent encore parmi les grandes puissances l'Angleterre, la France et la Russie de Staline, qui se demandent quand viendra leur tour d'éteindre la lumière.

L'assemblée générale est présidée par l'Aga Khan. En 1937, il a rempilé à la demande générale pour la session de 1938. C'est la seule bonne surprise de ces années moroses. Faute de candidatures politiquement prestigieuses, et pour éviter des sous-marins en provenance des États totalitaires et de leurs affidés, la Société des Nations s'est tournée vers lui dans une tentative désespérée pour apporter un peu de lustre à sa légitimité défaillante. Plusieurs délégués d'humeur chafouine se sont fait tirer l'oreille. Ils ne connaissaient ce prince oriental que par des articles à sensation des revues féminines que leurs épouses laissaient traîner. Un rajah indien sans éléphant ni territoire, pas un maharaja comme Hyderabad ni même Jodhpur ou Baroda, l'étage en dessous, mais régnant néanmoins parmi les cercles d'une aristocratie internationale minée de l'intérieur par l'ascension de la Café Society avec ses stars de cinéma, ses millionnaires et ses marchands d'armes. Célèbre pour son écurie de course et ses victoires au derby d'Ascot en familier de la loge royale, ainsi que pour la coutume insolite de recevoir son propre poids en or ou en pierres précieuses à l'occasion de ses jubilés, lors d'une cérémonie à grand spectacle où ses fidèles le pèsent solennellement sur une balance.

On voyait certes passer beaucoup de monde et toutes sortes de gens à Genève, ces usages d'un autre temps pouvaient paraître dignes d'intérêt au pays des montres hors de prix et du coup de fusil dans les restaurants au moment de l'addition, mais on y avait aussi retenu avec effarement de vigoureuses déclarations de son fils, le prince Ali, irrésistible séducteur au charme incandescent. « À Londres, les Anglais très chics me traitent comme un Nègre, je me venge en baisant toutes leurs femmes ! » Pourtant, certains délégués avaient rappelé leurs collègues réticents à la raison. Ils avaient eu affaire à l'Aga Khan, ils en avaient gardé le meilleur souvenir ; et enfin, quand on ne sait plus à quel saint se vouer, autant prendre un imam dont ceux qui le connaissent affirment qu'il concilie la tradition, la modernité, des aspirations morales et spirituelles pleines d'humanité, et une solide fortune qui met à l'abri des tentations.

La cinquantaine corpulente, de grosses lunettes palliant une vue défectueuse, d'aspect paisible et débonnaire, d'un tempérament gai et courtois, à l'aise dans une demi-douzaine de langues, pratiquant une culture puisée aux meilleures sources et une curiosité d'esprit foncièrement bienveillante, il désarme les caractères les plus prévenus à la première rencontre et sait se faire aimer partout. On est loin de la caricature pour la grande presse et les amateurs petits et grands du roman d'aventures de pacotille. De fait, il est le chef religieux incontesté d'une communauté musulmane discrète et mal connue, les ismaéliens, remarquable par la pureté de ses mœurs et sa tolérance, son ardeur au travail et son sens des affaires, la solidarité d'acier unissant les croyants. Répandue entre l'Inde, l'Asie centrale et l'Afrique de l'Ouest, elle jouit d'une influence aussi importante que sa prospérité florissante.

Dès sa prime jeunesse, ayant consacré une brillante intelligence à ses études, l'Aga Khan a mis à profit sa propre situation à la tête de la communauté pour jouer habilement de ses talents de négociateur entre la Couronne britannique et l'empire des Indes, le colonialisme en déclin et les aspirations à l'indépendance. Ami de Winston Churchill, à qui il a fini par faire admettre que Gandhi n'était pas « une sorte de dangereux fakir à demi nu », il espère encore parvenir à éviter une partition entre les hindous et les musulmans, comme il applique les mêmes vertus d'optimisme aux autres dossiers brûlants qui épuisent sa santé fragile. Aussi, il lui arrive désormais de connaître des instants de découragement ; son mandat s'achève et il s'apprête à quitter Genève, avec un soulagement secret qu'il ne confie qu'à la jeune Française, reine de beauté encore étrangère au grand monde, qui vient d'entrer dans sa vie et dont il va faire son épouse.

Maxime Litvinov est un funambule de la révolution. Tour à tour échappé d'un ghetto juif, soldat rebelle, journaliste censuré, meneur de grèves et de soulèvements ouvriers sous le tsarisme, évadé de prison, récidiviste et saute-frontières semant les polices à ses trousses, spécialiste en identité fictive et faux papiers, agitateur en Angleterre et en Allemagne, capitaliste habile en affaires, lettré polyglotte, les mains trempées dans le sang des complots, mais gantées de beurre frais dans les salons de la haute société, à l'aise partout, menteur et charmeur sans scrupule, implacable pour ses ennemis et indulgent aux faiblesses humaines, converti au bolchevisme mais aimant les femmes, les artistes, la grande vie ; proche de Lénine depuis les années d'exil, ayant l'oreille de Staline, ambassadeur des Soviets à Londres, second de Tchitcherine, l'aristo-renégat tueur de masse, enfin commissaire du peuple aux Affaires étrangères et délégué permanent à la Société des Nations.

Il a vécu autant de vies et frôlé autant de fois la mort qu'il y eut de convulsions dans la lutte clandestine d'un groupuscule fanatique, qui n'avait *a priori* aucune chance de prendre le pouvoir à Petrograd et s'en est saisi par surprise en profitant de l'effondrement de la Russie. Mais c'est un funambule qui évolue sans filet : à Moscou, Molotov et sa clique travaillent contre lui et distillent leur venin pour obtenir sa chute. La machine infernale des grandes purges tourne à plein régime, un mouvement d'humeur du Kremlin peut le précipiter à chaque instant de la tribune de la Société des Nations dans les caves de la Loubianka, où des aveux fictifs arrachés par la torture se soldent par la récompense d'une balle dans la nuque. Il a trouvé un abri précaire à Genève, il fanfaronne et il a peur.

Il s'est pourtant rendu utile à la Russie des Soviets, au siège de la Société des Nations. Ses interventions, servies par une coruscante éloquence, son masque d'affabilité sur la voracité de l'aventurier, son activité à géométrie variable au service de la paix ont conféré une aura de respectabilité au régime qu'il sert par son entregent, ses boîtes de caviar et ses bouffonneries. Genève est un poste d'observation incomparable pour un pays dont pratiquement personne ne sort. Il peut y ausculter une Europe hantée par le fantôme de la Révolution, terrifiée par la puissance compacte et mystérieuse de l'Union soviétique et l'étreinte des tentacules des partis communistes. Certes, l'Aga Khan incarne pour Litvinov un univers qu'il veut détruire tandis que Litvinov annonce un avenir que l'Aga Khan rejette, mais ce sont d'excellentes conditions pour se parler et s'apprécier, entre barreurs d'un navire en perdition au milieu d'un naufrage universel.

Aga Khan: Je voulais vous saluer avant de m'en aller, cher Maxime. L'assemblée générale que j'ai eu l'honneur de présider va me manquer, et vous plus particulièrement. Nos conversations en tête à tête, ici même.

Maxime Litvinov: À moi aussi, elles vont manquer. Le capitaliste féodal et le Juif bolchevique ! Notre entente, et si vous me le permettez, je dirais même notre amitié, il n'y eut que ceux qui ne nous connaissaient pas pour s'en étonner.

Aga Khan: J'ai beaucoup regretté de ne pas vous avoir vu au dîner d'adieu que Maurice de Rothschild a offert à Prangins pour mon départ.

Maxime Litvinov: Prangins, le château qui ouvre sur le lac, toutes ces belles choses partout, ces repas et ces vins merveilleux, les jolies femmes ! J'apprécie énormément le baron de Rothschild, c'est un homme comme vous. Le drame de toutes les révolutions, c'est que les copeaux volent quand on fait des coupes dans la forêt !

Aga Khan: C'est bien la première fois qu'on me compare à un copeau ! D'ordinaire, j'ai droit au satrape oriental que l'on pèse pour lui fournir son poids en or, à l'habitué des champs de courses et des palaces. Que sais-je encore !

Litvinov essaye de ne pas penser à tous ces rapports fielleux dont Molotov abreuve Staline et le parti à son sujet : corrompu par ses relations avec les ennemis de la révolution, la clique des « monarcho-fascistes » occidentaux, les salonnards aristocrates et les capitalistes qui complotent contre la patrie du socialisme.

L'Aga Khan se désole une fois de plus dans son for intérieur. Il voudrait comprendre pourquoi cet homme qui peut être si agréable et si amusant ne parvient pas à être tout à fait son ami. Mais dans quel monde vivent-ils donc, ces anciens révolutionnaires qui aiment les belles choses, les jolies femmes, les bonnes manières ? Un voile de tristesse passe dans son regard.

Maxime Litvinov : J'ai essayé de contacter Suritz et Maïski, nos ambassadeurs à Paris et à Londres. Les lignes fonctionnaient mal et nous avions besoin de nous concerter avant de joindre Moscou, où l'on s'interroge beaucoup sur cette déclaration que les Allemands et les Français sont en train de signer à Paris.

Aga Khan : On s'interroge ou on s'inquiète ?

Maxime Litvinov : Le camarade Staline ne s'inquiète jamais, mais il doute des Français, et encore plus depuis Munich. Bonnet est comme Chamberlain, il pratique l'apaisement à tout prix vis-à-vis des Allemands.

Aga Khan : Je ne sais que penser du président Daladier. Il me donne l'impression d'un homme énergique et on me dit par ailleurs qu'il se laisse manœuvrer par son ministre. La France est un pays où il fait bon vivre, mais elle n'est plus dirigée, avec toutes ces crises ministérielles à répétition.

Maxime Litvinov : Cette déclaration, c'est à peu près la même que Chamberlain a fait signer à Hitler. Le bon voisinage, les concertations politiques régulières, la volonté de compréhension réciproque pour fonder une paix durable, ça ne vaut rien. Le texte traîne déjà partout. On pourrait le faire signer par tout le monde, même par le prince de Monaco !

Aga Khan : Ne vous moquez pas d'un petit État souverain ! Le prince est un vieux monsieur charmant qui n'a jamais attaqué personne, ses seules conquêtes, ce sont des dames comme on en trouve dans les garnisons de la Légion étrangère...

Ils rient.

Maxime Litvinov : L'Europe est comme Gulliver, ficelée de toutes parts par ses traités, mais vous savez comme moi qu'ils ne valent que par la volonté de les respecter de ceux qui les signent. Autrefois, quand je vivais à Londres et réussissais si bien dans les affaires, je lisais soigneusement les contrats d'assurance, il y avait toujours une clause quelque part qui pouvait annuler l'engagement de la compagnie.

Aga Khan : Il semblerait que les Allemands reconnaissent quand même leurs frontières avec la France dans cette déclaration. Ils renoncent donc à l'Alsace-Lorraine. C'est un progrès.

Maxime Litvinov : Une déclaration comme celle-là nous intéresse par tout ce qu'elle cache. Hitler amuse la galerie pour préparer un autre mauvais coup, qui sera dirigé contre nous.

Aga Khan : Les Français vous reprochent de leur faire beaucoup d'ennuis avec le parti communiste, qu'ils accusent de saboter leur industrie d'armement par des grèves incessantes. J'ai eu des informations qui le confirment par le Bureau international du travail. On peut comprendre qu'ils ménagent les Allemands ou qu'ils cherchent à gagner du temps.

Maxime Litvinov: Le camarade Staline est intervenu auprès de Thorez et Duclos pour faire diminuer la pression. Mais enfin, la France, c'est le pays des deux cents familles qui exploitent cyniquement la classe ouvrière et à qui le Front populaire n'a pas pu briser les reins. L'internationale et le Komintern ont des limites, nous ne donnons pas d'instructions aux communistes français, juste des recommandations et des conseils.

Aga Khan: Mon cher Maxime, pardonnez-moi, mais j'ai du mal à vous suivre. Quand je parle avec l'homme si fin, si aimable et si cultivé que vous êtes, j'ai tendance à oublier le révolutionnaire, le lieutenant de Lénine, l'homme qui parle à l'oreille de Staline.

Maxime Litvinov: Tchitcherine, mon ancien patron aux Affaires étrangères, était un aristocrate richissime qui a mis sa fortune et toutes ses forces au service de la révolution. Et si j'avais émigré aux États-Unis, je serais certainement devenu millionnaire. Mais l'appel de la justice sociale et de la révolution a été le plus fort, c'est aussi simple que cela.

Aga Khan: Les Russes aimaient les Français, les Soviétiques beaucoup moins.

Maxime Litvinov: Affaire de lutte des classes. Les Français en sont encore à nous réclamer le remboursement des emprunts russes, tout cet argent dont ils ont arrosé le tsar et les capitalistes pour préparer la guerre.

Aga Khan: C'est toujours *niet*?

Maxime Litvinov: On verra plus tard. Ils feraient mieux de nous soutenir dans nos efforts pour la collectivisation, le plan quinquennal, l'industrialisation.

Les Américains sont plus compréhensifs, ils nous ont reconnus. Roosevelt est très populaire chez nous.

Aga Khan: L'ambassadeur Bullitt se plaint d'avoir été constamment espionné.

Maxime Litvinov: Il faut protéger la patrie du socialisme ! Ce n'est pas à un vieux révolutionnaire comme moi qu'il faut reprocher le travail des agents doubles, des espions et de la police !

Aga Khan: Les Français se plaignent aussi des enlèvements qui ont eu lieu chez eux. Le général des Russes blancs, qui a été mis dans une caisse et envoyé chez vous par le courrier diplomatique. Ni vu, ni connu.

Maxime Litvinov: Ils feraient mieux de balayer chez eux, dans le pays où des fascistes peuvent assassiner impunément des Italiens qui luttent contre le régime de Mussolini. Les frères Rosselli, vous n'avez pas oublié ?

Aga Khan: Tout cela nous éloigne un peu de la déclaration.

L'Aga Khan se demande à quoi bon insister. Il ne se décourage pas. Tant pis, il y a tant d'autres choses si agréables à vivre. Il pense qu'il va bientôt quitter la SDN et Genève, retrouver la belle Yvette Labrousse; la fille d'un conducteur de tramway et d'une couturière? Une Miss France? Et alors?

Litvinov mesure la lassitude de son ami; car, pour sa part, il le considère malgré tout comme son ami. Avec qui pourra-t-il parler si librement lorsqu'il ne sera plus là? À des Irlandais têtes de mule, à des Argentins qui ne pensent qu'aux filles et aux sports d'hiver à Saint-Moritz? À des Égyptiens qui font sauter la banque au casino d'Évian?

Maxime Litvinov: Nous avons signé un traité d'assistance mutuelle avec les Français il y a trois ans. Ils ont mis longtemps à le ratifier et il ne peut être appliqué qu'avec l'aval de la Société des Nations. C'était Barthou, leur meilleur ministre, qui avait insisté pour qu'on parvienne à un accord. Il a été tué avant qu'on signe.

Aga Khan: L'assassinat de Marseille, sur la Canebière, je m'en souviens très bien. Mais ce n'était pas seulement lui qui était visé. C'était un complot dirigé contre le roi de Yougoslavie. On a tout vu au cinéma, le roi Alexandre qui agonise couvert de sang dans la voiture découverte, Louis Barthou grièvement blessé, les gardes mobiles à la poursuite du terroriste. On n'a jamais su pour qui il travaillait, les Oustachis croates, les Italiens…

Maxime Litvinov: Enfin, voilà le résultat, c'est Pierre Laval qui est venu à Moscou et a signé à la place de Barthou, et il n'a pas cessé de rogner sur les termes du futur accord. Maintenant, chaque fois que je parle aux Français pour qu'on fasse des arrangements plus précis, ils restent dans le vague. À Genève, le seul qui me soutienne, c'est Paul-Boncour, et à Paris, c'est Herriot. Un ancien président du Conseil qui n'a tenu que quarante jours, et un autre qui est resté en place bien plus longtemps, mais qui est fatigué et dont l'influence s'amenuise. Au moment de Munich, ils n'ont pas eu leur mot à dire. La vérité, c'est que les Français se méfient de nous.

Aga Khan: Ils ont perdu beaucoup de leur prestige auprès de leurs alliés d'Europe centrale en abandonnant la Tchécoslovaquie. Les pays de la Petite-Entente n'ont plus confiance en eux, ils se tournent peu à peu vers l'Allemagne sans oser l'avouer.

Maxime Litvinov: Nous pouvions nous porter au secours des Tchèques, mais il fallait que les Français tordent le bras aux Polonais et aux Roumains pour que l'on puisse passer, et ils n'en ont rien fait. Au lieu de quoi les Polonais ont pris un morceau de la Silésie aux Tchèques et les Roumains ont ouvert leurs puits de pétrole aux Allemands.

Aga Khan: Il faut se méfier de Beck, le ministre polonais. C'est un type vaniteux et frivole, je le vois passer sur la Côte d'Azur, il disparaît des nuits entières pour jouer à Monte-Carlo.

Maxime Litvinov: Il est venu à Moscou il y a trois ans. Des discours, rien de concret. Il nous déteste. Antisémite comme tous les Polonais; j'ai lu ce qu'il a écrit sur moi, « le Juif de Białystok ». Il préfère faire ami-ami avec Ribbentrop, il ne sait pas ce qui l'attend. Quand les nazis auront fini de dévorer la Tchécoslovaquie, ce sera le tour de la Pologne.

Aga Khan: Comment s'appelle votre ambassadeur, celui qui a déclaré: « Il y aura un nouveau partage de la Pologne entre les Allemands et nous » ?

Maxime Litvinov pense: Potemkine, c'est Potemkine! Déjà qu'il embrassait Coulondre sur la bouche comme on le fait toujours chez nous et que ce cher Robert n'en est pas encore revenu. Il ferait bien de se taire, et moi aussi, je devrais moins parler. Il y a autant de cafards à l'hôtel du Rhône qu'au Metropol à Moscou.

L'Aga Khan s'amuse : Allons, je sais très bien de qui il s'agit. Et maintenant, j'attends la suite, il va nier, évidemment.

Maxime Litvinov: Personne n'aurait pu penser ou dire une pareille monstruosité chez nous! Nous avons renoncé à exporter la révolution, nous respectons les frontières, les régimes politiques différents du nôtre, nous travaillons pour la paix. Vous m'avez vu à l'œuvre ici. Je suis désolé de constater que vous puissiez prêter l'oreille à de tels mensonges répandus par les fauteurs de guerre du monde capitaliste.

Aga Khan : Je ne voulais pas vous froisser, mon cher Maxime. Vous savez que je me suis inquiété en ne vous voyant pas chez Maurice de Rothschild hier soir. Je redoutais un de ces brusques rappels à Moscou qui sont souvent de si mauvais augure.

Maxime Litvinov : Je retourne régulièrement chez moi. J'ai toute la confiance du camarade Staline. Il apprécie la manière dont j'ai appliqué ses instructions depuis que nous avons rejoint la Société des Nations. Quatre ans déjà. Il a suivi mes conseils. En venant ici, nous sommes sortis de notre isolement alors que les nazis prenaient le pouvoir en Allemagne. Il n'y a pas de raison pour qu'il change d'avis à mon sujet.

Aga Khan : Tout est mystérieux chez vous, moi-même je ne sais pas comment ça se passe. On me dit que Molotov a de plus en plus d'influence et qu'il veut se débarrasser de vous.

Maxime Litvinov : Le camarade Molotov et moi-même, nous travaillons en parfaite intelligence.

Aga Khan : Vous ne vous ressemblez pas beaucoup. Je l'imagine mal à Prangins notre ami Maurice de Rothschild…

Maxime Litvinov : Je vous en prie ! La révolution et la construction du socialisme demandent des caractères et des compétences très différents. Ce qui compte, c'est d'être restés bolcheviques.

Aga Khan : J'ai bien connu la Russie d'autrefois, elle se développait très vite, tant de talents et d'opinions diverses. Elle est à Paris maintenant, les cosaques chantent dans les cabarets, les princes sont chauffeurs de taxi et leurs épouses tiennent les toilettes des restaurants.

Maxime Litvinov : Juste retour des choses ! Ils ont sucé le sang du peuple pendant des générations, vous voudriez qu'on les plaigne ?

Aga Khan : Ils ne se plaignent de rien, mais ils sont restés russes. Un homme aussi instruit que vous s'est forcément réjoui du prix Nobel attribué à Ivan Bounine, et je sais que vous appréciez les Ballets russes même si Diaghilev est mort. J'hésite à retourner dans votre pays, je ne retrouverais sans doute rien de ce que j'y ai aimé. Tout a tellement changé.

Maxime Litvinov : Je demanderai qu'on vous invite. Nous recevons beaucoup de visiteurs étrangers. Paul Robeson, George Bernard Shaw, Harpo Marx, le comique silencieux dont les facéties ont fait rire des milliers de travailleurs. Tous leurs comptes rendus ne sont pas aussi négatifs que celui d'André Gide, qui a trahi notre confiance. Il est vrai que c'est un Français, comme par hasard.

Aga Khan : Enfin, nous sommes suffisamment proches, mon cher Maxime, pour pouvoir nous parler franchement : les procès de Moscou, ces gens qui disparaissent…

Maxime Litvinov : Vous prêtez trop d'attention aux rumeurs répandues par la presse à la solde des capitalistes et des fauteurs de guerre.

Aga Khan : Ce ne sont pas des rumeurs, il suffit de lire la *Pravda*. Zinoviev, Kamenev, Boukharine, toute la vieille garde de la révolution, le maréchal Toukhatchevski avec qui vous êtes allé aux obsèques du roi George V. On en apprend tous les jours, la liste ne cesse de s'allonger.

Maxime Litvinov: Les accusés ont reconnu leurs forfaits. Notre justice est sévère, mais elle respecte le droit soviétique.

Aga Khan: Celui du procureur Vychinski ! Il insulte les prévenus. J'ai une autre conception de la justice exemplaire. On parle beaucoup des camps en Allemagne. Les vôtres sont aussi terribles et la Croix-Rouge ne peut pas les inspecter.

Maxime Litvinov: Je n'ai rien à dire à ce sujet.

Aga Khan: Je suis inquiet pour vous, pour votre délicieuse épouse anglaise, pour vos enfants.

Maxime Litvinov: Le camarade Staline est très préoccupé par les manœuvres du gang de Trotski. Alors que nous enregistrons des succès dans tous les domaines, ils s'infiltrent dans nos rangs et tentent de nuire aux progrès du socialisme. Il faut préserver le parti de leurs tentatives et lui donner les moyens de les démasquer.

Aga Khan: Oui, je sais: « Grâce aux purges, le parti se renforce en se purifiant. » Ce n'est pas moi qui le dis, je ne lis pas que les journaux capitalistes. C'est écrit dans *L'Humanité*, que l'on me livre chaque matin pour ma revue de presse, même si c'est un quotidien difficile à trouver dans les kiosques à Genève.

Maxime Litvinov: Le camarade Staline n'a jamais émis d'objection à propos de mon épouse. Il se montre très courtois à son égard lorsqu'il la rencontre, ce qui n'arrive pas très souvent, je dois le reconnaître. Il plaisante de son attachement aux usages de la bourgeoisie britannique, le thé à 17 heures, les romans policiers, l'indifférence pour la politique. Quand nous sommes à Moscou, il y a toujours des fleurs à la maison. Je ne sais pas comment elle se débrouille pour en trouver, même en hiver.

Aga Khan: Elle n'a pas la nostalgie de l'Angleterre ?

Maxime Litvinov: Peut-être, je ne sais pas, elle ne m'en parle jamais.

Aga Khan: Elle ne se sent pas trop seule ? Elle a des amis ?

Maxime Litvinov: On n'a pas d'amis, à Moscou, dans notre milieu.

Aga Khan: Vous en avez ici, à Genève, et en Angleterre, en Amérique peut-être. Mon cher Maxime, j'ai peur pour vous, je crains qu'on ne vous rappelle. Vous devriez choisir de rester ici, ce serait probablement moins dangereux.

Maxime Litvinov: Vous déraisonnez, je ne trahirai jamais la révolution, et le camarade Staline a besoin de moi. Vous vous trompez sur mon compte lorsque vous pensez que je suis devenu un bourgeois cosmopolite, et moi, je me trompe sur le vôtre quand je pense que vous vous dévouez pour la paix et le bien-être de l'humanité ; vous êtes seulement l'agent des forces qui travaillent à l'oppression des peuples.

Aga Khan: Allons, allons, mon cher Maxime, tout ce que je vous dis, c'est par amitié pour vous, n'en doutez pas.

Maxime Litvinov: Lénine a déclaré : « Les bourgeois nous vendront la corde pour les pendre. » Vos amabilités ne me trompent pas.

Aga Khan: Comme vous êtes triste et amer, tout à coup, mon cher Maxime. Je ne savais pas qu'il pouvait faire aussi froid à Genève qu'à Moscou.

Maxime Litvinov: Nous sommes en décembre, l'hiver est partout. Et ça ne fait que commencer. Leur déclaration à Paris, ce n'est qu'un coup de vent glacé en plus, il y en aura beaucoup d'autres. Les nuits vont devenir de plus en plus longues, et sans vous, désormais, elles seront encore plus tristes. Je regretterai nos disputes.

Aga Khan : Ah, enfin un mot gentil.

Maxime Litvinov : J'en aurai toujours d'autres en réserve pour vous.

Aga Khan : J'ai parfois l'impression que nous sommes les derniers, vous et moi, à fonder encore des espoirs dans la sécurité collective.

Oui, le temps change vite, à Genève, en décembre. Le mont Blanc a disparu dans les nuages, des vagues écumantes déferlent sur le lac, les tempêtes y sont traîtresses et dangereuses. Il faut se séparer, nous reverrons-nous un jour ?

Maxime Litvinov : « L'étrange mais explicable optimisme des années vingt a disparu, laissant place à une anxiété sans cesse grandissante. » Je vous cite, c'était dans votre dernier discours à l'assemblée générale !

Aga Khan : Oui, hélas. Les délégués dormaient ou regardaient leur montre pour aller déjeuner.

Ils rient.

L'Aga Khan III.

Maxime Litvinov.

Chapitre 10
Le déjeuner est servi

La longue et pénible crise européenne qui avait abouti à Munich avait ébranlé la forte position morale de la France. Un sentiment nouveau lui avait été révélé, celui de la solitude. La France diminuait à mesure que l'Europe était vidée de sa substance.

Grégoire Gafenco — *Derniers jours de l'Europe.*

Le vice-président du Conseil chargé de la nébuleuse mission de l'organisation des services, Camille Chautemps, est un homme heureux. Les difficultés politiques qui rembrunissent si fréquemment Édouard Daladier, et aigrissent son caractère, glissent sur lui comme la rosée du matin. Toujours aimable et souriant, adepte du « rappelez-moi votre nom mon cher ami » chaque fois qu'il rencontre un inconnu qu'il soupçonne de pouvoir lui être utile un jour, grand chambellan du Parti radical, où il a toujours un petit ruban rouge ou une sinécure officielle à distribuer à des députés de mauvaise humeur, n'ayant que des amis dans chacun des clans, c'est l'édredon des conflits d'ambition, le cuisinier toujours à ses fourneaux des combinaisons ministérielles, la poire pour la soif des carrières en panne et des appétits déçus, qu'il cajole et console à coups de promesses amnésiques.

Représentant tutélaire du département endormi de Loir-et-Cher, longtemps député prudemment replié au parking reposant du Sénat, laïque végétarien parmi les bouffeurs de curés, lubrificateur incontesté du renvoi d'ascenseur du Suprême Conseil de la franc-maçonnerie, où cette pratique déjà ancienne connaît, grâce à lui, une discrète et persistante embellie, il passe pour être un *recordman* des portefeuilles ministériels, où il n'a laissé que l'agréable souvenir de ses bonnes grâces à l'égard de la haute administration, qu'il s'est toujours gardé de déranger par des initiatives intempestives. Discoureur fleuri de la République des banquets, où il agrémente la langue de bois patriotique d'anecdotes personnelles et de mots d'esprit qui lui valent la bienveillance de la grande presse modérée, il professe une philosophie largement partagée dans l'éteignoir des volontés où pataugent la plupart de ses collègues: «Les hommes, ni meilleurs ni pires les uns que les autres, ne commandent pas aux faits, mais sont dominés par eux.»

C'est aussi un orfèvre de la disparition provisoire quand la situation se complique. Parvenu à la présidence du Conseil qu'il a longuement convoitée, il démissionne au moment de l'affaire Stavisky, où ses relations de famille l'ont compromis, et remet ça à la veille de l'Anschluss. Rien de tel que l'expression «les affaires courantes» pour faire endosser aux suivants des décisions pénibles et bénéficier d'un bon de sortie. Mais il ne s'évanouit jamais dans la nature puisqu'elle a horreur du vide, comme chacun sait. Les éclipses sont brèves et il revient providentiellement comme successeur de Léon Blum, pour étrangler doucement un Front populaire à bout de souffle.

Partisan de l'apaisement universel, il a noué de sympathiques relations avec Schacht et von Papen, poussé un soupir de soulagement quand le train des indignations sonores contre la remilitarisation de la Rhénanie par Hitler est allé se perdre dans le labyrinthe de la Société des Nations, et approuvé bien évidemment les accords de Munich. « Nous maintiendrons la continuité d'une politique extérieure qui s'attache passionnément à rechercher la paix avec tous les peuples. »

Rugbyman, joueur de tennis, bon skieur, assidu aux premières de théâtre et aux réceptions données par ses belles relations parisiennes, il apprécie aussi les jolies femmes. Il vient de se séparer de son épouse après trente-cinq ans de mariage et s'apprête à passer la bague au doigt à sa maîtresse, pour qui il a obtenu un poste de professeur au Conservatoire de musique, un petit accroc à sa réputation de bon père de famille qui n'entame pas le capital d'indulgence de Daladier. « Il ne faut pas embêter Chautemps avec des broutilles, il est très bien là où il est, à recevoir gentiment tous les raseurs qui me feraient perdre mon temps. » Alors que Jeanneney, le président du Sénat, et Herriot, le président de la Chambre, ne veulent pas apparaître au déjeuner offert à Matignon en l'honneur de Ribbentrop, la présence de Chautemps, qui n'a rien à refuser à Daladier, donne un peu de lustre au premier repas officiel du ministre des Affaires étrangères d'Hitler, à un moment où la controverse sur les invitations fait les choux gras de la presse et des chansonniers.

Malgré toutes les dénégations offensées du gouvernement, l'ambassadeur Welczeck a bel et bien été obligé de demander que Georges Mandel et Jean Zay, les ministres juifs, ne soient pas conviés à ces agapes, et Georges Bonnet s'est empressé d'y accéder. Pendant que Daladier regardait manifestement ailleurs, le journaliste communiste Gabriel Péri a beau jeu de traiter Bonnet dans *L'Humanité* de laquais d'Hitler, tandis que même *Le Figaro* et *Temps présent* peinent à cacher leur embarras devant une telle pression des Allemands, contraire à tous les usages. Finalement, Daladier a trouvé la solution en optant pour un déjeuner réduit aux seuls ministres directement concernés par la signature de la déclaration, sous le prétexte fallacieux qu'il en serait toujours ainsi dans ce genre de circonstances, à vrai dire tout à fait inédites.

Cependant, malgré ce service minimum, cela fait bien du monde à recevoir, compte tenu de l'importance de la délégation allemande, qui vient au grand complet, et de la nécessité d'y répondre dans les mêmes proportions. Le Président emmène avec lui le fidèle Clapier et d'autres membres de son cabinet, les présidents des commissions des Affaires étrangères du Sénat et de la Chambre des députés. Alexis Leger, bien que le Führer l'ait donc traité de Nègre à qui on ne devrait pas adresser la parole, après qu'il avait eu l'insolence de lui répondre à Munich, rameute de son côté la fleur de ses collaborateurs du Quai d'Orsay, en plus de l'ambassadeur Coulondre, peu enclin à jouer les plantes vertes. Avec quelques épouses en prime pour que Mme von Ribbentrop se sente moins seule et pour apporter aussi une touche de gaieté parisienne à ce qui s'annonçait comme un repas de croque-morts.

Autrement, tout se passe plutôt bien. Le plan de table a été dressé avec soin par l'indispensable Clapier qui a consulté en catimini la bonne amie du Président, la marquise de Crussol, absente au déjeuner par souci de discrétion, mais toujours de bon conseil lorsqu'il s'agit de protéger son Édouard. Le président Daladier et le ministre Ribbentrop sont placés côte à côte, Mme von Ribbentrop à la droite du Président, Mme Bonnet à la gauche du ministre. L'ambassadeur et Georges Bonnet en face d'eux et également côte à côte avec la comtesse von Welczeck et Mme Coulondre. Chautemps un peu plus loin avec Mme Brauër, la femme du premier conseiller allemand, une sportive un peu moustachue, pas vraiment son genre, mais enfin, il n'est pas venu pour s'amuser. On a ensuite réparti les dames parmi la caserne allemande ambulante, un peu de Captain Molyneux et de Jeanne Lanvin entre les nuques raides pour le coup d'œil et animer les conversations.

Sans se soucier du protocole berlinois, le Président a insisté pour que l'on porte les toasts au début du service, car, à la fin du repas, plus personne n'écoute. Le sénateur Henry Bérenger et le député Jean Mistler, en tant que présidents des commissions des Affaires étrangères, auraient bien voulu dire aussi un petit mot, mais Clapier a obtenu de les faire taire. Bérenger parce qu'il a conduit l'été dernier la délégation française à la conférence internationale d'Évian sur l'accueil des réfugiés juifs, une initiative de Roosevelt qui n'a d'ailleurs rien donné de tangible pour les malheureux proscrits, et parce qu'il est élu de la Guadeloupe ; encore un Nègre, aurait titré la presse allemande ! Mistler parce que cet ancien sous-secrétaire d'État aux Beaux-Arts, musicologue wagnérien distingué et érudit en littérature germanique est un incorrigible phraseur qui aurait promené interminablement les convives dans ses « châteaux en Bavière » et à « Vienne » pour citer deux de ses œuvres littéraires les plus notables. Les toasts alignent ainsi quelques platitudes de bon aloi sur la nouvelle atmosphère de paix qui s'ouvre depuis la conférence de Munich, et sur l'ardente obligation d'aller plus avant dans les échanges et la compréhension réciproque. Applaudissements un peu languissants et ambiance générale assez morne.

À son grand regret, le Président ne se souvient pas d'avoir croisé l'étudiant Ribbentrop à Grenoble, où il enseignait l'histoire en 1913. Tout en affichant sa satisfaction pour son agréable entrevue du matin avec le président Lebrun, le ministre du Reich essaye de connaître le pronostic de son voisin de table à propos de l'élection présidentielle prévue au printemps prochain. Il y a évidemment une autre question sous la question, Ribbentrop se fiche de l'élection d'un président de la République qui n'a pas de pouvoir ; il aimerait juste savoir si Daladier est candidat, ce qui permettrait de s'en débarrasser en cas de victoire de sa part et de ne plus avoir que des pacifistes comme interlocuteurs à l'avenir. En face d'eux dodeline la tête de cigogne de Bonnet, qui tend l'oreille et s'agace de ne pas bien entendre à cause du service et du changement des assiettes. Mais Daladier a évidemment flairé le piège et concède que le président Herriot serait une bonne solution. Comme il brille par son absence, on passe à autre chose.

Ribbentrop félicite Daladier pour la manière dont il a comprimé la grève générale quelques jours plus tôt, et il s'ensuit une discussion embrouillée sur les conflits sociaux en France et en Allemagne, le ministre insistant lourdement sur l'adhésion de la classe ouvrière de son pays au régime dans son œuvre de reconstruction économique, et le Président évitant de s'engager sur ces sables mouvants, alors que l'envie le démange de rappeler que les communistes français sont certes des partenaires difficiles, mais qu'ils sont libres, tandis que leurs camarades allemands, Ernst Thälmann en tête, croupissent dans les camps de concentration. La finesse et le tact n'étant pas les points forts de Ribbentrop, il tente d'enchaîner sur l'Espagne, la victoire certaine de Franco, le poids des exilés qui va bientôt peser sur la France. Daladier, qui peine à cacher son agacement, rappelle que la République a pour tradition d'accueillir tous les réfugiés politiques. Cette allusion voilée au sort des milliers d'Allemands hostiles au nazisme qui ont trouvé un abri en France calme Ribbentrop, qui se tourne vers sa voisine, tandis que Daladier peut enfin aborder vers les rivages plus cléments des premières impressions de l'épouse du ministre sur son voyage en France.

Bonnet cesse de s'agiter sur son fauteuil alors qu'une conversation générale s'engage sur les charmes comparés de l'automne à Paris et à Heidelberg, le match de football France-Allemagne, la qualité des échanges culturels entre les deux pays, en évitant d'évoquer le cas du chef d'orchestre Bruno Walter qui vient de claquer la porte du Reich pour se réfugier à Paris. Otto Abetz, qui se morfond en bout de table, enrage silencieusement de ne saisir que des bribes de la discussion étouffée par les bruits de fourchettes. Compliments unanimes pour l'excellence de la cuisine de Matignon, on peut enfin se lever pour passer au café et aux liqueurs servis dans le salon. En tout cas, Clapier a de quoi se réjouir, le plan de table a bien fonctionné, les charmantes Parisiennes ont obtenu quelques grognements de satisfaction de la part de leurs voisins ; les œufs mimosa, la poularde de Bresse au champagne et le château-margaux ont fait merveille, autre chose tout de même qu'à la table de ce végétarien d'Hitler qui tolère malgré tout que l'on serve de la bière. Les robots de la délégation ont saucé leurs assiettes et ils s'avancent à leur tour, un peu rouges, vers le salon.

Rond de dames. Odette Bonnet complimente sa nouvelle amie Annelies von Ribbentrop sur l'élégance de son tailleur. Approbation générale des autres épouses dans leurs atours des grands couturiers de la capitale, qui font ressembler la femme du ministre à l'une des vilaines sœurs de Cendrillon. Mais Mme von Ribbentrop est une fine mouche à sa manière et elle n'a aucune intention de se laisser manœuvrer par une petite clique de Parisiennes doucereuses et frivoles. Le fameux tailleur gris qu'elles trouvent si seyant vient du grand magasin bien connu, le KaDeWe, sur la Tauentzienstrasse du quartier de Schöneberg, une précision utile pour des visiteuses françaises qui viendraient à Berlin afin d'y faire des achats. Oui, oui, faire ses courses en Allemagne, quelle bonne idée. Et Annelies de poursuivre. Depuis que les couturiers de la mode juive décadente qui monopolisaient toute la confection ont cessé de nuire et que les grands magasins ont été aryanisés, il est enfin possible de se vêtir correctement à Berlin, en respectant les règles du plan d'autarcie qui proscrit les dépenses vaines et exagérées. Tout est dit avec le sourire, tranquillement, sur le ton de l'évidence. Bien sûr, bien sûr, mais léger froid tout de même.

Au sortir de table, les Français fument comme des pompiers, c'est bien connu, et comme ce fut une sorte d'épreuve où il a fallu godiller entre les arrière-pensées et se méfier les uns des autres sans l'avouer, ils se resservent de pousse-café avant de retourner à leur quotidien d'incertitudes et de chausse-trappes. Les Allemands, dressés aux consignes d'abstinence du Führer, évitent les cigares et le cognac en se surveillant du coin de l'œil, il s'agit de bien montrer qu'ils appliquent la discipline du parti en toutes circonstances.

Chautemps, qui s'est senti un peu délaissé, profite de la bonace d'après-déjeuner pour rejoindre le cercle de ces messieurs et aborder, histoire de rappeler qu'il est quand même vice-président du Conseil, l'autre sujet qui fâche : les manifestations italiennes contre la France ; les revendications qui enflamment les rues de Rome ; et on repart sur la Savoie, Nice, la Corse, la Tunisie, Djibouti, « *A noi, a noi* ». Daladier s'y attendait, avec Chautemps, il y a souvent une petite manœuvre qui lui permet de se faire valoir et dont on se passerait bien, le coup de pied de l'âne, en somme. Mais le Président s'y est préparé et il redit ce qu'il avait confié à Clapier : « Vous pouvez en informer votre Führer, si l'Italie passe aux actes, c'est la guerre. Je suis un paysan français sur mes terres. Je n'admettrai pas qu'on y touche. Je défendrai l'intégrité de l'empire. Je serai dans quelques jours en Afrique du Nord, votre ami Mussolini m'y trouvera s'il vient m'y chercher. » Le ton est vif, mais Ribbentrop, tout sourires, a aussi préparé sa réponse, celle qu'il a assenée à Welczeck dans la voiture en arrivant et qu'il répétera à qui souhaitera l'entendre : « Je suis venu de Berlin pour vous dire que nous ne ferions plus la guerre, même pour reprendre l'Alsace-Lorraine. Vous pensez donc bien que nous n'allons pas la faire pour permettre à l'Italie de prendre la Tunisie. »

Chautemps et Bonnet poussent un soupir de soulagement. On n'est pas là pour ça aujourd'hui, ce qui compte, c'est la signature de la déclaration. Pour les affaires de Rome, que François-Poncet se débrouille, puisqu'il voulait tant y aller. « L'ambassadeur François-Poncet a laissé le meilleur souvenir à Berlin, il saura certainement apaiser les humeurs du Duce », ajoute Ribbentrop à l'adresse de Coulondre, qui s'est rapproché du cercle de ces messieurs et pour qui ce compliment à son prédécesseur résonne comme un avertissement.

Daladier hésite à poursuivre la conversation, il regarde sa montre, il y a des élus du Puy-de-Dôme qui l'attendent à l'hôtel de Brienne pour une sombre histoire de raccordement électrique, il est temps de s'en aller. Ça tombe bien, l'ambassadeur vient de rappeler respectueusement à son ministre qu'il lui reste quelques minutes pour contacter Berlin de la suite du Crillon avant la cérémonie de la signature au Quai d'Orsay, où l'on signale déjà la présence de plus d'une centaine de journalistes.

Salutations rapides mais convenables. « On se retrouvera ce soir, après la signature », lance Daladier. Les portières des voitures officielles claquent dans la cour de Matignon, ils s'en vont tous, lestés du fardeau de leurs arrière-pensées, « comme un vol de gerfauts hors du charnier natal », se remémore Daladier, qui a toujours une citation dans la tête quand il peine à juger d'une situation qui lui échappe. Et pour l'ambassadeur, il n'y a plus une seconde à perdre non plus, on n'avait pas prévu que le ministre exigerait une serviette neuve pour rapporter le précieux document signé à Berlin.

Ah, si la comtesse von Welczeck pouvait courir chez Hermès pour acquérir le portefeuille en maroquin indispensable avant qu'il ne soit trop tard…

Ribbentrop et Daladier.

Chapitre II
La signature

Le démon intime et que parfois nous connaissons bien, à un moment de la route, quand nous croyons l'avoir semé et que nous nous retournons, il est encore là. Et c'est lui qui finit, quand nous croyons l'égarer, par nous conduire dans des chemins que nous voulons éviter.

Gérard BAUËR — *Les Billets de Guermantes*

Comme deux acrobates avant leur numéro, les deux ministres des Affaires étrangères, Georges Bonnet et Joachim von Ribbentrop, attendent dans le salon de la Rotonde du Quai d'Orsay 15 h 30, l'heure fatidique de leur entrée pour la signature de la déclaration. « *Small talk* » sur la décoration Second Empire, le fameux bureau de Vergennes que Ribbentrop considère avec l'air entendu de celui à qui n'échappe aucun détail historique. Ils sont tous les deux en jaquette, le Français a machinalement passé sur son crâne la petite éponge mouillée qui lui sert de peigne pour rabattre la mèche qui dissimule sa calvitie, l'Allemand a épinglé l'insigne du parti nazi à son revers. Alexis Leger, l'ambassadeur Coulondre, le comte von Welczeck, le docteur Gauss, directeur des affaires juridiques, le géant Dörnberg font semblant d'admirer le jardin au travers des portes-fenêtres.

On entend la rumeur des fonctionnaires et de la centaine de journalistes qui patientent à côté dans l'attente que la cérémonie commence. Après le déjeuner offert par le président Daladier à Matignon, Ribbentrop a profité de son passage éclair au Crillon pour appeler Berlin et Ernst von Weizsäcker, le secrétaire général de la Wilhelmstrasse, histoire de se faire valoir une fois de plus en lui déclarant que tout se passe bien, et que les Français se montrent d'une humeur conciliante confinant à l'obséquiosité, histoire aussi de l'humilier comme d'habitude, en lui rappelant par son coup de téléphone qu'il a été écarté de la délégation alors qu'il prétendait accompagner son ministre à Paris.

Le baron von Weizsäcker fait partie de ces diplomates à peine débarrassés des oripeaux de l'empire, que les nazis dédaignent, bien qu'il ait donné tous les gages nécessaires au régime pour le bon déroulement de sa carrière, en Judas de son milieu d'origine affichant une servilité à toute épreuve. Rejeton d'une famille aristocratique au service des rois de Wurtemberg, ambassadeur en Norvège et en Suisse, des postes de tout repos, il a suivi sans conflit moral majeur la pente de son opportunisme naturel en s'installant à la tour de contrôle du ministre des Affaires étrangères. Il pourrait donc passer pour l'homologue d'Alexis Leger dans un monde normal. Seul accroc qui aurait pu mal tourner pour lui, la rebuffade hargneuse d'Hitler à l'égard de son fils, Carl Friedrich, jeune physicien prodige qui prétendait poursuivre les travaux d'Einstein sur l'atome quand « le Reich n'a pas besoin de la pseudo-science juive ». Son autre fils, Richard, avocat, le défendra à Nuremberg avant de devenir président de la République fédérale en 1984 !

Technicien retors des relations internationales, inscrit au parti nazi et propulsé par Himmler dans les hautes sphères de la SS, avec son physique de chien battu et ses manières cauteleuses, le baron se plie à toutes les exigences désordonnées de son patron, dont il répare les gaffes à répétition et salue les rodomontades comme des traits de génie diplomatique. Il a passé beaucoup de temps à rédiger le projet de déclaration avant que Ribbentrop, excédé par sa minutie et sa lenteur, ne lui rappelle abruptement les paroles du Führer à propos de l'autre déclaration, celle que Chamberlain brandissait triomphalement devant le public britannique à sa descente d'avion après Munich. « Ce papier n'a aucune importance, juste bon à calmer de vieilles demoiselles anglaises et ces lombrics de Français qui nous en réclament un autre. Grand bien leur fasse ! » Le cynisme d'Hitler avait d'ailleurs parfaitement fonctionné. La déclaration dont Chamberlain était si fier alignait seulement des formules creuses sur « l'importance des relations anglo-allemandes, le désir de nos deux peuples de ne plus jamais se faire la guerre, la nécessité de se consulter pour supprimer d'éventuelles sources de différends et contribuer à assurer ainsi la paix en Europe ». Difficile de faire plus vague, Winston Churchill, Harold Nicolson et d'autres méchants esprits n'ayant pas manqué de se moquer de ce « bout de papier » lors d'une séance houleuse au Parlement.

Mais comme les Français avaient demandé un texte un peu plus précis que les Anglais s'étaient montrés bien en peine d'avancer, le Führer leur avait accordé un morceau de choix : la reconnaissance des frontières existantes, c'est-à-dire l'abandon des possibles prétentions allemandes sur l'Alsace-Lorraine. La question était bel et bien réglée depuis 1919 mais enfin, ça pouvait passer pour un geste de Berlin, qui ferait plaisir même s'il recouvrait des arrière-pensées qu'on avait étourdiment oubliées à Paris. Ribbentrop résumera la situation à sa manière : le Führer a signé un reçu pour solde de tout compte aux Anglais, le ministre signera une traite non escomptable aux Français. Et Weizsäcker d'applaudir, à l'autre bout de la ligne, cette trouvaille sémantique digne de l'habileté et du talent de son patron.

Cependant, il fallut mettre fin aux congratulations téléphoniques et repartir après qu'Annelies von Ribbentrop eut inspecté la tenue de son mari comme une mère le ferait pour son enfant avant la distribution des prix. Elle avait son propre programme : rencontre avec des dames allemandes proches de l'ambassadeur et au nazisme certifié, visite du musée Carnavalet avec Odette Bonnet. Les deux épouses des héros du jour se sont accordées tout de suite. Elles ont pratiquement le même âge, la petite quarantaine soignée, elles ont fait des études supérieures et jouissent d'une réputation d'intelligence et de vivacité, elles sont snobs et antisémites, indispensables à leurs maris respectifs, sur qui elles exercent une très forte influence. Odette Bonnet y a d'ailleurs gagné le surnom flatteur de « Soutien-Georges ».

Ces messieurs entrent enfin au salon de l'Horloge pour la cérémonie. Les flashs des photographes crépitent, on perçoit en sourdine les voix des reporters allemands qui commentent l'événement en direct pour les radios d'outre-Rhin, les journalistes parcourent le texte de la déclaration, qui leur a été distribué. Les Français accordent plus d'attention à Ribbentrop, qu'ils voient en personne pour la première fois, et dont le physique et l'assurance de jeune premier pour comédies musicales berlinoises tranchent avec le sourire de maître d'hôtel, le long cou et le profil de héron de Bonnet. S'ils se donnaient vraiment la peine de lire le papier qu'ils ont entre les mains, ils découvriraient des variantes intéressantes d'avec la déclaration à l'usage des Anglais.

Il est évidemment question « des relations pacifiques et de bon voisinage » entre les deux pays, considérés comme « des éléments essentiels de la consolidation de la situation en Europe et du maintien de la paix générale ». Voilà des expressions bien lénifiantes pour passer la Tchécoslovaquie dans la colonne des pertes et profits, et pour se référer aux seules conditions dictées par l'Allemagne à Munich deux mois plus tôt, en signifiant qu'il est exclu d'y revenir. Au fond, la formule n'est pas exempte de menaces. « Aucune question d'ordre territorial ne reste en suspens » et les deux gouvernements « reconnaissent solennellement comme définitive la frontière entre leurs pays telle qu'elle est actuellement tracée ». C'est bon pour l'Alsace et la Lorraine, soit, mais pourquoi des Hitlerjugend du Front du Travail s'époumonent-ils encore à se dire originaires de ces régions, parmi tous les autres jeunes gens de leur âge qui se réclament, regard dur et air martial, de la Saxe, des Sudètes ou de la Bavière ? Il y a un message qui s'est perdu quelque part.

Rien sur les revendications coloniales de l'Allemagne portant sur le Togo ou le Cameroun, anciennes possessions désormais sous mandat français, qui ressurgissent régulièrement dans les discours du Führer. Rien non plus évidemment sur les frontières à l'est du Reich, entre ce qui reste de la Tchécoslovaquie, désormais encerclée sur trois côtés, et la Pologne, dont la France se prétend garante.

Enfin, à l'article 3, « les deux gouvernements sont résolus, sous réserve de leurs relations particulières avec des puissances tierces, à demeurer en contact sur toutes les questions intéressant leurs deux pays, et à se consulter mutuellement au cas où l'évolution ultérieure de ces questions risquerait de conduire à des difficultés internationales ». Suivez mon regard, il est fixé sur Moscou. Les Français ont signé un pacte d'assistance mutuelle avec l'URSS en 1935, qu'ils se gardent bien de concrétiser par peur du communisme, et qui a servi de prétexte à Hitler pour occuper la Rhénanie et la réarmer. Les Allemands, de leur côté, sont les alliés objectifs de l'Italie, qu'ils s'apprêtent à enrôler dans un pacte d'Acier, tandis que notre ambassadeur à Rome, François-Poncet, est enfermé au palais Farnèse encerclé par des cohortes de jeunes fascistes agressifs. Ribbentrop milite aussi pour sceller l'alliance du Reich avec le Japon, qui est en train de charcuter la Chine et lorgne sur l'Indochine. Telles sont les puissances tierces auxquelles la déclaration fait allusion, et le moins qu'on puisse dire, c'est que la balance n'est pas égale en termes de dangerosité.

En tout cas, les deux ministres ne se donnent pas la peine de relire le texte qu'ils connaissent par cœur, et la signature est une formalité. Alexis Leger, qui n'y croit pas, et le comte von Welczeck, qui tente d'y croire, ont les yeux rivés sur le précieux document, dont Ribbentrop et Bonnet échangent les exemplaires, selon la tradition. La comtesse von Welczeck a fait diligence et Ribbentrop peut enfourner la déclaration qu'il montrera à Hitler dans la superbe serviette qu'elle vient d'acheter en catastrophe chez Hermès.

Applaudissements, euphorie générale, chacun des deux ministres y va de sa petite allocution célébrant l'événement pour les caméras des actualités. Dans un français parfait quoiqu'un peu métallique Ribbentrop annonce que « les deux grandes nations se déclarent prêtes, après de sérieux différends dans le passé, à établir des rapports de bon voisinage pour l'avenir. Avec cette déclaration de leur volonté commune, les deux gouvernements expriment la conviction qu'il n'existe entre eux aucune opposition d'ordre vital qui puisse justifier un sérieux conflit. »

Georges Bonnet écoute en affichant l'air de satisfaction modeste de celui qui a le sentiment d'atteindre au but de la grande politique, auquel il a concentré toute son attention, son savoir-faire et ses manœuvres depuis des mois, envers et contre tous. Toutes proportions gardées, la déclaration, c'est son petit Munich à lui, sans remords ni déshonneur. Il enchaîne sur « les intérêts communs aux deux grandes puissances et sur la base de la reconnaissance des frontières qui permettra à son gouvernement, après ceux qui l'ont précédé, de conduire tous les efforts pour une contribution essentielle au maintien de la paix ».

Alexis Leger accueille l'allusion aux gouvernements précédents, qu'il a servis en survivant à toutes les crises, sans réagir. Il est habitué aux compliments faussement flatteurs d'un ministre pour qui il n'éprouve aucune estime.

Dans son fauteuil, Ribbentrop n'écoute pas, il reproche à Welczeck penché sur lui la mauvaise qualité des sceaux en cire apposés sur le document. Toute occasion est bonne, même la plus saugrenue, pour humilier l'ambassadeur.

La cérémonie est terminée, les projecteurs qui avaient transformé le salon de l'Horloge en studio de cinéma s'éteignent, les journalistes sont pressés de rejoindre leurs rédactions pour pondre leurs articles, un conseiller de l'ambassadeur d'Allemagne, qui n'a rien compris aux subtilités de la diplomatie, fait mécaniquement le salut hitlérien devant les deux ministres regagnant la Rotonde pour un « entretien élargi » avec Alexis Leger, Welczeck et l'interprète Schmidt qui n'a servi à rien, mais que Ribbentrop ménage en raison de sa proximité avec Hitler. Il s'agit de rédiger un ultime communiqué de satisfaction mutuelle, et d'évoquer quelques-unes de ces questions que l'on se doit d'aborder désormais dans une atmosphère de compréhension réciproque : la guerre d'Espagne, les manifestations antifrançaises à Rome, la garantie allemande aux nouvelles frontières de la Tchécoslovaquie.

Mais les deux signataires ont la tête ailleurs, ils sont partis pour un de ces larges tours d'horizon qui se perdent dans l'épais brouillard des renvois en commission et des déclarations sirupeuses. Le salon de l'Horloge, où fut signé dix ans plus tôt le pacte Briand-Kellogg qui avait mis la guerre hors la loi et que plus d'une soixantaine d'États avaient paraphé, est désormais plongé dans le silence, même les bienveillants fantômes du passé l'ont déserté. Il ne reste plus que des huissiers pour vider les cendriers, le flambeau que brandit la monumentale statue allégorique de la Paix pour éclairer des générations de négociateurs est éteint. Il est probable que personne n'avait songé à l'allumer.

La nuit vient vite en décembre. Le salon de la Rotonde, qui sert de bureau à Georges Bonnet, est noyé dans un éclairage blafard d'aquarium et les ministres jettent un œil de poisson mort sur le programme de leur conversation, qui traîne sur l'écritoire de Vergennes. De fait, ni Bonnet, tout à savourer ce qu'il considère comme un triomphe personnel, ni Ribbentrop, plus enclin que jamais à se prendre pour un magicien dont le dernier tour vient d'éblouir un auditoire de petits garçons naïfs déguisés en vieux messieurs distingués, ne sont d'humeur à s'engager dans une discussion sérieuse.

Alexis Leger et Welczeck, qui se sont trouvé un terrain de sympathie supplémentaire dans la détestation qu'ils ressentent pour leurs ministres respectifs, ne songent guère à leur venir en aide. Ils gardent le silence. Seul ce dictionnaire ambulant et toujours affable de docteur Schmidt, chargé faute de mieux de dresser le procès-verbal de la réunion dite de travail, tapote son bloc-notes de son stylo Montblanc comme un enfant pressé d'en finir avec le pensum de la dictée. Car il faut tout de même avancer pour rédiger encore une de ces fichues déclarations que l'on se doit de jeter en pâture à la presse après chaque séance. Un autre délicat exercice de langue de bois, car Bonnet sait aussi qu'il va se heurter dès le prochain Conseil des ministres à la méfiance de Daladier, tandis que Ribbentrop a déjà eu suffisamment l'occasion de mesurer que sa prétendue influence sur le Führer se résume à sa seule capacité à coller aux humeurs changeantes de son maître et à aboyer un peu plus fort quand il tire sur sa laisse. On sert des rafraîchissements bienvenus, mais la récréation ne peut pas s'éterniser. Il est temps de se mettre en train, même en empruntant des chemins de traverse.

Corneliu Codreanu vient d'être assassiné en Roumanie. Voilà un sujet parfait pour commencer l'échange de vues. D'une manière générale, la vie politique roumaine n'a rien d'un parcours de santé. Le pays, qui a doublé de volume en absorbant des pans entiers de l'Autriche-Hongrie et de la Russie après la guerre, est en proie à de perpétuels désordres. Les minorités ethniques s'agitent en permanence, le Parlement élu dans des conditions d'une régularité toute balkanique peine à faire respecter des lois modernes incompréhensibles pour des masses paysannes survivant péniblement dans un univers crasseux et fruste qui sent le troupeau de chèvres et le tord-boyaux. Un abîme sépare les campagnes plongées dans la torpeur et l'ennui de la misère, des salons où l'on ne parle que français et de l'élite joyeuse, élégante et cultivée de Bucarest, l'autre Paris de l'Europe danubienne.

Le roi Carol II, remarquablement intelligent et volontiers charmeur, s'est aussi dangereusement adapté à l'atmosphère générale de dégradation morale. Il règne avec des méthodes de gangster, en usant de la corruption la plus flagrante et en dressant les clans les uns contre les autres pour imposer sa dictature. Sa vie privée horrifie la bonne société. Enfant chéri de sa mère, la romanesque et haute en couleur reine Marie, il lui a infligé les tourments de Néron pour Agrippine ; époux d'une princesse grecque dotée de toutes les perfections d'une éducation aristocratique, il l'a répudiée honteusement pour s'afficher avec sa maîtresse juive, Magda Lupescu, évidemment honnie par les antisémites professionnels ; père attentif mais tyrannique, il a gardé son fils en otage et le brutalise en l'obligeant à appeler sa marâtre « maman ». Mais la rumeur mondaine des scandales royaux ne perturbe que le gratin de la capitale, qui court la grande saison des réjouissances parisiennes et de la

Café Society internationale pour y abriter ses propres fredaines. Autrement, le pays au complet s'en accommode fort bien. Carol II est populaire, il tient encore solidement les rênes d'un cheval fou. Or, la Roumanie est potentiellement riche et cernée de voisins hostiles acharnés à en prélever des provinces entières, la Hongrie et la Bulgarie alliées de moins en moins cachées de l'Allemagne, la Russie des Soviets qui agite en sous-main le prolétariat misérable. Le Reich se tient en embuscade, excitant les convoitises, infiltrant des affairistes et des agents doubles.

Corneliu Codreanu, le chef de la « Légion de l'archange Michel », dont on vient de retrouver le cadavre criblé de balles sur le bord d'une route forestière – tentative d'évasion, c'est ce qu'on dit toujours dans ces cas-là –, incarnait avec son physique de révolutionnaire romantique une version particulièrement venimeuse du fascisme carpatique. Son mouvement dont le nom claquait déjà comme un programme fort prometteur, sa personnalité exaltée et son caractère fanatique avaient *a priori* tout pour plaire à Ribbentrop. Agitateur forcené du combat contre le « judéo-bolchevisme », exsudant d'incantations antisémites délirantes, meurtrier de plusieurs hommes politiques et d'un président du Conseil, se jouant de juges trop peureux ou achetés, lançant tous azimuts la garde de fer de ses légionnaires dans des pogroms impitoyables et des crimes de sang contre ses adversaires réels ou supposés, contaminant une part de l'élite intellectuelle fascinée par sa violence, et menaçant imprudemment la monarchie, il a été éliminé finalement par des tueurs à la solde du roi Carol II, qui n'a même pas pris la peine de s'en laver les mains. Un martyr comme on les aime à Berlin, à cette réserve près qu'il se déclarait aussi hostile à l'Allemagne d'Hitler qu'à la Russie de Staline et se drapait d'une religiosité insoluble dans l'athéisme des nazis. Pas assez manipulable, donc, lorsque des fascistes de rechange pullulent en Roumanie et qu'il ne faut pas désespérer d'un roi qui ouvre ses champs de pétrole aux approvisionnements du Reich.

D'où une discussion décousue entre Bonnet et Ribbentrop sur Carol II, frétillante d'à-peu-près et de ragots, qui permet à chacun des deux ministres d'énoncer son opinion sans trop dévoiler ses intentions. Certes, le souverain roumain est encore officiellement un allié de la France, mais il n'est pas exclu que le Reich parvienne à le retourner. En revanche, comment pourrait-on compter sur un homme dont la maîtresse est juive, à moins de lui conférer par une faveur exceptionnelle le statut enviable d'Aryenne d'honneur ? Cela s'est déjà fait, ça pourra se faire encore ; de toute façon, c'est provisoire. Il n'y a pas d'intérêts ni de scrupules qui tiennent en bonne politique. La silhouette filiforme de Mme Lupescu traverse le salon de la Rotonde en répandant autour d'elle un fort parfum d'antisémitisme, que Ribbentrop respire à plein nez sans que Bonnet éternue. Affaire à suivre, donc, mais rien ne presse.

En revanche, on expédie rapidement le dossier espagnol. Il est d'ores et déjà pratiquement refermé. Franco prépare l'assaut final contre Barcelone, et Madrid, totalement encerclée, ne devrait pas tarder à tomber également. À quoi bon se perdre encore en arguties inutiles sur le respect de la non-intervention des puissances étrangères, quand il est avéré que les Allemands et les Italiens ont abondamment vitaminé les nationalistes en matériel et en combattants pour leur assurer la victoire, quand les démocraties ne laissaient passer en contrebande qu'un maigre filet d'armes et de militants ? L'affaire paraît si bien réglée au profit de Franco que les brigades italiennes sont en train de rembarquer pour Rome, où Mussolini et son nabot de roi leur préparent un accueil triomphal. Georges Bonnet, qui n'en est plus à une tartuferie près, ne peut quand même pas s'empêcher de commenter la situation d'un « c'est aux Espagnols eux-mêmes qu'il revient de résoudre leurs différends ». Bien sûr, bien sûr, opine benoîtement Ribbentrop, comme la cuisinière s'apprête à ranger le couteau dans le buffet après avoir égorgé son dernier poulet.

Et puisqu'on vient d'évoquer l'Italie, il est impossible de faire l'impasse sur les manifestations antifrançaises dans les rues de la Ville éternelle. S'ensuit un échange confus de considérations navrées et d'arguments précautionneux. Les deux ministres conviennent que ces incidents gâchent un peu la fête. Ribbentrop redit ce qu'il bonimente depuis le matin à tous ceux qui lui en parlent, il n'y est pour rien, ce n'est pas l'Allemagne qui commande aux humeurs de l'opinion publique italienne, rien n'indique que le Duce soit à la manœuvre... Bonnet devra s'en contenter, il subit déjà l'avalanche des critiques de la presse et des députés qui ne doutent pas un seul instant de la responsabilité de Mussolini, exaspéré par la signature de la déclaration, où sa nature soupçonneuse flaire une sorte de coup fourré contre lui. Il n'a pas pardonné aux Français d'avoir laissé la bride sur le cou à leurs caricaturistes et il veut faire monter les enchères vis-à-vis des Allemands, qui le pressent de signer le pacte d'Acier. Les manifestations, c'est sa manière de se rappeler au bon souvenir des uns et des autres.

Bonnet n'a aucune envie de s'éterniser et d'épiloguer sur un terrain si glissant, mais Ribbentrop le sent bel et bien ferré et se lance avec son sadisme latent de nazi perfectionné dans une évocation des diaphragmes en caoutchouc, qui sont élastiques comme les relations entre l'Allemagne et l'Italie. Il arrive que chacun tire de son côté, mais c'est du solide, ça résiste bien et retrouve sa forme dès que le petit jeu s'arrête. Et comme il devine que Bonnet n'est pas très versé sur les vertus du caoutchouc, il ajoute la question innocente de savoir combien il y a d'Italiens en Tunisie. « Moins que de Français, enfin, un peu moins, c'est difficile à dire, beaucoup d'entre eux se font naturaliser. » Bonnet s'empêtre sous le regard froid d'Alexis Leger qui évite de lui venir en aide. Le secrétaire général du Quai d'Orsay partage sa réserve de mépris en portions égales entre sa haine des fascistes italiens, le peu de considération qu'il porte à Bonnet, le dégoût que lui inspirent les remarques doucereuses de Ribbentrop. Il préfère garder le silence.

La Rotonde est une espèce de salle de cinéma dont le principal employé a égaré la clé de la sortie de secours. Heureusement, Welczeck et le docteur Schmidt sont venus à bout du communiqué final et Alexis Leger a déjà préparé le sien pour Bonnet. Tout est donc prêt pour aller retrouver les journalistes qui se pressent au sympathique raout alcoolisé célébrant l'heureux résultat de cette belle journée d'entente. Ronronnement de la langue de bois avec, chez Bonnet, « l'appréciation mutuelle de la valeur des échanges intellectuels qui ont toujours existé entre les deux nations », et chez Ribbentrop : « L'art allemand et la vie spirituelle de l'Allemagne doivent à la France des inspirations de valeur, de même que, de son côté, l'Allemagne a souvent enrichi l'art français. »

Le ministre français insiste sur « l'estime réciproque que se doivent deux peuples qui, après avoir confronté leur héroïsme pendant la guerre mondiale, entendent travailler aujourd'hui dans une atmosphère de compréhension et de paix », et le ministre allemand rappelle « l'accueil chaleureux qui a été réservé à Munich au président du Conseil français, M. Édouard Daladier », et il ajoute : « Les manifestations de sympathie dont j'ai pu être le témoin pendant les quelques heures de mon séjour à Paris montrent de même combien ces sentiments sont partagés par la population française. » Le compliment est aimable pour des rues vides, ceinturées de flics et parcourues à toute allure... Brouhaha grandissant des journalistes qui s'ennuient et n'écoutent plus, bruits du service, fumée des cigarettes, un petit malin qui souligne la qualité des échanges culturels puisque Bruno Walter vient de s'exiler à Paris pour fuir les nazis, Georges Bonnet pense à la montagne de parapheurs qui l'attend dans son bureau, et Joachim von Ribbentrop se demande s'il aura le temps de se changer pour le grand dîner officiel alors que ce casse-pieds de Guariglia, l'ambassadeur d'Italie, a insisté pour venir lui parler au Crillon entre deux portes.

Annelies von Ribbentrop a passé un après-midi charmant avec Odette Bonnet. La visite du musée Carnavalet l'a beaucoup intéressée : les souvenirs de la Révolution française, les *period rooms* où sont reconstitués les décors de l'Ancien Régime, les innombrables bibelots et petits objets de la vie courante d'autrefois. Elle a seulement été un peu surprise par une atmosphère générale de laisser-aller et de froideur. Le conservateur s'est montré très aimable, mais les guides portaient des tenues négligées et menaient la visite en soupirant. Odette Bonnet en était gênée et a tenté une explication : « Depuis le Front populaire, c'est pareil partout. On n'en fait jamais assez pour eux, ils demandent toujours plus. » Quoi qu'il en soit, il faudra absolument prévoir un musée du même genre sur l'histoire de Berlin, lorsque le Führer aura fini de bâtir Germania, la monumentale capitale que le Reich exposera à l'admiration du monde entier. Après la visite, au retour, comme la voiture passait par le quartier du Marais, Annelies a demandé à son amie s'il y avait encore beaucoup de Juifs à Paris. Une question délicate, mais on était en confiance. Odette Bonnet a répondu qu'elle ne savait pas. Puis elle a repris : « Encore beaucoup trop, avec tous ceux qui arrivent de chez vous ! » La réplique était spirituelle et elles ont beaucoup ri. Mais Mme von Ribbentrop est prête maintenant pour le dîner officiel, il ne faut pas perdre de temps avec l'Italien si on veut arriver à l'heure.

L'ambassadeur Guariglia est un gros monsieur qui transpire quand il rencontre des Allemands. Mais c'est un diplomate adroit et fin, qui a été en poste à Madrid et à Buenos Aires, la ville des Italiens qui parlent espagnol. Un monarchiste attaché à la maison de Savoie, un vieil ami de Margherita Sarfatti, qui déplore le tournant antisémite du régime et a vu avec tristesse s'exiler l'ancienne maîtresse du Duce ; un fasciste plus que tiède qui a approuvé cependant l'annexion de l'Éthiopie pour la grandeur de l'Italie, un homme de devoir néanmoins, « qui attachera l'âne où on lui dira de le faire », selon la gracieuse formule de Ciano. On l'a nommé à Paris parce qu'il fallait trouver quelqu'un qui ne soit pas trop marqué par le régime au moment où la France et l'Italie renouaient leurs relations diplomatiques, aigrement et sans chaleur. Comme il demandait à Ciano ce qu'il attendait de lui, et ce qu'il convenait qu'il fasse à Paris, le jeune ministre lui avait répondu : « Rien. » Et lui de répliquer : « Si telles sont vos instructions, ce sera difficile, mais je ferai de mon mieux ! »

En réalité, cela s'avère plus difficile que prévu ; il vient à peine de présenter ses lettres de créance au président Lebrun, que les violents incidents contre la France se déchaînent à Rome. Cette crise l'a pris par surprise, il redoute la réaction des Français et de la coterie hostile aux fascistes italiens menée par Alexis Leger. Ciano ne répond pas à ses appels ; Guariglia ne connaît pas encore grand monde à Paris, il fonctionne à l'aveuglette. Ribbentrop pourrait peut-être l'éclairer sur le rôle exact de l'Allemagne dans ce déchaînement frénétique inattendu au moment de la signature de la déclaration. Et plus le ministre l'abreuve de bonnes paroles sur les revendications légitimes de l'Italie, et lui explique avec agacement que l'Allemagne, cependant, n'est pour rien dans un événement de si peu d'importance, plus l'ambassadeur comprend que son interlocuteur lui ment. Raffaele Guariglia a peut-être l'air un peu balourd, mais il a rencontré beaucoup de voyous et d'imposteurs dans sa carrière, et il perçoit aussi très bien quand on le trompe. Ce qu'il découvre, en revanche, c'est que l'étendue du mensonge les dépasse tous les deux. Il relève d'une histoire qu'ils ne maîtrisent pas, et qui conduirait jusqu'à la chancellerie du Führer à Berlin et au palais du Duce place de Venise, à Rome, s'ils s'aventuraient à en remonter le fil.

Mais le ministre du Reich est franchement de mauvaise humeur maintenant, son épouse en robe de soirée est déjà entrée à deux reprises dans sa suite en manifestant de l'impatience, il est vraiment temps qu'il se change et que cet entretien inutile s'achève. L'ambassadeur Guariglia s'éclipse et regagne sa résidence dans le magnifique hôtel particulier avec un grand parc que le gouvernement français a mis à la disposition de l'Italie rue de Varenne. Il se demande quand les fascistes réclameront que la France leur rende aussi le palais Farnèse et la villa Médicis. « *A noi, a noi.* »

La signature de la déclaration. L'ambassadeur Welczeck et Alexis Leger sur les côtés.

Chapitre 12
Un vieillard irascible

La presse, les Juifs et les moustiques sont des nuisances pour toute l'humanité, dont il faudrait se débarrasser d'une façon ou d'une autre. Le mieux, ce serait peut-être le gaz ?

Lettre de Guillaume II en exil
à son ami américain
Poultney Bigelow, 1927

Au manoir de Doorn, en Hollande, le vieil homme n'a plus le cœur de se promener d'un bon pas dans le grand parc et de nourrir ses canards ou de couper du bois, comme il l'a fait pendant des années pour des caméras d'actualités venues du monde entier. Il a posé en effet longtemps au gentilhomme campagnard pratiquant des joies simples en plein air, bon papa d'une grande famille lui rendant régulièrement visite, sage chenu et recru d'expérience, menant une vie réglée par le thé de 17 heures et les lectures édifiantes, conteur disert des anecdotes d'un passé glorieux devant une poignée de fidèles compassés les connaissant par cœur.

Mais il est fatigué, maintenant, de jouer ce rôle pour un public qui l'a adulé autrefois et regarde désormais ailleurs sans plus s'intéresser à lui. Sa santé est fragile, elle accuse son âge, il est frêle et transformé, avec sa courte barbe et sa moustache blanche soigneusement taillées, sa canne, ses tenues élimées. Sa femme l'ennuie par ses jérémiades protocolaires, ses fumeuses intrigues politiques et, plus que tout, par le soin oppressant qu'elle prend de lui. Il regrette sa première épouse, celle qui lui a donné sept enfants, qui ne se plaignait jamais et le regardait avec les yeux d'un bon chien fidèle, morte d'épuisement et de chagrin aux premiers mois de leur exil.

Sa demeure a belle allure, mais c'est un vrai foutoir prétentieux d'armoires trop lourdes, de bibliothèques débordant d'éditions précieuses et de livres qu'il ne lira jamais, de passementeries et autres fanfreluches d'un luxe tapageur, de médailles et de décorations qui ne signifient plus rien, de courrier auquel il a cessé de répondre, laissant ce devoir à des secrétaires racornies et terrifiées par ses éclats de voix. Tout est vieillerie et décrépitude, il se cogne partout aux vestiges inutiles d'un passé où il erre comme dans un garde-meuble. Et puis, il déteste particulièrement l'automne.

Cela fait exactement vingt ans qu'il s'est enfui, en novembre, au matin de la défaite d'une Allemagne en pleine révolution, mendiant piteusement un asile auprès de la reine de Hollande, qui a eu la mansuétude de le lui accorder à condition qu'il se tienne tranquille. Il s'est terré les premiers temps, terrorisé à la perspective d'être jugé et pendu comme le réclamaient les vainqueurs, puis épargné par la lassitude universelle, il a repris un peu de sa superbe et de son arrogance, en se persuadant de son innocence et de la malignité de ses ennemis.

Il a même récupéré l'essentiel de sa fortune en profitant de la complaisance et de la fragilité de la république de Weimar. Il a espéré longtemps qu'on le rappellerait, parce qu'il avait encore des partisans. Mais ils ont vieilli comme lui, et leurs héritiers ont eu déjà bien assez de mal à préserver les intérêts de leur caste pour remonter le cours du temps et obtenir qu'il revienne.

Ses fils ont cessé de lui obéir, l'aîné s'est définitivement déconsidéré en continuant à faire la noce à Berlin comme s'il ne s'était rien passé, les autres, en s'accrochant vainement aux basques des fanatiques de la revanche qui les manipulent et les méprisent. Le plus jeune s'est suicidé, perclus de dettes. Seule sa fille affecte encore de se préoccuper de lui, tout en étant à couteaux tirés avec sa nouvelle épouse.

Son frère est mort, mais il n'avait jamais vraiment compté pour lui ; l'une de ses sœurs a épousé un *taxi-boy* de *dancing* qui, non content d'avoir trente ans de moins qu'elle, l'a ridiculisée dans la presse à scandale. Perdue de réputation socialement et finalement ruinée, avant qu'elle n'en meure de désespoir. Quant à sa parentèle étrangère qui règne encore sur une partie de l'Europe, elle l'évite comme la peste, et, de toute façon, il ne s'est jamais risqué à quitter la Hollande. Un coup de revolver est si vite arrivé. Il a reporté ses derniers espoirs sur ses petits-fils, deux garçons sérieux et respectueux, qui ont pris le large en Amérique en travaillant pour cet antisémite forcené de Henry Ford, et qui ont bien compris, de retour en Allemagne, qu'ils auront tout intérêt à se taire et à faire profil bas, car l'heure n'est plus à la nostalgie.

S'il s'obstine encore à tenter de justifier ses erreurs quand on invoque ses crimes, il sait bien que tout est terminé pour lui et qu'il restera à jamais comme une tache dans l'histoire de l'Allemagne. La seule miséricorde qu'il puisse attendre d'un avenir sans lendemain est qu'elle s'efface de la mémoire des hommes ; or, justement, c'est ce qui est en train de lui arriver. En Allemagne comme ailleurs, on a oublié le Kaiser, Guillaume II.

W. Burckhardt est un journaliste connu pour ses interviews de célébrités qui paraissent dans la presse internationale. Un lointain cousin, sans doute, du diplomate suisse Carl Jacob Burckhardt, haut-commissaire de la Société des Nations pour la ville libre de Dantzig. À ce titre, le haut fonctionnaire helvétique est censé arbitrer les perpétuels conflits entre les Allemands et les Polonais pour le contrôle de la cité, qui se sont exacerbés depuis la montée en puissance des nazis, mais il ne cache pas ses sympathies pour le régime hitlérien. Chargé d'inspecter les camps de concentration de Dachau pour la Croix-Rouge en 1935, il ne trouve rien à redire aux conditions de détention soigneusement lissées qu'on lui a exposées, sauf pour regretter publiquement que les prisonniers politiques soient mélangés aux droits communs et aux déviants, c'est-à-dire les homosexuels. Les nazis sauront faire bon usage de cette précieuse distinction, en imposant à la suite de son rapport la fameuse hiérarchie des triangles cousus sur les pyjamas des détenus, le triangle rose, délicate attention coloriste, étant réservé à ces maudits pédérastes que la Gestapo pourchasse sur tout le territoire du Reich. On lui devra d'ailleurs après la guerre l'organisation de discrètes et efficaces filières d'exfiltration d'anciens nazis vers des cieux plus cléments. On ne se refait pas.

W. Burckhardt, pour sa part, bénéficie de la confiance de l'ex-Kaiser qu'il a déjà interviewé à plusieurs reprises. À Doorn, Guillaume II lit attentivement les journaux étrangers, qu'il bombarde de notes pour rectifier les articles qui lui sont hostiles, et il n'accorde d'entrevues qu'aux gratte-papiers qui lui paraissent impartiaux, ce qui ne fait pas grand monde. Le plus apprécié de ces « *happy few* » est Poultney Bigelow, un ami d'enfance américain, fils d'ambassadeur, qui lui est resté fidèle envers et contre tout et n'a jamais hésité à tremper sa plume dans le miel pour prendre sa défense : « J'ai connu beaucoup d'hommes d'un grand courage physique et moral, mais aucun autre aussi personnellement chevaleresque et brave que le Kaiser exilé. » Mais ce précieux allié est bien âgé maintenant et cela fait longtemps qu'il ne vient plus à Doorn pour couper du bois et nourrir les canards avec son ancien camarade de jeu. Alors, va pour W. Burckhardt, qui possède les clés du coffre mental de Guillaume II et n'omet jamais de donner de la « Majesté » à Hermine, la sourcilleuse épouse à qui les rejetons Hohenzollern ne réservent pas un traitement aussi flatteur.

La dernière visite de W. Burckhardt à l'exilé impérial remonte à 1934, alors que la maisonnée était en pleine effervescence, prise d'un de ces accès de fièvre restauratrice qui affectent régulièrement les familles royales détrônées. La Kaiserin Hermine se rendait régulièrement à Berlin pour y faire le siège d'Hitler, qui l'abreuvait de bonnes paroles en jouant les grands mystérieux. Hindenburg, fervent monarchiste que Guillaume II accusait de l'avoir trahi avec la mauvaise foi bilieuse dont il était coutumier, était encore président du Reich, mais s'acheminait de son lourd pas de burgrave robotisé vers une fin prochaine.

L'élite de l'armée, les anciens chanceliers Brüning, Schleicher et Papen, préparaient la succession du vieux maréchal en hésitant sur le meilleur scénario. Le retour du Kaiser lui-même ? Mais complications internationales sévères et menaces d'insurrection communiste à prévoir. Le Kronprinz ? Un risque sérieux de scandales à répétition, avec ce frivole héritier officiel qui assurait aimer tout le monde et n'aimait en fait personne d'autre que les poules de luxe et les danseuses de revues tirées au sort dans son inépuisable collection de femmes faciles. L'un des petits-fils Hohenzollern affublé d'un conseil de régence ? Certes moderne et vertueux, mais hélas trop vert pour prendre la tête d'un pays qui a déjà glissé dans un nazisme pur et dur.

C'était évidemment compter sans Hitler, qui n'en était plus à faire de fausses promesses aux monarchistes et aux membres de la famille qui lui léchaient les bottes sans comprendre qu'il les essuyait sur leur rêve mal réveillé. Il ne songeait déjà qu'à s'emparer des derniers leviers du pouvoir pour devenir le seul Führer, une fois expédiées les funérailles imminentes d'Hindenburg. La Nuit des Longs Couteaux, où il balaya d'un fleuve de sang Röhm et ses anciens camarades des sections d'assaut, n'allait pas tarder à faire l'effet d'une douche froide sur les partisans du grand retour. En décimant les rebelles potentiels, le massacre terrorise également par sa violence aveugle les nostalgiques de l'ancienne Allemagne impériale. Fin brutale des exaltantes illusions printanières de Doorn, dont W. Burckhardt s'était alors imprudemment fait l'écho.

Quatre ans plus tard, à l'automne de 1938, on assiste au frémissement d'un regain d'intérêt pour l'ex-Kaiser en raison de la tension internationale. Après avoir réduit l'Allemagne à une soumission totale et déchiré le traité de Versailles, récupéré la Rhénanie et la

Sarre, annexé l'Autriche, réarmé à marches forcées, Hitler part à la conquête de son « espace vital » aux horizons illimités et déclenche la crise des Sudètes en apéritif. Les démocraties sortent de leur torpeur et se concertent pour tenter de résister, l'Europe entière retient son souffle en vacillant au bord de la guerre. L'affreuse histoire que l'on avait crue terminée se répète et annonce de nouveaux développements encore plus tragiques. La « der des ders » était un conte pour enfants qui se prenaient pour des anciens combattants. Les accords de Munich, où les démocraties consentent au dépeçage de la Tchécoslovaquie au profit d'Hitler, semblent offrir une chance supplémentaire à la paix. Mais le 30 septembre, on devine partout que c'est une promesse fragile qui ne résistera pas à de nouvelles provocations du Reich.

On exhume alors les premiers chapitres de la tragédie ensevelis sous des millions de morts, pour tenter de comprendre comment la machine infernale a pu se remettre en marche, et conjurer la malédiction de la course à l'abîme. Le vieil acteur qui avait tenu l'un des rôles principaux et que l'on avait consigné dans la naphtaline est demandé pour un dernier tour de piste. En fait, on n'attend plus rien de lui, le cabot ne sait pas son texte et il est incapable de lire celui que d'autres déchiffrent à sa place, mais la tentation de se raccrocher à des vestiges du passé est la plus forte. On a tellement vécu d'illusions qu'un épouvantail chiffonné pourrait encore servir. C'est ainsi que les sollicitations pour une entrevue s'accumulent dans les sacs de courrier à la porte du triste manoir de Doorn.

En France, Pierre Lazareff, le jeune et talentueux directeur de la rédaction de *Paris-soir* qu'il a hissé à deux millions d'exemplaires, est un spécialiste des reportages et des déclarations sensationnelles. Son journal a déjà publié deux interviews du Führer accordées au sémillant Bertrand de Jouvenel, dont le principal titre de gloire est encore d'avoir été déniaisé à seize ans par Colette, et à l'improbable Titaÿna, sorte de vamp des rotatives et des cinq colonnes à la une, à mi-chemin entre Tintin et Leni Riefenstahl petit braquet.

Hitler n'est pas avare d'incantations soporifiques pour endormir l'opinion, il a déjà versé à plusieurs reprises la potion du sommeil dans les oreilles complaisantes de Fernand de Brinon, vrai marquis pour le *Bottin mondain* et faux journaliste pour endosser les chèques libellés en marks nécessaires à son élégant train de vie. D'ailleurs, dans la ribambelle des «*chorus boys*» du Führer, on se bouscule aussi entre Jacques Chastenet, très Comité des forges pour *Le Matin*, Philippe Barrès, le fils de son père, pour *Le Matin*, encore, Lucien Lemas – *wer is es?* – pour *L'Intransigeant*, Jean Goy, ancien combattant professionnel, pour *Le Matin*, décidément jamais rassasié, Abel Bonnard – la future Gestapette – pour *Le Journal*, Alphonse de Châteaubriant, illuminé par le messie de Nuremberg, pour *La Gerbe*, Robert Chenevier, expert en défense passive, pour *L'Illustration*.

On se bouscule à la chancellerie, ça fait quand même un peu trop de Führer, alors pourquoi ne pas essayer l'ex-Kaiser, pense l'audacieux Pierre Lazareff, qui a oublié que le fait d'être à la fois français et juif ne facilite pas vraiment l'accès au cabinet de travail de Guillaume II. Certes, il n'y fait pas grand-chose, parle mélodieusement la langue de Racine et ne partage pas, officiellement, la frénésie antisémite du Führer, mais quand même! En revanche, le pontife des lettres françaises Gaston Gallimard dispose d'un appareil mieux adapté. Il finance en effet une curieuse feuille de chou, l'hebdomadaire *Voilà*, qui tire à trois cent mille exemplaires, et propose à ses lecteurs un mélange de femmes nues et d'articles signés Joseph Kessel, Albert Londres et Henry de Monfreid. L'onction de la NRF bénissant les plaisirs du bordel, parfait pour un ancien empereur confit en dévotion et pratiquant tout aussi bien les idées larges de la verdeur militaire. Il ne restait plus à Lazareff et Gallimard qu'à convaincre W. Burckhardt, trop content de reprendre du service, et c'est donc ce qu'il advint.

Le manoir n'a pas changé. Le chef du cabinet et le chambellan du Kaiser qui macèrent depuis vingt ans dans ce recoin humide et perdu des Pays-Bas, au service d'un maître qui se prend toujours pour un empereur, ont un peu vieilli, mais la vie est somme toute calme et ronronnante à Doorn, et ils n'ont qu'une vague idée de la panique générale en Europe. Ils se contentent de rappeler à W. Burckhardt les précautions d'usage : le Kaiser se refuse à prendre des positions politiques qui pourraient être mal interprétées et il conviendra d'éviter de l'entraîner à émettre des jugements sur les actuels dirigeants de l'Allemagne. Le journaliste n'a pas besoin de précisions supplémentaires. Bien que le Kaiser ait placé discrètement l'essentiel de sa fortune en Suisse, il dépend encore des considérables mensualités qui lui sont versées par la Reichsbank, selon un accord signé avec la République de Weimar. Il est toujours valable, mais un mot de travers, une formule malheureuse, et couic, Hitler fait fermer le robinet. Il faut être d'autant plus circonspect que le personnel du manoir a changé peu à peu. Les valets, les femmes de chambre, les cuisiniers ont été remplacés par des jeunes gens qui claquent des talons en assurant impeccablement leur service, mais qui ont aussi de la famille et des relations à Berlin qui s'avèrent très friandes de confidences. Les écarts de langage ne sont pas perdus pour tout le monde.

Le Kaiser attend son hôte dans son cabinet de travail, assis derrière son bureau sur lequel s'entassent les épreuves d'une nouvelle publication de ses Mémoires qu'il corrige depuis des années. La Kaiserin, tout de gris vêtue, un long collier de perles lui descendant jusqu'à la taille, tricote un plaid qui a dû épuiser toute la production lainière des mérinos hollandais depuis qu'elle est penchée sur son ouvrage. W. Burckhardt comprend tout de suite qu'elle n'envisagera aucunement de sortir de la pièce durant l'entretien. Deux petits vieux, tranquilles et distingués, vissés sur leurs fauteuils bien à l'abri des temps modernes. Ils font très bon accueil à leur invité. Le Kaiser, très soigné d'apparence, cachant son bras infirme derrière son dos, arbore le sourire charmeur des meilleurs jours, la Kaiserin coule de temps en temps vers lui le regard préoccupé avec bonhomie de celle qui vient de louper une maille et ne pense à rien d'autre.

W. Burckhardt: Je suis heureux de constater que Votre Majesté a bien surmonté les soucis de santé endurés l'année dernière.

Guillaume II: Oui, une poussée de grippe espagnole. Je pensais que cette maladie avait disparu. Elle s'est portée sur les poumons. J'ai reçu beaucoup de messages de sympathie; maintenant, je vais aussi bien que possible pour un homme de mon âge. Nous sommes même allés visiter une exposition d'arts antiques au musée d'Utrecht avec l'impératrice. Vous voyez, tout ce qu'on raconte en Allemagne dans des feuilles malintentionnées sur mon état de santé catastrophique est bien exagéré.

W. Burckhardt: Une exposition à Utrecht ? Vous quittez donc votre demeure ?

Guillaume II: Rarement. Je suis très protégé, trop protégé et d'un peu trop près... Je reçois quand même des visites, le Kronprinz se souvient enfin de son père, mes fils, toute la famille, le prince Bernhard de Lippe, le mari de la princesse Juliana, l'héritière du trône de Hollande, un si gentil garçon, et puis de vieux camarades comme vous.

W. Burckhardt note que la voix est toujours aussi douce et mélodieuse, comme chaque fois qu'il s'exprimait devant un auditoire amical en allemand, en anglais, en français. Difficile d'imaginer que ce monsieur âgé, distingué, fut l'irascible à la moustache en crocs qui insultait le monde entier en se prenant pour le seigneur de la guerre.

W. Burckhardt: Je vois que vous êtes effectivement toujours au travail. Est-ce que vous continuez de suivre l'actualité politique internationale ?

Guillaume II: Je consacre deux heures à la lecture des journaux, je reçois le *Times* régulièrement, avec quatre jours de retard malheureusement. C'est à croire que quelqu'un ici le lit avant moi !

Il rit.

W. Burckhardt: La crise des Sudètes ?

Guillaume II: Il n'y a pas de crise des Sudètes ! Ce sont des Allemands qui veulent rejoindre le Reich, quoi de plus naturel ? On les a maltraités, leur patrie, c'est l'Allemagne.

W. Burckhardt : Vous avez approuvé les accords de Munich et l'avez fait savoir par la voix de votre fille, la princesse Victoria-Louise.

Guillaume II : Ma fille, la duchesse de Brunswick, est la plus fidèle interprète de mes pensées. J'ai évidemment approuvé les conclusions de la conférence de Munich. Vous savez, toute cette histoire des Sudètes, c'est la faute des Tchèques, qui créent toujours des problèmes. Ils ont été endoctrinés par cette tourbe de républicains et de francs-maçons français. On a vu le résultat ! L'empereur François-Joseph, qui leur avait accordé tant de libertés, me disait souvent : « Plus on leur en donne et plus ils en réclament ! » La Tchécoslovaquie n'existe pas, c'est une invention de ce criminel de Clemenceau.

W. Burckhardt : Avez-vous le sentiment qu'on a frôlé la guerre ?

Guillaume II : Évidemment ! Mais c'est la volonté de paix qui l'a emporté et je ne peux que m'en réjouir. J'ai écrit à la reine Mary de Teck, ma cousine, en Angleterre, pour lui faire part de toute ma satisfaction. Elle m'a répondu très gentiment. Les vieilles blessures finissent par guérir un jour ou l'autre. Maintenant, pourvu que les Tchèques se tiennent enfin tranquilles ! Vous savez ce que ce méchant professeur Beneš a dit un jour : « Mieux vaut Hitler que les Habsbourg. » Vous vous rendez compte d'une telle énormité ? Heureusement, il est parti, bon débarras, mais si ses successeurs continuent à causer des difficultés, ils auront Hitler quand même.

W. Burckhardt : Et ce sera encore la guerre ?

Guillaume II : Il faut absolument l'éviter. La guerre est un rouleau de foin enflammé qui broie tout sur son passage et que personne ne sait arrêter. Je suis un homme de paix, je l'ai toujours été.

W. Burckhardt: Les Anglais disent le contraire, si vous me permettez.

Guillaume II: Regardez autour de vous, on se croirait en Angleterre autant qu'en Allemagne, je suis à moitié anglais, j'ai toujours chéri ma grand-mère la reine Victoria, je lis les ouvrages policiers de Conan Doyle, et les récits humoristiques de Wodehouse. Je les adore ! Ce sont les militaristes, les amiraux anglais qui ont voulu la guerre, des politiciens cyniques comme ce soiffard de Winston Churchill. Ils ont fait de moi le bouc émissaire du désastre, vous imaginez que ce Gallois à la tête de mule de Lloyd George voulait me faire pendre ! Les vrais Anglais, c'est tout autre chose, j'ai bien montré ce que je pense en envoyant mon petit-fils au couronnement de mon neveu George VI.

W. Burckhardt n'est pas surpris : toujours la même rengaine. Si la guerre a mal tourné, c'est la faute aux politiciens et aux militaires. Bizarre, cette anglomanie de la part d'un homme qui haïssait l'Angleterre et ses cousins royaux. Pense-t-il demander asile aux Britanniques si Hitler attaque la Hollande ?

W. Burckhardt: Comment expliquez-vous cette hostilité contre vous de leur part ?

Guillaume II: Ils ne supportaient pas que j'aie restauré la puissance de l'Allemagne, ils refusaient que je laisse l'amiral von Tirpitz développer notre flotte, ils convoitaient nos colonies. Les Français avaient d'autres griefs, les Russes se sont laissé manœuvrer, ce pauvre tsar, mon cousin Nicolas, n'y comprenait rien. J'ai tout fait pour empêcher la déflagration universelle. Je l'ai dit et répété :

je ne voulais pas cela, je ne voulais pas cela ! L'Histoire et le Très-Haut me rendront cette justice si les hommes tardent encore à le faire.

W. Burckhardt: Votre honneur était engagé ?

Guillaume II: L'honneur de l'Allemagne ! Moi, je ne compte pas, je ne suis que le serviteur des Allemands. Hélas, regardez ce qu'il en est advenu, après cette honte du traité de Versailles qui nous a déclarés coupables de la guerre et nous a abaissés d'une manière ignominieuse. Et il y a eu des Allemands pour signer ce torchon dont, heureusement, il ne reste plus rien.

W. Burckhardt: L'œuvre du chancelier Hitler, un caporal de votre armée décoré de la croix de fer ? Il tient toutes les cartes en main, le sort de la guerre ou de la paix en Europe aujourd'hui.

Guillaume II: Oui, il a choisi la paix, mais une paix pour l'honneur de l'Allemagne. Les Anglais et les Français ont eu l'air de le comprendre à Munich. Et puis Mussolini l'a aidé. Mais enfin, il faut se méfier des Italiens, ils étaient nos alliés et ils nous ont trahis en 1915.

W. Burckhardt: Vous évoquez Hitler comme s'il s'agissait d'un homme seul ?

Guillaume II: C'est un homme seul qui concentre tous les pouvoirs. Tout repose sur lui. Tout est clair. Moi, j'avais un chancelier, des ministres que j'écoutais et qui ne me laissaient jamais tranquille, un Reichstag bourré de socialistes, la presse juive, les syndicats rouges et tous les princes qui me faisaient bonne mine mais qui me jalousaient. On a bien vu avec Max de Bade, qui m'a abandonné sans hésiter. Et je ne parle pas de l'armée, Hindenburg, Ludendorff qui ne me demandaient même pas mon avis. C'était déjà comme ça en 1914, tout reposait sur une douzaine d'hommes, la confusion était telle qu'on ne peut toujours pas déterminer, encore aujourd'hui, la part de chacun.

W. Burckhardt: Et Hitler lui-même, sire, qu'en pensez-vous ?

Guillaume II: *Nichts !* Je n'ai rien à dire à son sujet.

W. Burckhardt: Pardonnez-moi d'insister, sire, je ne doute pas que vous ayez une opinion sur Hitler.

Guillaume II: Je vous ai dit que c'est un homme seul. Il est sans famille, sans enfants, sans Dieu. Pourquoi serait-il humain ? Peut-être est-il pur, mais cette pureté est excessive. Elle est dangereuse, elle le tient loin des hommes et des choses…

W. Burckhardt: Vous pensez aux persécutions antisémites ?

Guillaume II: Il y a eu des scènes de violence en Allemagne tout récemment, je les réprouve totalement. Je pense à mon pauvre Albert Ballin, le directeur des compagnies maritimes, qui s'est suicidé par fidélité pour moi le 9 novembre 1918. Je pense à Walther Rathenau, qui affirmait que seul du sang allemand coulait en lui, assassiné par des fanatiques avec qui je n'ai jamais rien eu à faire. Je pense à la grande famille Mendelssohn. De bons Allemands, bien meilleurs que ceux qui leur rendent la vie impossible.

W. Burckhardt: Le bruit a couru que vous avez lu *Les Protocoles des Sages de Sion*.

Guillaume II: Qui répand de telles rumeurs ? On dit vraiment n'importe quoi sur moi. C'est un tissu d'absurdités que m'a fait tenir mon frère Heinrich avant sa mort. Il subissait de mauvaises influences sans doute. Je ne perds pas mon temps avec un tel faux grossier. Il paraît que c'est sorti de la police secrète russe sous mon malheureux cousin le tsar. Cela ne m'étonnerait pas qu'Hitler le lise. La culture de cet homme est faite de choses étranges. *Mein Kampf* m'est tombé des mains, je préfère les romans d'Ellery Queen.

W. Burckhardt: Hitler a tout de même reconstruit l'armée allemande.

Guillaume II: Oui, mais le haut commandement ne l'apprécie pas. Et puis, casser Blomberg et Fritsch, des chefs d'élite, pour de misérables affaires de mœurs, ce n'est pas correct. J'ai connu des problèmes de cet ordre avec Eulenburg et ça ne m'a pas porté chance. Hitler se prépare des légions, mais il ne fait pas une nation. Créer une nation se fait avec des familles, une religion, des traditions. Elle se fonde avec le cœur des mères, l'expérience des pères, la joie et l'enthousiasme des enfants.

W. Burckhardt: Bien sûr, bien sûr, mais que faites-vous de l'enthousiasme des masses, sire ?

Guillaume II: Là-bas, je vois surtout un État vorace, dédaigneux des dignités et des hiérarchies humaines, et qui se substitue à tout. Et l'homme qui à lui seul incarne cet État n'a ni Dieu à honorer, ni dynastie à sauvegarder, ni passé à consulter.

W. Burckhardt: Hermann Goering vous a rendu plusieurs fois visite il y a quelques années, avant de devenir le personnage considérable que l'on connaît aujourd'hui.

W. Burckhardt aimerait élargir la conversation en demandant à la Kaiserin Hermine comment se sont passées ses entrevues avec Hitler, qu'elle s'est évertuée à rencontrer à plusieurs reprises à Berlin. Elle en était revenue surexcitée, en déclarant que la restauration des

Hohenzollern était une chose quasiment faite. Mais la dame replète et silencieuse qui continue à tricoter lui inspire trop de méfiance. C'est un bloc d'hostilité muette qui, certainement, ne perd pas un mot de l'entretien.

Guillaume II: Ah oui, l'aviateur, un héros des combats aériens, je lui ai décerné la croix de fer. Il est venu ici pour faire des recherches dans ma bibliothèque. Très bien éduqué, très aimable, l'impératrice l'a beaucoup apprécié.

W. Burckhardt: Il y a donc des hommes de valeur dans l'entourage d'Hitler ?

Guillaume II: Je ne vois que des aventuriers en chemise brune. J'ai cru pendant quelques mois au national-socialisme comme une fièvre nécessaire qui purgerait la République de ses mauvais procédés. J'ai vu que des hommes remarquables partageaient mon opinion: Papen, Schleicher, Neurath. Ils ont été écartés, quand on ne les a pas simplement assassinés. Je suis bien revenu de mes illusions. Ne me parlez plus du national-socialisme et de l'entourage.

W. Burckhardt: Et si la guerre éclate quand même, tôt ou tard ?

Guillaume II: Cet homme pourrait apporter chaque année des victoires à notre peuple, sans lui apporter ni la grandeur, ni l'apaisement. De notre Allemagne qui était une nation de poètes, de musiciens, d'artistes et de soldats, il a fait une nation d'inquiets et de solitaires noyés dans une foule et menés par une bande de déments et d'illuminés.

W. Burckhardt: Le ministre Joachim von Ribbentrop vient à Paris pour signer une déclaration de bon voisinage avec la France, n'est-ce pas un bon présage ?

Guillaume II: Il n'est pas plus « von » que vous et moi (il rit), enfin, moi un peu plus que lui ! C'est une particule qu'il a achetée à une parente ruinée. Il n'en avait pas besoin, sa famille est honorable, mais ce n'est pas un très bon sujet, s'il a recours à ce genre de procédés. Un représentant en champagne qui faisait la cour à mon fils le Kronprinz en partageant ses aventures et qui a reporté son ambition sur Hitler : est-ce suffisant pour devenir ministre des Affaires étrangères ? Quand je compare au baron von Holstein, mon ministre pendant quinze ans…

W. Burckhardt: Que pensez-vous de la déclaration, sire ?

Guillaume II: Mais je ne l'ai pas lue ! Si elle est de la même eau que celle que le ministre Chamberlain a signée avec Hitler au lendemain de Munich, c'est sans importance. Hitler signe facilement des papiers auxquels il n'accorde aucune valeur. Pour moi, une signature, c'est sacré ; pour lui, je ne sais pas ! Si les Français s'en contentent, tant mieux pour eux.

——99——

Il se fait tard, la nuit tombe vite en Hollande à la fin du mois de novembre. Le Kaiser est fatigué, il s'adresse à la Kaiserin en l'appelant par son petit nom : « Hermo, vous nous laissez envahir par l'obscurité et les pensées sombres. Si vous donniez un peu de lumière… » La Kaiserin abandonne son tricot et allume les lampes une à une. Son collier de perles ondule dans la lumière. Elle sourit à W. Burckhardt qui s'incline devant le Kaiser immobile, le visage fermé, certainement inquiet d'en avoir trop dit. L'entretien est terminé. Les deux hommes ne se reverront jamais[1]. À Paris, Gaston Gallimard va pouvoir se frotter les mains qu'il a plutôt sèches. La couverture de *Voilà* est déjà prête : « Une entrevue sensationnelle : Guillaume II déclare à notre envoyé spécial ce qu'il pense d'Hitler et des événements actuels. »

Le Kaiser Guillaume et la Kaiserine Hermine.

1. L'ex-Kaiser Guillaume II mourra à Doorn en 1941, non sans avoir félicité Hitler pour l'écrasement de la France ; la Kaiserin Hermine finira ses jours prisonnière des Russes en Allemagne en 1947.

Chapitre 13
Berlinoises

Mais ils se répétaient que rien ne pouvait leur arriver, puisqu'ils n'entreprenaient rien contre l'État. « Les pensées sont libres », *disaient-ils. Mais ils auraient dû savoir que ce n'était même plus le cas sous ce régime.*

Hans FALLADA — *Seul dans Berlin*

Tatiana et Missie, deux jeunes femmes russes, ont beaucoup de succès à Berlin, dans les cercles où l'on s'amuse encore. Plaisirs sages et de bon ton, avec agréable parfum d'autrefois, parmi l'aristocratie des princes détrônés vingt ans plus tôt, qui a survécu à l'effondrement de l'empire et maintient les usages de l'ancienne société. Certaines familles ont été ruinées par la défaite, l'inflation, la crise économique ; d'autres ont gardé leurs vastes domaines, leurs châteaux démesurés, une abondance d'obligés et de domestiques, ou se sont alliées avec les grandes dynasties de l'industrie. Mais, appauvries ou fortunées, elles entretiennent une puissante solidarité de caste et un prestige diffus qui exaspèrent les nazis. Elles se voient uniquement entre elles, pratiquent une forte endogamie matrimoniale et évitent les contacts avec un régime qui leur fait horreur, malgré quelques moutons noirs que l'on traite avec réserve. Le malheur des temps a raboté la nostalgie du passé comme les promesses d'un avenir qui ne leur appartient plus. Elles savent que leurs jours sont comptés, mais se prolongent dans le miroir de plus en plus opaque de leurs habitudes et de leurs rituels. Un monde étréci de spectres qui se tiennent immobiles pour se faire oublier, faute de mieux, et où les nouvelles générations hésitent entre l'armée et la diplomatie, le tennis et la chasse, les flirts au son d'un gramophone qui diffuse les refrains interdits des Comedian Harmonists, *Veronika der Lenz ist da* (*Veronika, le printemps est là*).

Autrement, cap sur les ambassades étrangères, où les buffets ne connaissent pas les restrictions et où l'on peut danser. L'atmosphère est la plus gaie chez les Italiens, avec chansons napolitaines, fascisme *mezza voce* et sourires ironiques lorsqu'un malappris évoque le Duce. La plus brillante chez les Français, où les invités sont très mélangés tandis que les nazis, quoique aimablement conviés, sont les seuls à faire grise mine. Les réceptions sont aussi très courues chez les Hongrois, les Scandinaves, les Suisses, les Belges, les Hollandais, les Sud-Américains, et même chez les Polonais, manifestement inconscients du danger qui plane sur leur pays. Ils se croient toujours les alliés des Allemands depuis que le Führer leur a jeté en pâture un morceau de la Silésie tchèque, et se gargarisent de la force de leur armée, pourtant obsolète et fantomatique. Le « *gay Berlin* » à la liberté sexuelle débridée qui attirait toute l'Europe de la nuit, accourue pour guincher entre les bras vigoureux de jeunes *Fräuleins* à la voix grave, a été balayé dès la prise du pouvoir par Hitler. Il ne reste plus que des cabarets sans joie, où s'enivrent des voyous en chemise brune, les mouchards et les putains du régime. De toute façon, ni le Savarin ni le Jockey n'avaient jamais figuré dans la géographie de l'élite du bon genre, hormis quelques expéditions nocturnes cachées et inavouables. Et pas un mot sur les Juifs, invisibles et traqués.

En fait, nos deux jeunes femmes sont internationales, le grand chic de la Café Society à la mode germanique. Princesses Vassiltchikov, dont la famille servait depuis toujours le pouvoir tsariste et la dynastie des Romanov, elles ont quitté la Russie lors de la révolution bolchevique, avec l'impératrice mère Maria Feodorovna, sur le dernier bateau parti de Crimée. Fidèles à leur origine et à leurs parents déracinés, elles n'oublient jamais l'histoire et la culture de leur pays, le ministre Stolypine qui aurait pu sauver la Russie s'il n'avait été assassiné par des révolutionnaires, le général Wrangel, chef des Armées blanches, qui les a secourues, le massacre de la famille impériale, leur foi orthodoxe.

Elles sont extrêmement belles, indomptables, inséparables et désargentées, ce qui n'est pas vraiment un problème dans le milieu où on se les arrache. Elles détestent les communistes, mais leur attachement à la Russie les incite à les ignorer tandis qu'elles détestent peut-être encore plus les nazis, dont la vulgarité et la barbarie leur répugnent. Au fil de leurs mondanités, elles mènent leur existence dans une Allemagne intemporelle, presque normale, dont elles perçoivent la dérive ténébreuse, mais sans s'y appesantir. Elles sentent que ça finira mal, elles ignorent quand et comment. Et puis, elles sont à la fois trop jeunes et suffisamment aguerries pour imaginer qu'un désastre puisse être irrémédiable.

La propagande obsédante et les incantations mortifères des nazis leur sont tellement étrangères qu'elles n'y prêtent pas attention, tandis que l'omniprésence de la Gestapo et les succès trompeurs du régime contraignent encore les opposants au silence. De pique-niques champêtres en tables dressées avec élégance, de réceptions en parties de campagne, le feu ininterrompu de leurs relations les préserve de la catastrophe annoncée. C'est pourtant ainsi qu'elles se lient d'amitié, de plus en plus, avec ceux des aristocrates qui conspirent déjà secrètement contre Hitler.

Adam von Trott zu Solz, Helmuth James von Moltke, Werner von Haeften, Friedrich-Werner von der Schulenburg, le dernier ambassadeur à Moscou, Claus von Stauffenberg, l'organisateur du complot de juillet 1944, et beaucoup d'autres, dont les noms se retrouvent dans de nombreuses pages de l'histoire allemande, tous titrés, plus ou moins partisans d'une guerre pour effacer la honte du traité de Versailles, confusément antisémites, parfois compagnons de route du nazisme à ses débuts, sans projet défini pour l'Allemagne après la chute, exécutés sauvagement après l'échec de l'attentat contre Hitler, la vengeance du Führer n'épargnant pas leurs familles.

Missie est plus jeune et plus insouciante que sa sœur Tatiana, qui vient de tomber amoureuse d'un prince Metternich. L'Autriche n'existe plus, Paul Metternich ne peut pas échapper à l'obligation de faire ses classes, à contrecœur, dans la Wehrmacht. Il possède aussi plusieurs propriétés dans le territoire des Sudètes qui vient d'être rattaché au Reich, et notamment le magnifique domaine de Königswart, à proximité de Marienbad. Des terres à perte de vue, des Allemands pour les cultiver, l'ancienne frontière de l'Allemagne passe juste à côté, les Tchèques sont plus loin. Rien d'étonnant, donc, si lord Runciman, vieux routier de la politique anglaise, dépêché avant Munich par Chamberlain comme improbable expert en Tchécoslovaquie, a conclu que les Allemands y étaient à la fois chez eux et opprimés. À force d'aller chasser de château en château avec toute la parentèle germanique plus ou moins rapprochée de Paul Metternich. Paradoxe insolite d'une situation politique confuse où le descendant du plus célèbre des princes autrichiens a perdu son pays bien-aimé pour en retrouver un autre qui lui plaît beaucoup moins. Les annexions se suivent et ne se ressemblent pas, un antinazi récupère la pleine propriété de son bien grâce à un pouvoir politique qu'il exècre.

Tatiana ne se perd pas dans ces subtilités, elle est amoureuse et découvre Königswart avec ravissement. En revanche, en tant que Russe blanche apatride, elle doit subir un test d'aryanité pour pouvoir épouser Paul Metternich. Avec Missie pour se donner du courage, elle se rend donc à la convocation d'un bureau spécialisé, où une sorte de gnome fanatique la bombarde de questions indiscrètes et prend longuement les mesures de son crâne. Elle est finalement versée dans la catégorie impeccable de la race nordique qui lui permet de se marier. Elle gardera un souvenir pénible de cette sinistre formalité, mais Missie, toujours insolente, en tirera la conclusion qu'il y a décidément toutes sortes d'Aryens, pourvu qu'on soit breveté pur nazi, puisque Goebbels lui-même est considéré comme un Teuton très pur, quoique rétréci au lavage, contrefait et de teinte olivâtre.

Tatiana et Missie, l'une et l'autre minces et élancées, se moquent d'ailleurs sans retenue de la taille des dirigeants nazis, après les avoir vus entrer à l'hôtel Adlon, le célèbre palace de Berlin. Hitler, Goering, Goebbels et d'autres encore. Ça, les surhommes qui terrorisent l'Allemagne et veulent dominer le monde ! « Comme ils semblaient petits ! Ils avaient une apparence irréelle de marionnettes empaillées, caricatures du portrait qui en était fait au grand public, presque aussi grotesques que des cibles de foire, exhalant cependant un pouvoir immense et terrifiant. »

La répulsion instinctive des deux sœurs pour le régime ne cesse de croître au fur et à mesure que s'estompe l'apaisement illusoire des accords de Munich et que les menaces de guerre se précisent. Inconsciente des dangers qu'elle court, Missie lit le courrier strictement confidentiel et très inquiétant du ministre qui l'emploie. Paul Metternich observe des concentrations de troupes près de Königswart qui laissent prévoir la destruction prochaine de ce qui subsiste de la Tchécoslovaquie. Les deux sœurs assistent à une soirée calamiteuse à l'ambassade d'Italie où Galeazzo Ciano, le *play-boy* légèrement enrobé du fascisme, se répand en propos violemment hostiles à l'égard de la France avant d'aller danser langoureusement, devant les invités médusés, comme un gigolo de boîte de nuit, avec des filles qu'un de ses lieutenants est allé chercher pour lui, on ne sait vraiment où. Trop de cynisme et de grossièreté impudemment affichés, ces gens-là n'ont plus aucun frein.

Mais le voile se déchire encore un peu plus pour Tatiana lors d'un dîner offert par le nouvel ambassadeur de France, Robert Coulondre. Elle est placée à droite d'un général SS au physique peu engageant de sanglier, qui attaque son suprême de volaille avec une « voracité porcine ». Peu sensible aux agréments du « *small talk* » habituel dans ce genre de circonstances, entre personnes qui ne se connaissent pas et que les mystères du protocole viennent de réunir, le général ne répond que par des borborygmes aux propos de politesse de Tatiana. Piquée, elle se fait plus insistante et précise, et demande à son voisin s'il croit à la théorie officielle du *Lebensraum*, l'espace vital qui serait indispensable au bon épanouissement du peuple allemand. Grognement d'approbation. Le général y croit évidemment, il n'attend qu'un signal du Führer pour que le Reich s'étende vers l'est, en Pologne, en Ukraine et en Russie. Comme Tatiana s'inquiète des destructions et des massacres inévitables d'une telle guerre de conquêtes, son voisin, qui achève de liquider la poche de résistance du suprême de volaille, s'exclame et répond, sur le ton de condescendance que l'on réserve à une ignorante, qu'il y aura forcément d'énormes dévastations et tant de morts pour faire de la place aux colons allemands qu'il ne sera même pas nécessaire de les compter. La réussite de l'opération *Lebensraum* est à ce prix ; mais quelle importance, puisque ce seront des sous-hommes de Slaves qui en feront les frais.

Pourtant, Tatiana n'en sait pas encore assez, elle voudrait qu'on lui explique comment l'armée du Reich pourra mener à bien un tel programme. Et le général, tout à fait allumé désormais, de battre des bras comme un oiseau le ferait avec ses ailes et de glapir : « Les Stukas ! Avec les Stukas, nous répandrons partout la terreur et la mort. Voyez Cracovie, et paf ! Voyez Varsovie, et paf encore ! Voyez l'armée polonaise en fuite, toujours paf ! Voyez les colonnes de réfugiés sur les routes, et paf, et paf, et paf ! Les admirables Stukas feront tout le travail. Vous voulez que je vous montre ? »

Il fait un moulinet et plonge brusquement son couteau dans la motte de beurre placée devant lui. Tatiana voit très bien le couteau Stuka et la motte de beurre Pologne. La démonstration est limpide. Tatiana voit surtout la guerre que cette brute est pressée de déclencher ; brute qui essuie le beurre sur sa serviette, comme le ferait un boucher avec un couteau d'abattoir sur son tablier ensanglanté. Mais on passe au dessert, l'ambassadeur Coulondre se lève pour prononcer un toast à la paix et pour se réjouir de la signature de la déclaration franco-allemande. Le général, repu et fatigué de ses fureurs guerrières, s'endort, et Tatiana se hâte de retrouver Missie, Paul Metternich et le rêve de Königswart[1].

Missie Vassiltchikov.

Tatiana Metternich.

1. Tatiana Metternich et Missie Vassiltchikov écriront l'une et l'autre des livres de souvenirs remarquables relatant la vie à Berlin sous le IIIe Reich et l'action des futurs conjurés du complot contre Hitler de juillet 1944.

Chapitre 14
Et qu'en pense Leger ?

L'avenir est quelque chose qui se surmonte. On ne subit pas l'avenir, on le fait.

Georges BERNANOS

Habit, smoking, jaquette, redingote, queue-de-pie... Édouard Daladier se contrefiche de savoir quelle est la tenue qu'il doit endosser pour la corvée du dîner au Quai d'Orsay, en l'honneur de Ribbentrop et de la délégation allemande. Il ne s'est jamais intéressé à ce genre de choses. Le pli parfait du pantalon de François Piétri, les pelisses d'Étienne Flandin, les boutons de manchettes de Léon Blum, il est étranger à ces détails de l'élégance vestimentaire. Les complets passe-murailles, les cols mous et la cravate tire-bouchon, les croquenots de flic, le gros manteau même en plein été, de la laine, du solide qui a fait de l'usage, l'uniforme de la petite bourgeoisie laborieuse de province, c'est ce qu'il a longtemps porté et qui lui convenait très bien. Du temps de sa jeunesse à Carpentras, quand il voyait passer, du seuil de la boulangerie paternelle, les notables de la ville se rendant à quelque mariage ou autre cérémonie, attifés de rigueur, il se moquait de leurs accoutrements de pingouins, attributs pompeux d'une classe sociale qui se prétendait supérieure.

Il est d'humeur massacrante et la perspective de devoir se déguiser après une journée éprouvante lui est insupportable. Si cela ne tenait qu'à lui, il viendrait au dîner en tenue de ville ; mais le président du Conseil, requis par ses devoirs officiels, n'est plus un godelureau frondeur, ni même un député du Midi qui ressemble à ses électeurs. Heureusement, sa bonne amie, la marquise de Crussol, qui est également invitée ce soir, a su le ramener doucement à la raison. Il portera donc l'habit de bonne coupe qu'elle a commandé pour lui chez un excellent faiseur. Certes, les convenances les obligeront à se tenir tous les deux à distance, bien que leur liaison soit de notoriété publique, mais enfin, il sait qu'elle l'égayera ensuite par ses observations toujours fines et spirituelles, et cela suffit à lui faire considérer avec moins d'acrimonie le gilet blanc et le col empesé qu'elle a fait préparer pour lui et que Clapier, décidément bon à toutes les besognes, vient d'apporter dans son bureau.

Pour Édouard Daladier, la signature de la déclaration franco-allemande de cet après-midi, c'est le retour de manivelle de Munich, quelque chose comme un cauchemar qui reviendrait quand on croit s'être réveillé. Tout ce décorum inutile, ce texte tellement vague qu'on pourrait le tordre dans tous les sens sans lui faire dégorger un engagement précis, sinon cette reconnaissance de l'appartenance de l'Alsace-Lorraine à la France, présentée comme un geste de bonne volonté du Führer, alors qu'il s'agit d'une évidence arrachée aux flots de sang de la Grande Guerre et dûment admise depuis vingt ans par le concert des nations ; la satisfaction béate de Georges Bonnet, les faux-jetons de tout acabit qui se congratulent, le torrent de mondanités qui déferle, quel *post-scriptum* de comédie sinistre à la tragédie qui s'est jouée deux mois plus tôt !

Édouard Daladier s'est tant de fois porté garant de l'alliance avec la Tchécoslovaquie et de l'intangibilité de ses frontières, avant de céder aux menaces d'Hitler et de laisser procéder au dépeçage de la seule République authentique en Europe centrale, qu'il garde un profond sentiment de honte de ce reniement. Certes, un homme si peu enclin à l'introspection peine à mettre un nom sur le malaise qui ne le quitte plus, et il rejetterait avec humeur toute allusion à ce qui le fait secrètement souffrir, même de la part d'un proche digne de confiance. Mais il se reproche dans son for intérieur, avec une intensité lancinante, toute une série de manquements qu'il n'a pas su éviter. Son impuissance à déjouer les manigances de Neville Chamberlain, ce Premier ministre anglais, retors et vaniteux, qui n'a cessé de se dérober et de l'esquiver, tant il était pressé de se poser au regard de l'histoire comme le sauveur de la paix, les fanfaronnades assourdissantes de Mussolini, le comportement imprévisible d'Hitler entre brèves amabilités de convenance, accès de sourde violence et obstination implacable à atteindre ses objectifs.

Il regrette encore de ne pas être parti, comme il a menacé un instant de le faire au début de la conférence, lorsqu'il a senti que la partie était déjà jouée et qu'il risquerait de passer pour le complice de la duplicité bien-pensante de son pseudo-partenaire britannique et des méthodes de gangsters des dictateurs. Il a détesté l'arrogance glacée de Ribbentrop venu pour l'accueillir avec une garde de SS casqués, la fausse bonhomie de Goering qui l'a raccompagné à l'aéroport en débordant de tout son poids dans la voiture découverte, la mise en scène mensongère des Bavarois qui l'applaudissaient à chacun de ses déplacements, en agitant des petits drapeaux à croix gammée. Il ne se pardonne pas de s'être laissé dépasser par l'enthousiasme de la foule à son arrivée au Bourget, et de s'être accommodé de l'aveuglement collectif de l'opinion et de l'Assemblée nationale. Sa soudaine popularité le gêne, il sait qu'elle ne résistera pas longtemps à l'épreuve de la réalité. Et s'il a beau s'accrocher à la seule justification d'avoir gagné du temps face à l'échéance inéluctable de la guerre, il a l'impression d'être un acteur que l'on acclame quand il s'est trompé de rôle ; et cette imposture lui pèse non parce qu'il redoute que l'on se retourne contre lui quand il dira enfin le terrifiant monologue de la vérité, mais parce que ce temps des mensonges lui est désormais compté et que, même nécessaires et provisoires, ceux-ci lui font tout simplement horreur.

Mais il y a pire encore que toutes ces déceptions accablantes : il porte la parole de la France, et cette parole a manqué à sa plus fidèle alliée. Les nouvelles de Prague sont catastrophiques : la Tchécoslovaquie n'est plus qu'un moignon d'État qui se couche devant le Reich. Toutes les misérables péripéties de la conférence de Munich seront peut-être englouties dans la chronique funèbre d'un désastre mondial, mais cette trahison ne le sera pas : elle hantera toujours l'histoire et sa propre conscience d'homme d'État, d'un État trop faible pour ne pas s'être condamné à l'impuissance. Tout à l'heure, pour le grand dîner au Quai d'Orsay, il lui faudra continuer à se comporter en président du Conseil autoritaire, compétent et respectable d'une République sûre de ses valeurs et de son empire, félicitant le ministre allemand pour les progrès qu'il vient de faire accomplir au bénéfice de la paix, et ce nouveau chapitre de la tromperie dégoûte toutes les fibres de son âme. Il se sent seul. Il a fait appeler l'homme qui ne dit mot et qui est pourtant le mieux à même de le comprendre.

Alexis Leger maîtrise comme personne l'usage et le sens des mots. Il fut poète, dans une autre vie, sous une avalanche de pseudonymes divers, dont celui de Saint-John Perse, reconnu par André Gide, jalousé par Paul Claudel, admiré par Valery Larbaud. On ne sait s'il écrit encore. Il répond évasivement quand on l'interroge à ce sujet, et ne publie plus rien, bien que la littérature et le monde des ambassades auquel il appartient entretiennent de nombreuses affinités qui mènent parfois jusqu'à l'Académie française. Natif de la Guadeloupe, ayant passé son enfance dans un site enchanteur qu'il n'oubliera jamais après l'avoir quitté sans retour au seuil de l'adolescence, devenu diplomate après avoir longtemps hésité entre l'écriture et la carrière, il fut le disciple préféré d'Aristide Briand jusqu'à la mort de celui-ci, en 1932. Il défend toujours son héritage moral et politique de pacifisme et de conciliation entre les nations, en étant l'orfèvre des pactes d'alliance avec les petits États européens qui se sont placés sous la protection de la France. Ayant remplacé sans précautions inutiles Philippe Berthelot, dont la formidable personnalité aura profondément marqué la politique étrangère de la République, au poste de secrétaire général du Quai d'Orsay, il est le moyeu indispensable et inamovible autour duquel tourne la noria des ministres, qui se succèdent dans le mouvement perpétuel des crises gouvernementales, certains médiocres, d'autres remarquables, tous de passage et dépendants de l'ascendant qu'il exerce sur eux.

Loyal par prudence plus que par conviction, fidèle en amitié, suscitant l'adhésion aveugle de ceux qui le servent, redoutable pour qui lui fait obstacle, il s'impose sans réserve par son autorité sur l'administration, et l'élégante clarté de ses rapports et de ses instructions, qu'il rédige avec circonspection. Flairant les intrigues avec une sagacité de mandarin, avant d'expédier les coupables aux oubliettes de postes sans espoir, souvenir de ses longs séjours en Chine, il jouit d'un prestige inégalé, que seuls lui contestent les extrêmes de droite et de gauche. On sent partout sa présence sans savoir où il se trouve exactement. Insaisissable et secret, demeurant modestement avec sa mère et ses deux sœurs, amant désinvolte de femmes brillantes à la position sociale élevée qui l'adorent, n'appartenant à aucune coterie mondaine mais puisant largement dans un carnet d'adresses tentaculaire, il est à la fois un héros de roman au charme indéfinissable et attentif à faire reluire sa propre légende, l'expression la plus aboutie d'une tradition diplomatique hautement civilisée, le prisonnier d'une vision du monde et de l'action internationale traditionnelles qui n'ont plus cours, battues en brèche par le cynisme et la brutalité des dictateurs.

Il se méfie de l'Angleterre, combat le communisme et ménage les Soviets, méconnaît l'Amérique, méprise Mussolini et le fascisme, mesure pleinement le danger que représente Hitler, sans trouver les hommes ou les parades susceptibles de desserrer son étreinte mortelle. Il assiste impuissant au déclin de l'influence de la France, affaiblie par l'indécision de ses gouvernants et l'incertitude de leurs initiatives. À chaque crise, Léon Blum avait coutume de demander : « Qu'en pense Leger ? » Alors que le danger s'aggrave, Édouard Daladier est confronté aux mêmes affres. Avant ce dîner infernal où il va devoir se traîner, la tête encore plus enfoncée dans les épaules, le président du Conseil cherche à recueillir un avis clair et sensé pour se repérer dans le tumulte des contradictions qui l'assaillent et, plus encore, il a besoin d'être réconforté par l'une des seules autorités en qui il ait vraiment confiance et qui ne lui fera pas grief de l'aveu de sa faiblesse. Oui, qu'en pense Leger ?

Alexis Leger est déjà en habit, sa rosette de la Légion d'honneur discrètement épinglée à son revers. Édouard Daladier entreprend péniblement de se changer devant lui, sans gêne apparente. Le secrétaire général regarde furtivement sa montre, tandis que le président du Conseil se débat avec son nœud papillon. Propos à bâtons rompus de deux vieux étudiants pressés d'aller se débarrasser d'une épreuve dans une matière difficile.

——“——

Édouard Daladier : Je vous remercie, monsieur le Secrétaire général, d'avoir pris de votre temps pour venir me voir.

Si c'était Clapier, pense Daladier, je lui demanderais de m'aider avec ce foutu nœud papillon.

Mais à quoi sert la marquise ? Elle ne sait pas qu'on en trouve des tout faits chez Lanvin ? s'interroge Leger.

Alexis Leger : C'est tout naturel, monsieur le Président. Je mesure à quel point la situation actuelle est délicate.

Édouard Daladier: Délicate ? Elle est plus que délicate, elle est alarmante, très alarmante ; et en dehors de nous, j'ai le sentiment que personne ne s'en rend compte. Vous avez lu la presse ? Elle est tombée dans le panneau. De Wladimir d'Ormesson dans *Le Figaro* à Léon Blum dans *Le Populaire*, il n'est question que d'un progrès sur le chemin de la paix. Ribbentrop par-ci, Bonnet par-là, il n'y a plus de Führer, plus de Daladier, que des hommes de bonne volonté. C'est un peu fort de café, vous ne trouvez pas ?

Alexis Leger: Quelques voix discordantes quand même : Henri de Kerillis dans *L'Époque*, Louis Marin dans *L'Éclair de l'Est*, Gabriel Péri dans *L'Humanité…*

Édouard Daladier: Vous plaisantez sans doute, Kerillis, Marin et les communistes ensemble, on aura tout vu. Quel singulier attelage ! Moi, je n'en veux pas, de cet attelage. Je ne sais pas ce qu'elle nous réserve, cette déclaration, rien de bon certainement. Vous voulez que je vous fasse l'inventaire ?

Daladier se regarde dans la glace au-dessus de la cheminée. Il a grossi. Tous ces banquets républicains. Il fait la grimace.

Bon, ça peut aller, pense Leger. Les boutons de nacre sur le plastron, c'est un peu trop. Des goûts de femme du monde.

Alexis Leger: *Primo*, nous n'obtenons toujours pas des Allemands qu'ils signent la garantie des nouvelles frontières de la Tchécoslovaquie, enfin, de ce qu'il en reste. Ils s'y étaient engagés vis-à-vis de nous et des Anglais, mais bernique, ils attendent que les Polonais et les Hongrois signent aussi. Chaque fois qu'on ouvre un tiroir, il y en a un autre.

Édouard Daladier: Ribbentrop m'a redit la même chose pas plus tard qu'au déjeuner: «Nous attendons les Polonais et les Hongrois.» Ah, cette soudaine politesse, ces bonnes manières du Reich, nous avions perdu l'habitude. Et les Anglais qui se défilent: on n'a plus besoin de signer pour garantir un État qui n'est plus le même! Le raisonnement est impeccable, n'est-ce pas: il y avait des règles, le pays a changé, il n'y a donc plus de règles. Vous les aviez vus venir, vous, les Polonais et les Hongrois?

Alexis Leger: J'avais prévenu mon ministre, mais il a oublié de vous en parler. C'est un homme très occupé, il ne peut pas se souvenir de tout...

Édouard Daladier: Les Polonais, les Hongrois, ah les bons apôtres, ne m'en parlez pas. Les Polonais prennent Teschen, les Hongrois poussent des cris d'orfraie pour réclamer le sud de la Slovaquie. Ce sont leurs Sudètes à eux! Des rats qui courent sur la table de Munich quand on n'a pas fini de desservir, pour boulotter des reliefs du festin laissés dans les assiettes. C'est le cuisinier de Berlin qui doit être content, la recette du Führer!

Alexis Leger: Les Hongrois prendront aussi la Ruthénie. Tout le monde s'en fiche, de la Ruthénie: des cabanes en torchis, des plaines boueuses, un ramassis d'Ukrainiens et de Juifs misérables. Ils détestent les Hongrois, qui les traitaient comme des serfs sous les Habsbourg, eh bien, ils vont retrouver leurs maîtres. Les Hongrois et les Polonais ont toujours voulu une frontière commune. Ils vont l'avoir. Le sous-marin du Reich descend le Danube; géographiquement, ce n'est pas tout à fait exact, mais enfin, c'est de cela qu'il s'agit.

Édouard Daladier: Une fois de plus. J'entends déjà les Anglais: pourquoi voulez-vous qu'on se préoccupe de pays dont on ne sait même pas où ils se trouvent et de gens qu'on n'a jamais rencontrés ! C'est vrai que des Ruthènes, dans les rues de Londres, on n'en croise pas beaucoup. On ne peut pas compter sur les Anglais, décidément.

Alexis Leger : Vous savez bien qu'ils ne pensent qu'à leur empire. Alors la Ruthénie…

Édouard Daladier : Ce sont les Roumains qui vont être contents ! Le roi Carol II est très inquiet, nous en avons parlé quand il est venu à Paris la semaine passée. L'appétit vient en mangeant. Les Hongrois augmentent maintenant leur pression sur la Transylvanie, les Allemands s'en servent pour le faire chanter et nous évincer des puits de pétrole. Ils sont à la commande, toutes nos alliances prennent l'eau.

Alexis Leger : Tant que le roi Carol II tiendra, nous garderons toutes nos chances. Il est en train de se débarrasser de ses propres fascistes de la Garde de fer. L'assassinat de Codreanu sur le plan moral, ce n'est pas très reluisant, mais sur le plan pratique, c'est plutôt une bonne nouvelle.

Édouard Daladier : Je ne vous savais pas si cynique !

Alexis Leger : À force de parler avec des voyous, on finit par être contaminé. Moi, ce sont les Polonais qui m'inquiètent le plus. C'est comme si les contrats que nous avons signés avec eux étaient sans valeur. Ils n'en ont que pour celui qu'Hitler leur a jeté avec Teschen comme un os à un chien fou, ils en frétillent encore. Ils ont oublié qu'ils n'auraient jamais existé sans nous après la guerre.

Édouard Daladier : Vous me rappelez Clemenceau : « Polonais, ce n'est pas une nationalité, c'est une profession ! »

Je ne devrais pas lui parler de Clemenceau, pense Daladier. Je sais que ça l'agace.

S'il me cite encore Clemenceau, moi je vais lui parler de Briand, pense Leger.

Alexis Leger: Notre ambassadeur à Varsovie, l'excellent Léon Noël, n'arrive pas à se faire écouter. Le colonel Beck, qui décide de tout, le fait attendre pendant des heures et le traite comme un domestique. Il préfère aller à la chasse avec Goering.

Édouard Daladier: Le colonel Beck est un fat qui ne comprend rien à rien. Il ferait mieux de se méfier des nazis, qui s'agitent de plus en plus à Dantzig. À croire qu'il n'a jamais lu *Mein Kampf*. Il est vrai qu'il n'est pas le seul.

Alexis Leger: Il hait les Français depuis qu'on l'a fait renvoyer, il y a une quinzaine d'années, alors qu'il était attaché militaire à Paris. Une méchante affaire de mœurs et de concussion. J'ai lu tout le rapport de la police mondaine. Il ne nous l'a jamais pardonné.

Édouard Daladier: Et c'est avec un type pareil qu'il faut essayer de s'entendre ! Et son ambassadeur à Paris ne vaut pas beaucoup mieux, un danseur mondain qui se pavane chez les duchesses et n'a rien trouvé de mieux que de me répéter comme un perroquet après Munich : « Teschen est à nous, Teschen a toujours été à nous. » Des mensonges, toujours des mensonges.

Daladier jette un regard vers le paquet de Boyards papier maïs qui traîne sur le bureau. Il se retient. Il sait que Leger déteste que l'on fume devant lui.

Il en fume combien par jour ? pense Leger. Je devrais lui dire de ne pas se gêner pour moi.

Alexis Leger: Je continue l'inventaire. *Secundo*, il y a Memel, vous savez, le port en Lituanie, un petit Dantzig, bourré d'hitlériens fanatiques réclamant leur rattachement au Reich. Il s'agit de bien regarder comment ça va se passer: le *zakouski* lituanien avant le plat de résistance polonais.

Édouard Daladier: Memel, sur la Baltique ? Il leur faut encore un port sur la Baltique ?

Alexis Leger: Avec l'arrière-pays autour. Le territoire de Memel sur la bordure nord de la Prusse Orientale, la taille de la Sarre.

Édouard Daladier: Il n'y a pas de petits profits ! J'évoquerai la question avec Ribbentrop, ce soir. Vous serez avec moi, on verra sa réaction.

Alexis Leger: Je crains que ce ne soit déjà trop tard. Les Lituaniens sont affolés. Memel n'est pas complètement à eux, ils l'administrent, c'est un mandat de la SDN. La situation est embrouillée. Les Allemands adorent les situations embrouillées, parfaites pour exercer leur mauvaise foi.

Édouard Daladier: Vous n'en avez pas fini avec votre inventaire ?

Alexis Leger: *Tertio*, les manifestations antifrançaises en Italie. Au moment précis de la visite du ministre allemand à Paris, c'est curieux, n'est-ce pas ?

Édouard Daladier: Vous n'avez jamais aimé l'Italie.

Alexis Leger: Mais si, les poètes, la peinture, les villes, les musées, l'opéra, la cuisine. Ce sont les fascistes qui gâchent tout.

Édouard Daladier: À Munich, vous avez pu parler avec Mussolini ?

Alexis Leger: Très peu, il m'a seulement dit: « Je vois que vous avez retrouvé mon adresse. » À Stresa, il y a trois ans, quand j'ai accompagné Flandin et Laval, il était bien plus aimable. Il m'en veut pour les sanctions après l'attaque de l'Éthiopie. Il pense que c'est moi qui ai rédigé les textes – au fond, il n'a pas tort – et il me le reproche encore.

Édouard Daladier: Ah, parlons-en des sanctions, tout le monde s'est empressé de les contourner, les Anglais en premier. Ça ne sert jamais à rien, les sanctions, sauf à se brouiller avec les gens.

Alexis Leger: La SDN les a pourtant votées. Ça n'allait pas très loin, on lui a juste fait les gros yeux, mais ça lui a quand même suffi pour prendre la porte et faire ami-ami avec Hitler.

Édouard Daladier: De toute façon, ça ne sert plus à rien, la SDN. Il n'y a plus que les Russes qui s'y intéressent encore, et tous les ambassadeurs d'Amérique latine qui passent leur temps dans les hôtels de Genève avec des poules !

Alexis Leger: En tout cas, je ne peux plus aller en Italie, j'y serais très mal reçu ; je me contente de prendre mes vacances en Corse, j'évite les ennuis.

Édouard Daladier: C'est vous qui le dites ; la Corse, ils nous la réclament : « *A noi, a noi !* » Vous les avez entendus, les petits fascistes qui font le siège du palais Farnèse ?

Alexis Leger: Et François-Poncet qui pensait nous rabibocher avec le Duce ! Quel accueil à Rome, la presse déchaînée contre nous, notre équipe de foot sifflée dans les stades, Mussolini qui n'a pas le temps de le voir, Ciano qui fait le mystérieux en disant qu'il n'y est pour rien, le roi qui lui parle de sa collection de timbres et de médailles en évitant toute discussion sérieuse. Il doit regretter Berlin, notre ambassadeur François-Poncet.

Édouard Daladier: Vous ne l'aimez pas beaucoup, me semble-t-il.

Alexis Leger: Il y a longtemps que j'ai cessé de faire du sentiment avec nos ambassadeurs. Je reconnais que c'est un diplomate de grande valeur, même quand il prend ses désirs pour des réalités. Sur l'Italie, il s'est trompé, mais il ne l'admettra jamais.

Édouard Daladier: Il a quand même réussi à s'introduire dans leur chiffre. Ces notes ultra-secrètes où ils se partagent la Méditerranée avec les Allemands et les Espagnols de Franco. La Baltique aux nazis, la Méditerranée aux fascistes, et nous, plus nulle part.

Alexis Leger: Je les ai mises sous le nez de mon ministre. Il a haussé les épaules et les a classées je ne sais où.

Édouard Daladier: C'est son long nez, justement, qui l'empêche sans doute de lire ! En tout cas, je ne leur céderai rien, aux Italiens, absolument rien. Quand j'irai à Tunis le mois prochain, je leur montrerai de quel bois je me chauffe.

Alexis Leger: C'est Anatole de Monzie, votre ministre des Travaux publics, qui va être content !

Édouard Daladier: Ah celui-là, il n'arrête pas de me casser les pieds à propos de Mussolini, notre ancien ami que nous avons maltraité, notre allié naturel à qui nous ne savons pas parler, toutes ces fadaises !

Alexis Leger: Il me complique aussi la tâche, c'est le plus obstiné du clan des Italiens.

Édouard Daladier: Notez que ce n'est pas un mauvais ministre, il a réveillé l'instruction publique, il s'intéresse aux énergies dont nous avons besoin, il aime les routes, les ports, les carburants, il a des idées originales et l'autorité pour les appliquer. Il pose aussi à l'amateur d'art. Mais c'est un type bizarre. Je ne peux pas lui faire confiance, il est faux et prétentieux, il a des amis partout et aussi des relations détestables. Figurez-vous qu'il protège le fils de l'ancien maire de Cahors avec qui ils se sont longtemps partagé la ville. Le fils est un dévoyé, une sorte de dandy plus ou moins escroc qui a réussi à se faire élire au conseil municipal de Paris, Darquier de Pellepoix, un antijuif forcené. Je lui ai dit à plusieurs reprises qu'il devait arrêter de le voir. Il a joué les étonnés, mais il continue. Je n'arrive pas à m'en débarrasser, il serait encore plus dangereux dehors.

Alexis Leger: Vous en avez d'autres du même acabit dans votre gouvernement, si je puis me permettre.

Édouard Daladier: Le père Sarraut, vous voulez dire. Il trahit à longueur de journée. Il ne peut pas s'en empêcher, c'est dans sa nature. Ministre de l'Intérieur et chiendent de la République. Impossible de le dégager, il a des dossiers sur tout le monde. Même sur moi, j'imagine, et s'il ne trouve rien, alors il inventera.

Alexis Leger: Vous l'avez envoyé à Ankara pour les obsèques d'Atatürk. J'étais contre. Il a passé son temps à cajoler le vieux maréchal von Mackensen et toute la délégation allemande. Il a fait une impression épouvantable à nos alliés.

Daladier abandonne, il allume une Boyards papier maïs. En Chine, Leger a bien fumé de l'opium; ils ont tous fumé de l'opium en Chine. Leger ne dit rien, il pense aux Craven A de Marthe de Fels, il n'a jamais réussi à l'empêcher.

Édouard Daladier: Je ne sais pas ce qu'il fiche avec ses camps de concentration où il enferme des républicains espagnols, des réfugiés qui se tiennent tranquilles et même des Juifs allemands. La cinquième colonne, des Juifs allemands, vous vous rendez compte ! « Les indésirables », j'ai signé le décret, vous pensez que j'ai eu tort, allez, n'hésitez pas à me le dire.

Alexis Leger: On vous le reproche, les conditions sont inhumaines, il n'y a pas que les communistes qui s'en servent contre vous.

Édouard Daladier: Je le sais, je le sais, mais il travaille l'opinion qui lui donne raison, et il n'arrête pas de me forcer la main. J'ai demandé une enquête. Il l'a pris très mal et il tient les préfets qui envoient des rapports, où ils disent que tout est normal. Des trucs de francs-maçons. Je ne peux pas me battre sur tous les fronts.

Alexis Leger: Enfin, vous avez toujours le soutien de l'Assemblée nationale. Elle a voté les décrets-lois de Paul Reynaud. Avec le redressement financier viendra le redressement militaire, à condition qu'il ne coupe pas les crédits, évidemment.

Édouard Daladier: Je m'y emploie. Reynaud, c'est difficile avec lui. Une grande intelligence et une vraie pile électrique. Quand je le sors par la porte, il rentre par la fenêtre. L'Assemblée me soutient, oui, mais encore pour l'instant, et comme la corde soutient le pendu. Vous avez vu tout le mal que j'ai dû me donner pour faire passer le plan Reynaud. La France en a besoin, sacrément besoin, du plan Reynaud, pour que les affaires reprennent et qu'on se remette enfin au travail ! J'ai quand même brisé la grève générale pour qu'il réussisse. Il ne m'en a aucune reconnaissance, d'ailleurs, il ne pense qu'à me remplacer, il attend l'occasion favorable. Avec ça, charmant quand il me voit, intéressant, agréable, très amusant. Il veut absolument que je rencontre son colonel de Gaulle dont il est entiché.

Alexis Leger: Un trublion, ce de Gaulle, la bête noire de l'état-major et de Gamelin. À éviter absolument selon moi.

Édouard Daladier: Eh bien, vous voulez que je vous dise le fond de ma pensée ? Reynaud a raison et c'est vous qui avez tort. Mais je ne peux pas prendre le risque de voir tous ces généraux furieux débouler dans mon bureau en ce moment.

Alexis Leger: Soit, en tout cas, les décrets-lois vous assurent un peu de tranquillité, l'Assemblée ajourne ses travaux.

Édouard Daladier: C'était ça ou je m'en vais ! Vous parlez d'un répit, quelques semaines tout au plus et après, ça va recommencer, les questions à n'en plus finir, les taxes sur le tabac et les alcools, la prime de fin d'année des fonctionnaires, pendant que les Allemands amusent la galerie avec leur déclaration, en sortant des avions à tire-larigot. Quand je n'arrive même pas à tordre le bras de Paul-Louis Weiller pour qu'il augmente les cadences de production chez lui, à Gnome et Rhône. Et en plus, voilà qu'il se démène auprès des députés qu'il goinfre de cadeaux et de réceptions pour qu'ils m'empêchent d'en acheter en Amérique. Moi qui aimais tellement le Parlement autrefois, il faut que je subisse toutes ces avanies. Ah, il a bon dos, le « dictateur Daladier » !

Alexis Leger: Moi, je fais la part des choses, il y a tout de même des aspects intéressants à cette visite de Ribbentrop et de sa délégation. Les accords politiques, par exemple.

Édouard Daladier: Évidemment. Il leur faut de la viande et du beurre, malgré tout ce que raconte Goering quand il dit que le Reich a choisi « les canons plutôt que le beurre ».

Alexis Leger: Les derniers télégrammes de notre ambassadeur Coulondre indiquent que la population allemande ne supporte plus les rationnements. Goering ne donne pourtant pas l'impression d'en souffrir personnellement.

Édouard Daladier: Et nous, il nous faut des machines-outils, des ponts transbordeurs, des échanges de coke et de fer par-dessus la frontière lorraine. Je dois reconnaître que M. de Wendel a été très fair-play quand je lui ai demandé de ne pas aller trop loin avec tous les intérêts que ses cousins ont gardés en Allemagne. Vous savez qu'ils nous ont même proposé de nous vendre des armes, on croit rêver !

Alexis Leger: Pour remplacer celles que les Tchèques ne pourront plus nous fournir.

Édouard Daladier: Oui, les usines Škoda parties avec le reste. Vous les aviez pourtant bien défendues à Munich, et voilà, elles sont totalement encerclées maintenant. L'eau, l'électricité, la main-d'œuvre, les contrats sont en Allemagne, désormais. Chez Škoda, ils nous doivent encore des moteurs, mais il va falloir faire une croix dessus.

Alexis Leger: Nous avons fait tout notre possible à Munich.

Édouard Daladier: Vous avez fait tout votre possible, monsieur le Secrétaire général, je le sais ! À croire que vous connaissiez par cœur tous ces villages tchèques aux noms imprononçables dont je n'arrivais pas à me souvenir. Je n'oublierai jamais la manière dont vous teniez tête à Hitler pour l'empêcher de les dévorer, il était fou furieux contre vous.

Alexis Leger: Ça avait pourtant bien commencé. Ces compliments sur mes poèmes, mes travaux littéraires quand on m'a présenté à lui. On lui avait bien préparé ses fiches.

Édouard Daladier: Et vous qui lui disiez que les jugements d'un artiste vous allaient droit au cœur. Je ne vous savais pas si doué pour les mensonges ! Vous les avez déjà vues, ses cartes postales qu'il peignait pour subsister quand il vivait comme un clochard à Vienne ?

Alexis Leger: Je n'ai pas eu ce plaisir ; de toute façon, l'euphorie n'a pas duré longtemps. Il m'a fusillé du regard dès que j'ai commencé à le contredire. « Mais qui est ce Nègre ? Je ne veux plus voir ce Nègre qui se permet de m'interrompre ! » Il le criait presque dans les oreilles de Schmidt, l'interprète, mais je n'avais pas besoin de traduction, j'entends très bien l'allemand.

Édouard Daladier: Comme de juste, Chamberlain faisait comme s'il n'avait rien remarqué. Les Anglais ont une capacité extraordinaire à regarder leurs pieds quand ça les arrange.

Alexis Leger: Parfois, je rencontre des gens qui ne peuvent s'empêcher de me dévisager ; ils me scrutent, ils sont à la recherche de la fameuse goutte de sang noir. Ils sont presque déçus de ne rien trouver. J'en suis désolé. Mais il est exact qu'il m'arrive d'avoir une pointe d'accent créole lorsque je suis fatigué. « Parli » au lieu de dire « Paris », des choses comme ça.

Ah, la Guadeloupe, pense Daladier, c'est bizarre, il paraît qu'il n'y est jamais retourné depuis son enfance. Moi, j'ai besoin du Vaucluse.

Un éclair dans l'esprit de Leger: la maison qui craque sous le vent, le jardin qui descend jusqu'à la mer, le petit cimetière sur les rochers, la nounou et ses histoires de fantômes.

Édouard Daladier: Nous allons être en retard. C'est évidemment impossible. *Unmöglich!* J'avais la liste des invités, je n'ai pas eu le temps de la regarder et je ne sais plus ce que j'en ai fait.

Alexis Leger: En plus de la délégation allemande au grand complet...

Édouard Daladier: Avec l'inévitable Otto Abetz, je présume.

Alexis Leger: C'est exact; donc, en plus des Allemands et des officiers obligés, le président Chautemps, M. Paul Reynaud, quelques-uns de vos ministres, dont votre ami Monzie, le préfet de police, mes principaux collaborateurs, les épouses, les soi-disant «amis de l'Allemagne», Jules Romains aussi.

Édouard Daladier: *Ach!* Les droits d'auteur en Allemagne, avec tout ce qu'il écrit, ça doit finir par compter.

Alexis Leger: Et puis tout le fond de sauce du ménage Bonnet. Des académiciens, des femmes du monde, pas des gens de votre goût, je le crains.

Édouard Daladier: C'est sans importance, je suis habitué, ça passera comme un mauvais rêve. On boit, on mange, on dit des banalités, on porte des toasts qui ne riment à rien, et puis c'est fini et on s'en va. Quand même, j'ai demandé qu'on invite Mme de Crussol.

Alexis Leger: Elle est bien sur la liste, j'ai vérifié.

Édouard Daladier: Et demain, ça recommence à l'ambassade d'Allemagne; mais c'est la partie privée du programme, je n'ai pas besoin d'y aller. Vous en serez ?

Alexis Leger : Non, monsieur le Président, le protocole m'en dispense également. Le président Herriot et Jeanneney non plus. Quant aux ministres israélites, ils ont finalement été invités, mais ont préféré décliner.

Édouard Daladier : Jean Zay et Mandel pas invités chez nous ce soir pour faire plaisir aux Allemands, et invités demain soir chez les Allemands trop contents de nous embarrasser. Mais comment peut-on commettre de tels impairs ? Encore un coup fourré de votre ministre, vous n'avez rien vu passer ? Cela m'étonne de vous.

Alexis Leger : C'est très fâcheux, j'en conviens. Le ministre a tenu à régler lui-même le protocole de la visite, il a refusé que je m'occupe de la liste de ce soir, j'ai seulement pu la regarder, sans donner mon avis. Je préfère m'en tenir à d'autres sujets de désaccords avec lui.

Édouard Daladier : Un ministre qui se méfie de son secrétaire général, on aura tout vu !

Alexis Leger : Demain, de toute manière, je passe la journée avec le régent Paul de Yougoslavie, qui passe par Paris en revenant de Londres. Le ministre sera avec moi, mais il n'y a rien à craindre, il n'a rien préparé, ça ne l'intéresse pas.

Édouard Daladier : Il a tort, je le reconnais bien là. Le régent Paul est un homme très bien, fin et cultivé, libéral, la vieille Europe dans ce qu'elle a de meilleur. Il aurait pu nous causer beaucoup d'ennuis après l'assassinat du roi Alexandre à Marseille ; nous étions au-dessous de tout pour la sécurité. Il n'en a rien fait. La Yougoslavie, ce n'est pas une sinécure, et il a réussi à s'entendre avec les Croates, ce qui est une performance. Il devrait seulement se débarrasser de son Premier ministre, qui se comporte comme un dictateur et l'entraîne vers l'Allemagne.

Alexis Leger: Il y travaille, m'a-t-on dit. J'en saurai sans doute plus demain.

Édouard Daladier: Je vais vous faire un aveu. Je le préfère au roi Carol II. Lui, c'est un gentleman à l'ancienne, tandis que le Roumain, c'est un héros de série noire. Puisque nous sommes dans la royauté, qu'est-ce que vous avez prévu pour les obsèques de la reine de Norvège ? C'est important, la Norvège, la route du fer qui part de Suède, je suis sûr que les Allemands s'y intéressent.

Alexis Leger: La reine Maud, la fille d'Édouard VII, une petite femme vive et spirituelle, le caractère de son père, elle passait beaucoup de temps en Angleterre, mais les Norvégiens l'aimaient énormément, elle faisait du ski dans les parcs d'Oslo !

Édouard Daladier: Vous avez trouvé quelqu'un pour vous représenter ? On ne va quand même pas leur envoyer Sarraut, ou Chautemps, ces deux-là sont toujours trop contents de pouvoir voyager.

Alexis Leger: Je vous proposerai un nom demain matin. De vieux ambassadeurs pédérastes qui adorent les vieilles dames et les monarchies, ce n'est pas ça qui manque au Quai d'Orsay, il y en a plein qui se morfondent dans les placards.

Daladier murmure comme pour lui-même « Abusus non tollit usum » *(l'abus n'exclut pas l'usage) et il se ferme comme une huître. Comme s'il avait lu sur ses lèvres, Leger se demande s'il a une citation latine pour répondre à toutes les situations difficiles. Et puis au fond, cet homme, qui a si peu voyagé, a Cicéron et Tacite pour guides.*

Édouard Daladier: Très bien, ça me semble très bien, vous avez réponse à tout, comme d'habitude, monsieur le Secrétaire général.

Ils rient et se séparent vivement[1].

Alexis Leger (en littérature Saint-John Perse).

1. Alexis Leger adoptera une attitude d'opposition au général de Gaulle et rompra avec la carrière diplomatique ; il recevra le prix Nobel de littérature en 1960 pour son œuvre poétique, sous le nom de Saint-John Perse.

Chapitre 15
Les refrains de Matignon

On n'les trouve plus ces p'tits coins-là !
Paris se meurt, Paris s'en va
L'humble logis qui vit jadis notre jeunesse,
Premier Amour qui ne dure qu'une saison,
On n'les trouve plus ces p'tits coins-là !

Cora MADOU et Vincent SCOTTO

Cora Madou ne veut pas aller dîner avec les Ribbentrop au Quai d'Orsay. Son mari, Guy La Chambre, le ministre de l'Air, est bien ennuyé. Tous les ministres, enfin ceux qui ont été conviés, pas les israélites, viennent avec leurs épouses et il ne veut pas s'exposer à une nouvelle salve de commentaires déplaisants en arrivant seul au ministère des Affaires étrangères. Ce serait très mal vu. Il y en a eu déjà suffisamment dans la presse comme dans le meilleur monde lors de leur mariage au printemps dernier. Une union au parfum de scandale, arrachée de haute lutte à la toute-puissance aveugle des conventions sociales.

Le protégé du président Daladier, chargé de la responsabilité écrasante de faire rattraper son retard à l'aviation de combat largement dépassée par la Luftwaffe, et la chanteuse des beuglants marseillais lancée par Vincent Scotto, dont elle fut la maîtresse ; l'héritier millionnaire d'une famille du gratin de Saint-Malo et la saltimbanque intrigante qui fera main basse sur la fortune d'un gentil garçon qui a presque dix ans de moins qu'elle et n'a jamais vraiment fréquenté de femmes. Air connu qui fait rire dans les opérettes avec accent à l'Alcazar et frissonner d'horreur tous les gens bien, attachés à la préservation des bonnes mœurs. Les chansonniers s'en étaient donné à cœur joie, d'ailleurs, en poussant une ritournelle du meilleur effet : « Elle a mis le feu dans le lit du nigaud avec son corps amadou… »

Les parents La Chambre se sont pourtant évertués à inculquer les meilleurs principes catholiques et bretons à leur unique rejeton. Ils l'ont couvé, élevé comme un petit lord, et lui ont donné une éducation parfaite. Il les a récompensés en accumulant les tableaux d'honneur et les diplômes, puis en devenant héros juvénile de la guerre, secrétaire de la conférence des avocats, attaché au cabinet de Briand, député d'Ille-et-Vilaine, une première fois ministre à trente-cinq ans sous Daladier. Le parcours sans reproche d'un gendre idéal pour l'aristocratie républicaine.

Et puis, tout s'est gâté quand ce garçon si poli et si sérieux s'est mis en tête de faire entrer dans la famille cette fille de rien, une sorte d'artiste, dont les chansons pour soldats et midinettes résonnaient comme des aveux : *Tu m'fais rire*, *Après toi je n'aurai plus d'amour*, *Je ne rêve que de lui*. On imagine l'effet de ces refrains dans le grand salon du fastueux château de la Briantais qui surplombe la Rance, quand de bonnes âmes charitables firent tourner le gramophone pour achever d'édifier les parents La Chambre. Et pour corser le tout et noircir un peu plus la mauvaise femme, rumeurs de coco et de parties fines. Mais il y a souvent un fond de sincérité dans les drames bourgeois, et les parents La Chambre auraient été mieux inspirés de fréquenter plus souvent les théâtres de boulevard.

Cora Madou et Guy La Chambre se sont épris l'un de l'autre sous l'effet d'un coup de foudre après un récital qu'elle donnait dans un cabaret parisien où il s'était rendu quasiment par erreur, ils se sont aimés passionnément et rien ni personne n'aurait pu les amener à rompre leur liaison. Résultat : dix années de conflit familial, de remords et de déchirements, d'allers et retours entre séparations provisoires et retrouvailles fiévreuses, et pour finir, à la mort du père vécue comme une délivrance, un mariage à la mairie avec Daladier comme témoin, et à l'église de Saint-Servan, faubourg de Saint-Malo dont Guy La Chambre est le maire. Ils n'ont pas manqué de suite dans les idées, mais le pire est qu'ils étalent leur bonheur d'être ensemble, beaux, gais, encore jeunes dans un milieu de mines chagrines, de bedaines et de rombières, de robes à fleurs et de complets bleu pétrole. Pour lui, elle a renoncé à sa carrière et repris son nom de jeune fille, Jeanne Odaglia. Pour elle, il s'est porté acquéreur d'un hôtel particulier place des États-Unis et d'une guitare comme celle de Vincent Scotto. Elle l'appelle M. le Ministre par jeu et parce qu'elle l'admire, il continue à l'appeler Cora, parce qu'il est fier d'elle et qu'il la désire toujours comme au premier soir.

On aura compris que la fleur de la Canebière est loin d'être une idiote. Si elle n'a pas fait d'études et a traîné à ses débuts avec des types pas nets, elle a quand même appris beaucoup de choses depuis le temps où elle levait le torchon à l'Alcazar et qu'elle tenait tête aux marlous du poulailler, qui la sifflaient en criant « C'est une pute ! » avant de finir par l'applaudir. Vincent Scotto lui a enseigné le reste : les jolis textes, trouver son style entre Berthe Sylva et Lys Gauty, ne plus dire « messieurs-dames » et savoir se servir de ses couverts, Pagnol et la comtesse Pastré, être « correcte et régulière » en toutes circonstances.

Elle n'a sans doute pas non plus la tête politique des grandes bourgeoises comme Odette Bonnet, mais avec sa loyauté foncière, il lui suffit d'estimer son mari, qui se donne un mal de chien dans ses hautes responsabilités, et de respecter le président Daladier qui a fait sa carrière et le protège, pour se faire un jugement. Et puis, elle a des amies juives, des filles qui travaillaient autrefois dans le spectacle à Marseille et qu'elle n'a pas laissées tomber, et des dames chics de la haute société israélite qui l'ont traitée avec égards. Elle a été choquée par ce qu'elle a lu dans les journaux sur l'Allemagne, les nazis, la Nuit de Cristal. Ils en ont beaucoup parlé avec son mari. Elle ne connaît pas le ministre du Reich et son épouse, mais elle a eu quelques échos de leur arrivée à la gare des Invalides. L'accueil rampant du couple Bonnet, les Allemands de Paris qui ont fait le salut hitlérien, la cérémonie de la signature grandiloquente et compassée. Un nazi plein d'arrogance, trop poli pour être honnête, sa femme à l'amabilité forcée, *a priori* ces gens lui déplaisent.

Les réceptions officielles ne la passionnent pas non plus. Elle sait apprécier un joli coup d'œil, le déjeuner à Versailles pour les souverains anglais au mois de juillet ou le somptueux dîner d'adieux de leur visite au ministère des Affaires étrangères, où ils résidaient dans des appartements décorés en leur honneur, suscitant un orgasme d'euphorie mondaine chez Odette Bonnet bombardée maîtresse de maison officielle de la République. Elle s'amuse aussi des cafouillis imprévus infligés au protocole, le plan de table à la galerie des Glaces orienté dans le mauvais sens, de telle sorte que tout le beau monde se bousculait en désordre pour trouver son couvert, le tour de chant de Maurice Chevalier dont on parle encore, entonnant « ma pomme, c'est moi, j'suis plus heureux qu'un roi, quand on veut m'trouver faut qu'on s'adresse dans tous les p'tits bars » devant le Président et Mme Lebrun médusés, tandis que le roi et la reine battaient la mesure, manifestement ravis par cette impertinence bien française, ahurissant une assistance à la mine pincée.

Mais elle trouve beaucoup moins palpitant de devoir passer toute une soirée avec des francs-maçons, tel Albert Sarraut, qui parlent fort et regardent les femmes comme des bibelots inutiles juste bons à être époussetés entre deux portes, d'être obligée de faire la conversation avec une flopée d'aristocrates sans cervelle conviés pour donner une touche d'élégance parisienne, et pire encore, de se voir contrainte de sourire au couple Ribbentrop comme à des amis avec qui l'on serait enchanté d'aller faire du tourisme en Allemagne. Non, ce soir, la perspective de tout ce tintouin en l'honneur de gens malfaisants, c'est au-dessus des forces de Cora Madou.

Pourtant, c'est encore un accès de rébellion sans suite, un autre petit caprice, en somme, dans la trame mouvementée qui attache des amoureux ardents. À force d'être assiégée de supplications et de cajoleries, elle acceptera finalement d'accompagner son mari. Curieusement, au travers de toute la tendresse qu'elle lui porte, Cora éprouve une sorte de sentiment maternel pour Guy La

Chambre. Entraîné dans une course contre la montre impitoyable pour faire sortir des usines qui fonctionnent mal les avions qui manquent à notre pays, soumis à la tyrannie paternelle mais harcelante du président du Conseil, cet autre bourreau de travail, subissant les intrigues et les mesquineries de ses collègues bavards et défaitistes, il mène une vie épuisante qui pourrait ruiner sa santé, et ne s'en plaint jamais. Il a besoin d'elle et elle ne peut pas lui manquer. Au fond, c'est encore une artiste, et la loi du genre impose qu'on entre toujours en scène, même quand la musique est mauvaise et le public hostile et détestable.

La République est une affaire d'hommes, et les femmes suivent. Elles n'ont même pas le droit de vote et l'on a déjà oublié le nom de celles qui furent nommées sous-secrétaires d'État sous le Front populaire. Une aimable lubie de ce galant homme de Léon Blum. Cécile Brunschvicg à l'Éducation nationale, Suzanne Lacore à la Protection de l'enfance, Irène Joliot-Curie à la Recherche scientifique. Des sortes de cheftaines affectées aux tâches ménagères du gouvernement, coiffées par des ministres qui leur chipotaient leurs portefeuilles, les empêchaient de s'adresser directement à l'Assemblée nationale, et dont la présence faisait ricaner tous ces messieurs, leurs épouses soumises à la loi des mâles, et jusqu'aux femmes du monde victimes volontaires de la haute couture, des fêtes de charité et du golf à Deauville. D'ailleurs, elles n'ont pas duré longtemps.

En Angleterre, il y a des dames députées qui siègent aux Communes, des duchesses intrépides qui insultent les ministres ; mais en France, hormis l'agitation folklorique entretenue par des suffragettes comme ce malabar en jupon de Louise Weiss, des cafteuses persifleuses à la manière de Geneviève Tabouis, ou des viragos de mauvaise humeur comme Andrée Viollis, toutes soupçonnées de cuisiner potins et fausses nouvelles, ce sont toujours les mœurs de l'Ancien Régime. La Révolution, qui a guillotiné Mme Roland et Olympe de Gouges, Napoléon ensuite, pour avoir répudié Joséphine et contraint Mme de Staël à s'exiler, ont plutôt aggravé la condition des femmes en les cantonnant dans des rôles subalternes. La plupart s'en sont accommodées apparemment, coincées entre la galanterie masculine et l'invocation obsessionnelle de la maternité ; chacune à sa place et les putains sur le trottoir.

D'autres se vengent avec la seule arme qui leur reste, usant du désir qu'elles peuvent inspirer aux hommes lorsqu'elles sont jolies, ambitieuses et intelligentes. Parfois même, une seule de ces qualités peut suffire. Pour ces raisonneuses, qui élèvent certainement mal leurs enfants, le plus sûr chemin vers l'influence passe par l'alcôve, celle de leurs maris, ou mieux encore de leurs amants. Puis, c'est en tenant salon qu'elles célèbrent leurs victoires. Celui de la marquise de Crussol, avenue Henri-Martin, a la réputation d'être le plus brillant. *A priori* politiquement neutre, mais en vérité plutôt orienté du côté d'Édouard Daladier dont elle serait très proche, c'est de notoriété publique. Élégante et d'un physique agréable, la trentaine soignée, avec les intonations fruitées du grand monde, se piquant d'être une intellectuelle d'idées avancées, lisant Rilke dans le texte, la marquise ne commet pas d'imprudences. Elle se contente apparemment d'assurer une vie pleine d'agréments, intéressante et ouverte vers les arts à cet homme ombrageux, peu porté sur le bonheur et les relations mondaines. Chez elle, Paul Valéry croise le président du Conseil, et Jean Giraudoux lit les épreuves de *La guerre de Troie n'aura pas lieu* devant l'ambassadeur d'Allemagne, qui s'en déclare charmé.

En revanche, le salon de la comtesse de Portes, sa rivale et la maîtresse bien affichée du ministre des Finances Paul Reynaud, est d'un maniement plus délicat pour les ambitieux qui se donnent tout le mal nécessaire pour y accéder. On y travaille au jeu de bascule des crises ministérielles, on y commente sans indulgence le gouvernement, on y torpille des réputations apparemment bien établies. Teint brouillé, cheveux ternes et sourire rare, la comtesse a certainement un secret que beaucoup de femmes rêveraient de partager. Elle tient Paul Reynaud, qui lui passe tout, et verrouille son accès, d'où l'adage : « Pour obtenir l'appui du ministre, adressez-vous à la porte d'à côté. » La dame a des idées sur tout, des humeurs cinglantes et des chouchous à sa main, qu'elle place et déplace à son gré sur l'échiquier du pouvoir. Cela ne va pas sans quelques courts-circuits, mais Paul Reynaud laisse faire et s'en arrange très bien, et comme l'écrit Alfred Fabre-Luce : « À travers elle, le pouvoir prend un parfum d'indiscrétions et d'injustice tout à fait délicieux. »

Ainsi, comme les rois, la République a ses favorites. Elles sortent des marges de la société triomphante : théâtreuses qui n'ont pas froid aux yeux, ex-galettardes ruinées par des maris cavaleurs, échappées d'un gratin cerné par l'avènement d'une petite bourgeoisie hargneuse. On les redoute, car elles savent rendre les hommes fous et leur font oublier leur devoir. Ainsi de Joseph Paul-Boncour, ancien président du Conseil et chantre extrêmement talentueux de la Société des Nations et de la sécurité collective, dont la carrière s'est perdue dans des bidets, et qui écrivait à celle qui le faisait chanter avec des lettres compromettantes : « Quand je suis dans tes bras, je me fous de la Yougoslavie ! »

Paul Marchandeau, le ministre de la Justice, est amoureux d'une cantatrice qu'il finira par épouser ; Yvon Delbos, ancien ministre calamiteux des Affaires étrangères du Front populaire, en pince pour une actrice catapultée par miracle à la Comédie-Française, où son talent vaporeux dans les tragédies de Corneille fait se tordre de rire le public ; Camille Chautemps, le crabe de toutes les combinaisons ministérielles, s'intéresse de très près à une pianiste, qu'il propulse professeur au Conservatoire ; Georges Mandel, la conscience morale incorruptible et crainte de tous ses collègues, abandonne ses faux cols amidonnés pour les déshabillés voluptueux de la plantureuse Béatrice Bretty, indétrônable Dorine de Molière. D'ailleurs, la plupart de ces liaisons sont heureuses et, au pays de Feydeau, l'opinion publique prendrait plutôt pour une vertu de la pratique des petits plaisirs en politique.

Et puis, il y a bien quelques maris conventionnels avec des épouses qui leur préparent leurs pantoufles, et aussi un petit nombre de célibataires endurcis, comme le jeune Louis Jacquinot, député de la Meuse et astre montant de la droite, convoité par une intrigante qui déclare : « Avec lui, j'irais planter ma tente (!) au ministère », ou cet autre député, dont on précise charitablement qu'il devrait être élu d'« Ile et Vilaine ». Non, pas Guy La Chambre, le mari de la chanteuse, vous n'y êtes pas du tout, mais un autre, cherchez un peu ; un petit jeu pour les fins de dîners en ville. Cependant, tapie dans le charivari des gradins de l'Assemblée nationale, les échelons protocolaires de la diplomatie, l'obscurité feutrée de l'administration et des cabinets ministériels, la fanfare maudite ne joue jamais qu'en sourdine. Il n'y a qu'en Allemagne, où Hitler peut casser le ministre de la Guerre Blomberg parce qu'il a épousé une ancienne putain, expulser de son commandement le général von Fritsch dénoncé par un garçon de bains, briser la carrière de la vedette tchèque Lida Baarova qui a une liaison avec Goebbels. Femmes de mauvaise vie, couples adultères et amateurs de Hitlerjugend, prenez garde, le Führer défend la morale de la famille allemande ! En revanche, la vie privée des uns et des autres, le président Daladier s'en contrefiche, ce qui est tout à son honneur.

La différence entre un politicien habile et un politicien courageux : le politicien habile passe pour un type courageux quand il est lâche, le politicien courageux passe pour un imbécile quand il affronte le danger. L'habile est aussi volontiers amnésique, ce qui arrange à peu près tout le monde, le courageux a la mémoire longue, ce qui lui attire souvent des ennuis. Albert Sarraut, le ministre de l'Intérieur, est un politicien habile. Quand il serre chaleureusement la main de Ribbentrop durant les présentations pour le grand dîner au Quai d'Orsay, orchestré par un Georges Bonnet agité et transpirant, Albert Sarraut a oublié le discours de matamore qu'il prononça lors de l'occupation militaire de la Rhénanie par Hitler en 1936. Il était alors président du Conseil, provisoirement et pour amuser la galerie avant une victoire prévisible du Front populaire aux prochaines élections. Il veillait benoîtement à ce que la France pût dormir tranquille encore pour quelques mois. Coup de tonnerre. Le Führer se saisit du prétexte de l'accord d'assistance franco-russe entre Laval et Staline, plutôt vague et pas encore ratifié, pour déchirer par surprise le traité de Locarno de 1925 qui assurait la sécurité en Europe, et mettre fin brutalement à la neutralisation des pays du Rhin, le glacis démilitarisé protégeant la frontière française contre toute nouvelle aventure belliqueuse allemande.

Brusquement réveillé par le coup de pied d'Hitler dans la fourmilière des opinions françaises, Sarraut avait donc adopté un ton martial à la radio pour fustiger une agression contre la paix et se tailler un costume de protecteur de la République menacée. D'un filandreux exposé de professeur de droit, on avait surtout retenu de fortes formules : « Il n'y a plus de paix en Europe avec des soldats allemands sur les bords du Rhin. Nous ne sommes pas disposés à laisser Strasbourg sous le feu des canons allemands. » De belles paroles accueillies par un embrouillamini de consignes de prudence de la part du général Gamelin et du haut commandement de l'armée, et qui tombèrent dans le silence sépulcral du puits sans fond de la méfiance britannique, malgré quelques dressements de sourcil, tout de même, chez le cauteleux Premier ministre de Sa Majesté, qui était alors Stanley Baldwin, sur le thème : « Vous, les Français, vous êtes une fois de plus trop susceptibles avec le chancelier allemand ; la Rhénanie, c'est à lui, quel mal y a-t-il à ce qu'il y fasse défiler des jeunes gens qui protestent de leurs intentions pacifiques ? Vous feriez mieux de vous occuper des communistes qui ont mis le pied au travers des élections, avec ces alliances de Front populaire ; *nothing worth it, indeed* – ça n'en vaut pas la peine. »

Le gouvernement d'Albert Sarraut tenta bien un ultime recours, en allant se plaindre au bureau des réclamations de la Société des Nations, mais l'Allemagne en avait claqué la porte quelques mois plus tôt, en quittant la

Conférence internationale sur le désarmement, où elle triturait les textes pour obtenir de réarmer, et en rétablissant le service militaire obligatoire. Il est toujours assez difficile de faire parvenir une lettre recommandée à quelqu'un qui n'habite plus ici. Résultat de la démarche : reprise des bonnes affaires pour les hôteliers et les restaurateurs de Genève et zéro pointé pour le reste. Premier coup de poker réussi pour le dictateur nazi, qui ne perdit pas une seconde pour passer ses troupes en revue à Cologne et Düsseldorf, faire une petite promenade de santé sur le pont de Kiel, où l'on aperçoit par beau temps les flèches de la cathédrale de Strasbourg, et pour ordonner aussi la construction de la ligne Siegfried en face de la ligne Maginot. Première reculade assortie de vaines rodomontades comme autant d'aveux d'impuissance pour la France, qui y perdit la confiance des élites de l'Europe centrale, passant du statut de protégées de la République lisant Victor Hugo et Proust dans leurs petits Paris slaves à celui de lapins affolés par les évolutions visqueuses du boa constrictor germanique.

De toute façon, il est passé beaucoup d'eau sous les ponts depuis la Rhénanie, et ce sont des flots de violence et de sang qui coulent avec le Danube et ses affluents depuis l'Anschluss et Munich. Hitler pilote désormais l'agenda politique en Europe, et ce pauvre Sarraut, replié au ministère de l'Intérieur, aurait bien du mal à le suivre. Il a déjà fort à faire avec le tableau d'avancements et de décorations pour ses amis francs-maçons de la préfectorale, ainsi qu'avec la rédaction des circulaires contre les « indésirables », ces réfugiés de l'Allemagne nazie et ces républicains espagnols qui abusent de l'hospitalité française. La vigilance est de mise, et celle d'Albert Sarraut est sans défaut. Elle s'exerce même à l'égard de certains Juifs allemands réputés communistes, qui auront le privilège de récupérer leur nationalité allemande pour pouvoir comparer le camp d'Argelès avec celui de Dachau, à moins qu'il ne s'agisse d'autres Juifs ou les mêmes soupçonnés de faire de l'espionnage au service du Reich ! L'imagination de la douce France ne connaît pas de limites, elle s'étale dans la presse d'extrême droite et contamine les circulaires du ministre, qui proteste de ses bonnes intentions mais ne contrôle ou n'inspecte rien sérieusement.

Enfin, pour l'instant, dans les salons du Quai d'Orsay, le ministre de l'Intérieur de la République française et le ministre des Affaires étrangères du Reich allemand échangent des amabilités poussives avant qu'on ne serve les apéritifs. La signature de la déclaration a résonné comme un écho assourdi de Munich, mais Albert Sarraut n'a rien entendu après avoir oublié que le feu des canons allemands aurait pu menacer Strasbourg. Ça tombe bien, Ribbentrop ne se souvient jamais de rien quand ça l'arrange, et il perçoit seulement le bourdonnement des autres invités qui s'impatientent pour être présentés.

La règle de politesse en usage pour les réceptions officielles, qui consiste à se faire présenter à l'invité d'honneur et à échanger brièvement avec lui quelques propos sans importance, est appliquée en général de manière plutôt sympathique. Elle permet de raconter des anecdotes pittoresques pour les dîners entre amis, et d'évoquer des souvenirs qui amusent les enfants et les rendent passablement fiers de leurs parents. Mais avec Ribbentrop, c'est un rituel mécanique et sans agrément. Le ministre ne s'intéresse pas aux gens qu'on lui présente, il se contente de repérer ceux qui pourraient lui être utiles à se faire valoir auprès du Führer, lequel persiste encore à le prendre pour un astre de cette haute société internationale qui le fascine et qu'il voudrait voir ramper devant lui.

Tout à son devoir d'ambassadeur, Welczeck se penche sur son ministre en chuchotant, afin de lui permettre de situer ceux qui s'avancent pour saluer, mais ce respect des usages agace Ribbentrop, qui prétend connaître tout le monde alors qu'il ne connaît à peu près personne. Il devient de plus en plus rogue au fur et à mesure que la formalité se prolonge. Petites humiliations supplémentaires pour l'ambassadeur, qui s'est habitué à être traité en domestique, et regards anxieux de Georges Bonnet, toujours à l'affût du moindre grain de sable protocolaire qui gripperait la belle mécanique de son triomphe diplomatique.

De fait, une fois posé que ni le président de l'Assemblée nationale Édouard Herriot, ni le président du Sénat Jules Jeanneney, ainsi que ce grognon de garde des Sceaux, Paul Marchandeau, n'accepteraient de venir, et qu'il était entendu qu'on ne recevrait pas de Juifs, fussent-ils ministres, Georges Bonnet s'est donné un mal de chien pour concocter une liste d'invités qui aurait l'heur de satisfaire la délégation allemande, le tramway habituel, en somme, des « amis de l'Allemagne » que Munich et la signature de la déclaration ont remis sur les rails. Voici donc le professeur au Collège de France André Siegfried, historien et géographe qui s'est fait battre à toutes les élections législatives et passe cependant pour une sommité de la sociologie politique. On lui doit des vues pénétrantes sur la formation de la nation française, d'où il ressort que « les Chinois resteront toujours des étrangers», «les Nègres une race inférieure» et «le Juif un résidu non fusible dans le creuset» du pays qui l'accueille. Voilà qui est parfait pour ces messieurs.

Le sénateur de la Guadeloupe et président de la commission des Affaires étrangères de la haute assemblée, Henry Bérenger, à qui l'on pardonnera d'avoir été dreyfusard autrefois et d'avoir siégé à la commission des réparations dues par l'Allemagne, car il n'est pas noir du tout alors que les nazis cherchent encore la fameuse goutte de sang fatidique expliquant que l'autre Guadeloupéen également invité, Alexis Leger, puisse être si fourbe et dangereux. Le député Jean Mistler, président de la commission des Affaires étrangères de l'Assemblée nationale, qui lorgne sur l'Académie française et qui devrait en toute justice toucher des droits d'auteur en Allemagne pour ses ouvrages d'érudition littéraire, à condition que l'incontournable Otto Abetz veuille bien faire l'effort dont il s'est montré si prodigue avec Jules Romains, autre invité au dîner et membre actif du Comité France-Allemagne.

L'insubmersible président de la commission des Finances du Sénat Joseph Caillaux, que Clemenceau n'a pas eu le temps de faire fusiller pour intelligence avec l'ennemi en 1917, et qui ferraille constamment contre l'augmentation du budget de la Défense nationale. L'aviateur et rapporteur du budget de l'Air au Sénat, le baron Amaury de La Grange, à qui il n'est plus besoin d'expliquer que l'aviation française n'égalera jamais la Luftwaffe et qu'il n'est donc pas nécessaire de s'exciter à écouter les va-t-en-guerre. Le président des Houillères surnommé le gentleman du charbon, Henri de Peyerimhoff, président du Comité franco-allemand d'information et de documentation. Le comte Jean de Castellane, membre du conseil d'administration du Comité France-Allemagne ; le préfet de police Roger Langeron briseur des grèves communistes, qui échange avec des pincettes d'utiles informations avec ses collègues de Berlin sur le péril rouge ; l'ambassadeur auprès du résidu de la République espagnole à Barcelone, Jules Henry, qui ne doute pas de l'efficacité des volontaires allemands dans le camp nationaliste pour finir rapidement le travail.

Et d'autres encore, grands patrons en affaires avec le Reich, membres de l'Institut intéressés par des conférences grassement payées de l'autre côté du Rhin, grenouilleurs décorés hantant les couloirs des nombreuses officines de relations publiques dont Otto Abetz, encore lui, assure la direction plus ou moins occulte. Le ministre des Finances Paul Reynaud est aussi présent, bien sûr, mais il se montre beaucoup moins prolixe que d'habitude, il n'a pas beaucoup d'affinités avec tout ce joli monde, et alors qu'il adore sortir en ville et éblouir ses auditoires par sa conversation brillante, il accuse la fatigue du travail qu'il vient d'abattre pour imposer son plan de remise en ordre de l'économie. Et puis il est venu avec sa femme qui l'ennuie depuis vingt ans, tandis que la comtesse de Portes trépigne de l'attendre dans leur petit nid douillet de la place du Palais-Bourbon, où il a certainement hâte de la retrouver.

Quant au président Daladier, il est arrivé comme en service commandé, flanqué de son protégé Guy La Chambre et de la belle Cora, pour débiter les platitudes automatiques de rigueur sur l'intérêt de la déclaration franco-allemande, mais sur un ton si enjoué pour un homme qui rit tellement rarement que l'on peut en déduire qu'il n'en croit pas un traître mot. Il enregistre aussi un point dans le combat de moins en moins feutré qui l'oppose à son ministre des Finances : contrairement à la comtesse de Portes, la marquise d'Uzès est présente au dîner, il la raccompagnera avenue Henri-Martin ; certains soirs, la vie est presque belle. Durant tout le défilé des invités devant Ribbentrop, Marcel Clapier et l'ambassadeur Coulondre ont mis mentalement de l'ordre dans leurs fiches pour mieux évaluer le potentiel de dangerosité de chacun des convives. Il leur aura suffi d'échanger quelques regards de connivence pour comprendre qu'ils étaient parvenus à la même conclusion : on ne se méfiera jamais assez de l'amphitryon de cette belle réception, le ministre des Affaires étrangères Georges Bonnet.

Du côté des dames, les prémices du dîner se déroulent plus agréablement. Le charme de l'épouse de l'ambassadeur Welczeck, une Sud-Américaine vive et enjouée, compense largement la politesse réfrigérante d'Annelies von Ribbentrop et le babil mondain exubérant d'Odette Bonnet. Finalement, Cora ne s'ennuie pas, elle retrouve sa voisine de la place des États-Unis, la très ardente duchesse de La Rochefoucauld, qui a passé des années à la croiser sans la reconnaître, mais lui joue soudain la comédie du « si ravie de vous revoir » dans cette atmosphère tellement « à côté ». On parle morale et féminisme, les deux sujets de prédilection de la duchesse, et la conversation prend un tour très travaux pratiques avec Mme Caillaux, célèbre pour avoir revolvérisé à mort vingt-quatre ans plus tôt Gaston Calmette, le directeur du *Figaro*, afin de venger son mari d'une campagne de presse haineuse agrémentée de détails intimes croustillants et de lettres d'amour volées. Un feuilleton à scandale conclu par l'acquittement spectaculaire de la meurtrière, et qui avait tenu en haleine l'opinion, à tel point qu'elle ne s'était pas préoccupée d'un autre assassinat, celui de l'archiduc François-Ferdinand et de sa femme à Sarajevo, déclenchant la marche somnambulique de l'Europe vers le déchaînement de la Grande Guerre. Quand on a eu Carbone et Spirito comme parrains pour lancer une carrière artistique à Marseille, découvrir que le meurtre peut être également pratiqué par une dame tout ce qu'il y a de « comme il faut » permet de relativiser l'impact des critiques et des médisances portant sur un passé révolu. De toute façon, Cora pourrait tuer si l'on s'attaquait bassement à l'homme de sa vie. Approbation chaleureuse de la duchesse, qui pense depuis le début de la soirée qu'on devrait assassiner Hitler.

Le dîner tient ses promesses : il est sinistre. Odette Bonnet a encore des problèmes de plan de table ; cette fois, les cartons sont écrits avec une calligraphie tellement prétentieuse qu'ils s'avèrent illisibles. Confusion, chacun cherche son couvert, les Allemands échangent des sourires en coin, sarcastiques. Rien de tel que le spectacle de la désorganisation et de l'indiscipline françaises jusque dans de si petites choses pour leur faire remonter des pensées funestes. En revanche, alors qu'elle consultait le menu quelques heures plus tôt, Odette Bonnet a eu un haut-le-cœur salvateur. On a échappé *in extremis* au jambon de Prague en croûte et à la bombe glacée vosgienne, savoureuses spécialités d'un chef aux talents culinaires incontestés mais peu au fait des contraintes de l'actualité, pour se rabattre sur les œufs mimosa et la poularde aux morilles, pierres tombales de la roborative gastronomie républicaine. Pas de Château-Lafite-Rothschild non plus, bien sûr, mais de robustes vins de Bourgogne qui tapent comme des coups de massue, et un Pommery pour finir par une délicate attention à l'égard de Ribbentrop, qui représentait la célèbre marque de champagne quand il n'était encore qu'un jeune ambitieux, pâle et sans consistance ni orientation politique définie, traitant aimablement à sa table les Mendelssohn ou Elisabeth Bergner, dans la belle villa berlinoise que la fortune de sa femme lui avait permis d'acquérir.

Conversation générale languissante portant sur un thème sans danger : les artistes français qui se produisent en Allemagne, avec une émouvante avalanche de compliments pour la grande wagnérienne Germaine Lubin justement célébrée à Bayreuth par le Führer en personne : « De ma vie, je n'ai jamais vu ni entendu une telle Isolde », et même quelques roucoulades amicales à l'adresse de Tino Rossi, qu'il ira certainement applaudir à la Scala de Berlin lors de la grande tournée prévue pour l'hiver prochain, comme il en a confié l'intention à l'ambassadeur Coulondre. Chevaucher en Europe avec les Walkyries n'interdit pas d'avouer aussi un petit faible de jeunesse pour l'opérette et la mandoline.

La séquence des toasts, après la crème de framboise, est plus délicate. On évite de regarder Lise Dreyfus, la femme de Jules Romains, quand vient le moment de lever sa coupe à la santé du Führer. « Aryenne d'honneur ou on n'y a simplement pas pensé », notera Hélène Hoppenot, épouse à qui rien n'échappe de l'un des meilleurs diplomates du Quai d'Orsay. Il n'y a pas de rond après le dîner quand passe le service des liqueurs. Une vinaigrette qu'on aurait laissée reposer et dont les ingrédients se séparent, les Allemands forment un bloc compact et ne parlent qu'entre eux, les Français regardent leurs montres et sont pressés d'en finir. Un dernier aparté entre Ribbentrop et Daladier : le président du Conseil revient sur les incidents de Rome pour les déplorer, le ministre affirme de nouveau que le Reich n'y est pour rien. Il commence à se faire tard pour persister dans le dialogue de sourds, on se quitte donc sur un sourire pour la photo souvenir, Ribbentrop gai et fringant dans son uniforme improbable, Daladier très cousin de province. C'est le signal pour que tout le monde s'en aille.

Jules Sauerwein de *Paris-soir*, le plus lu des quotidiens, entre les mains de ce magicien de Pierre Lazareff, court à la rédaction du journal pour livrer ses impressions, crémeuses à souhait : « À l'heure du café, M. Ribbentrop s'est successivement et longuement entretenu avec M. Joseph Caillaux, M. Anatole de Monzie, M. Paul Reynaud. Les jardins étaient brillamment illuminés et Mme von Ribbentrop, qui parle un français excellent, formait un véritable cercle de dames qu'elle charmait par sa bonne grâce. C'est une journée dont il faudra se souvenir lorsque naîtront de nouveaux sujets de discorde et de polémiques, car il serait naïf de croire qu'ils sont par miracle éliminés. » Certes.

Cora et Guy La Chambre raccompagnent la duchesse puisque c'est à côté. Son chauffeur a disparu : « Depuis le Front populaire, on n'est plus servis, ils sont tous devenus communistes », elle ne l'a pas dit, mais elle l'a certainement pensé. Dans les salons désertés du Quai d'Orsay, Georges et Odette Bonnet errent avant de monter se coucher. Ils se rassurent mutuellement en se disant que tout s'est bien passé. Il leur arrive aussi parfois de penser soudain avec angoisse que cette maison est bien trop grande pour eux.

Le mariage de Guy La Chambre et Cora Madou.

Chapitre 16
La Règle du jeu

> *— Dis donc, vieux, j'ai envie de foutre le camp... j'ai envie de disparaître dans un trou.*
> *— Ça t'avancerait à quoi ?*
> *— Ben, ça m'avancerait à plus rien voir, à plus chercher à savoir ce qui est bien, ce qui est mal... parce que, tu comprends, sur cette Terre, il y a une chose effroyable, c'est que tout le monde a ses raisons !...*
>
> Jean RENOIR — *La Règle du jeu*

Minuit et quelques, rue Royale, des gouttes de pluie luisent dans les phares jaunes des rares voitures qui passent encore à cette heure tardive, des limousines aux chauffeurs somnolents dans leurs livrées de grandes maisons attendent rangées le long du trottoir, Jean Renoir sort de chez Maxim's. On soupe et on danse toujours à l'intérieur. Vagues échos des rires et de l'orchestre qui se perdent quand il s'éloigne. Ce n'est pas un endroit pour lui. Avec son smoking tire-bouchonné et son nœud papillon desserré qui pend sur sa chemise à plastron, il pourrait passer pour l'un de ces viveurs éméchés qui se retrouvent dehors pour aller finir leur nuit dans des boîtes de Montmartre. Ce n'est pas le cas de Jean Renoir, il est sorti au dessert parce qu'il n'en pouvait plus. Gentiment, avec le sourire, sans fournir de prétextes ni faire de boniments. On n'a pas insisté pour qu'il reste encore un peu. Avec ces artistes, il ne faut jamais appuyer. Albert, le majestueux maître d'hôtel qui connaît la Terre entière, l'avait accueilli pourtant avec toute la sobre déférence qu'il réserve aux célébrités, des messieurs à rosette et aux cheveux blancs lui avaient fait un petit signe amical et de belles femmes décolletées avec des bijoux de prix avaient tourné la tête vers lui en le voyant passer. Quant au couple qui l'avait invité avec quelques-uns de ses amis, il s'était montré charmant en lui manifestant une discrète curiosité pleine de prévenance.

Jean Renoir maîtrise très bien les codes des relations mondaines telles qu'il les pratiquait dans sa jeunesse de héros de guerre, portant un nom célèbre, avec autant d'argent qu'il en fallait pour sortir le soir. Mais la politesse automatique et indifférente de la société élégante l'ennuie depuis qu'il mène une autre vie en faisant du cinéma, et puis, il est devenu un compagnon de route du parti communiste. La plupart des habitués de Maxim's n'ont pas vu ses films, et leurs compliments résonnent dans le vide de conversations qui se contentent de le situer quelque part dans les marges d'une notoriété plutôt vague. Pourtant, l'épreuve de ce dîner n'a pas été inutile. Renoir voulait connaître le couple Starhemberg et il comprenait qu'ils aient pu préparer une rencontre dans leur milieu d'origine, après toutes les vicissitudes qu'ils avaient dû affronter.

A priori, Renoir et les Starhemberg n'étaient pas du tout dans le même camp et cela l'intéressait aussi.

Le prince Ernst Rüdiger Starhemberg était l'héritier d'une des plus grandes fortunes d'Autriche. Elle avait été largement obérée par la dissolution de l'empire en 1918, après la perte de milliers d'hectares de terres au-delà des frontières des nouveaux États, les ravages de l'inflation, des faillites d'entreprises et de banques, le rouleau compresseur de la fiscalité de la nouvelle République aux mains des socialistes. Mais il avait su manœuvrer avec assez d'habileté et toute la brutalité de son esprit de caste pour en conserver une bonne partie et maintenir un grand train de vie entre son palais à Vienne rempli d'œuvres d'art et le château d'Eferding en Haute-Autriche. Pas autant, certes, que les cousins Liechtenstein, par exemple, qui s'étaient souvenus *in extremis* qu'ils possédaient depuis des siècles une principauté souveraine, un petit État, en somme, à la frontière de la Suisse, où ils ne s'étaient jamais rendus auparavant et où ils avaient pu trouver un refuge providentiel. Mais suffisamment quand même pour nourrir une farouche volonté de revanche contre les malheurs du temps, et plus précisément l'effondrement de sa propre classe sociale.

Starhemberg s'était ainsi lancé en politique avec le projet fou d'une restauration des Habsbourg, en la personne de l'archiduc Otto, et d'arracher à la marche inexorable du changement le retour aux sources d'une Autriche largement mythifiée, catholique, conservatrice, hostile à l'Allemagne qui ne lui avait apporté que des déboires. Or, dans ce pays incapable de se réveiller de son rêve impérial fracassé, la nostalgie pouvait passer pour un programme d'avenir, et Starhemberg avait failli réussir. À la tête d'une ligue militaire qui rassemblait des milliers d'anciens combattants et d'un front patriotique unissant divers courants réactionnaires, il avait prêté main-forte en 1934 au chancelier Dollfuss, le mini-Metternich de fer, durant la brève guerre civile où une tentative de résistance socialo-communiste fut réprimée dans le sang, et il avait contribué à l'instauration d'un régime autoritaire. Après l'assassinat de son allié par les nazis, dans une première tentative avortée d'annexion, et un passage éclair à la chancellerie, il avait soutenu son successeur Kurt von Schuschnigg dans ses efforts désespérés pour résister aux pressions de plus en plus brutales des hitlériens. Le prince Starhemberg cumulait donc tout ce que détestait le Führer, sa proximité avec les Habsbourg et son appartenance à l'aristocratie autrichienne, son opposition farouche à l'Anschluss et son refus obstiné de l'antisémitisme. Il n'avait pas hésité ainsi à épouser, en secondes noces, une actrice d'origine juive, aussi belle que célèbre, Nora Gregor.

Réfugiés en France après l'Anschluss, les Starhemberg portaient encore beau, mais ils vivaient en fait constamment sous la menace d'un attentat et sans ressources, malgré Maxim's et le Ritz, où l'on commençait à tapoter du doigt avec impatience leurs signatures au bas des additions. Nora Gregor avait fait une grande carrière avant l'Anschluss, au cinéma avec des réalisateurs tels que Carl Dreyer, Paul Czinner, Géza von Bolváry, et au théâtre avec Max Reinhardt ou au Burgtheater de Vienne, où son interprétation de Desdémone était devenue légendaire. Elle chantait aussi les opérettes de Franz Lehár à ravir, était l'amie intime d'Alma Mahler et avait eu une longue liaison avec le magnifique

Douglas Fairbanks Junior, juste avant de renoncer à Hollywood et au pont d'or que lui avait proposé Louis B. Mayer. Elle aimait son prince, l'enfant qu'elle lui avait donné, et elle supportait vaillamment l'existence dangereuse dans laquelle il l'avait entraînée. Mais elle n'était plus toute jeune, parlait avec un fort accent germanique et envisageait avec inquiétude son avenir en France, où on ne lui proposait aucun rôle.

Jean Renoir l'a remarquée, un soir, au théâtre des Bouffes-Parisiens, où il s'est rendu pour voir jouer Michèle Alfa. Il cherchait encore l'héroïne féminine de son prochain film, depuis le refus, inexplicable à vrai dire, de Simone Simon. Nora Gregor se tenait comme un cygne au rebord d'une loge surplombant le public, blonde, impériale, une classe folle. Il n'a plus regardé qu'elle, rassemblant tout son courage de timide impénitent pour aller lui parler à l'entracte. La gentillesse et le charme de cet inconnu, pataud et embarrassé, ont touché la belle Autrichienne. Il a quitté le théâtre avec la ferme intention de la revoir. Ils se sont renseignés discrètement. Une vraie princesse au destin romanesque et une actrice renommée dans son pays ; le réalisateur de *La Grande Illusion*, acclamé au festival de Venise, au grand dam des fascistes, et interdit en Allemagne par un Goebbels écumant d'insultes contre ce film pour pacifistes enjuivés.

Elle n'a vu aucun de ses films, mais elle a senti instinctivement qu'il appartenait au cercle des grands metteurs en scène avec qui elle a tant aimé travailler. Il lui a parlé de son prochain long métrage, dont il est en train d'écrire le scénario. Pourtant, son projet est encore vague et il n'a pas su le lui raconter clairement. Il n'a pas encore trouvé le titre, ce sera plus ou moins inspiré des *Caprices de Marianne* dans une version contemporaine, mais il n'a pas renoncé non plus à son intention de la diriger. Au contraire, il a été ému une fois pour toutes par sa grâce et son élégance surgies d'un monde meurtri en train de disparaître, par son désarroi aussi, qu'elle n'a même pas tenté de lui cacher, car il a gagné sa confiance. Il a donc décidé de construire son personnage en partant de la manière dont elle se tient droite, avec le sourire envers et contre toute la confusion des sentiments qui l'accablent. Et il s'est mis à écrire une nouvelle version du scénario. Elle lui a donné son accord. Ils sont convenus de se rencontrer au bureau de la production sur les Champs-Élysées après le dîner chez Maxim's. Et les voilà tous les deux embarqués dans l'aventure d'un film dont elle ne sait rien et lui pas encore grand-chose, sauf qu'il veut tourner « un drame gai » bien dans l'esprit d'un temps où tout le monde ment et surtout à soi-même.

Nora Gregor : Excusez-moi, monsieur Renoir, je suis un peu en retard. Certaines rues sont interdites à la circulation, le chauffeur ne pouvait pas passer.

Jean Renoir : Mais vous êtes tout excusée, chère Nora. C'est à cause de la visite du ministre allemand, n'est-ce pas ?

Nora Gregor : Oui, Herr von Ribbentrop visite Paris ! J'espère pour vous qu'il ne vous fera pas subir ce que les nazis ont infligé à Vienne.

Jean Renoir : Vous êtes partie à temps ?

Nora Gregor : Nous étions déjà en Suisse avec mon mari et mon fils quand c'est arrivé ! Je n'ai pas été témoin de toutes ces scènes effroyables : les foules énormes dans les rues et devant la Hofburg acclamant le criminel, des vieux Juifs contraints de se mettre à genoux pour brosser les trottoirs, ces cris, cette violence. Mais le pire, ce fut peut-être d'apprendre que des domestiques à notre service depuis des années dénonçaient des parents et des amis qui essayaient de se cacher. La bassesse humaine ne connaît pas de limites.

Jean Renoir : Vous avez des nouvelles de votre famille ?

Nora Gregor : Mes parents sont morts. Heureusement pour eux, ils n'ont pas assisté à ces horreurs. Mais la vieille princesse Starhemberg a été obligée de nettoyer les latrines de la gare centrale pendant des nuits entières. Ils étaient en train de dévaster notre maison, elle a tenté de les en empêcher, ils l'ont frappée et ils l'ont emmenée. Nos chers amis, les deux frères Hohenberg, les fils de l'archiduc François-Ferdinand, celui qui a été assassiné à Sarajevo avec sa femme, sont enfermés à Dachau. Personne ne sait ce qu'il est advenu du chancelier Schuschnigg.

Jean Renoir : Il faut essayer de partir, ça va être de pire en pire.

Nora Gregor : C'est de plus en plus difficile. Il faut tout abandonner derrière soi et payer d'énormes rançons. Les Rothschild ont passé des mois à s'efforcer de faire sortir le baron Louis Nathaniel qu'ils gardaient en otage, ils ont versé une somme considérable avant d'obtenir qu'il puisse partir. Il faut racheter une à une les familles de pauvres Juifs qui n'ont qu'une machine à coudre, mais il faut aussi obtenir des visas. Vous avez vu ces files de gens qui attendent devant les consulats. Il n'y a jamais eu autant de suicides à Vienne. Ce n'est pas loin d'ici, Vienne, une nuit de train !

Jean Renoir : Et que dit votre mari ?

Nora Gregor : Que voulez-vous qu'il dise ? Il ne dit rien, il se donne un mal fou pour rassembler assez d'argent afin de sauver le plus de gens possible. Il ne fait pas de distinction, lui qui était si engagé en politique. Il ne voit que des Autrichiens, sans choisir parmi ceux qui tentent de partir. Mais on ne peut pas téléphoner ni écrire, c'est trop dangereux, les nazis espionnent tout le monde. Ici, personne ne se rend compte de ce qui se passe vraiment à Vienne et, pendant ce temps, Herr von Ribbentrop se promène à Paris. Enfin, ça ne me regarde pas, vos dirigeants savent certainement ce qu'ils font lorsqu'ils décident de le recevoir. Mais quand même, des ministres de votre République aux petits soins pour ce gangster ; car les nazis, ce sont tous des gangsters, et de la pire espèce, n'en doutez pas. Chez les voyous les plus endurcis, il reste un peu d'honneur, le respect de la parole donnée. Chez eux, il n'y a que le crime. J'ai bien connu Leni Riefenstahl et j'ai vu son *Triomphe de la volonté*, le titre est incomplet, c'est « Le triomphe de la volonté du crime » qui conviendrait. Et vos ministres parlent avec ces gens-là. Comment est-ce possible ?

Jean Renoir : Les ministres mentent, et quand les ministres mentent, alors il ne faut pas s'étonner si tout le monde ment.

Nora Gregor : Moi, vous savez, je ne comprends pas grand-chose à la politique. Je sais que l'on a beaucoup critiqué mon mari pour ses opinions. Un prince féodal qui ne connaît rien du monde moderne, un ministre qui n'a pas hésité à faire tirer sur des ouvriers communistes ! Mais je sais aussi qu'il n'aurait jamais dit : « Plutôt Hitler que le retour des Habsbourg. » Parmi les gens que nous rencontrons à Paris, j'ai entendu dire la même chose :

« Plutôt Hitler que le Front populaire ! » Si, si, c'est la même chose. Expliquez-moi.

Jean Renoir : Sur cette Terre, et c'est effroyable, tout le monde a l'air de penser que rien n'a vraiment d'importance. On se fiche de ce qui se passe ! Et toutes ces calomnies, ces polémiques ! En France, actuellement, il y a cette campagne de presse contre Bernard Natan, l'homme qui a sauvé Pathé Cinéma. Des articles ignobles qui le traitent d'escroc parce qu'il est juif. En Amérique, ce serait le patron de Hollywood.

Nora Gregor : Eh bien, moi, je n'en veux plus de cette Terre. Même si je n'avais pas été menacée, j'aurais quitté l'Autriche. Quand je vois des enfants juifs terrorisés par des brutes en uniforme qui sont à peine plus âgées, je pense à mon fils et j'ai le cœur qui se serre. On m'a dit que vous êtes presque communiste, il semblerait que ce ne soit pas beaucoup mieux là-bas, en Russie.

Jean Renoir : Presque, oui, pas complètement, pas du tout complètement et peut-être même de moins en moins. Vous voyez, je suis comme vous, avec moi, il y a des choses qui ne marchent pas.

Ah, le charme de l'accent allemand chez certaines femmes, songe Jean Renoir. Les Fräuleins *en Bavière durant mes vacances d'adolescent, Dita Parlo, elle maintenant…*

Quand je pense que je n'ai vu aucun de ses films ! s'inquiète Nora Gregor. Mais d'où vient qu'il m'inspire tellement confiance ? Sa gentillesse, peut-être…

Nora Gregor : J'ai bien connu Emmy Sonnemann quand elle était actrice à Weimar. Beaucoup de talent et de succès, les rôles du grand répertoire classique allemand, des partenaires et des amis juifs. Le genre de la brave femme, sans complications, qui n'aurait pas fait de mal à une mouche. Elle vieillissait doucement en mangeant trop de pâtisseries. Et puis, elle a épousé Goering et elle est devenue une sorte de reine du IIIe Reich. Elle a eu une petite fille, un bébé qui tirait sur la moustache d'Hitler. Ça les amusait tous beaucoup.

Jean Renoir: Moi, je le faisais aboyer comme un chien enragé, Hitler, dans *La vie est à nous* !

Nora Gregor: J'ai été aussi très proche d'Hedwig Kiesler quand nous travaillions toutes les deux pour Max Reinhardt. Juive comme moi. Elle était d'une beauté extraordinaire et très intelligente. Elle rendait les hommes fous. Son mari faisait des affaires avec les nazis, il gagnait beaucoup d'argent, rien n'était trop beau pour elle. Elle a osé tourner nue dans un film, ça s'appelait *Extase*, un vrai scandale ; il était dévoré de jalousie et il a essayé de racheter toutes les bobines. Trop tard, elle était déjà partie à Hollywood. Louis B. Mayer, à qui elle rapportait des fortunes, évitait de la saluer alors qu'il me traitait avec de grands égards. Vous pensez bien que je n'ai voulu être ni l'une ni l'autre, et maintenant, je me retrouve exilée à Paris, sans argent, avec un mari que j'aime et qui broie du noir, triste et perdue, je flotte.

Jean Renoir: C'est ce que j'apprécie le plus en vous, cette honnêteté foncière, appliquée au sens de la vie, aux sentiments.

Nora Gregor: Pardonnez-moi, je suis désolée de m'être laissée aller à toutes ces confidences. Je n'aurais pas dû. On se connaît à peine.

Jean Renoir: Mais non, au contraire, votre confiance me touche beaucoup. Ce que vous dites est tellement simple, tellement direct, si absolument clair et transparent que ça finit par paraître mystérieux. Les êtres absolument simples et directs sont comme ça. Ils paraissent mystérieux. Vous êtes l'héroïne de mon film.

Nora Gregor: Et si vous m'en parliez un peu, de votre film. Vous m'avez seulement dit que ce sera un film de guerre sans la guerre. J'ai du mal à saisir.

Jean Renoir: Ribbentrop à Paris, quoi qu'ils disent, c'est déjà la guerre. Ce n'est pas la peine de la montrer, elle suinte partout, dans les journaux, les actualités. On l'attend ici, c'est pour bientôt, on en a peur, on ne pense qu'à ça. Moi, je veux aussi vous protéger.

Nora Gregor: Me protéger ? En me signant un beau contrat, on me dit que ce sera une production très importante. Vous voyez, je peux aussi être un peu vulgaire !

Jean Renoir: Mais non, il ne s'agit pas de cela. Il y a aussi une autre guerre, celle des sentiments, celle du chassé-croisé entre des gens qui s'aiment. C'est une guerre bien plus charmante, mais elles s'emboîtent l'une dans l'autre. Celle qui nous menace et occupe les esprits et celle que l'on mène dans l'insouciance et qui fait quand même souffrir.

Nora Gregor: Et moi, je serai où dans cette guerre ?

Jean Renoir: Vous serez au centre, le chassé-croisé tournera autour de vous et vous y participerez aussi à votre manière, avec votre innocence et votre honnêteté qui pourront s'avérer également cruelles. Ça se passera dans un milieu aristocratique, comme celui que vous connaissez, mais on verra aussi le monde des domestiques ; les sentiments, les désirs et les chagrins sont les mêmes. Ce sera très français, bien sûr, les domestiques ne vous y trahiront pas comme ils l'ont fait à Vienne.

Nora Gregor: Ils ne seront pas antisémites ?

Jean Renoir: Oui et non, car votre mari, le marquis de La Chesnaye, sera d'origine juive et ils en parleront entre eux, mais ils le respecteront et le compareront favorablement avec d'autres aristocrates chez qui ils ont servi auparavant. Je ne vous en dis pas plus pour l'instant, je suis en train de réécrire le scénario. Quand j'ai commencé à penser au film, je ne vous connaissais pas encore. Ce sera peut-être un peu difficile pour vous qui êtes habituée à d'autres méthodes, mais il m'arrive de modifier un scénario en cours de tournage. Pourtant, ne vous inquiétez pas, je suis toujours très près de mes acteurs, je les aime et je les écoute.

Nora Gregor: Vous ne me dites rien de mes partenaires.

Jean Renoir: C'est encore trop tôt. Mais il y aura forcément Dalio pour jouer votre mari, un acteur extraordinaire, Carette que j'adore, Mila Parély qui est très fine et très belle, et la petite Paulette Dubost, si gentille et rigolote. D'autres encore, avec qui j'aime travailler. Il y aura un rôle important pour mon frère Pierre, mais s'il n'arrive pas à se libérer, alors c'est moi qui le remplacerai, j'ai toujours voulu être acteur.

Nora Gregor: Donc, dans ce cas, je ne connaîtrai que vous sur ce tournage ! Il vous faudra vraiment me rassurer.

Jean Renoir: Et d'autant plus que je serai amoureux de vous… « La grâce, le tremblement léger, l'accent d'une voix chantante, la gravité secrète », je ne sais plus qui a dit cela à propos de vous, c'est tellement juste.

Nora Gregor: Vous êtes trop gentil, monsieur Renoir, trop indulgent avec moi.

Il y aura aussi Roland Toutain pour être amoureux de vous, pense Jean Renoir. Je ne sais pas comment je vais arranger ça dans le scénario. Il est irrésistible, ce cher Roland. Je lui en parlerai plus tard, elle est fragile, elle risque de prendre peur.

Comment apprendre un scénario, en français, s'il change tout le temps ? s'inquiète Nora Gregor. Je n'y arriverai jamais.

Jean Renoir : « Cœurs sensibles, cœurs fidèles, /
Qui blâmez l'amour léger, /
Cessez vos plaintes cruelles : /
Est-ce un crime de changer ? »

Voilà, c'est *Le Mariage de Figaro* ; j'écoute aussi beaucoup Couperin, Lully, la musique baroque. Vous avez Mozart et Schnitzler, vous ne serez pas dépaysée.

Nora Gregor : On tournera en Sologne, cet hiver, m'a dit l'un de vos assistants au téléphone.

Jean Renoir : La brume sur les paysages de Sologne, c'est d'une beauté merveilleuse. Et le château qui se détache peu à peu.

Nora Gregor : J'ai une telle nostalgie de notre maison en Haute-Autriche, vous allez me voir pleurer tout le temps.

Jean Renoir : Mais non, mais non, vous ne serez pas triste, vous verrez, avec moi, les tournages sont très gais. Vous penserez un peu moins à tout ce que vous venez de vivre, et moi aussi, un peu moins à tout ce qui nous attend. Enfin, autrement, nos cœurs battront au « jeu de l'amour et du hasard ».

Nora Gregor : Le contraire de ce qui se passe à Paris actuellement, où il n'y a ni amour ni hasard, seulement du mensonge et de la lâcheté. Tout est provisoire, hélas.

Jean Renoir: Vous savez ce que disait Henri Matisse, le peintre: «En art, la vérité, le réel commence quand on ne comprend plus rien à ce qu'on fait, à ce qu'on sait.» C'est vers cela que je vais vous emmener.

Nora Gregor: Il n'y aura donc pas de règles?

Jean Renoir: Mais si, au contraire, il y aura la règle du jeu. Voilà, j'ai enfin trouvé mon titre, *La Règle du jeu*. C'est tout à fait ça, *La Règle du jeu*.

Ils se séparent doucement, avec émotion.

Lors de la première de *La Règle du jeu* au Colisée, quelques mois plus tard, le 7 juillet 1939, le public siffle parce qu'il ne comprend rien au film ou, peut-être, parce qu'il a trop bien compris qu'il rend compte de l'humeur du temps avec une lucidité saisissante. Les critiques sont mauvaises, on incrimine Nora Gregor pour son accent germanique, Jean Renoir pour son jeu d'acteur, Dalio le Juif dont le scénario prétend faire un aristo. «J'ai eu pas mal de tapes dans ma vie, mais une tape comme celle-là, je crois que je n'en ai jamais eu. C'était vraiment très réussi, complet, parfait!» confiera Jean Renoir, désespéré par cet échec. On coupe vingt minutes, ça ne change rien, les recettes sont nulles. Vichy assène le coup de grâce en interdisant ce qui reste du film après de nouvelles coupes. Des versions mutilées circulent après la guerre dans l'indifférence générale et il faut attendre les années soixante pour que ressurgisse, par miracle, une version intacte qui permet de faire reconnaître enfin le film comme un chef-d'œuvre. «Le credo des cinéphiles, le plus haï à sa sortie, le plus apprécié ensuite», écrira François Truffaut. Entre-temps, Nora Gregor est morte en exil à Santiago du Chili, dans des conditions mystérieuses qui font penser à un suicide, et la vie errante de son mari s'est achevée dans la Vienne occupée par les Alliés, où tout le monde l'a oublié.

La Règle du jeu, film maudit.

Chapitre 17
Ich liebe dich, Paris !

Aux approches de la guerre, tous les êtres sécrètent une nouvelle sueur, tous les événements revêtent un nouveau vernis, qui est le mensonge. Tous mentent.

Jean GIRAUDOUX — *La guerre de Troie n'aura pas lieu*

Le Crillon est assurément un palace de tout premier ordre. Des clients aussi exigeants que M. et Mme von Ribbentrop ne peuvent qu'être pleinement satisfaits du luxueux confort de leurs suites et de la parfaite qualité du service. Mais un petit détail a échappé à la vigilante courtoisie du concierge de l'hôtel. Des mains anonymes ont installé un discret tréteau à la réception, annonçant la date prochaine d'un concert du chef Bruno Walter à la salle Gaveau. L'homme aux clés d'or n'y a pas vu d'inconvénients. Il a sans doute beaucoup trop à faire pour sortir le soir et, en dehors de la chronique mondaine, il ne lit pas très attentivement les journaux. C'est un usage habituel d'aviser la clientèle élégante de l'établissement, souvent férue de grande musique, lors du passage à Paris d'artistes renommés. Mais Bruno Walter n'est pas de passage à Paris. Il est exilé. C'est un Juif persécuté qui a fui Vienne à l'arrivée des nazis et qui s'est réfugié en France. Avec un peu de mauvaise volonté, le tréteau arborant la photo du célèbre chef d'orchestre pourrait passer pour une provocation, le motif d'un incident diplomatique certes mineur, mais quand même. On ne sait jamais avec ces officiels allemands tellement formalistes et susceptibles.

Heureusement, le ministre du Reich et son épouse ne s'arrêtent jamais à la réception pour demander leurs clés, des affidés s'en chargent pour eux, et ils traversent toujours le hall en trombe pour regagner leurs appartements dans un brouhaha de salutations gutturales et de claquements de talons. Et ouf, un des adjoints du concierge, mieux informé ou plus avisé, a flairé le risque, et ce matin, le tréteau n'est plus là au moment où le couple Ribbentrop s'apprête à quitter l'hôtel. Lui dans son uniforme noir d'*Obergruppenführer* SS, avec tous ses insignes, ses décorations et la fourragère d'apparat, pour déposer une gerbe sur la tombe du Soldat inconnu et accomplir un programme serré qui lui permettra d'engueuler aigrement une fois de plus l'ambassadeur. Elle en tailleur sombre et bien convenable pour visiter le musée Rodin avec Odette Bonnet et l'épouse de Welczeck, ce qui la passionne absolument, comme elle l'a confié à une journaliste de la presse féminine qui s'apprête à faire un portrait de l'autre « grande dame du Reich », bien plus élégante et cultivée que cette plantureuse théâtreuse d'Emmy Goering, et aussi plus aimable que la froide Magda Goebbels. Ils se retrouveront ensuite.

En fait, les obligations de cette deuxième journée de la visite officielle ont été arrêtées principalement par Otto Abetz, le chien courant de Ribbentrop depuis le temps où celui-ci ambitionnait de remplacer le falot Neurath comme ministre des Affaires étrangères et lui savonnait la planche en mettant au point une administration parallèle à son service, particulièrement insinuante et venimeuse. Otto Abetz s'y était révélé fort efficace pour seconder les manigances de Ribbentrop et s'en était trouvé récompensé en profitant largement de l'ascension de son maître. Il est désormais chargé des relations avec les Français et fidèle à des méthodes qu'il maîtrise parfaitement, il double en permanence à Paris l'ambassadeur Welczeck, que cela exaspère et qui n'en peut mais.

Ancien professeur de dessin, animateur précoce de diverses organisations de jeunesse franco-allemandes, réputé ami des arts et de notre culture, jeune avec un physique et des manières agréables, calme et policé, habile à s'introduire dans tous les milieux, marié à l'ancienne secrétaire du journaliste à tout faire Jean Luchaire, justement surnommé « Louche Herr », il prétend incarner l'Allemagne romantique des croisières sur le Rhin et des excursions en Forêt-Noire, qui lui permettent d'organiser de fructueuses rencontres entre partisans pacifistes du dialogue et de la réconciliation. Rallié au nazisme par opportunisme, c'est un agent forcené du régime hitlérien, dont il partage toutes les tares antisémites et cyniques, fourbe et visqueux, insaisissable et sans autre statut officiel que celui de conseiller du ministre. Il a la haute main sur deux associations extrêmement puissantes, la Deutsch-Französische Gesellshaft, DFG, en Allemagne, et le Comité France-Allemagne en France qui publie les *Cahiers franco-allemands*, revue à prétention culturelle innocente.

La liste des personnalités qu'il a réussi à engluer est impressionnante. Elle va des bonnes volontés abusées comme celles de Jules Romains et Pierre Benoit, passablement lubrifiées par des publications en Allemagne sources de confortables droits d'auteur, à l'illuminisme béat d'Alphonse de Châteaubriant qui prend Hitler pour un nouveau messie, en passant par Fernand de Brinon, aristocrate décavé qui a interviewé le Führer pour *Le Matin* dès 1933 et l'a rencontré ensuite à maintes reprises, Paul Morand, écrivain de haute volée et Bécassine ultradroitier en politique, Bertrand de Jouvenel, spécimen d'intellectuel mondain, qui ne s'est pas encore remis d'avoir rencontré pour *Paris-soir* Hitler qui l'a trouvé d'une « race formidable » sans connaître son ascendance juive, Scapini, héros mutilé de la Grande Guerre, qui porte sa cécité comme une offrande sur l'autel de l'amitié.

Et tout autour s'agitent Drieu La Rochelle, qui a visité Dachau et n'y a rien trouvé à redire sauf qu'on y pratique une « franche sévérité », le voyou littéraire Jean Fontenoy, ancien communiste passé d'un bord à l'autre, et plusieurs écrivains en rupture d'Action française ou qui ont perdu la tête devant des cohortes de vigoureux blondinets nazis, tels qu'Abel Bonnard, Jean Fraigneau ou Marcel Jouhandeau. On ne compte plus les membres de l'Institut, les parlementaires, les grands noms du monde des affaires qui sont tombés dans la nasse, comme le tonitruant marquis Melchior de Polignac, à la tête des champagnes Pommery dont son vieil ami Ribbentrop fut le représentant en Allemagne.

Inutile de préciser qu'Otto Abetz dispose de fonds secrets considérables et que les subventions plus ou moins déguisées, les cadeaux et les invitations tous frais payés pleuvent sur le cheptel. Reste à faire avaler *Mein Kampf* aux lecteurs français qui auraient envie de se pencher sur le menu que leur a cuisiné Hitler. Les publications ont été opportunément interdites, sous le prétexte bien trouvé du respect du droit d'auteur, mais des éditions plus ou moins clandestines, des extraits et des commentaires ont suinté un peu partout. Or, il est évidemment difficile de canaliser ce torrent de haine belliqueuse vers la bonace des entretiens iréniques et des déclarations pacifiques du Führer, même s'il répète à qui veut l'entendre : « L'Allemagne a définitivement renoncé à la guerre, ce serait une folie d'y revenir. » Certes, Hitler a l'interview facile et il reçoit à peu près tous ceux qu'Otto Abetz lui recommande, afin de les abreuver de bonnes paroles, mais ça ne suffit pas pour évacuer une curiosité publique malsaine, qui risquerait de lire de travers le livre du Führer. Il faut donc en présenter une version acceptable.

C'est Jacques Benoist-Méchin qui va se charger de cette tâche ingrate pour une publication d'extraits bien choisis dans *Match*, l'hebdomadaire en plein essor, prévue au moment de la visite de Ribbentrop. Les nazis ne pouvaient pas trouver mieux. Tout cela tombe très bien, puisque *Match* diffuse aussi les carnets d'Aristide Briand, l'apôtre de la paix et du rapprochement avec l'Allemagne au temps du chancelier Stresemann, soigneusement cisaillés par le très ambigu Georges Suarez, entamant la funeste dérive qui lui vaudra d'être fusillé à la Libération. C'était il y a dix ans, pas si longtemps et une éternité selon le point de vue où l'on se place. Le fait est que tous les partisans de l'apaisement et du dialogue se réclament indûment de Briand, qui doit se retourner dans sa tombe si les compliments *post-mortem* hypocrites et les vociférations de Berlin parviennent jusqu'à lui.

Benoist-Méchin est un essayiste surdoué, un intellectuel entraînant et dangereux. Il n'est même pas dissimulé ou pervers, il annonce tout de suite la couleur : « Hitler est un visionnaire qui a décidé de réaliser son rêve avec le réalisme d'un homme d'État. » Fils d'un père esthète avide d'aventures, qui a ruiné sa famille avant de disparaître, et d'une maman adorée avec qui il vit encore, bon élève porté sur les classiques gréco-latins, musicien qui a sauté sur les genoux du groupe des Six et fréquenté Henri Sauguet, petit chéri des deux libraires renommées de la rue de l'Odéon, Adrienne Monnier et Sylvia Beach, admirateur de Proust, Valéry et Joyce qu'il a côtoyés, journaliste pour le groupe de presse de Randolph Hearst à New York, longtemps protégé du patron de *L'Intransigeant*, Léon Bailby, dans l'inavouable promiscuité de l'homosexualité des placards, auteur de la monumentale *Histoire de l'armée allemande*, il est tombé très tôt et une fois pour toutes dans la lessiveuse de l'Allemagne et du nazisme.

Ainsi, les extraits choisis et commentés par Benoist-Méchin minimisent l'hostilité du Führer à l'égard de la France et son obsession antisémite. Certains passages sont carrément réécrits. Les excès qui ont pu alarmer ceux qui ont eu accès au texte original sont mis sur le compte de l'amertume compréhensible d'un ancien combattant accablé par la défaite et l'occupation de la Ruhr décidée par Poincaré, et d'un militant politique injustement enfermé en prison durant l'écriture de son livre. Le Führer serait un autre homme assagi par l'expérience du pouvoir, qui tend constamment la main à la France et regrette sincèrement que des forces occultes remettent en cause ses efforts. Quand paraissent les bonnes feuilles de cet ouvrage dont Benoist-Méchin a l'habileté de reconnaître qu'il est tout de même « étrange et explosif, brûlant et frénétique », la presse française est d'ailleurs remplie d'enquêtes sur les Juifs selon des thèmes rebattus, « qui sont-ils, d'où viennent-ils, que veulent-ils ? », ainsi que d'articles prétendument objectifs sur les races humaines et leurs différences, voire leurs degrés d'intelligence, les braves sujets indigènes de l'empire qui sont reconnaissants à la France pour sa mission civilisatrice, mais aussi les étrangers passe-frontières et les indésirables.

Otto Abetz n'a qu'à souffler sur les braises. Les fédérations d'anciens combattants offrent un autre champ d'action, où cet infatigable ami de notre pays peut déployer des initiatives qui font merveille. À chaque crise internationale, il met efficacement en branle la manivelle de la mémoire, de la « der des ders » et du « plus jamais ça ! ». Réunions spectaculaires à Verdun, délégations reçues en Allemagne à grand renfort d'évocations sur la camaraderie des tranchées entre anciens ennemis, réceptions émouvantes des médaillés par le Führer en personne. Parfois, ça grince un peu, comme tout récemment avec la Nuit de Cristal, mais Otto Abetz est un orfèvre du déni, du contournement et du repli stratégique. Il recharge constamment ses batteries et la visite de Ribbentrop est au fond un coup de maître pour lui. Cependant, son inlassable activité éveille forcément l'attention du contre-espionnage, à l'affût de la faute qu'il pourrait commettre ; la police le surveille de très près et Daladier voudrait l'expulser, mais l'homme est si habile et dispose de tant d'appuis que c'est quasiment impossible, et surtout à un moment si peu propice.

Alors qu'il venait de prendre ses fonctions à Berlin, l'ambassadeur Robert Coulondre a tenu à déposer une couronne de fleurs sur la tombe du Soldat inconnu allemand. François-Poncet n'avait pas fait ce geste et les Allemands, quoique surpris, ont entouré la cérémonie d'une grande solennité. Compagnie de parade qui rend les honneurs, hymnes nationaux, présence du général qui commande la place de Berlin, délégations d'anciens combattants, éloges appuyés dans la presse. Ribbentrop ne veut pas être en reste et il entend que les Français confèrent autant d'éclat à son propre dépôt de gerbe à l'Arc de Triomphe. Au petit matin, le préfet de police Roger Langeron a inspecté le dispositif de sécurité. Ses agents ont bouclé la place de l'Étoile, un détachement de gardes républicains s'apprête à rendre les honneurs, la musique est calée, une autre délégation d'anciens combattants avec leurs drapeaux attend transie dans le froid du matin de décembre, les reporters allemands avec leurs caméras se tiennent dans leur carré, en silence, où ils pourront bien voir, le général Herbillon, qui commande la place de Paris, a enfilé ses gants. Ce sera donc aussi bien qu'à Berlin, voire encore mieux.

Il est en effet prévu que MM. Georges Bonnet et Auguste Champetier de Ribes, le ministre des Anciens Combattants, accompagneront le ministre du Reich dans l'exercice de son pieux devoir. Mais Langeron n'est pas complètement satisfait. Il doit supporter la présence vibrionnante à ses côtés d'un curieux personnage, également en grande tenue d'*Ober* quelque chose,

Karl Boemelburg. Le préfet n'est pas très enclin à la fièvre militaire qui est le propre des officiels nazis, et il n'a qu'une idée assez vague de la hiérarchie des grades chez les SS. Il s'interdit pourtant d'exprimer son agacement, car il lui est impossible de se débarrasser de l'intrus en lui intimant d'« aller voir ailleurs si j'y suis » : Boemelburg appartient aux services de l'ambassade et il est chargé de la sécurité personnelle du ministre, ce qui l'autorise à demander tout ce qu'il veut sur les mesures qui ont été prises. Il est poli, lisse, insinuant, un véritable interrogatoire « signé Gestapo », pense Langeron qui a plutôt l'habitude d'être celui qui pose les questions.

En fait, le préfet connaît de réputation ce haut gradé de la SS qui se comporte à Paris comme s'il était chez lui, ce flic berlinois qui s'exprime comme un divisionnaire de la préfecture, ce gestapiste en grande tenue qui lui parle comme s'il faisait déjà couler l'eau dans la baignoire. Correct, glacé, insistant. Langeron ressent la même impression désagréable qu'il a éprouvée lors de leur première rencontre quelques semaines plus tôt, quand Boemelburg avait été dépêché de Berlin pour coiffer les enquêteurs allemands qui prétendaient participer aux investigations après le meurtre du conseiller vom Rath. Il y avait eu des conflits de compétences, des échanges de notes déplaisantes, puisque seule la police française était habilitée à traiter ce douloureux dossier. Puis, tout était rentré dans l'ordre et Boemelburg avait disparu, avant de reparaître ce matin, toujours aussi sournois et sûr de lui.

Mais entre-temps, le préfet s'était renseigné sur son compte et avait découvert que cet étrange collègue allemand était aussi détenteur d'une carte d'identité française en bonne et due forme au nom de Charles Bois. Un agent de la cinquième colonne planqué à l'ambassade et sans doute chargé de s'infiltrer parmi les réfugiés allemands pour les abattre, les enlever ou les faire chanter. Langeron avait fait un rapport pour le cabinet du ministre de l'Intérieur et depuis, plus de nouvelles, la paperasse et la négligence habituelles. *Enfin, continuons à jouer la comédie du fonctionnaire français qui passe son examen, puisque j'ai un avantage sur lui, il ne sait pas que je sais*, pense Langeron. Mais il est 9 h 55, on reparlera de tout cela plus tard, le cortège du ministre des Affaires étrangères du Reich est en train de remonter les Champs-Élysées.

Dans ce genre de circonstances, l'absence de retenue et les démonstrations et émotions personnelles ne sont pas de mise, la rigidité germanique est à l'unisson de la parfaite tenue des Français, et Ribbentrop bien à son affaire dans son rôle de robot surgalonné affichant une gravité de commande. Georges Bonnet et Champetier, en jaquettes noires, se tiennent en retrait avec des mines pénétrées, comme les duègnes dans l'ombre du roi dans les tableaux espagnols. Il faut laisser toute sa place à Ribbentrop au centre du décorum. Elle lui permet de poser avec une indifférence affectée pour les reporters allemands. Une seule pensée occupe son esprit : pourvu que le Führer puisse regarder et apprécier le résultat, si Goebbels n'y fait pas obstacle ! Le ministre de la Propagande ne cache pas le peu d'estime qu'il a pour Ribbentrop et évite régulièrement de le mettre en valeur.

La couronne de lauriers est énorme, enrubannée de cocardes à croix gammées et, malgré les discrètes observations de Welczeck dans la voiture qui les menait à l'Arc de Triomphe, tombées dans un silence de plomb, Ribbentrop fait le salut hitlérien devant le Soldat inconnu. Ensuite, roulements de tambours et minute de recueillement, Georges Bonnet se déplace insensiblement pour être sur les photos, hymnes nationaux et signature du Livre d'or, le général Herbillon est gratifié d'un autre salut hitlérien, pas un regard pour les anciens combattants cramponnés à leurs drapeaux sous la bise, et c'est fini, on peut partir.

Et maintenant, le volet culturel concocté par Otto Abetz, avec une visite à la Maison Goethe avenue d'Iéna pour commencer. Personne ne semble s'être posé la question de savoir ce que le héros tutélaire de la littérature allemande aurait pensé de la visite d'un ministre du Reich complice des lancers de livres dans des brasiers où se sont consumés des pans entiers de la culture germanique, au milieu des hurlements de haine de jeunes hitlériens déchaînés. De quoi se retourner dans sa tombe. En revanche, Otto Abetz a lourdement insisté dans un communiqué à l'adresse des journalistes français sur le souvenir de la rencontre historique entre Goethe et Napoléon à Erfurt, en 1808, en évoquant sans barguigner les fioritures de la légende. Napoléon saluant le poète en retirant son chapeau et s'exclamant : « Voilà un homme », selon Abetz, alors que l'audience s'était déroulée dans le désordre, l'Empereur étant à table, donnant des instructions à tous ceux qui entraient et sortaient, interrogeant Goethe comme il l'aurait fait d'un courtisan, avant de sentir enfin la dimension du personnage dont il ne connaissait que *Werther*. Esprits chagrins se reporter au récit de Talleyrand, témoin amusé de la tentative de séduction à la va-vite de l'Empereur et de l'humble obséquiosité du poète.

À la Maison Goethe, il est prévu que le ministre du Reich s'entretienne avec des intellectuels allemands. À vrai dire, ce projet de rencontre relève de l'oxymore : les intellectuels allemands de Paris sont pour la plupart des réfugiés farouchement antinazis et ils n'ont évidemment aucune intention de discuter aimablement avec l'un de ces hitlériens qui font taire les voix discordantes à coups de nerf de bœuf et les jettent dans des camps de concentration. On a quand même trouvé un maigre contingent de professeurs Nimbus des facultés scientifiques et d'historiens de l'art prudemment spécialisés dans les conférences sur le haut Moyen Âge. Les uns et les autres pensent aussi à leurs familles restées en Allemagne. Et tous d'entonner l'éloge d'une vedette incontestée de la francophonie germanique et du dialogue culturel entre les deux pays, qui brille malheureusement par son absence ce matin-là – regrettable contretemps ou précaution élémentaire –, le docteur Sieburg.

Rendu célèbre par son essai *Dieu est-il français ?* qui fut un *best-seller* des deux côtés de la frontière, Sieburg aime effectivement la France comme on la verrait décrite dans une version littéraire et soigneusement illustrée du *Guide Baedeker*, mais il regrette qu'elle soit habitée par les Français. Des individualistes chauvins qui ne comprennent rien à l'économie, sont rétifs au progrès, vivent dans la nostalgie du passé et sont incapables de se gouverner, se disputent sans cesse, ne pensent qu'à s'amuser et à bien manger, et ne se lavent pas. Un agréable ton d'indulgence frivole et de lucidité désolée masque à peine la conclusion de l'auteur : la France des Français mériterait une bonne correction.

Il n'est pas précisé qui devrait la lui administrer, mais « suivez mon regard ».

Pour Ribbentrop qui ne lit jamais aucun livre et se contente de parcourir des journaux à la solde du régime, la référence à ce docteur Sieburg, dont il ne connaissait que vaguement l'existence et qu'on lui présente comme un exemple de la vitalité des échanges culturels, suffit à confirmer tout l'intérêt de cet entretien de quelques minutes avec des « intellectuels » accommodants qui font honneur à l'Allemagne. Elle entérine ce qu'il a toujours pensé de la France, et encore plus nettement depuis le début de sa visite à Paris. « La France est ce type de nation qui meurt. C'est une nation sans buts et sans importance. Une moyenne puissance à la périphérie de l'Europe, rejetée de tous les foyers de développement dynamique, cantonnée dans la défense. On peut abandonner le peuple français à lui-même, le temps travaille irrévocablement contre lui. La France n'est plus le destin de l'Allemagne, elle n'est plus le destin de personne, elle est en train de tomber en marge de l'histoire. » Fermez le ban ! Le ministre du Reich est enchanté par son échange de vues si intéressantes, les voitures sont avancées pour l'emmener avec sa suite au musée du Louvre, que le Führer voudrait connaître et dont il lui a recommandé la visite.

Au Louvre, il est accueilli par Jean Zay, le ministre de l'Éducation nationale et des Beaux-Arts. D'un point de vue protocolaire, c'est impeccable. Jean Zay est un ministre qui fait honneur à la République. Rescapé des crises ministérielles successives, il a réussi à appliquer l'essentiel du programme du Front populaire dans le domaine de l'éducation, des loisirs, de la culture, et son œuvre, qui lui survivra, lui vaut le respect de l'ensemble de la classe politique, à l'exception des enragés de l'extrême droite. C'est un homme encore jeune, avenant, pétillant de chaleur humaine et d'intelligence. Mais peu importe à Ribbentrop, toutes ces qualités et tous ces accomplissements ne valent rien, Jean Zay est juif.

La visite se déroule au pas de course dans une atmosphère glaciale. Ribbentrop ne se donne même pas la peine de répondre au ministre français qui tente quelques explications sur les tableaux, et fusille du regard Welczeck lorsqu'il cause avec lui. Bref arrêt devant *Le Sacre de Napoléon* et *L'Enlèvement des Sabines*, on l'entend grommeler que David, c'est quand même autre chose que l'art dégénéré de tous les rebuts de la pègre cosmopolite dont le Reich s'est débarrassé et qui traînent maintenant à Montparnasse. Étrangement, il s'arrête aussi devant *L'Embarquement pour Cythère* et *L'Indifférent* de Watteau. Serait-il enfin touché par la grâce merveilleuse de ces tableaux ou par la mort prématurée du peintre ? Jean Zay, qui avait pris son parti de rester à l'écart, se rapproche en espérant une lueur. Mais non, Ribbentrop le regarde pour la première fois dans les yeux et lui demande abruptement s'il ne craint pas qu'on vole les chefs-d'œuvre du Louvre, qui lui semblent bien mal protégés. Jean Zay, surpris par la question, bredouille que non, le personnel du musée surveille de très près tous ces trésors. Il est néanmoins troublé par l'instinct de flic de Ribbentrop et il repense fugitivement aux grèves qui ont mis en danger la sécurité des collections. *L'Indifférent* sera dérobé, d'ailleurs, quelques semaines plus tard, par une sorte de dingue qui voulait y apporter des retouches et qui le décrochera tout simplement sans se soucier des gardiens affalés sur leurs chaises.

Au département des antiquités égyptiennes, Ribbentrop fait le geste insolite de caresser la statue couchée en marbre noir de Sésostris. On lui voit un étrange sourire, aussi mystérieux que celui du pharaon. Songe-t-il à la réaction d'Hitler devant le buste de Néfertiti au musée de Berlin, que le roi Fouad avait voulu récupérer pour le musée du Caire ? « *Unmöglich, noch nie !* » s'était exclamé rageusement le Führer – impossible, jamais !

Bon, la visite est terminée, le ministre du Reich s'en va. D'une manière totalement inattendue, il serre la main de Jean Zay et le remercie très poliment. Il ajoute qu'il espère le retrouver quand il reviendra ce soir pour admirer les illuminations avec sa femme. C'est comme si le jeune mondain aimable et sympathique d'autrefois n'était pas tout à fait mort sous la défroque du nazi en uniforme noir. « Ces gens ont-ils été détraqués par leur idéologie funeste ou sont-ils naturellement pervers ? » glisse Jean Zay au directeur du musée. « C'est affreux, on aurait dit un huissier venu faire l'inventaire », lui répond le fonctionnaire. C'est en proie à de telles idées sombres qu'ils regardent s'éloigner le cortège du ministre du Reich.

Dernière étape d'une matinée bien chargée, la Maison brune, 3, rue Roquépine, dans le 8e arrondissement des grandes fortunes bourgeoises. C'est un bel hôtel particulier, dans le style Trianon version coffre-fort, construit par l'homme d'affaires Édouard André pour y abriter ses collections d'art, et qu'il revendra à d'autres mécènes pour édifier un véritable palais boulevard Haussmann, le futur musée Jacquemart-André. Il est aménagé sur le modèle des autres Maisons brunes disséminées à travers le Reich, destinées à servir de lieux de rencontres pour les militants nazis. Plus rien n'y évoque un passé d'amateurs raffinés et d'élégante vie parisienne. Il ne reste qu'une morne enfilade de salons sommairement meublés, avec des banderoles à croix gammée et des portraits d'Hitler accrochés aux murs.

C'est le repaire du bien affable Rudolf Schleier, le lieutenant d'Otto Abetz, qui contrôle les réseaux allemands en France, et y organise régulièrement des conférences et des réceptions très suivies par les membres du Comité France-Allemagne et les sympathisants du régime ; intellectuels dévoyés, journalistes véreux, mondains sans cervelle et la tourbe des aigrefins et scribouillards empochant de petits pourboires pour payer leurs loyers et emmener leurs poules en « voyages d'étude » en Bavière. Leurs noms sont abondamment cités dans les colonnes du *Deutsche Zeitung in Frankreich*, la feuille de chou publiée par la Maison brune. Une fois compromis, ils ne peuvent que revenir et s'enfoncer davantage. Les activités dites culturelles de la Maison brune dissimulent à peine qu'il s'agit d'un nid de cafards. Bien que pressé d'un peu partout pour en ordonner la fermeture, Daladier laisse faire. Il croit pouvoir compter sur quelques infiltrés plutôt douteux, et fait filer les invités même s'ils sont trop nombreux ou trop aguerris pour nourrir tout le fichier de la préfecture.

Le ministre du Reich est évidemment reçu avec enthousiasme par les chemises brunes rassemblées pour l'occasion par un Otto Abetz épanoui dont c'est la minute de gloire. Bouquet de fleurs offert par de petites blondinettes tout droit sorties de *Hansel et Gretel*, débauche de saluts hitlériens, discours bien trempé de Ribbentrop sur le thème de la vigilance à l'égard des ennemis du Reich, *Horst Wessel Lied* bramé à pleins poumons par des quinquagénaires au regard fixe et des dames en chapeaux et sacs vernis. L'ambassadeur Coulondre, qui suit la délégation allemande depuis le matin à pas comptés sans trop se faire remarquer, assiste à ces touchantes retrouvailles entre le ministre du Reich et la communauté allemande ultra-nazifiée de Paris. À l'heure où la griserie brune échauffe toute l'assistance, tandis que circulent les saucisses chaudes et les bocks de bière comme dans le *Bürgerbräukeller*, la brasserie munichoise chère à Hitler, il en retire une impression détestable. « Les Allemands ont ces têtes de faux témoins, les dames allemandes me cajolent et se repassent leur Führer pour me le présenter sur leurs grandes mains sèches. "Notre Führer est très compréhensif", me dit l'une ; "Notre Führer aime la belle France", me dit l'autre. Je le pense bien et c'est cela qui m'inquiète. » Hitler par-ci, Hitler par-là. Mais la Maison brune n'est qu'un hors-d'œuvre, on attend le ministre du Reich au Crillon pour le plat de résistance, le déjeuner offert par le Comité France-Allemagne, où est conviée la crème des pacifistes. La délégation fonce vers la place de la Concorde comme les panzers sur les Sudètes, mais il n'y a personne au long des trottoirs pour agiter des petits drapeaux.

« La persécution antijuive en Allemagne suscite la protestation de nos consciences, mais elle ne saurait interdire un accord franco-allemand politique et économique », ainsi s'exprime Henri Pichot à la tête de la plus importante fédération d'anciens combattants et membre très actif du comité. Ribbentrop et Otto Abetz n'ont aucune inquiétude à se faire à propos du climat qui régnera durant le déjeuner. Comme chacun sait, le propre des consciences est de rester souvent muettes, et un mois après la Nuit de Cristal, il est bien établi parmi tous les convives qu'on ne parlera pas des Juifs. Odette Bonnet, Annelies von Ribbentrop et l'épouse de l'ambassadeur Welczeck sont revenues enchantées de leur visite au musée Rodin, elles ont des anecdotes charmantes à raconter à ces messieurs, mais passez muscade, ce sont les seules femmes admises au déjeuner, où l'on abordera des sujets plus sérieux qui les dépassent.

Les ministres présents ont prévu des conversations intéressantes. Charles Pomaret, titulaire du maroquin « Travail et Santé publique », à la tâche sur son grand plan pour aider les familles françaises à redresser la natalité, brosse une comparaison avec la politique familiale du Reich. Depuis l'Anschluss et l'annexion des Sudètes, les Allemands sont deux fois plus nombreux que les Français, Ribbentrop salue ces statistiques avec un demi-sourire plein de mansuétude. Pomaret précise qu'il est aussi revenu très favorablement impressionné des rassemblements de Nuremberg, où il a pris la mesure du dynamisme de la jeunesse allemande. Le directeur honoraire du comité, René Lhopital, complète cet exposé en mettant en perspective les Scouts de France, dont il est le protecteur, et les Hitlerjugend, qui sont également toujours prêtes à faire leur B.A. pour les nécessiteux, si tant est qu'il en existe encore en Allemagne, quand il y a tellement de faux chômeurs en France qui ont l'impudence de se plaindre.

Anatole de Monzie prononce un vibrant éloge des autoroutes allemandes alors qu'on peine à achever le tracé des vingt-cinq kilomètres entre Paris et Orgeval. François Piétri, qui a été ministre des Finances, des

Colonies et de la Marine, est plus circonspect ; il est venu pour interroger le ministre du Reich sur les revendications italiennes à propos de la Corse, son pays natal. Mais, voyez-vous, dans ce genre de réunions amicales, il faut un tour de table, et c'est Fernand de Brinon qui attribue les temps de parole. François Piétri, l'ancien ministre qui a toujours un pli de pantalon impeccable, est trop bien élevé pour faire du *forcing*. Comme champion international d'escrime, il pourrait parler jeux Olympiques avec Melchior de Polignac, qui ne s'est pas encore remis de la splendeur de ceux de Berlin.

Henry-Haye, le sénateur-maire de Versailles, évoque l'influence de l'héritage de Mansart et de Le Nôtre sur l'architecture des châteaux de Frédéric II ; Horace de Carbuccia, le patron cramoisi de l'hebdomadaire *Gringoire* qui a poussé sans remords le ministre Salengro au suicide par une campagne crapuleuse de diffamation, insiste sur le manque d'honnêteté des journalistes quand ils écrivent sur l'Allemagne ; le roi des chocolats Menier souligne qu'il serait juste que l'Allemagne puisse récupérer le Togo et les plantations de cacao contre la levée des droits de douane qui frappent ses tablettes ; monseigneur Mayol de Lupé tente de trouver des circonstances atténuantes à la campagne anticatholique des nazis ; on parle mécanique ondulatoire avec le duc de Broglie, accueil des touristes allemands à Paris avec Jean de Castellane, prochaines rencontres entre anciens combattants mutilés de guerre avec Georges Scapini, dont le bel Arabe qui l'accompagne partout coupe la viande et conduit la fourchette.

Tout ce beau monde se désole de n'avoir pu assister à la conférence de Baldur von Schirach sur Goethe (encore !), qui devait se tenir en novembre et que

Daladier a jugé plus prudent de faire annuler. Le chef des Jeunesses hitlériennes citant l'*Iphigénie* du poète : « Je ne suis pas là pour partager la haine mais l'amour », voilà qui aurait pu résonner agréablement aux oreilles des membres du comité, restées bouchées au fracas, aux appels au meurtre et aux hurlements de terreur de la Nuit de Cristal. Bref, des conversations de bonne compagnie, arrosées de quelques excellents vins du Rhin, dans l'heureuse ambiance suscitée par la signature de la déclaration franco-allemande. Un peu languissante cependant, les Allemands restent surtout silencieux et Ribbentrop s'ennuie. Il chipote sa choucroute de la mer, perdu dans ses pensées qu'il doit avoir un peu de mal à retrouver, compte tenu du fait qu'il n'en a d'ordinaire déjà pas beaucoup à sa disposition et que la fatigue accumulée durant la matinée a emporté ce qu'il en restait.

Vient le moment des toasts. Maurice Bunau-Varilla, le directeur du quotidien *Le Matin* qui est en train de virer franchement proallemand et antisémite, en profite pour dire ce qu'il a sur le cœur : « Aujourd'hui, de plus en plus persuadé que je le suis de l'avenir heureux de la France grâce à votre grand Führer, je sais que l'année qui vient verra apparaître une démonstration effective de la vie heureuse des peuples de l'Europe nouvelle. » Même Otto Abetz, toujours précautionneux, trouve qu'il y va un peu fort, mais c'est sans importance, on passe les liqueurs, plus personne n'écoute et on a envie de s'en aller. Ce géant de Dörnberg a fait passer un petit papier à Ribbentrop, le déjeuner à l'Élysée pour le régent de Yougoslavie vient de s'achever, Georges Bonnet est de retour et il souhaite retrouver le ministre du Reich au Crillon pour un entretien impromptu qui permettra d'évoquer certains sujets que l'on n'a pas encore eu le temps d'aborder. Ribbentrop bâille à s'en décrocher la mâchoire, fait un petit signe d'impuissance à Annelies et renonce à sa sieste.

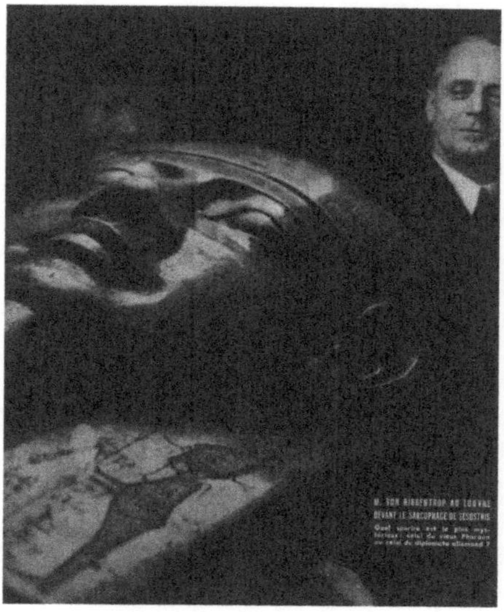

Ribbentrop au Louvre
devant le pharaon Sesostris...

Chapitre 18
Un Américain francophile

Bonsoir ma chérie, comment allez-vous ?
Bonsoir ma chérie, je vous aime beaucoup.
Avez-vous un fiancé ?
Ça ne fait rien, voulez-vous coucher avec moi ?
Ce soir ?
Oui, oui… Combien ?

Cole PORTER à Paris —
Fifty Million Frenchmen

William C. Bullitt, l'ambassadeur des États-Unis en France, referme le manuscrit que Marie Bonaparte vient de lui faire rapporter. Il est en proie à une débâcle d'émotions contradictoires, il ne sait pas ce qu'il doit faire de ce texte. À quoi bon le relire, il le connaît par cœur. Il s'agit du compte rendu de l'analyse psychologique du président Woodrow Wilson, que Sigmund Freud et lui-même ont rédigé ensemble quelques années plus tôt. Quel que soit l'angle sous lequel on peut le considérer, c'est de la dynamite. Pour les disciples de Freud comme pour ses ennemis, pour les politiques de toute obédience, pour les historiens et les journalistes. Faut-il le détruire, l'enfermer dans un coffre, le faire parvenir à une maison d'édition américaine ?

Wilson, c'est le président qui a fait entrer les États-Unis d'Amérique dans la guerre en 1917 contre les Puissances centrales, le visionnaire qui a défini les grandes lignes de la réorganisation de l'Europe après la victoire des Alliés selon un plan en quatorze points reposant sur les principes de la démocratie et de la liberté des peuples à disposer d'eux-mêmes. Un dirigeant universellement admiré bien qu'il n'ait pu parachever son œuvre, abandonné par le Congrès américain retourné à son isolationnisme en refusant l'entrée des États-Unis à la Société des Nations, prématurément emporté par l'épuisement et la maladie. Un homme donnant l'exemple de la rectitude morale en politique, malgré l'animosité persistante et désormais résurgente des opposants à sa conception du monde.

Analyser la psychologie d'un tel héros des temps modernes, c'était s'attaquer à un mythe et, à l'heure où l'Europe est de nouveau en proie aux démons qu'il voulut conjurer, et vacille au bord d'une conflagration, la diffusion d'un tel texte pourrait avoir des conséquences incalculables. Et même pour la carrière de l'ambassadeur Bullitt, l'effet d'une publication serait certainement dévastateur. Marie Bonaparte, encore à la surprise d'avoir appris récemment que Freud et Bullitt avaient pu travailler ensemble sur un tel sujet quelques années plus tôt, quand le professeur viennois était déjà une sommité de réputation internationale et le diplomate américain encore un jeune dilettante fortuné, a voulu absolument lire le manuscrit. Deux hommes *a priori* si éloignés l'un de l'autre, liés par un attachement réciproque extraordinaire, dont elle aurait pu se montrer jalouse si plusieurs années d'analyse avec Freud ne l'avaient pas aidée à maîtriser l'expression de ses sentiments.

William C. Bullitt et Marie Bonaparte, devenue princesse de Grèce par son mariage, se connaissent bien. Ils ont uni leurs efforts pour arracher Freud et sa famille aux nazis après l'Anschluss et ils étaient tous les deux sur le quai de la gare Saint-Lazare à Paris pour les accueillir au mois de juin, devant une myriade de reporters. Marie Bonaparte a usé de ses relations royales, William Bullitt a puisé dans sa montagne de dollars pour impressionner les brutes hitlériennes et les corrompre. Négociations épuisantes et humiliantes, couronnées de succès finalement, mais qui ont laissé les sœurs de Freud à Vienne, persuadées d'être trop âgées pour qu'il pût leur arriver quelque chose de grave, et pourtant condamnées sans le savoir à mourir assassinées à Auschwitz. Le pire du pire n'était pas encore certain, sans doute. Cependant, Marie Bonaparte ne sait pas ce qu'elle doit penser du texte qu'elle vient de lire et elle a besoin de réfléchir avant de hasarder un conseil à Bullitt.

De fait, l'analyse de sa personnalité par Freud et Bullitt est accablante pour le président Wilson qui se serait pris pour un envoyé de Dieu, un autre Christ appelé à se sacrifier pour la paix du monde. Il était en vérité sujet à de sévères accès de dépression conjugués à des phases d'autoritarisme irrationnel, et ses relations avec les autres dirigeants alliés s'étaient révélées difficiles et étranges pour des motifs qu'ils avaient eu du mal à s'expliquer. Mais il est probable aussi que la rédaction à charge de l'analysé s'était trouvée biaisée par l'expérience personnelle de ses auteurs. Freud regrettait la disparition de l'Autriche-Hongrie, comme ce fut le cas pour Stefan Zweig ou Joseph Roth, et il en attribuait la responsabilité à Wilson. Quant à Bullitt, après avoir été emmené par ce président des États-Unis dans sa délégation en France et s'être vu confier également le dossier d'une négociation avec les Soviets finalement infructueuse, il s'était détaché de Wilson après avoir jugé que le traité de Versailles, trop dur et injuste à l'égard des vaincus, contenait les germes de futures guerres qui s'avéreraient inévitables. Il en était venu à haïr son ancien protecteur.

Bullitt range le manuscrit dans un tiroir de son bureau qu'il ferme à clé. À la réflexion, il ne faut pas laisser dans la nature un tel brûlot susceptible d'entraîner de violentes polémiques. L'opinion publique a été bouleversée par le spectacle de l'arrivée de Freud à Paris. Ce n'est vraiment pas le moment de faire circuler un texte où il juge si sévèrement un grand homme dont on célèbre la mémoire d'architecte de la paix quand celle-ci paraît si compromise. Et puis Bullitt a été nommé ambassadeur à Paris par Roosevelt lui-même et il est tenu par un élémentaire devoir de réserve. Il serait désastreux de laisser s'ouvrir un champ libre à quiconque tenterait une comparaison entre les deux présidents des États-Unis. Bullitt réussit très bien dans sa mission à Paris, il a noué des relations suivies avec toute la classe politique. Il connaît les Français, dont il parle parfaitement la langue, leurs défauts et leurs qualités. Il jouit aussi de l'entière confiance de Roosevelt, ils partagent la même inquiétude à l'égard des menaces sur le sort de l'Europe, du danger irréfragable que représente l'Allemagne hitlérienne. Son jugement est à l'opposé de celui de Joseph Kennedy, l'ambassadeur des États-Unis à Londres, qui prône l'apaisement, l'entente avec le Reich. Il a le sentiment que le Président préfère avoir encore deux fers au feu, mais qu'il penche pour lui de plus en plus. Bullitt voudrait oublier le manuscrit surgi du passé, mais il n'y parvient pas. Comment trouver des solutions pour éviter le désastre quand le fou de la paix a échoué et que le fou de la guerre est déchaîné ?

« William Bullitt, ce Juif de Yale qui est un putain de bon écrivain ! » écrit Hemingway qui chasse avec l'ambassadeur dans les forêts de l'Oise, se délecte de ses grands crus et parle avec lui de femmes et de littérature. Il le jalouse aussi parce que le seul roman de Bullitt, *It's Not Done*, a été un *best-seller* quand ses propres livres ne se vendaient pas encore très bien. Juif, Bullitt l'est par sa mère née Horwitz, tandis qu'il est l'héritier très catholique par son père d'une des charges d'avocat parmi les plus réputées de Philadelphie. Après des débuts diplomatiques brillants auprès du président Wilson et leur rupture, il a mené une vie de millionnaire américain à la Scott Fitzgerald, à l'écart de la sinistre Prohibition, entre un palais sur le Bosphore et de longues virées dans les lieux de plaisir avec la Café Society européenne. Après avoir divorcé de sa seconde épouse, Louise Bryant, qui avait été la compagne de John Reed, le célèbre journaliste américain sympathisant communiste mort durant la révolution bolchevique et qui lui avait fait connaître Freud, il a gardé leur fille avec lui et adopté un orphelin des guerres balkaniques. Il prend soin d'eux tout en menant une vie de célibataire à bonnes fortunes.

Membre très en vue de la haute société américaine, sa connaissance de la Russie, ses opinions progressistes, son engagement pour le Parti démocrate ont attiré l'attention du président Roosevelt, qui l'a nommé ambassadeur à Moscou. Il en est revenu très anticommuniste, douché par l'avalanche des crimes et la terreur perpétrés par Staline, avant d'être nommé ambassadeur à Paris, un poste qu'il a toujours rêvé d'obtenir. À quarante-cinq ans, ce bel homme charismatique à l'élégance impeccable est justement réputé pour son intelligence étincelante, son aptitude à susciter la confiance et la sympathie dans tous les milieux, le grand style de ses réceptions où se presse le Tout-Paris, son courage personnel, la rigueur de ses analyses du fascisme et du nazisme, son hostilité résolue aux dictateurs.

Il y a néanmoins en lui un côté sombre, le revers de son ambition effrénée et de ses succès. Ses relations avec le sous-secrétaire d'État Sumner Welles dont il dépend, et qui est proche de Roosevelt, sont mauvaises. Il a constitué un dossier contre lui pour obtenir qu'il soit écarté de la Maison-Blanche et parvenir à lui succéder. Lorsqu'il apprendra que son supérieur a été pris dans un scandale homosexuel avec des contrôleurs noirs de wagons-lits, il se saisira de l'occasion pour tenter de l'abattre. Une affaire étouffée à temps mais pas pour lui, à l'affût de tout ce qui pourrait nuire à son rival. Quand il s'en servira plus tard, durant la guerre, la dénonciation se retournera contre lui, et Roosevelt, horrifié par ses méthodes, brisera net sa carrière à tout jamais.

Mais aucun des responsables politiques de premier plan à Paris n'a encore percé à jour ce très remarquable ambassadeur des États-Unis, ni deviné qu'il peut être un homme dangereux. Et surtout pas le président Daladier, qui le considère comme un ami et s'appuie sur lui pour obtenir l'aide de Roosevelt dans sa course contre la montre pour réarmer la France. D'ailleurs, comme il arrive souvent chez les êtres dominateurs, Bullitt est volontiers protecteur de ceux qui lui paraissent plus faibles ou menacés. Il prodigue ainsi une affection secourable au président du Conseil, ce modeste

Français cultivé et opiniâtre, qui tente désespérément de dénouer l'écheveau des passions à courte vue qui continuent à se déchirer sans mesurer qu'elles risquent de s'avérer fatales.

William C. Bullitt vit sur un grand train et il loue dans le domaine de Chantilly le ravissant petit château Saint-Firmin, où l'on peut échanger des propos confidentiels autour d'une bonne table sans crainte de fuites ou d'indiscrétions. Il y abrite ses escapades galantes et y traite les hommes d'influence avec tout le tact approprié. Bullitt a d'ailleurs toujours des anecdotes à raconter pour mettre à l'aise ses invités, qu'il s'agisse de l'ancien président du Conseil Pierre-Étienne Flandin ou du leader socialiste Léon Blum à qui il voue une grande estime. Il rappelle ainsi souvent que cette maison lui était prédestinée, puisqu'elle appartint jusqu'à sa mort survenue quelques dizaines d'années plus tôt au prince Robert d'Orléans, petit-fils du roi Louis-Philippe, qui combattit bravement dans le camp des Nordistes durant la guerre de Sécession. Mais avec Daladier aujourd'hui, ces aimables souvenirs historiques ne seront pas de mise.

L'ambassadeur a hâte de recueillir les premières impressions que le président du Conseil a retirées de la visite de Ribbentrop, et il s'apprête à écouter avec attention ses doléances et ses demandes, car il devine déjà dans quel état d'esprit se trouve certainement son hôte. Il entend les motards du Président qui ont franchi les grilles du château, il est temps de descendre sur le perron pour accueillir son invité. Celui-ci s'extirpe péniblement de la Vivastella Renault. Il est engoncé dans un gros manteau. Il porte avec lui une serviette noire bourrée de documents. Sa tête couverte d'un chapeau mou et enfoncée dans les épaules, il arbore sa mine des mauvais jours. *Décidément, ce type ne changera jamais, on me dit pourtant qu'il fait du sport*, pense l'ambassadeur dans une sorte d'accès de tendresse qui ne lui est pas coutumier, avant de s'avancer, la main tendue et avec un grand sourire, pour recevoir son hôte de marque. Plus tard, les voici devant un plat de faisan aux châtaignes et un merveilleux Château-Lafite-Rothschild des années vingt.

Édouard Daladier: J'ai pu couper au déjeuner offert par le président de la République au régent de Yougoslavie et fausser compagnie à tout mon cabinet pour venir vous voir, monsieur l'Ambassadeur.

William C. Bullitt: Le régent Paul, quel honneur de m'avoir préféré, cher ami !

Édouard Daladier: Je le verrai à mon retour cet après-midi. J'ai beaucoup de considération pour lui. C'est un allié sur qui on peut encore compter, mais son pays est bien pauvre et faible. Ce doit être difficile pour lui.

William C. Bullitt: Un homme sensible et mesuré dans un monde de brutes ! Je l'ai rencontré à Londres il y a quelques années. Il avait de si bonnes manières que je l'avais pris pour un Anglais. Ce côté Eton, cette façon qu'ils ont de rechercher leurs mots, le genre à prendre le thé à Windsor.

Édouard Daladier: Il est soumis à de très fortes pressions de la part des Allemands. Son Premier ministre Stojadinovic travaille contre nous, la visite de Ribbentrop l'inquiète. Il est très pessimiste. Je tenais à vous voir avant. J'ai besoin de pouvoir compter sur votre amitié pour rassurer un peu ceux qui méritent de l'être.

William C. Bullitt: La Yougoslavie ? Mais ça n'existe pas, la Yougoslavie ! Seulement des peuples qui se détestent entre eux. Un fourre-tout, une vraie macédoine, c'est le cas de le dire ! On n'a jamais eu que des ennuis avec ces gens-là depuis l'assassinat de l'archiduc à Sarajevo en 14.

Édouard Daladier: On fait avec ce qu'on a. Ce pays, qui n'existe pas selon vous, va nous aider à renforcer l'entente balkanique dont nous avons besoin contre l'Allemagne. La Roumanie, la Grèce, même les Bulgares y viendront si on sait bien s'y prendre.

William C. Bullitt: Le front démocratique, en somme ! Que des dictatures, des royautés importées, l'assassinat pour remplacer les élections, j'ai du mal à vous suivre.

Édouard Daladier: Vous avez une autre solution à me proposer ? Je vous ai connu plus pragmatique lorsque vous plaidiez pour la reconnaissance des Soviets après la guerre.

William C. Bullitt: Je suis passé par Belgrade, un jour, je ne suis pas resté longtemps. C'était comme dans les films d'espionnage dont j'écrivais les scénarios pour la Paramount dans ma jeunesse. Des mines patibulaires, beaucoup de cochons et de chèvres, des hôtels infâmes, quelques jolies femmes. Une punition pour diplomates qui n'ont pas eu de chance. Je me suis toujours demandé comment ils s'y prennent dans les familles royales pour aller se fourrer dans des endroits si épouvantables !

Bullitt est effleuré par une aile de nostalgie cinématographique. Pour le royaume imaginaire de Ruritanie, on a tout ce qu'il faut à Hollywood. Jeunes premiers et jolies blondes à foison. Mais pour incarner le président du Conseil français : Claude Rains, Spencer Tracy, Charles

Boyer? Non, ça ne colle pas, difficile d'imaginer Greta Garbo dans les bras de Daladier. Il cherche, mais il ne trouve pas.

Encore un Américain qui n'aime pas les rois! pense Daladier. À part Roosevelt qui est un snob, selon Leger. Faire servir des hot dogs aux souverains anglais à la Maison-Blanche comme si on était en famille! Les rois, ça ne représente plus grand-chose, la cerise sur le gâteau de la démocratie et sur un trône éjectable quand ils veulent jouer aux dictateurs.

Édouard Daladier: Le régent Paul est serbe, c'est son pays d'origine. Il voudrait nous acheter des armes, mais il n'a pas d'argent; et puis, nous n'en avons pas assez pour nous, donc encore moins pour lui en fournir. Enfin, je verrai si on peut quand même faire quelque chose.

William C. Bullitt: Je suis désolé, cher ami, ne comptez pas sur nous, avec notre Congrès qui ne sait même pas où ça se trouve, votre Yougoslavie.

Édouard Daladier: Le Führer l'a invité à Berlin, il va lui faire le grand jeu. Les parades, les défilés, les visites d'usines, Goering qui va lui montrer ses bombardiers. Je comprends qu'il se méfie.

William C. Bullitt: Vous n'avez même pas quelques avions à lui vendre? Mon ami Paul-Louis Weiller m'a dit qu'il vous fournit d'excellents moteurs avec Gnome et Rhône, ils ne se perdent pas dans la nature, il suffit de les assembler.

Édouard Daladier: Vous n'êtes pas rancunier, il ne cesse pas de débiner les moteurs américains pour nous vendre les siens, et trop chers avec ça!

William C. Bullitt: *Business is business*, n'est-ce pas ? C'est un patron social, vous n'en avez pas tant que ça. Les cités ouvrières, les usines à la campagne, le service social. Ce qui vous manque, ce sont les ateliers de fabrication et d'assemblage. Vous avez d'excellents ingénieurs, des bureaux d'étude, des chefs d'entreprise de grande valeur comme Bloch, Breguet, Voisin, Latécoère, que sais-je encore ? Mais où sont les usines ?

Édouard Daladier: La vérité, cher ami, entre nous je vais vous la dire : tout nous manque, la situation est catastrophique. Nous produisons une quarantaine d'avions par mois, quand les Allemands en sortent dix fois plus. Guy La Chambre, mon ministre de l'Air, accomplit un travail absolument remarquable. Les usines, il est en train de les construire, les avions de chasse et de bombardement modernes qui seront en mesure d'affronter la Luftwaffe, il va les sortir. Je me donne un mal de chien pour le soutenir contre l'Administration, les Finances qui n'y comprennent rien. Mais il nous faut au moins deux ans pour rattraper notre retard. En attendant, rappelez-vous le général Vuillemin à son retour d'Allemagne, où Goering s'est fait un plaisir de tout lui montrer : « En quinze jours de guerre, il n'y aura plus d'aviation française. »

William C. Bullitt: Que s'est-il passé ? Quand je pense que vous aviez la meilleure aviation du monde il y a encore quinze ans.

Édouard Daladier: La Luftwaffe peut bombarder Paris sans que nos appareils puissent l'en empêcher. Les destructions dépasseraient toute imagination et nous n'avons même pas les abris antiaériens qui pourraient protéger la population. Et je ne parle pas des avions de Mussolini sur Marseille, ceux de Franco sur Toulouse, s'ils s'avisent de nous attaquer. Si j'avais eu trois ou quatre mille avions, il n'y aurait pas eu de Munich. Je ne les ai toujours pas.

William C. Bullitt: Charles Lindbergh m'a fait un tableau effrayant de vos faiblesses. Il pense que vous ne rattraperez pas votre retard. Il a visité les usines allemandes, russes, tchèques. Il connaît la question par cœur.

Édouard Daladier: Il n'a rien trouvé de mieux que de conseiller à Guy La Chambre d'acheter des avions vous savez à qui ? Je vous le donne en mille, à l'Allemagne ! Ce type est fou.

William C. Bullitt: Il aime pourtant beaucoup la France, il vit dans une île en Bretagne, où il observe les marées d'équinoxe. Je vous avais suggéré de le rencontrer, mais enfin, je comprends que vous ayez mieux à faire. La Chambre le voit en effet, je ne suis pas sûr que ça lui remonte le moral !

Édouard Daladier: Lindbergh travaille pour les Allemands. Il n'a aucun problème avec les nazis. C'est tout. Avec son avion-taxi qui lui permet d'aller et venir sans qu'on l'en empêche et d'être accueilli partout comme un héros, il nous cause beaucoup de tort. Mais la République est bonne fille, on ne touche pas à Lindbergh. Ça me démange de le bloquer dans son île ; même ça, je ne peux pas le faire.

Lindbergh coincé sur son rocher au milieu des mouettes, ce serait effectivement une bonne idée ! approuve intérieurement Bullitt. Il arrêterait d'être « a pain in the ass », *avec tout ce lobby pronazi qu'il traîne dans ses meetings et ses déclarations d'amour à cet antisémite furieux de Henry Ford.*

C'est trop bon ! pense Daladier en reprenant du faisan aux châtaignes. Quand je compare avec les salades insipides qu'on me sert au ministère. Ce Bullitt est un diable, il veut m'empêcher de travailler cet après-midi. Enfin, je ferai la sieste dans la voiture du retour.

William C. Bullitt: Mais alors qu'est-ce qui s'est passé ? Vous ne m'avez pas répondu. C'est le Front populaire qui a tout cassé ? Les grèves, les quarante heures ?

Édouard Daladier: Ce n'est pas si simple, même si c'est l'argument assené en permanence par la droite, le patronat, les puissances d'argent. C'est le ressort de la France qui est rouillé. Les gens ne croient plus en rien. La patrie, les hommes politiques, le travail, même le danger allemand, ils semblent s'en ficher. Les extrêmes en profitent pour occuper le terrain, les ligues d'extrême droite, le parti communiste. Enfin, quand je dis les gens, ce n'est pas tout le monde. Heureusement, les députés ont peur, ils me laissent gouverner par décrets-lois. Il fallait le Front populaire, avec la crise économique, ce n'était pas tenable, toute cette misère ouvrière. Mais on a confondu la justice avec le laisser-aller.

William C. Bullitt: Est-ce que les communistes sabotent le travail dans les entreprises d'aviation que vous avez nationalisées ? Je l'entends dire un peu partout. Ils ne vous pardonnent pas d'être revenus sur les quarante heures.

Édouard Daladier: C'est arrivé, j'y ai mis bon ordre. Mais la négligence est à tous les échelons. La Chambre et moi, nous ne sommes même pas certains des critères de production que l'on nous fait remonter. Les nationalisations dans l'industrie aérienne devaient permettre d'améliorer les rendements et de récupérer des marges pour investir. C'est le contraire qui se passe, on s'épuise à harmoniser les programmes entre les sociétés d'État. Heureusement que vous êtes un ami et que j'ai une bonne confiance en vous, ce sont des choses que je ne peux pas dire.

William C. Bullitt: Et pourtant, vous ne perdez pas courage.

Édouard Daladier: Je ne suis pas seul, notre plan de redressement fonctionne, les capitaux reviennent, nos réserves d'or augmentent, l'indice de la production industrielle remonte. On brosse le ressort, on l'extrait de sa gangue, la France est toujours un grand pays.

William C. Bullitt: Croyez-vous que je serais encore ici si je ne partageais pas votre opinion ? Cette maison est délicieuse, la vie parisienne est incomparable, je rencontre des gens passionnants, mais je renoncerais en un claquement de doigts à tout cela si je doutais de la France et de vous, si ma mission s'avérait inutile.

Bref remords de Bullitt… Je m'avance un peu. Les premières d'Henri Bernstein, les déjeuners au Meurice de Florence Gould, le bal d'été de lady Mendl à Versailles, Gabrielle Chanel et Schiap, Marie-Laure de Noailles et Serge Lifar, la folle élégance du couple Cabrol, la grâce aérienne de Marie Curie, les petites jeunes filles qui se promènent dans le parc du château et qui me demandent des autographes, ça me manquerait quand même. Poser la question à Janet Flanner…

Daladier n'a pas relevé, les références proustiennes ne sont pas son fort. Il regarde cette maison ravissante, il déguste ce lunch *délicieux, mais il entend toujours le bruit des chaînes de montage des usines allemandes.*

Édouard Daladier : J'ai besoin de mille appareils. Les derniers modèles de vos avions de chasse et de bombardement. Il me les faut très vite.

William C. Bullitt : « *Neutrality Act* », nous n'avons pas le droit de vendre des armes à des pays en guerre. Même le président Roosevelt ne peut aller contre.

Édouard Daladier : Nous ne sommes pas en guerre ! Pas encore.

William C. Bullitt : Je ne sais pas si nous sommes en mesure de vous les fournir, nos usines d'aviation fonctionnent déjà à plein régime, les isolationnistes surveillent cela de très près. Ils feront toutes sortes de difficultés. Enfin, mettons que l'on y parvienne, ces avions, comment allez-vous les payer ?

Édouard Daladier : Il faudra que je me batte avec Paul Reynaud, qui nous a déjà consenti une rallonge de plusieurs milliards. « Défense de la France, mais aussi défense du franc », c'est ce qu'il me répond à chaque nouvelle demande. On lui doit le redressement actuel, il a tendance à en abuser, je le ménage, mais il est aussi très conscient des réalités et n'a rien à me reprocher, je l'ai toujours soutenu. La grande grève, ce fut une épreuve, elle a renforcé notre entente. Il me donnera les moyens de payer les avions.

William C. Bullitt : Je le connais bien. Il vient souvent ici. Je l'ai encore eu à dîner la semaine dernière, il est venu avec son horrible comtesse de Portes. Vous voyez, moi non plus, je n'ai pas de secrets pour vous. Je ne sais pas ce qu'il lui trouve, un homme si intelligent. Nous ne sommes pas dans les mêmes termes qu'avec vous, mais vous en auriez encore deux ou trois autres de cette qualité et vous seriez sauvé.

Édouard Daladier: Certainement, mais vous savez bien qu'il ne songe qu'à me remplacer. C'est de notoriété publique. Sa fameuse comtesse est une bavarde, elle se répand partout avec la liste de son futur ministère.

William C. Bullitt: « La trahison n'est qu'une question de dates », c'est une citation de votre Talleyrand.

Édouard Daladier: Eh bien, mon heure n'est pas venue ! En attendant, nous travaillons très bien ensemble. Son cabinet est un nid de frelons, des jeunes inspecteurs des finances et des loups dévorés d'ambition, tous plus efficaces les uns que les autres. Gaston Palewski, Alfred Sauvy, Michel Debré et j'en passe. Il est aussi très soutenu par Jacques Rueff, le directeur du Mouvement général des fonds. Et il a Louis Renault et tout le patronat dans sa manche. Ça barde dans son ministère, on y turbine jour et nuit. Moi avec le brave Marcel Campion et le préfet Genebrier, on a du mal à tenir tête à tout ce joli monde. Mais il est prudent avec le président du Conseil, il esquive, il résiste et puis, finalement, il cède.

William C. Bullitt: Vous n'ignorez pas que votre « chère amie » la comtesse place aussi des gens à elle qui ne vous portent pas dans leur cœur. Dominique Leca, Paul Baudouin, Yves Bouthillier. Ils ne viennent pas jusqu'ici, mais je les connais quand même.

Édouard Daladier: « Père, gardez-vous à droite ! Père, gardez-vous à gauche ! » Je vous remercie d'avoir l'amitié de me rappeler l'histoire de France. Oui, Philippe le Hardi ferraillant au côté du roi Jean le Bon. C'est toujours d'actualité. Il n'y a plus d'hommes en armure, mais des fonctionnaires et des banquiers. C'est pareil.

William C. Bullitt: Permettez-moi une suggestion. Vous n'auriez rien à redouter du colonel de Gaulle, un autre protégé de Paul Reynaud, si vous le receviez. Léon Blum l'a vu longuement, on lit et on commente ses livres bien au-delà des cercles militaires. Et même en Allemagne ; un vrai mode d'emploi pour la force mécanique. *Vers l'armée de métier*, quel livre, vous l'avez lu, certainement ! Je ne l'ai jamais rencontré, on le dit hautain, difficile, mais d'une intelligence remarquable.

Édouard Daladier: Ça ne m'a pas échappé, je le tiens pour un soldat d'élite. Mais si je le reçois, j'aurai Gamelin et tout l'état-major contre moi. Chaque chose en son temps, son heure viendra. Pour l'instant, ma première urgence, ce sont les avions.

William C. Bullitt: Et si vous preniez l'or des républicains espagnols pour les payer ? Il dort dans vos coffres et, de toute façon, ils sont fichus.

Édouard Daladier: Décidément, le capitalisme américain ne recule devant rien. Je ne vous savais pas si cynique. Ce serait un tel déshonneur.

Mais où sont-ils, d'ailleurs, tous ces lingots ? se demande Daladier. Il faudra que j'en parle à Reynaud. Je les vois d'ici, tous les vautours qui veulent déjà les rendre à Franco. Même le maréchal Pétain m'a posé la question, il avait l'air déçu que je ne lui réponde pas.

Ah, cette honnêteté des Français les perdra ! pense Bullitt. Ils parlent encore avec Negrín et les républicains dans leur mouchoir de poche. À Wall Street, on ne s'embarrasse pas de ce genre de sentiments. Pour ça, on est comme les Russes, on garde tout et on ne rend rien.

William C. Bullitt: Donc, il vous faudra négocier avec le président Roosevelt lui-même pour obtenir des délais de paiement, l'accès aux essais et aux prototypes. Inutile de confier cette mission à votre ambassadeur à Washington. Dans un an, on y sera encore, croyez-en mon expérience. Bombardement de notes qui font traîner les choses et fuites à tous les étages. Vous devriez demander à la comtesse de Portes, elle a peut-être quelqu'un à vous proposer !

Édouard Daladier: Je vous en prie ! Vous n'êtes pas seulement cynique, vous êtes sarcastique. J'ai l'homme qu'il nous faut.

William C. Bullitt: Ah oui ? Et comment s'appelle cet oiseau rare qui saura charmer la fosse aux serpents de Washington ?

Édouard Daladier: Jean Monnet, c'est un financier, associé d'une banque à New York. Il connaît Wall Street à fond, il maîtrise parfaitement l'anglais. Dans une autre vie, il a été secrétaire général adjoint de la Société des Nations. À quinze ans, il négociait déjà les marchés extérieurs pour l'affaire de cognac de son père.

William C. Bullitt: J'aurais dû y penser au lieu de plaisanter. Il est d'accord ?

Édouard Daladier: Bien sûr, je l'envoie à Washington dès que vous aurez obtenu le rendez-vous avec le président Roosevelt.

William C. Bullitt: Supposons que ça marche, j'en doute mais supposons que ça marche, on ne prend pas livraison de mille avions si facilement, ce n'est pas un train électrique offert aux enfants pour Noël. Il faut aller les chercher, les transporter, les assembler, et là, je sais aussi ce qu'il en est, il y aura des conflits de compétence avec les ingénieurs français. On aura fait comme ci, ils voudront comme ça.

Édouard Daladier: J'en ai parfaitement conscience. C'est l'assemblage final qui inquiète le plus Guy La Chambre. Nos usines ne seront pas prêtes[1].

William C. Bullitt: Il redoute le mauvais rendement des ouvriers, les grèves, les sabotages, n'est-ce pas ? Vous m'avez dit que c'était terminé, mais je vois que vous n'en êtes pas vraiment certain. On pourrait peut-être faire l'assemblage au Canada, mais vous tomberiez sur d'autres problèmes, des délais, des questions juridiques épineuses.

Édouard Daladier: On fera l'assemblage au Maroc. On a déjà tout prévu, personne ne viendra nous déranger. C'est chez nous et il n'y a pas la CGT !

William C. Bullitt: J'enverrai mon télégramme à la Maison-Blanche dès ce soir. Jean Monnet aura très vite son rendez-vous avec le Président. Après, ce sera à lui de jouer, et je vous assure que la partie ne sera pas facile.

Édouard Daladier: Nous avons bien causé et je vous en remercie. Il faut que je regagne Paris, maintenant. Le soir tombe si vite en décembre. Le parc de Chantilly est déjà dans l'ombre. À l'aller, nous avons croisé une harde de cerfs. C'était un spectacle splendide. Vous restez ici ce soir ?

William C. Bullitt: Oui, je m'occupe de ma fille, elle a des problèmes avec ses professeurs – très bonne élève, mais insolente. Ne vous inquiétez pas, je dispose de tout le nécessaire ici pour envoyer mon télégramme.

---

1. Guy La Chambre sera emprisonné sous Vichy. Il redeviendra député et ministre après la guerre. Devenu maire de Saint-Malo, il en assurera la reconstruction. Son épouse Cora Madou restera constamment à ses côtés. Il meurt en 1975.

Édouard Daladier: Alors, au revoir, monsieur l'Ambassadeur, mon bien cher ami.

William C. Bullitt: Oui, *zbogom*, c'est « au revoir » en yougoslave !

Édouard Daladier a remis son gros manteau et son chapeau. Il s'engouffre dans sa voiture sans se retourner. Bullitt le regarde s'éloigner, son perpétuel sourire s'est effacé. Il a le cœur serré. *Cet homme seul,* pense-t-il, *courageux mais seul, il ne s'en sortira jamais*[1].

——99——

L'ambassadeur américain William C. Bullitt.

1. William C. Bullitt fera office de maire temporaire de Paris à l'arrivée de l'armée allemande. Il sera écarté par Roosevelt en juillet 1940. Faucon durant la guerre froide, il meurt à Neuilly en 1967.

Chapitre 19
L'impatient de Metz

L'existence n'est pas quelque chose qui se laisse penser de loin : il faut que ça vous envahisse brusquement, que ça s'arrête sur vous, que ça pèse lourd sur votre cœur comme une grosse bête immobile – ou alors il n'y a plus rien du tout.

Jean-Paul SARTRE —
La Nausée – 1938

En décembre 1938, Metz est déjà saisie par le froid, le vent d'est qui souffle en se moquant des frontières s'y propage comme une invasion. Mais au long des anciennes casernes allemandes d'une ville que le Kaiser Guillaume avait voulu remodeler dans le style germanique « *kolossal* » au point d'y dresser sa statue parmi les saints de pierre de la cathédrale, les blindés du 507e régiment de chars de combat commandé par le colonel de Gaulle passent et repassent jour après jour dans un train d'enfer. Il n'y a pas de saison pour s'entraîner, pas de répit pour les militaires qui maîtrisent les monstres d'acier, pas d'entorses à la discipline implacable imposée par un chef à qui ses hommes obéissent sans jamais oser se plaindre. Les habitants eux-mêmes, ces Lorrains qui ont subi les années interminables de l'annexion germanique, leurs enfants qui ont été bercés par l'esprit du retour à la France et à la République, partagent la fierté patriotique insufflée à toute la ville par le colonel de Gaulle, depuis son arrivée un an plus tôt. C'était encore un inconnu au physique étrange de géant galonné en gants blancs, qui s'est imposé d'un seul coup par son omniprésence dans le règlement des moindres détails de la vie de la garnison, sa correction glaciale en toutes circonstances, les mouvements perpétuels qu'il a ordonnés à ses tankistes. Après des années de routine dans le service, de comique troupier et de permissions à l'assaut des bordels, on a été rassuré soudainement : si l'armée est à l'aune d'un tel officier, Metz ne redeviendra jamais allemande.

La dernière prise d'armes pour célébrer le 11 Novembre devant le président du Conseil Daladier, l'état-major et la foule venue en masse, a emporté tout le monde comme sous l'effet d'une bourrasque : ce jour-là, quatre-vingts chars, menés par le colonel de Gaulle juché sur la tourelle de sa machine de guerre baptisée *Austerlitz*, hiératique, impassible et coiffé de l'étrange casque en cuir réglementaire, ont défilé dans un grondement infernal avant de se mettre en position à son commandement, canons braqués sur les tribunes, et de cracher le feu d'une salve assourdissante sur une assistance tétanisée par la violence de l'attaque. Heureusement, la mitraille était à blanc, mais l'effet de cette manœuvre imprévue fut proprement sidérant. À l'heure des compliments d'usage, Daladier s'était fendu d'un : « Ah, vous, mon colonel, je vous découvre bien tel que l'on vous avait décrit ! Votre démonstration s'est avérée convaincante. Mais avez-vous pensé aux dames dans les tribunes ? Il semblerait que certaines se soient trouvées mal sous la violence du choc. » Puis il était reparti à Paris sans rien ajouter, mais après avoir tout de même serré la main de De Gaulle avec la brusquerie chaleureuse d'un timide. Quant au général d'armée Henri Giraud, gouverneur de Metz, flanqué d'un aréopage d'officiers supérieurs cramoisis, il avait écumé de colère : « Tant que je commanderai cette place, vous veillerez dorénavant à vous interdire ce genre d'initiative ! » En revanche, quoique impavide devant l'algarade, le colonel avait aussi remarqué, du coin de l'œil, les sourires de connivence que dissimulaient à peine quelques capitaines encore bien verts.

En fait, malgré les apparences de la froideur dont il s'enveloppe, les provocations soigneusement calibrées auxquelles il se livre, la méfiance qu'il suscite dans la classe politique et l'animosité de la plupart de ses supérieurs, celui que l'on surnomme le « colonel Motor » n'est pas un homme seul. Il est effectivement brouillé avec le maréchal Pétain, burgrave tutélaire de l'armée française, qui l'a protégé et soutenu dans sa carrière durant des années et ne lui a pas pardonné la publication récente de *La France et son armée*, un ouvrage dont il aurait voulu être l'auteur et que son protégé lui a « emprunté » sans trop de ménagement. « De Gaulle, ne m'en parlez pas, c'est un vaniteux et un ingrat », dira le Maréchal à qui veut l'entendre. Certes, il exaspère aussi le haut commandement militaire et son chef le général Gamelin par ses écrits, ses articles, les commentaires acerbes qu'il laisse filtrer, et où s'étale sa critique radicale et rigoureusement argumentée d'une politique de défense repliée sur la ligne Maginot. Chez des généraux vieillis et incapables de s'arracher à leur expérience de 14-18, l'inertie du corps des officiers, l'entraînement défaillant des soldats, l'obsolescence du matériel, la pauvreté des débats stratégiques, l'absence de toute réflexion neuve sur les contraintes d'une guerre moderne y sont dénoncés avec virulence dans une langue au style altier parsemée de traits d'ironie cinglants.

Le colonel de Gaulle préconise sans ambages l'offensive, l'usage de la force mécanique et des chars, des moyens de transmission modernes, le recours à une armée de métier formée de militaires professionnels expérimentés, en plus des contingents levés par la conscription. Le divorce est permanent et l'auteur des brûlots dont il bombarde ses supérieurs, les députés et la presse, ne rentre brièvement dans le rang que lorsque la mesure est comble et risque de compromettre son avancement, à vrai dire régulier, car il dispose aussi d'appuis discrets qui l'observent avec attention. Les accès de fureur à son encontre ne se comptent plus. Ainsi, le général Maurin, éphémère ministre de la Guerre, l'apostrophe en public : « Là où je suis, votre place n'est plus ici », avant de le menacer de l'envoyer se morfondre en Corse ; tandis qu'un autre général, Louis Chauvineau, expert en fortifications, agité en sous-main et préfacé par Pétain lui-même, déchiquette les thèses de *Vers l'armée de métier* dans un livre objet de toutes les louanges du haut état-major. « Une invasion est-elle encore possible ? » Évidemment non, assure le rodomont.

Les responsables politiques l'évitent ou font lanterner indéfiniment ses demandes d'audience ; Chautemps accepte de le recevoir mais à condition que ce soit en cachette, Daladier lui refuse l'accès de son bureau, et si Léon Blum, à l'heure où il est président du Conseil, lui accorde un entretien où il le traite très aimablement en lui laissant entendre qu'il lui porte une grande estime, la rencontre se solde par un fiasco. Le téléphone ne cesse pas de sonner durant toute leur entrevue. Le colonel de Gaulle tente de développer ses arguments, mais il est constamment interrompu par des appels de l'extérieur à propos de sujets secondaires, et Léon Blum de conclure : « Vous voyez s'il est facile au chef du gouvernement de se tenir au plan que vous tracez quand il ne peut rester cinq minutes avec la même idée ! »

Et pourtant, on le lit, et pas seulement en Allemagne, où Guderian et Rundstedt annotent soigneusement ses textes, mais aussi dans des cercles militaires excédés par le poids des habitudes et des doctrines dépassées des vieilles badernes, et encore parmi des politiciens qui s'inquiètent de la montée en puissance fulgurante de l'armée allemande. C'est ainsi que Paul Reynaud, vive intelligence et esprit libre, devenu la pièce maîtresse du gouvernement Daladier, du redressement national et du réarmement, est convaincu par ses lectures de la justesse des analyses et de l'originalité intrigante de la personnalité de leur auteur. Son jugement est confirmé de manière superlative dès leur première rencontre. Celui qui n'était encore que le colonel de Gaulle écrira plus tard : « Je le vis, le convainquis et désormais travaillais avec lui. » Un coup de foudre réciproque entre un petit luron plein de fougue et un grand échalas circonspect exsudant l'autorité.

Aussitôt, le jeune directeur de cabinet du ministre, Gaston Palewski, se range sur la même ligne. C'est un garçon comme toutes les mères de famille avisées rêveraient d'en faire leur gendre. Le charme, la culture, l'expérience avec un fond d'humour et de romanesque.

Il a été précocement coopté dans la fanfare étincelante rassemblée autour de Lyautey au Maroc, puis a servi comme expert économique à la Société des Nations, avant d'entrer au cabinet de Reynaud, qui ne jure que par lui. Palewski est tellement frappé par les qualités du colonel qu'il décide dans son for intérieur d'unir leurs ambitions et qui sait peut-être leurs destins. Voici donc deux alliés de poids pour Charles de Gaulle qui les entretient à coups de notes, de pensées manuscrites et de lettres au ton personnel, qui ne sont d'ailleurs pas toujours dénuées d'un soupçon d'obséquiosité. De leur côté, Reynaud et Palewski ne perdent jamais une occasion de dire tout le bien qu'ils pensent de leur nouveau champion et de ses réflexions sur les réformes indispensables et urgentes à mettre en œuvre pour faire la guerre moderne à laquelle l'Allemagne est en train de se préparer furieusement.

Mais l'ombrageux *condottiere* de Metz, que ses supérieurs rechignés peinent à contenir, a aussi d'autres amis. Quoique peu porté aux mondanités, il s'est résolu à fréquenter, lors de ses passages à Paris, quelques-uns de ces salons de la plaine Monceau, où des dames très convenables se piquent de recevoir des personnalités influentes autour de deux doigts de porto. Il y a rencontré des républicains d'opinions avancées, des socialistes disciples de Jaurès, des intellectuels antifascistes, des écrivains et des artistes, des dames plaidant pour le droit de vote des femmes. L'étendue de ses lectures, sa culture classique mais curieuse des idées nouvelles, ses manières parfaites, son refus de parler pour ne rien dire mais avec des saillies imprévues d'un comique mordant l'ont fait progresser d'une invitation à l'autre. Cette vie en société a considérablement élargi son paysage mental d'origine, longtemps imprégné de catholicisme rigoureux et de royalisme de regret. Il en a retiré le sentiment qu'il ne s'en portait pas plus mal. Dreyfusard par instinct de justice, il est devenu républicain par réalisme. Pour défendre la patrie, il faut d'abord savoir rassembler toutes ses composantes et prendre son histoire en bloc.

Au cours de ses pérégrinations intellectuelles, il s'est aussi lié par un sentiment très vif de confiance amicale à un ancien militaire à la retraite nettement plus âgé que lui, et dont la liberté de pensée, la générosité affective, ainsi que les origines juives ont marqué le déroulement de sa carrière, sans pour autant le rendre amer : Émile Mayer. Peu d'hommes auront si fortement influencé l'évolution de la pensée du colonel de Gaulle, en partant d'un constat désolant sur l'héritage des grands chefs de la dernière guerre : « Leurs victoires sont lourdes de mauvaises leçons. » Or, Émile Mayer vient de mourir, stoïcien au grand âge notant dans son agenda : « Aujourd'hui, ma mort » avant de rendre son dernier soupir, et Charles de Gaulle en a ressenti une peine profonde. Il l'a évidemment gardée pour lui, d'autant plus qu'il était en manœuvres et n'a pu se rendre aux obsèques de son mentor.

C'est aussi à ce moment que Gaston Palewski, ayant si bien appris à le connaître, vient le rencontrer en Lorraine, sous prétexte de lui demander conseil sur le programme de réarmement, puisqu'il faut bien trouver un prétexte pour manifester son amitié à un homme qui n'extériorise pas ses sentiments. Ils se retrouvent à Nancy, au restaurant du Grand Hôtel de la Reine, place Stanislas – ce sera toujours mieux que le Poccardi de Paris, où ils avaient si mal déjeuné la première fois, sans y prêter attention d'ailleurs, puisqu'ils venaient de découvrir qu'ils avaient tant de choses à se dire.

Charles de Gaulle: Alors, monsieur le Directeur, Paris se prosterne devant l'envoyé d'Hitler? On me donne des nouvelles qui me paraissent aberrantes.

Gaston Palewski: En vérité, l'accueil est froid, il n'y a personne dans les rues pour voir passer le cortège. Le préfet Langeron a déployé des forces de police en quantité pour éviter la curiosité populaire ou des manifestations hostiles. Le protocole est appliqué à la lettre, sans plus. Les présidents du Sénat et de l'Assemblée nationale ne se sont pas montrés.

Charles de Gaulle: Il n'aurait plus manqué que ça! Jeanneney et Herriot en garçons d'honneur! Grotesque, je vois ça d'ici. Et toutes ces réceptions, ces lampées de reporters, était-ce bien nécessaire? «Embrassons-nous, Folleville» une fois de plus, mais nous ne sommes plus dans une comédie, c'est un drame qui se noue chaque jour davantage. Cette fameuse déclaration signée en grande pompe, ça ne vaut rien, un chiffon de papier que les Allemands déchireront à la première occasion. Juste une marche de plus dans notre abaissement.

Gaston Palewski: Certains ministres étaient hostiles à la venue de Ribbentrop: Ciampinchi, Mandel, Jean Zay. Surtout après le pogrom en Allemagne.

Charles de Gaulle: Ça vous étonne? Il y a quand même des gens raisonnables. Mais Daladier a cédé, comme d'habitude, et votre ministre a laissé faire. Enfin, au point où nous en sommes, je peux comprendre qu'on se soit alignés sur les Anglais, une fois de plus.

Mais pour moi, comprendre ne veut pas dire admettre. Moi, je lis les journaux et j'écoute la TSF. Le concert des étourneaux qui chantaient la honteuse romance de Munich a repris de plus belle !

La serveuse approche la quiche lorraine et sert le vin gris de Moselle. Elle est jeune et jolie. Palewski la regarde. De Gaulle n'y prête pas attention.

Gaston Palewski : Vous auriez dû lire les papiers de Gabriel Péri dans *L'Humanité*, ça vous aurait réconforté !

Charles de Gaulle : Je lis *L'Humanité*, comme le reste, il est rare que cela me réconforte. La vérité, c'est que nous allons de reculade en reculade. Et pendant ce temps, l'armée allemande parade dans les rues de Vienne et à Marienbad ; Mariánské Lázně, ça s'appelle bien Marienbad de nouveau, n'est-ce pas ?

Gaston Palewski : Oui. Karlsbad, il y a trois mois, c'était encore Karlovy Vary. Funeste poésie des noms qui disparaissent et puis qui réapparaissent.

Charles de Gaulle : Cette poésie, je vous la laisse. Nous avons abandonné la République que nous avions fondée à Prague. Ceux qui restent nos amis à Bucarest et Belgrade n'ont plus confiance en nous. C'est tout le travail de Barthou qui est en ruines et lui, nous l'avons laissé assassiner par l'incurie de nos services de police. Et que dire de Varsovie, qui se rengorge comme une vieille courtisane devant les chemises brunes, au mépris de notre alliance ?

Gaston Palewski : Le colonel Beck parle d'acheter des armes en Allemagne, maintenant, et il a le front de nous demander encore des crédits.

Charles de Gaulle: Grand bien lui fasse ! Pas un sou pour cette canaille, j'espère. Je connais bien les Polonais, j'ai participé à la construction de leur armée quand j'étais à Varsovie avec Weygand après la guerre. Nous avions repoussé les assauts de l'Armée rouge. Elle était commandée par Toukhatchevski, mon camarade de captivité à Ingolstadt. Je l'avais connu officier tsariste et de notre côté, je le retrouvais à la tête de l'armée communiste et contre nous. Un soldat extraordinaire. Devenu maréchal soviétique. Staline vient de le faire fusiller. C'est à n'y rien comprendre. On avait beau prêter main-forte aux Polonais, c'était toujours compliqué avec eux. Cette morgue, ce désordre, cette ingratitude, et encore, il y avait Piłsudski ; maintenant, il n'y a plus personne, que des coquins empanachés qui traitent les Français de haut. Et leur armée, je ne sais plus ce qu'il en reste, pas grand-chose certainement. Il suffit de regarder les actualités au cinéma. Il n'y a rien à faire avec les Polonais.

Palewski se souvient des rumeurs au sujet d'une belle comtesse très en vue et d'un jeune officier français à Varsovie en 19. De Gaulle n'a pas l'air concerné.

Gaston Palewski: Avec les Polonaises, peut-être, il paraît qu'elles sont très belles !

Charles de Gaulle: Ah, vous aussi ! Je vous en prie, épargnez-moi ce genre de plaisanteries !

Gaston Palewski: Les Polonais, ce sont pourtant les prochains sur la liste. On ne cesse de le dire à leur ambassadeur, il se contente de rire comme s'il se trouvait devant des imbéciles. Rira bien qui rira le dernier.

Charles de Gaulle: À tant nourrir le crocodile, on n'apaise pas son appétit. Vous avez lu *Mein Kampf* ?

Dans sa version allemande, pas celle qui circule à Paris pour endormir les enfants. Le *Lebensraum*, l'espace vital dont Hitler bassine les Allemands, c'est la Pologne. Eux doivent lire *Mein Kampf* en version polonaise, ils n'y voient que du feu ! Et ce Beck qui enfonce des clous sur le cercueil. Et je vais à Berlin pour m'enivrer de bonnes paroles et je chasse en Mazurie avec Goering ! Quel gâchis, quelle tristesse que tout cela.

Gaston Palewski : Je suis venu ici pour évoquer avec vous le plan de réarmement. Nos affaires avancent dans le bon sens, me semble-t-il.

Charles de Gaulle : J'attends les résultats. Vous savez comme j'approuve les décisions de notre ministre, comme je mesure ses efforts et à quel point j'aspire à le soutenir en toutes circonstances. Je vous sais gré de me permettre de garder le contact avec lui en permanence. Je suis persuadé qu'il sera l'homme du destin, le seul.

Gaston Palewski : La tâche est immense, le chemin encombré d'embûches.

Charles de Gaulle : J'ai conscience des contraintes que notre ministre affronte. Mais pour vous dire le fond de mes sentiments, je reconnais que le président Daladier s'est enfin résolu à prendre les bonnes décisions. Il a tenu ses engagements avec notre ministre. Maintenant, il faut veiller à ce que celui-ci lui accorde ce dont il a besoin. Je sais que défendre le franc, c'est aussi défendre la France, mais enfin, il faut aller encore de l'avant, l'intendance suivra.

Gaston Palewski : Il semble que le président Daladier ait été très frappé par votre démonstration de grand style sur la place d'Armes. Il en a parlé à plusieurs reprises avec notre ministre pour appuyer ses demandes d'achat de matériel en Amérique.

Charles de Gaulle: Quel homme étrange! On croit le saisir et il glisse entre les mains. Je ne le comprends pas; c'est à lui que je dois mon commandement et les chars dont je dispose. Je sais qu'il a insisté pour m'imposer. Je suis le premier à faire état de ses mérites. Et en même temps, il s'ingénie à refuser de me voir. Il me lit, il m'écrit des mots aimables, il a conscience de l'urgence à remédier à notre retard et il me fait savoir qu'il partage mes alarmes, mais il ne me reçoit pas. Il sait que la guerre est inéluctable et il ne me reçoit pas! Il préfère laisser Bonnet occuper le terrain avec ses manigances, il se plaint des généraux et de leurs disputes incessantes, mais il n'ose pas toucher à un seul de leurs cheveux. Et il continue à ne pas me recevoir! C'est à croire qu'il aurait peur d'un colonel en garnison à Metz.

Gaston Palewski: Vous savez ce que disent les Anglais: «Le taureau du Vaucluse, peut-être, mais ses cornes sont celles d'un escargot.»

Charles de Gaulle: Nous n'avons pas de leçons à recevoir des Anglais. Ils font ce qu'ils ont toujours fait, ils ne travaillent que pour eux et leur empire. Ils nous caressent quand on peut leur être utiles, ils nous négligent quand on ne leur sert plus à rien, ils nous abandonneront si c'est leur intérêt. Quant à l'indécision de Daladier, c'est le miroir de notre République et de son impuissance. Je la prends telle qu'elle est, je ne songe pas à la violenter, mais je constate que des hommes de valeur sont prisonniers du désordre parlementaire et de l'incapacité de notre commandement militaire.

La charmante serveuse apporte la potée lorraine. Ces deux messieurs l'intimident, elle renverse un verre d'eau de Vittel sur la table et se confond en excuses. Sourire indulgent de Palewski. De Gaulle semble n'avoir rien remarqué.

Gaston Palewski: « Levez-vous, orages désirés ! » Faut-il donc devancer l'épreuve pour débrider l'abcès ?

Charles de Gaulle: Laissez Chateaubriand de côté, nos convulsions ressemblent trop à celles qu'il a connues et je n'ai plus le temps d'écrire. Notre descente aux enfers a commencé en Rhénanie, lorsque nous avons laissé Hitler y pénétrer. L'effort pour remonter nous demandera des forces que nous n'avons pas encore retrouvées, pourtant, il n'y a pas d'autre solution.

Gaston Palewski: C'est tout le dilemme du président Daladier depuis Munich, la raison pour laquelle il gagne du temps afin de réarmer, et pour laquelle il gouverne par décrets-lois en ayant desserré l'étau de l'Assemblée nationale.

Charles de Gaulle: Ça ne suffit pas. Des mesures transitoires. Enfin, nous verrons bien. Quand je lis çà et là qu'on le traite de dictateur ! Ils feraient bien d'aller faire un tour en Allemagne, tous ces aboyeurs enroués, ils verraient ce qu'est un dictateur.

Gaston Palewski: Dans *Vers l'armée de métier*, votre portrait du chef dont notre pays aurait besoin en a effrayé plus d'un.

Charles de Gaulle: Qui donc ? Des scribouillards à la solde de l'Allemagne et de l'Italie. Des pacifistes bêlant dans les dîners parisiens, toute cette lie politique qui veut le rapprochement avec l'Allemagne. Briand est mort et enterré. On peut le regretter, c'était un homme digne de respect et d'admiration même, mais ceux qui se proclament ses héritiers ne lui arrivent pas à la cheville. Ils travaillent contre nous, contre la France. Les temps ont changé. La SDN n'existe plus, elle agonise dans les palaces et les restaurants de Genève avec des poules de luxe. Les vieux démons de l'Allemagne sont sortis de leurs cavernes wagnériennes et ils ne vont pas lâcher prise. La canaille en plastron de smoking leur ouvre déjà les bras.

Gaston Palewski: Vous évitez de les nommer dans vos écrits.

Charles de Gaulle: Mon état militaire m'impose un devoir de réserve, mais enfin, entre nous, vous savez à qui je pense. Bonnet, Monzie, Chautemps, Sarraut et tant d'autres. Je mets Flandin à part. Il a commencé à se fourvoyer quand il a compris qu'on ne peut pas se fier aux Anglais. Il est revenu bredouille de Londres quand il a demandé l'aide du Premier ministre Baldwin pour faire sortir Hitler de Rhénanie. C'est de là que cela date, cette dérive sans fin vers la pseudo-paix allemande. Mais je continue à penser que ce n'est pas un mauvais homme, je ne vois rien de petit en lui, je ne parle pas de sa taille, mais de ses fautes qui sont grandes. Notre ministre était son ami, peut-être parviendra-t-il à le raisonner un jour. Vous voyez, je ne suis pas aussi intransigeant qu'on le dit. Et surtout, ne tombez pas vous aussi dans l'erreur de penser que j'étais hostile au Front populaire, il y avait beaucoup d'injustices à réparer dans notre pays. J'ai pu apprécier Léo Lagrange et Jean Zay quand ils ont bien voulu me recevoir.

Ils n'ont pas commandé de fromage. La serveuse a découpé deux beaux morceaux de tarte aux brimbelles. Elle a retrouvé ses esprits et soutient gaiement le regard aimable de Palewski. De Gaulle reste de marbre, il se concentre sur les brimbelles.

Gaston Palewski : Enfin, *Vers l'armée de métier*, salve meurtrière, quoique vous n'ayez cité personne. Même notre ministre a failli perdre pied face au déferlement des indignés.

Charles de Gaulle : Eh quoi ? est-ce un crime d'écrire : « Il faut qu'un maître apparaisse, indépendant en ses jugements, irrécusable dans ses ordres, crédité par l'opinion, serviteur du seul État, dépouillé de préjugés, dédaigneux des clientèles, assez fort pour s'imposer, assez habile pour séduire, assez grand pour une grande œuvre, tel sera le ministre, soldat ou politique à qui la patrie devra l'économie prochaine de sa force » ? Vous étonnerais-je en vous disant que c'est à notre ministre que je pensais en écrivant ces lignes ?

Gaston Palewski : Nos institutions ne peuvent y suffire, le travail rechigne à abandonner les quarante heures et la semaine des deux dimanches, le pays gémit et récrimine, il chantonne du Tino Rossi pendant ses congés payés. Comment se désembourber de ce marais ?

Charles de Gaulle : Vous voulez que je me relise encore, vous n'êtes pas fatigué d'endurer ces morceaux choisis ? « Nul doute qu'à bref délai le jeu des institutions, suivant le mouvement des besoins, n'ouvre le champ aux résolus. » Voilà, et pour ceux qui s'obstinent à ne pas vouloir voter les crédits militaires, j'ai encore ceci à vous proposer : « L'armée nouvelle servira de recours et de ferment, le corps militaire est l'expression la plus complète de l'esprit d'une société. Car l'épée est l'axe du monde et la grandeur ne se divise pas. »

Gaston Palewski : On comprendra que le général Gamelin ait du mal à vous lire. Vous savez qu'on le surnomme Baudelaire entre nous, l'homme qui ne veut pas changer les lignes.

Charles de Gaulle : En tout cas, ce ne sont pas ses ailes de géant qui l'empêchent de marcher. Je lui ai parlé. C'est un soldat remarquable, avec de glorieux états de service, son intelligence et sa mesure le placent au-dessus du commun, mais j'ai eu l'impression de rendre visite à un vieux savant perdu dans son laboratoire entre ses cornues, ses graphiques et ses formules mathématiques quand je suis allé le voir à Vincennes. À Vincennes, vous vous rendez compte, pour pouvoir débouler dans le bureau du président Daladier, au ministère des Armées, à la première alerte qui pourrait le menacer personnellement ! Son état-major est disséminé ailleurs, le général Georges dans le Nord parce qu'il ne l'aime pas, Doumenc je ne sais pas où, il se méfie des meilleurs et ne communique avec eux que par des coursiers en motocyclette. Aucune transmission moderne.

Gaston Palewski : Votre visite à Vincennes a été un succès ! Je l'ai entendu dire à notre ministre : « Ah oui, de Gaulle, ce daltonien qui parle des couleurs. »

Charles de Gaulle : Vous qui êtes si spirituel, monsieur le Directeur, voilà qui vous a certainement amusé. J'ai dû me battre contre vents et marées pour obtenir d'équiper mes chars en contacts radio. En Allemagne, les directives sont communiquées immédiatement, les nôtres se perdent sur des routes de campagne.

Gaston Palewski : Notre ministre est parfaitement au fait de cette situation. C'est un motif permanent de conflit avec Daladier. Mais le Président ne veut pas entendre les critiques à l'égard du général Gamelin. Il se plaint tout le temps des généraux, de leurs disputes, de leurs réunions interminables, mais il n'est pas question pour lui de changer quoi que ce soit.

Charles de Gaulle: C'est le Maréchal Pétain qui est l'architecte suprême de cette construction invraisemblable. Qui se risquerait à y toucher ? Je suis le seul à avoir osé lui résister, il ne me le pardonnera jamais.

Gaston Palewski: Personne, je dis bien personne, ne s'aventurerait à lever la voix devant lui. Il se déplace comme un imperator majestueux au milieu de ses fidèles courbés et silencieux.

Charles de Gaulle: C'est le Maréchal qui a réduit les crédits militaires quand il était ministre de la Guerre en 34 ! Vous savez, mon cher Palewski, malgré tout l'honneur qui lui est dû, Pétain est mort en 1925, lorsqu'il a consenti à cette vilenie de remplacer Lyautey au Maroc. Le malheur est qu'il ne l'ait pas su et que personne ne s'en soit rendu compte. Depuis, il se survit en haïssant la République et ne doutez pas de l'ambition de son cadavre.

Gaston Palewski: En 1940, nous aurons rattrapé notre retard sur l'Allemagne. Les vingt-cinq milliards que notre ministre a trouvés, le travail qui a repris dans les usines, on avance.

Charles de Gaulle: Ce n'est pas assez, il faut accéder aux demandes du président Daladier. Mais il faut aussi contrôler sévèrement l'emploi de cet argent. Il ne surveille pas d'assez près la bureaucratie militaire. C'est toujours le même problème avec lui, les intentions sont bonnes, les réalisations ont des défaillances.

Gaston Palewski: Vous connaissez le capitaine Beaufre, c'est un ancien de l'équipe Lyautey au Maroc, comme moi ! Il m'a fait une description amusante mais finalement très inquiétante de la vie de sybarite de ces messieurs.

Charles de Gaulle: Ne m'en parlez pas, je connais tout cela par cœur. Les mœurs de la facilité que je réprouve.

Les ordonnances comme des domestiques qui font les commissions de madame, les repas à n'en plus finir, les permissions et les voyages d'études en veux-tu en voilà, les voitures de fonction, le Salon de l'automobile n'est pas perdu pour tout le monde. Mais vous me dites qu'on va acheter des avions en Amérique.

Gaston Palewski : Oui, c'est le but de la mission qui a été confiée à Jean Monnet. Il maîtrise très bien les circuits financiers et il a une solide expérience des États-Unis.

Charles de Gaulle : Jean Monnet, celui qui fait du très bon cognac ? Je ne lui connaissais pas tant d'expérience. Enfin si, quand même un peu, de la logistique pendant la guerre, des missions à la SDN. Je me méfie des agents des banques américaines. Mais soit. Je vais vous faire un aveu, j'aurais dû consacrer un chapitre à l'aviation dans mon livre. Le général Vuillemin est revenu atterré de son voyage en Allemagne, après tout ce que Goering s'est fait un plaisir de lui montrer.

Gaston Palewski : Et nous avons encore toutes les ressources de l'empire.

Charles de Gaulle : C'est exact, et voici l'homme qu'il faut à la bonne place. J'apprécie beaucoup Georges Mandel. Nous parlions des transmissions tout à l'heure, eh bien, il a révélé une nouveauté promise à un grand avenir : la télévision. Je lis ce qu'il écrit, il abat une besogne considérable au ministère des Colonies et il est comme notre ministre, intraitable quand il s'agit de l'Allemagne. Vous savez en quelle piètre estime je tiens les antisémites. Ils l'accablent en permanence. Cela fait longtemps que j'ai rompu avec Maurras, tous ces égarés qui bavent sur Mandel en colportant que c'est un Rothschild sans le h, des bassesses dans ce genre. Et puis, c'est tellement stupide, les Rothschild ont toujours servi la France, et bien mieux que la plupart des deux cents familles ou ce mirobolant Melchior de Polignac, le grand ami de Ribbentrop justement.

Gaston Palewski: Vous avez commandé des tirailleurs sénégalais ?

Charles de Gaulle: Pas assez souvent. Des braves entre les braves. Mal récompensés et toujours prêts à repartir afin de donner leur sang pour la France. Mandel les recrute en masse. Nous les aurons avec nous, mais que ce ne soit pas une raison pour réduire sur les chars et tout ce qui nous manque. Les Français les aiment, il n'y a qu'à voir l'enthousiasme quand ils défilent au 14 Juillet ; les Allemands les haïssent et les redoutent. Tant mieux, le racisme est une plaie qui finira par leur porter malchance.

Gaston Palewski: Mais il faut que je vous quitte, mon colonel. Je prends le train de 15 h 18 pour Paris.

Palewski coule un regard vers l'office, déçu: c'est un maître d'hôtel qui apporte l'addition. De Gaulle s'adresse à ce dernier pour lui demander de remercier la jeune fille très gentille qui les a très bien servis. Palewski empoche mornement l'addition.

Charles de Gaulle: Et moi, je vais retrouver mon supérieur, le général Delestraint. Tiens, vous pourrez dire que je ne suis pas si difficile, contrairement à ce que raconte le général Giraud. Entre Delestraint et moi, l'entente est parfaite, sans nuages.

Gaston Palewski: La solitude vous pèse-t-elle parfois à Metz ? Les longs hivers de Lorraine.

Charles de Gaulle: La solitude ? Quelle solitude ? Vous plaisantez. Ce n'est pas une occupation de militaire, la solitude. Et puis, rassurez-vous, ma femme vient me rejoindre souvent, de notre maison de Colombey. Avec ma petite fille qui est si fragile. Elle est notre lumière. Je l'emmène au jardin zoologique quand j'ai un peu de temps devant moi, ce sont des moments de joie. Elle est toujours si confiante avec moi. Allez, partez vite, vous allez rater votre train[1].

Gaston Palewski.

Le colonel de Gaulle.

1. Gaston Palewski deviendra député et ambassadeur en Italie après la guerre, puis ministre d'État et président du Conseil constitutionnel sous la Ve République. Grand séducteur, « Alors, Palewski, toujours en gondole ? » l'apostrophera un jour de Gaulle. Il meurt en 1984.

Chapitre 20
Madagascar

Comme tu ne sais rien, mon pauvre ami. Ouvre cette porte toute grande et dis-toi qu'il fait complètement nuit, que le jour est mort pour la dernière fois.

André BRETON —
Les Champs magnétiques

Il est 15 h 30. Temps couvert et bruine de décembre, alors qu'il faisait presque beau ce matin. Georges Bonnet arrive au Crillon dans une voiture de service ordinaire, sans escorte, avec l'œil furtif et le sourire à tout usage d'un conspirateur qui veut éviter d'être reconnu par le premier importun. Ribbentrop a fait préparer par Dörnberg un petit salon discret avec des scènes de chasses anglaises encadrées sur les murs tendus de toile de Jouy. L'interprète Paul-Otto Schmidt est resté avec tous ces messieurs de France-Allemagne, Ribbentrop n'a pas besoin de lui, il parle suffisamment bien le français pour entendre ce que lui dira Bonnet. D'ailleurs, la présence de Schmidt lui est insupportable en général, l'interprète est trop proche du Führer. Il n'a rien de précis à lui reprocher, mais il le dérange dans l'accès exclusif qu'il voudrait avoir avec son maître. Sur le petit papier que Dörnberg lui a passé à la fin du déjeuner du Comité France-Allemagne, il était indiqué que l'entretien serait informel et il n'a donc prévenu ni l'ambassadeur Welczeck ni Otto Abetz, qui ont eu l'air surpris quand il a quitté la table un peu rapidement. Comme il ne demandait pas sa voiture, ils ont seulement compris qu'il allait rester à l'hôtel. Pour se reposer, pour rappeler Berlin ? Mais ils n'ont pas fait de commentaires, ils commencent à être habitués aux lubies du ministre du Reich.

Le caractère improvisé de l'invitation, la discrétion souhaitée pour un entretien d'homme à homme intéressent beaucoup Ribbentrop. Survivre et progresser dans le cercle des dirigeants du nazisme enseigne la pratique des manœuvres dans la coulisse, des conversations à mener en secret et des changements d'humeur imprévisibles. Il a été à bonne école avec Hitler qui parle tout le temps à la cantonade, se répand en propos de table et abreuve ses interlocuteurs de discours interminables, mais ne confie ses décisions apocalyptiques qu'au travers de brusques borborygmes ruminés en pleine nuit et brusquement assenés à son entourage qui ne dit mot, quand il ne passe pas des journées entières muré dans un silence de plomb. Ribbentrop respire dans une atmosphère de complots où l'on est en permanence à l'affût des défaillances de l'adversaire. Or, il subodore une faille dans le comportement à la fois cérémonieux et fébrile de Bonnet, il flaire la possibilité d'une faiblesse, des confidences ou des aveux peut-être qui pourraient lui servir lorsqu'il exposera les résultats de la visite au Führer. Il a bien compris que les Français sont divisés, incapables d'adopter une position nette, entre ceux qui sont restés hostiles à la signature de la déclaration franco-allemande et ceux qui l'ont approuvée. Il attend de sa conversation avec Bonnet, qu'il juge retors et lâche, une meilleure perception de l'état des forces en présence et des opportunités dont pourra se saisir la politique du Reich.

Dörnberg accueille Bonnet dans le hall et l'emmène prestement vers le petit salon. On ne croise personne dans les couloirs. Cela tient de l'enlèvement, d'une réunion clandestine de conjurés, du partage secret d'un magot entre malfrats qui se seraient débarrassés de leurs complices. Le petit salon est triste et silencieux, une sorte de caisson à l'abri des rumeurs du monde, avec des meubles prétentieux et l'éclairage chiche d'une maison de rendez-vous. Les deux hommes sortent l'un et l'autre d'un repas officiel, mais ils ont eu le temps de se changer, ils sont en tenue de ville. Ils doivent se sentir mieux ainsi. Ribbentrop a tout de même épinglé son insigne à croix gammée au revers de son veston, Bonnet a encore passé sa petite éponge humidifiée à la brillantine sur son crâne chauve. L'Allemand arbore cet air de commande aimable qui inquiéterait pour une rencontre dans un casino malfamé, le Français, son demi-sourire chafouin de renard mélancolique. Un plateau de thé a été servi sur une table basse, à côté de l'inévitable bouquet de fleurs qui traîne dans tous les grands hôtels. Voilà qui est de bon augure, pense Ribbentrop, dont toutes les antennes assoupies après le déjeuner se sont remises en alerte.

——“——

Georges Bonnet: Je voudrais vous remercier, monsieur le Ministre, d'avoir pris la peine de me revoir, à ma demande. Je sais comme votre emploi du temps est chargé aujourd'hui.

Ribbentrop: Je vous en prie, c'est bien naturel. La matinée s'est révélée fort intéressante. Permettez-moi de vous féliciter de nouveau pour la cérémonie de ce matin à l'Arc de Triomphe, j'ai été frappé par la très bonne tenue du détachement qui présentait les armes. La visite au Louvre m'a également laissé une très forte impression que je transmettrai au Führer. Vous savez comme il souhaite pouvoir découvrir un jour ce musée qui a la réputation justifiée d'être l'un des plus beaux du monde, l'un des joyaux de votre capitale. M. Leger n'est pas avec nous ?

Georges Bonnet: Non, il a été retenu par d'autres affaires. Je voudrais vous remercier également du superbe train électrique que vous avez offert à mon fils. C'est un cadeau magnifique et cet enfant est absolument ravi. Son père aussi. Il est bien connu que les papas adorent jouer au train électrique et que cela crée des compétitions sévères avec leur progéniture !

Ribbentrop: Vous parlez du maréchal Goering et de ses neveux ? C'est lui qui m'a fait conseiller un Märklin. Un grand succès à la foire aux jouets de Nuremberg l'année dernière.

Georges Bonnet: C'est une marque qui fait honneur aux fabricants allemands dont la réputation est si bien établie. Vous nous avez d'ailleurs tous comblés de superbes présents à l'occasion de votre visite.

Ribbentrop: Il fallait bien exprimer notre satisfaction, puisqu'il avait été décidé qu'il n'y aurait pas d'échange de décorations.

Georges Bonnet: Vous connaissez la réticence de certains milieux à l'annonce de la signature de la déclaration. Ils se sont manifestés avec une grande véhémence dans la presse et ont même suscité des interpellations désagréables à l'Assemblée nationale. Soyez bien assuré que je le déplore. Enfin, j'espère que le succès de votre visite aura effacé tous ces nuages.

Le succès de la visite, pense Ribbentrop, mais oui, bien sûr, le voilà bel et bien ferré. Le Führer a eu raison une fois de plus : avec ces Français, on ne tire jamais assez sur l'hameçon.

Il y a des gens qui marchent dans le couloir, s'inquiète Bonnet, j'avais pourtant bien insisté pour un salon à l'écart.

Ribbentrop : En tout cas, votre service d'ordre s'est révélé parfaitement à la hauteur. Aucun incident à signaler.

Georges Bonnet : Nous avons repris en main tous nos dispositifs de sécurité depuis le drame de Marseille. L'assassinat du roi Alexandre et du ministre Barthou, c'est une tache indélébile dans l'histoire de notre République.

Ribbentrop : *Ach*, ces terroristes balkaniques ! On ne sait pas les reconnaître, on ne sait pas ce qu'ils veulent. Les malveillants dont vous parliez y voient la main de l'Allemagne. Quelle folie. Nous avons bien mieux à faire. Mais je ne voudrais pas me montrer fâcheux dans un domaine qui ne me regarde pas. Est-ce un sujet que vous avez abordé lors de votre déjeuner à l'Élysée avec le régent Paul ?

Georges Bonnet : Non, monsieur le Ministre, à aucun moment. Le régent est un parfait gentleman et il partage nos sentiments à propos d'un événement si malheureux. Permettez-moi une formule un peu familière : « Laissons les morts enterrer les morts ! » Nous avons fait un large tour d'horizon de toutes les questions qui agitent l'Europe actuellement.

Ribbentrop : Un pays bien incertain, la Yougoslavie. Nous y avons des intérêts, nos amis italiens également. C'est un motif de préoccupation constante.

Georges Bonnet: Ne me parlez pas des revendications italiennes ! Elles se sont exprimées de manière insultante à notre égard, l'ambassadeur François-Poncet a officiellement protesté auprès du comte Ciano.

Ribbentrop : L'ambassadeur François-Poncet doit regretter Berlin ! Il y a été très apprécié. J'ai dit ce que j'avais à dire à ce sujet. Nous n'y sommes pour rien, l'Italie mène ses revendications comme elle l'entend.

Georges Bonnet: Vous avez vu l'ambassadeur Guariglia hier soir ?

Ribbentrop : Il m'a confirmé que ça ne durerait pas. Pour lui, c'est un accès de fièvre qui s'apaisera comme il est venu. Il est très désireux de retisser des liens harmonieux avec la France, mais il me semble que vous avez évidemment à tenir des discussions avec l'Italie.

Georges Bonnet: La presse italienne n'est pas du même avis, monsieur le Ministre, elle tire sur nous à boulets rouges. Il est clair que le Duce n'a pas apprécié le principe de notre déclaration. J'y ai même vu un signe de mauvaise humeur à l'égard de l'Allemagne.

Ribbentrop : Rien n'entache notre amitié avec l'Italie, mais je répète que ce n'est pas au moment où le Reich reconnaît solennellement notre frontière commune et la souveraineté de la France sur l'Alsace-Lorraine que nous allons pousser à une guerre pour Djibouti ! Notre renonciation à l'Alsace-Lorraine est un geste de générosité pour la paix de la part de notre Führer. Il a su vaincre des oppositions en Allemagne pour l'imposer. C'est cela qu'il faut retenir.

Georges Bonnet: S'il n'y avait que Djibouti ! Mais il y a la Corse, Nice, la Tunisie, que sais-je encore !

Ribbentrop: Le Duce est très mécontent de constater que des armements russes passent par la France pour soutenir les républicains espagnols. Ils s'en servent pour tirer sur les volontaires italiens. Franchement, vous devriez vous abstenir, le général Franco a gagné. La guerre sera terminée dans quelques semaines. Ce sera une écharde de moins dans les relations franco-allemandes. Il n'y aura plus de contentieux entre nous.

Georges Bonnet: Il faut féliciter le docteur Gauss pour avoir trouvé la formule de l'article 3 de la déclaration: « Les deux gouvernements sont résolus, sous réserve de leurs relations particulières avec des puissances tierces, à demeurer en contact... » Il fallait la trouver, cette formule !

Ribbentrop: Le docteur Gauss était déjà le conseiller du gouvernement allemand au temps des accords entre Briand et le chancelier Stresemann. Vous voyez, l'esprit de dialogue n'est pas mort avec ces deux grands hommes.

Georges Bonnet: Vous parlez avec l'Italie, nous avec la Russie, il y a des accords, mais ça ne nous empêche pas, vous et moi, de nous parler également. Et nous parlons tous les deux avec la Pologne.

Ribbentrop: Bien sûr, le colonel Beck se rend à Berlin bientôt, j'ai prévu d'aller à Varsovie en mars. Il n'y a que cette question irritante de Dantzig entre nous. Je ne comprends toujours pas que les Polonais nous refusent l'autoroute et la ligne de chemin de fer qui relieraient la ville au Reich. Vous êtes déjà allé à Dantzig ? C'est une ville allemande.

Georges Bonnet: Nous suivons la question de très près avec nos amis anglais.

Ribbentrop repense aux instructions du Führer: « Tout mettre en œuvre pour envenimer leur relation avec les Anglais. »

J'aurais dû nommer à Berlin un ambassadeur comme Nevile Henderson, le parfait British qui comprend les Allemands d'aujourd'hui, au lieu de me laisser forcer la main par Daladier, pour Coulondre qui marche sur les traces de François-Poncet, songe amèrement Bonnet.

Ribbentrop: Vous devriez vous méfier de l'Angleterre, elle ne pense qu'à ses intérêts. Le Führer est très déçu par son attitude, elle veut bien nous rendre nos colonies, à condition que ce soient les vôtres ! J'ai gardé beaucoup d'amis anglais depuis mon ambassade à Londres, ils ne comprennent rien à la conduite du gouvernement Chamberlain et de ses ministres.

Georges Bonnet: J'ai pourtant le sentiment qu'ils pratiquent une politique d'apaisement dans tous les domaines. Ils ont bien levé le verrou sur votre flotte. Quand on pense à ce que représentent pour eux toutes les questions maritimes. Il ne faut pas oublier les trois voyages de bons offices en Allemagne du Premier ministre Chamberlain pour arriver aux accords de Munich. Il croit en la parole du Führer.

Ribbentrop: Certes, mais il est soumis aux pressions des ennemis de l'Allemagne. Je me souviens d'une longue conversation que j'ai eue avec Winston Churchill. Je lui ai montré des cartes avec l'Europe de l'Est, l'Ukraine, et je lui ai dit que c'est dans cette direction que le Reich doit s'étendre. Il m'a regardé avec ses yeux pochés d'ivrogne et de fumeur de cigares et il a déclaré: « Eh bien, si vous continuez dans cette voie, ce sera la guerre ! »

Georges Bonnet: Churchill ne représente plus rien en Angleterre, c'est un vieux politicard qui n'exerce plus aucune responsabilité.

Ribbentrop: Le traité de Versailles a humilié et mutilé l'Allemagne. Le Führer l'a balayé. Notre déclaration, c'est le point final pour rebâtir la paix sur des bases nouvelles. Maintenant, notre avenir est à l'est, et ça ne concerne pas ce qui pourrait rester de ce traité honteux.

Georges Bonnet: Vous voulez dire que notre déclaration vous laisse les mains libres à l'est.

Ribbentrop: Exactement. Et vous n'en disconviendrez pas. Cela me semble clair, n'est-ce pas ?

Georges Bonnet: Il reste des questions non résolues. L'Allemagne doit garantir avec nous les nouvelles frontières de la Tchécoslovaquie, mais rien ne vient, les négociations n'avancent pas.

Ribbentrop: Nous attendons l'accord des Polonais et des Hongrois. Ils ont récupéré ce qui leur appartenait, mais ils se font encore tirer l'oreille. Et puis, on ne sait pas avec qui parler, une fois de plus. C'est encore un pays qui n'existe pas, les Tchèques et les Slovaques tirent chacun de leur côté. Il faudra bien mettre fin à ce désordre avant de signer quoi que ce soit.

Georges Bonnet: Vous voulez dire : quand ce « pays qui n'existe pas » – je vous cite – n'existera plus du tout, c'est cela ?

Ribbentrop: Je vous laisse la responsabilité de vos conclusions. Le fait demeure que notre espace vital, notre *Lebensraum*, est à l'est. Personne ne devrait s'y opposer.

Lebensraum, pas la peine de traduire par « espace vital », il a très bien compris, pense Ribbentrop. Rien qu'à voir comme il s'agite sur son fauteuil.

Je devrais peut-être lui reparler des colonies, songe Bonnet. Avec tout le mal qu'ils se sont donné au Cameroun avant qu'on arrive.

Georges Bonnet: Vous me voyez bien embarrassé, monsieur le Ministre. Je crains une déflagration générale si vous tentez de réaliser ce programme par la force. Nous avons des accords avec la Pologne, la Roumanie, les Soviets, la Yougoslavie. Nous ne pouvons pas y renoncer.

Ribbentrop: Vous y avez renoncé pour la Tchécoslovaquie, la Roumanie est en train de nous céder ses puits de pétrole. Connaissez-vous des Français qui seraient prêts à mourir pour Dantzig ? Il ne doit pas y en avoir beaucoup. Et nous serons le rempart contre le péril bolchevique. Nous avons éliminé les communistes allemands, en Russie, ils s'éliminent eux-mêmes. Vous avez vu toutes ces purges à Moscou. Staline est aux abois et son armée comme un canard sans tête.

Georges Bonnet: Je ne partage pas votre point de vue. Nos missions en Russie ont conclu que le potentiel militaire y reste considérable.

Ribbentrop: Ils sont immobilisés, ils ne peuvent rien faire. Avant nos accords à Munich, certains écervelés excités par votre Litvinov, ce Juif, parlaient d'appeler les Russes au secours de ce minus de Beneš. Mais ni les Polonais ni les Roumains n'acceptaient de les laisser passer. On les comprend. Il n'y avait qu'une ligne de chemin de fer en mauvais état à travers la Ruthénie, juste bonne à transporter du bétail, et les avions russes n'auraient pas pu se ravitailler pour atteindre Prague. L'ours russe est paralysé, on le laissera hiberner. À moins que…

Georges Bonnet: À moins que ?

Ribbentrop : J'ai dit « à moins que » ? J'aurais dû demander au docteur Schmidt de m'accompagner, un peu de fatigue sans doute, j'ai des faiblesses en français.

Georges Bonnet : Je voudrais aborder un sujet délicat avant que nous nous séparions. Les persécutions contre les Juifs en Allemagne et la Nuit de Cristal ont suscité une grande émotion en France. Enfin, dans certains milieux.

Ribbentrop : Je vous arrête. C'est une question qui relève de la seule souveraineté de l'Allemagne, je refuse de m'engager dans une discussion de cet ordre.

Georges Bonnet : Je vous comprends très bien, mais voyez nos difficultés, nous sommes envahis d'israélites qui veulent quitter le Reich. L'opinion publique est très remontée contre eux. Il y a beaucoup d'artisans qui concurrencent nos commerçants, des communistes qui entretiennent l'agitation, des gens qui parlent à peine le français et dont les papiers ne sont pas en règle, des éléments douteux, des indésirables. Et je ne parle pas de l'invasion de métèques dans le cinéma, la peinture, la radio.

Ribbentrop : Ils sont tous indésirables, tous, toujours. Vous avez vu les résultats de la conférence d'Évian, cet été, avec tous ces pays rameutés par Roosevelt, cet otage des banques juives de New York et des spéculateurs juifs de Wall Street. Personne n'en a voulu de ces indésirables. Je dis bien personne. Les Juifs, il faut les exclure des sociétés saines qu'ils tentent de corrompre, et s'en débarrasser en les expulsant ou en les enfermant quelque part. C'est une mesure de salubrité que nous avons commencé à mettre en œuvre et nous irons jusqu'au bout. Le Reich sera « *judenfrei* », libre de Juifs. C'est une décision du Führer et elle sera appliquée.

Georges Bonnet : Nous avons en France une élite israélite qui a servi admirablement notre pays, dans les grandes affaires, la haute administration, les beaux-arts. Des anciens combattants et beaucoup d'autres, qui ont versé leur sang pour la patrie.

Ribbentrop : Oui, je connais ce discours. Tous pareils, tous solidaires, ils poussent à la guerre contre l'Allemagne. La France juive veut vous conduire à la catastrophe.

Georges Bonnet : Je vais vous faire un aveu, nous ne savons plus quoi faire devant un tel afflux.

Ribbentrop : Les Italiens n'ont pas votre frilosité. Ils viennent de promulguer des lois inspirées par les nôtres, celles que nous avons prises depuis les décisions du Führer à Nuremberg il y a trois ans. Les Hongrois, les Roumains vont suivre.

Georges Bonnet : Notre gouvernement a émis des décrets pour contenir les indésirables et pour maintenir les réfractaires en détention. La République ne peut pas recourir à des lois comme les vôtres. C'est impossible, ce serait contraire à nos principes. Mais nous avons trop de monde dans nos camps et on va voir arriver les réfugiés républicains espagnols. Des familles, des femmes, des enfants. Il y aura forcément des communistes dans le tas, des anarchistes qui vont nous faire beaucoup d'ennuis. Albert Sarraut, notre ministre de l'Intérieur, ne sait pas où il va pouvoir les mettre.

Ribbentrop : Construisez d'autres camps ! Mettez-y les communistes espagnols et les Juifs, surtout les Juifs, ce sont les seuls qui ne changent jamais.

Georges Bonnet : On voit que vous ne vivez pas dans notre République. L'opinion approuve nos circulaires, nos camps de rétention, mais quand il y aura des photos de femmes et d'enfants, des articles dans les journaux, nous serons accusés d'inhumanité et l'opinion se retournera contre nous. C'est toujours comme cela que ça se passe en France. Il y a de quoi faire tomber le gouvernement.

Ribbentrop: Pardonnez-moi, ce ne sera pas la première fois ! Pour les Juifs, commencez par vous débarrasser de ceux que vous appelez « les indésirables ». Envoyez-les dans les colonies, celles que vous nous avez prises, ou les autres, vous en avez bien assez.

Georges Bonnet: Vous voyez Mandel, qui est juif et ministre des Colonies, déporter d'autres Juifs ! Impossible, il n'y consentira jamais.

Ribbentrop: Je n'ai pas de conseils à vous donner, mais sortez les Juifs de votre gouvernement. Ce Mandel qui veut faire la guerre à l'Allemagne, ce Jean Zay à qui j'ai été obligé de serrer la main ce matin, il y en a certainement d'autres encore. Envoyez-les aussi aux colonies. Ils apprendront à travailler là-bas, ça les changera de toutes leurs petites affaires.

Georges Bonnet: Mais où ? En Guyane ? On va fermer le bagne, et ce ne sont pas des condamnés. En Algérie, au Maroc, en Tunisie ? C'est déjà plein de Juifs. En Afrique noire, ils vont tous mourir là-bas, et je vois déjà la tête des gouverneurs qui se plaignent de ne pas avoir assez de moyens pour administrer. Dans les îles ? Elles sont surpeuplées.

Ribbentrop: Il vous reste Madagascar. C'est loin, c'est grand, Madagascar, et c'est une île, impossible d'en sortir.

Georges Bonnet: Madagascar, j'y ai déjà pensé.

Madagascar, la grande idée de Heydrich et d'Himmler. Ils en ont parlé au Führer, songe Ribbentrop.

Combien reste-t-il de Juifs en Allemagne ? calcule Bonnet. Ça ferait combien de bateaux pour le transport ? Et dans leur Lebensraum, il y en a combien en plus ? Ils sont très organisés, mais quand même.

Ribbentrop : Et alors ?

Georges Bonnet : Alors rien.

Ribbentrop : Ah, la France, le pays des idées généreuses ! Vous en avez encore certainement, mais vous n'avez plus la volonté de les appliquer.

Georges Bonnet : Je vous en prie, c'est une conversation d'homme à homme, un entretien amical où nous livrons le fond de notre pensée. Cet échange sur les Juifs nous a conduits trop loin de mes intentions.

Ribbentrop : Vous avez raison, c'est un sujet délicat ; mais quand je pense que ma visite à Paris devait saluer la bonne volonté du Führer, et qu'elle a failli être compromise par l'assassinat de l'un de mes diplomates par un petit voyou juif polonais, l'un de ces « indésirables », il m'est difficile de ne pas partager la colère de mes compatriotes.

Georges Bonnet : Elle s'est exprimée d'une manière qui nous a paru choquante.

Ribbentrop : Soit. Mais puisque nous parlons des idées, savez-vous que mon conseiller Otto Abetz m'en a soumis une qui devrait plaire aux Français et témoigner d'une manière exemplaire de la sollicitude que le Führer leur porte ?

Georges Bonnet : Faire se rencontrer notre président du Conseil et Hitler sur le pont de Kiehl pour bien signifier votre renoncement à l'Alsace-Lorraine ? Vous savez que nous y avions pensé, mais ça n'a pas pu se faire, je ne sais plus pourquoi.

Ribbentrop : Non, une idée plus simple. Elle réconcilie le passé avec le présent, la France et l'Allemagne. C'est d'ailleurs un de vos intellectuels qui l'a soufflée à Otto Abetz. Benoist-Méchin, un de vos meilleurs amis.

Georges Bonnet: Le Führer est au courant de cette belle idée mystérieuse ?

Ribbentrop: Non seulement il en est informé, mais il la trouve excellente. Lorsque l'Autriche a enfin rejoint le Reich, nous avons trouvé à Vienne la tombe du fils de Napoléon, le duc de Reichstadt.

Georges Bonnet: L'Aiglon, nous l'appelons l'Aiglon. Il y a toute une littérature à son sujet et aussi une belle pièce d'Edmond Rostand qui a fait pleurer des générations. Elle a été jouée par Sarah Bernhardt, soit dit en passant.

Ribbentrop: Encore une Juive ! Décidément, nous n'avons rien à voir avec ces simagrées. Eh bien, nous, nous allons vous rendre l'Aiglon. Il reposera auprès de son père aux Invalides.

Mais enfin, qui sont ces gens qu'on entend dans le couloir ? s'interroge Bonnet, toujours inquiet.

S'assurer qu'on a bien invité la princesse Murat ce soir à l'ambassade, pense Ribbentrop.

Georges Bonnet: Nous sommes en train de signer nos conventions économiques, la sidérurgie, le tourisme, la vente des actions Škoda, nos missions financières sont déjà en Allemagne, Louis Renault va se rendre au salon automobile de Berlin, mais je reconnais qu'il manquait un signe éclatant qui puisse frapper les imaginations. Je vais en parler au président du Conseil. Un grand geste chevaleresque du Führer : l'Aiglon qui retrouve son père pour leur repos éternel sur les berges de la Seine ! Ça, c'est du panache ! Vous savez comme nous apprécions ce genre de choses en France. L'opinion y sera forcément favorable.

——❞——

On frappe à la porte. C'est Dörnberg qui passe la tête. Le ministre du Reich va être en retard, son épouse l'attend pour aller voir les illuminations du Louvre, il faut prendre congé du ministre de la République. Les deux hommes se saluent, enchantés par la conclusion de leur entretien. Bonnet s'éclipse comme il est venu, en rasant les murs. *Lebensraum*, *Lebensraum*, ça lui chante dans la tête comme une chanson de Zarah Leander ; mais si, voyons, celle qui a remplacé Marlene Dietrich en Allemagne. La copie vaut mieux que l'original, comme lui a dit Otto Abetz hier soir, au dîner du Quai d'Orsay. Dans la voiture qui les emmène au Louvre, Ribbentrop demande à sa femme si elle sait où se trouve Madagascar. Oui, elle le sait ; mais elle lui répond aussi : « Pourquoi Madagascar ? Je croyais qu'on leur demandait de nous rendre le Togo et le Cameroun ! »

Georges Bonnet[1] – Joachim von Ribbentrop.

1. Georges Bonnet votera les pleins pouvoirs au maréchal Pétain le 10 juillet 1940 et sera membre du Conseil national sous Vichy. Après six ans d'exil en Suisse, il redeviendra député radical-socialiste de la Dordogne et sera maire de Brantôme sous la IVe et la Ve République. Il meurt en 1973.

Chapitre 21
Allegro ma non troppo

Verrà la morte e avrà i tuoi occhi
(La mort viendra et elle aura tes yeux)
Cesare PAVESE

« L'Italie nouvelle ne connaît de la France que son avide égoïsme, sa prétention, sa jalousie sénile, son esprit d'intrigue, son hostilité continue. » L'ambassadeur François-Poncet ne se formalise plus à la lecture des chroniques incendiaires de Virginio Gayda dans *Il giornale d'Italia*. Ce ne sont pas les insultes d'un scribouillard qui passe pour écrire quasiment sous la dictée de Mussolini qui vont lui faire regretter d'avoir quitté Berlin pour Rome, même s'il se dit parfois qu'il était plus facile d'assurer sa mission avec les brutes nazies, qu'il avait à peu près apprivoisées et qui le traitaient avec une amabilité doucereuse. Toute la presse trempe sa plume dans la même encre et « crache sur la France », pour reprendre une gracieuse formule attribuée au Duce lui-même.

Au cas où l'ambassadeur n'aurait pas pris toute la mesure de l'animosité du régime fasciste, les manifestations de jeunes excités devant le palais Farnèse, contenues mollement par des carabiniers que l'on a connus plus soucieux du maintien de l'ordre, suffiraient à lui démontrer à quel point les relations entre la France et l'Italie sont devenues exécrables. Tout récemment, des bandes de pseudo-étudiants ramassés dans les bas-fonds par le sinistre Starace, secrétaire national du parti fasciste, dont le Duce reconnaît que « c'est un crétin, mais un crétin obéissant », ont réussi à lancer contre la porte de l'ambassade un corbillard recouvert du drapeau français avant d'y mettre le feu. Protestations officielles enregistrées par des sous-fifres du ministère des Affaires étrangères affichant un air faussement navré, quelques jours d'un calme précaire, et puis ça recommence de plus belle aux cris de « *Savoia, Nizza, Corsica, Tunisia, Djibouti* », en italien s'il vous plaît, « *A noi, a noi* », « À nous, à nous ». De toute façon, on ne sait jamais auprès de qui se plaindre, c'est le propre des régimes hostiles. Ils écoutent, espionnent, multiplient les avanies, et se défaussent dès que l'on tente de rappeler quelques usages diplomatiques élémentaires. Pourtant, André François-Poncet a le cuir solide et il s'est déjà habitué depuis son arrivée à Rome, trois semaines plus tôt.

En fait, tout s'est mal passé depuis le début. Prodige largement célébré de la technologie fasciste, le train qui emporte l'ambassadeur et sa famille bénéficie d'une ligne électrifiée à l'approche de Rome. Mais un gigantesque court-circuit dans un déluge d'étincelles bloque le convoi, qui s'immobilise avant l'entrée en gare. Rassemblant ses souvenirs de latiniste distingué, François-Poncet commente : « Les chevaux se cabrent aux portes de la ville. Mauvais présage ! Un Romain d'autrefois aurait fait demi-tour. » Sur le quai, la délégation des Français de Rome, le corps de l'ambassade et quantité d'ecclésiastiques appartenant aux pieux établissements que la République laïque continue à entretenir, a attendu dans un silence lourd d'arrière-pensées, que ne risquait pas d'alléger l'attitude maussade du très petit nombre d'officiels italiens mandés pour l'occasion. Et si l'ambassadeur avait le « *malocchio* » ? L'incident, le retard, la médiocrité de l'accueil protocolaire italien ont heurté les Français, qui se pressent autour de François-Poncet comme s'il venait les délivrer d'une oppression sourde et mystérieuse.

En d'autres temps, l'arrivée de l'ambassadeur de « la grande sœur latine » aurait été saluée dans les journaux par des portraits flatteurs et des compliments fleuris. Il faudra se contenter cette fois d'un entrefilet désinvolte de quatre lignes après les résultats sportifs. En revanche, la visite du palais Farnèse serti au cœur vénérable de la Ville éternelle, avec son salon d'Hercule propice par ses dimensions gigantesques aux futures réceptions de la haute société que rumine François-Poncet et qui l'ont si bien servi à Berlin, la découverte des nus suggestifs de la galerie des Carrache qui font glousser les enfants, le beau jardin qui s'étend jusqu'au Tibre, la rencontre de ces messieurs de l'école de Rome qui se cramponnent à tout le deuxième étage réchauffent la famille malgré l'inconfort des appartements privés, où la poussière des ressentiments s'est accumulée au fil des années, ternissant les tentures et grippant la plomberie.

Il n'y avait plus d'ambassadeur à Rome depuis la guerre d'Éthiopie, la République refusant d'accorder le titre d'empereur de la nouvelle conquête au roi

Victor-Emmanuel III[1], cette omission volontaire étant considérée comme un affront par le régime. Un chargé d'affaires, Jules-François Blondel, maintenait bravement les apparences, en subissant toutes sortes de rebuffades dans un palais qui sentait l'abandon et les moisissures de l'humidité romaine. Il sera récompensé pour sa patience, en décrochant successivement l'Irlande et la Bulgarie, deux pays de soleil, de gaieté et de vie mondaine trépidante, comme chacun sait. Cependant, François-Poncet a obtenu de Daladier qu'il lève l'interdiction du titre impérial, permettant de renouer des relations diplomatiques adéquates. C'est d'ailleurs le premier argument qu'il espère faire valoir auprès du régime pour amorcer un début de détente.

La dégringolade a commencé justement à cause de la guerre d'Éthiopie, trois ans plus tôt. Auparavant, Mussolini aimait sincèrement la France, dont il parle très bien la langue, ses socialistes et ses écrivains. Journaliste de grand talent, il avait d'ailleurs poussé à l'entrée en guerre aux côtés des Alliés et contre les Puissances centrales en 1915. Il déplorait, certes, avec une condescendance railleuse, son instabilité gouvernementale, en lui souhaitant de connaître à son tour un régime d'ordre comme celui qu'il avait imposé en Italie, mais c'était un grief périphérique et sans importance. Il y avait bien quelques courts-circuits, comme lorsque Paul-Boncour l'avait traité de César de carnaval ou lorsqu'il sentait sans se l'expliquer l'animosité diffuse mais persistante d'Alexis Leger, lequel affirmait adorer l'Italie à condition qu'elle soit débarrassée des Italiens. Mais enfin, le Duce restait

1. Victor-Emmanuel III abdiquera en mai 1946 et s'exilera en Égypte. Il meurt après l'abolition de la monarchie, en 1947.

attaché au souvenir de la camaraderie des frères d'armes de la Grande Guerre et avait alors toujours plaisir à recevoir un homme politique de valeur, comme le très conservateur Flandin, avec qui il avait organisé l'inutile bavardage de la conférence de Stresa en avril 1935, ou encore des journalistes sympathisants à la manière de ce benêt de Bertrand de Jouvenel, toujours prêt à se faire reluire dans l'éclat des grands hommes.

L'Éthiopie hantait l'inconscient guerrier de l'Italie, à qui l'empereur Ménélik II avait fait mordre la poussière à Adoua en 1896 lors d'une première tentative d'invasion. Ménélik II, à qui Rimbaud vendait des armes et que l'on invoquait pour terroriser les petits enfants quand ils n'étaient pas sages. L'imprégnation abyssine était telle qu'on appelait « ras » les meneurs des escouades fascistes par analogie aux chefs éthiopiens, tandis que les deux colonies plutôt déshéritées de la Somalie et de l'Érythrée enserraient l'empire du Négus Hailé Sélassié comme les aiguilles d'une horloge destinée à sonner l'heure de la vengeance. C'était aussi le dernier morceau de pays indépendant en Afrique, après la mêlée du partage colonial, et, tout à ses rêves de puissance démesurés, Mussolini le convoitait furieusement. Il y avait juste un problème : empire chrétien, héritier d'une longue histoire et à peu près organisé, l'Éthiopie était membre de la Société des Nations, ce qui la garantissait par principe contre une attaque par un autre État membre. En 1935, Pierre Laval, alors président du Conseil, avait accepté à demi-mot le projet de conquête de Mussolini, en espérant, comme il en avait la fâcheuse habitude, que l'on s'arrangerait entre colonialistes européens une fois le forfait accompli, avant que la France ne change d'attitude et ne vote avec l'Angleterre pour condamner l'Italie et lui infliger des sanctions humiliantes et tellement inefficaces qu'elles furent rapidement abandonnées.

Selon un paradoxe fréquent, les Italiens, peuple délicieux à tant d'égards, s'étaient révélés des impérialistes féroces, additionnant les joyeusetés du colonialisme et du fascisme raciste au détriment des malheureux Éthiopiens bombardés au gaz moutarde et massacrés sans pitié. Des films terrifiants sur les atrocités commises par les envahisseurs, et d'autres fort émouvants sur la noble et digne protestation d'Hailé Sélassié à la tribune de la Société des Nations, sordidement saluée par les cris de chimpanzés de la délégation italienne, avaient enfoncé Mussolini dans sa rancœur. Enivré par le regain de popularité apporté par sa victoire, célébrée à Rome par un rassemblement populaire délirant place de Venise, il n'avait jamais pardonné à la France de lui avoir manqué. Après, c'est la descente aux enfers : le Front populaire l'insulte, il fait assassiner ses opposants, les frères Rosselli, sur une route de campagne en Normandie, par ses complices de la Cagoule, déverse des tombereaux de lires sur des plumitifs parisiens à sa solde et des feuilles de chou d'extrême droite, dépêche des milliers de « volontaires » en Espagne pour appuyer Franco avec des aviateurs qui n'ont pas perdu la main depuis l'Éthiopie, et grimace enfin avec mépris : « Une barrière infranchissable se dresse entre l'Italie et la France. »

Le temps où il abhorrait les Allemands et se méfiait d'Hitler, qui lui avait fait une impression déplorable lors de leur première rencontre à Venise – « ce type m'assomme avec des discours qui n'en finissent pas » –, est bien révolu. Après que le Führer lui eut organisé un accueil colossal à Munich et que le Duce lui eut rendu la pareille lors de sa visite à Rome, la fameuse « journée particulière », le rapprochement des deux dictateurs avait été scellé pour le meilleur de leur volonté forcenée de conquêtes et pour le pire de la paix. Mussolini a laissé faire l'Anschluss alors qu'il s'y était opposé trois ans plus tôt après l'assassinat du chancelier Dollfuss par les nazis, il a joué les faux arbitres à Munich au profit de son comparse, il cherche toutes les occasions de conflit en Europe pour y jouer encore le premier rôle mais, en fait, il a perdu la main dans son emploi de pompier pyromane. C'est Hitler qui est désormais le maître du jeu, l'élève a dépassé le maître. Mussolini le sait et cela l'enrage encore plus fort contre la France, témoin sans indulgence de sa déconfiture personnelle.

Lorsque François-Poncet arrive à Rome, il ne reste plus que de mornes réunions d'anciens combattants de la Grande Guerre et de somnolentes conférences de vieux archéologues pour oser encore évoquer avec des accents désolés l'ancienne amitié franco-italienne. Une visite tonitruante de Goebbels au festival de cinéma de Venise a même permis d'y faire entendre des messages cinéphiles d'un nouveau genre, après que *La Grande Illusion* de Jean Renoir, film odieusement pacifiste, et *Le Quai des brumes* de Marcel Carné, film du désespoir enjuivé, eurent raflé deux années de suite les plus grands prix. Place désormais aux œuvres revigorantes des émules latins de Leni Riefenstahl, aux péplums façon *Scipion l'Africain* et aux heureuses comédies à « téléphones blancs » où tout le monde s'aime au paradis de Cinecittà. Même l'infortuné Flandin, qui voudrait renouer avec Mussolini, s'est entendu répondre que « tous les hôtels de Rome sont complets» et que «le Duce n'aura pas le temps de le recevoir».

Au sein du gouvernement français, autour de Daladier, les avis sont partagés entre ceux qui sont partisans de laisser tomber, et pour qui il faut se préparer à faire aussi la guerre à l'Italie lorsqu'elle sera devenue inévitable, et ceux qui estiment que Mussolini hésite encore à franchir le pas d'une agression aux côtés de l'Allemagne, et qu'il reste donc une chance de le séparer d'Hitler. Les premiers ont fait dresser des plans d'offensive à travers les Alpes et dans la plaine du Pô par le général Gamelin, trop content de troquer la peur que lui inspire la Wehrmacht contre son mépris pour l'armée italienne, et par l'amiral Darlan, qui prétend pouvoir couler la flotte des «macaronis» et faire bombarder Gênes et La Spezia.

Les autres tablent sur les talents du diplomate miracle François-Poncet pour renverser la situation. Au fond, l'ambassadeur Camille Barrère a bien manœuvré en 1915 pour que l'Italie rompe son alliance avec les Puissances centrales et passe du côté des Alliés. On ne peut pas compter sur les Italiens, c'est bien connu, il suffit de savoir leur parler et de leur faire des promesses pour les appâter et les faire changer de camp. Singulière doxa pétrie de dédain et aux conclusions dangereuses, à laquelle tous ces agrégés de lettres latines qui font office de ministres devraient bien renoncer et qui leur tient pourtant lieu de raisonnement. La presse fasciste a d'ailleurs flairé la manœuvre – «S'il pense qu'il pourra nous refaire le coup de 1915, il n'a plus qu'à refermer ses malles et repartir.» François-Poncet est trop fin pour y croire vraiment, mais il perçoit déjà que le peuple italien ne veut pas de la guerre, malgré les fanfaronnades du

Duce et la propagande tonitruante des fascistes. Il pense, comme Daladier, que l'on peut quand même gagner du temps. Selon lui, l'échéance tombera après la grande Exposition internationale de Rome prévue en 1942, et pour laquelle le régime a entrepris des travaux gigantesques sur la route d'Ostie. Cela laisse un délai, une marge pour tenter de parler, convaincre et négocier, et en attendant, eh bien, qui vivra verra !

Ainsi, en ce jour de décembre, l'ambassadeur a demandé à être reçu par Ciano, le ministre des Affaires étrangères et gendre du Duce, pour la deuxième fois depuis son arrivée, et après la brusque aggravation de la tension entre l'Italie et la France, et la multiplication des manifestations inamicales. Les Italiens sont fous furieux de s'être retrouvés devant le fait accompli de la déclaration franco-allemande. Contre Berlin et Ribbentrop qui ne les ont pas prévenus, mais ils ne peuvent rien dire. Contre Paris et Georges Bonnet, qu'ils soupçonnent d'ourdir un piège qu'ils peinent à renifler, et ils peuvent s'en donner à cœur joie pour incriminer une fois de plus la fourberie et l'arrogance des Français.

Pourtant, malgré l'atmosphère sombre et lourde qui s'est appesantie sur Rome depuis la campagne antisémite lancée brusquement par le Duce et la signature des lois raciales par le roi lui-même, excluant la petite minorité juive de la vie sociale, les trois premières semaines de François-Poncet ont été marquées par des rebondissements inattendus. Une première visite à Ciano s'est déroulée étrangement bien. L'ambassadeur était prévenu contre lui avec sa réputation d'enfant gâté du fascisme et de gigolo du régime, viveur, cynique et sans consistance. À sa grande surprise, il s'était retrouvé en face d'un jeune homme courtois, attentif et sérieux, connaissant bien son affaire. Rien à voir avec ce blondin cassant et plein de morgue de Ribbentrop.

Cette bonne impression ne s'était pas dissipée au cours de l'entretien, même s'il est facilement admis qu'on n'aborde pas des sujets délicats lors d'une première visite essentiellement protocolaire. François-Poncet s'était gardé de toute récrimination à propos de la froideur de son accueil officiel et des mouvements hostiles devant l'ambassade ; Ciano s'était livré à un compliment appuyé de la reconnaissance enfin acquise du roi comme empereur d'Éthiopie. On en serait resté là si le ministre n'avait pas cru bon d'évoquer néanmoins une regrettable différence d'appréciation au sujet de la guerre d'Espagne, un euphémisme en l'occurrence, alors que l'Italie occupait l'île de Minorque et que ses aviateurs bombardaient jour et nuit la poche de résistance de Madrid. Mais il avait aussitôt ajouté que cela n'avait plus beaucoup d'importance depuis que le front républicain s'effondrait et que l'armée de Franco s'approchait de Barcelone, et il en avait conclu gaiement qu'une fois la guerre terminée, « il n'y aurait plus que des moustiques entre la France et l'Italie ». Décontenancé par l'amabilité de son interlocuteur, François-Poncet était rentré sur un nuage au palais Farnèse, prolongeant sa soirée par une visite avec sa femme au marché aux fleurs tout proche, où ils n'avaient croisé que des visages souriants.

Ensuite, la remise des lettres de créance au roi-empereur s'est faite avec un apparat digne de l'étiquette en vigueur dans la famille royale, la dynastie de Savoie s'enorgueillissant d'être l'une des plus anciennes, sinon la plus ancienne d'Europe. Une revendication hargneusement disputée par les Danois, mais ce n'était pas le moment de se pencher sur un litige si complexe, à l'heure où l'ambassadeur en tenue de cérémonie empanachée et couverte de décorations, suivi de tous ses conseillers également dorés sur tranche, se dirigeait vers le Quirinal dans une série de carrosses de gala flanqués de laquais en livrée, au pas majestueux d'un détachement de la cavalerie royale. Tout paraît étrange au palais du Quirinal, même pour un ambassadeur de la République qui ne s'étonne pourtant pas de la survivance des rites monarchiques, et d'autant plus dans un pays où la réalité du pouvoir a été confisquée par un dictateur qui s'écrie dans ses mouvements d'humeur qu'il se débarrassera un jour de la royauté, « ce train de voitures vides qu'il est toujours obligé de traîner derrière lui » ! Tout y est encore plus immense et grandiose qu'au palais Farnèse, galeries à perte de vue, fresques et tapisseries, meubles précieux, plafonds, marbres et statues qui disparaissent dans les hauteurs, les gardes eux-mêmes mesurent près de deux mètres, sans que personne soit capable d'expliquer d'ailleurs pour quelle raison et par quel mystère génétique ils arborent tous une taille si impressionnante.

Des princes et des marquis aux titres interminables et énigmatiques se courbent en tenue de cour à chaque étage, dispensant des compliments de bienvenue dans un français mélodieux, et tout au bout du dernier escalier, de la dernière antichambre, se tient un petit vieux à l'air renfrogné, presque un nabot en uniforme de maréchal, le roi-empereur Victor-Emmanuel III.

La cérémonie de remise des lettres de créance et de présentation des membres de l'ambassade se déroule sèchement. Le souverain n'est pas réputé pour une propension aux effusions, c'est un homme distant et secret, aux amitiés rares et à la rancune tenace, qui subit Mussolini plus qu'il ne l'approuve : « Vers quel abîme entraîne-t-il l'Italie ? » On le dit intelligent et cultivé, érudit même dans les domaines austères de la philatélie et de la numismatique, très attaché aux marques de respect et qui compense par un air d'autorité froide la médiocrité de sa taille. Sa femme, la reine Hélène, est une princesse du Monténégro, un trou perdu dans les Balkans, on n'a rien trouvé de mieux dans le cercle enchanté des familles royales pour épouser le chétif avorton. Mais c'est un mariage heureux qui a donné de beaux enfants, la reine imposante, avec une bonne tête de plus que son époux, est chaleureuse, instruite et bonne, très aimée du petit peuple, et même le Duce la traite avec égard.

On sait qu'ils détestent franchement tous les deux les Allemands et qu'ils ont été horrifiés par le comportement d'Hitler lorsqu'ils ont été obligés de le recevoir au Quirinal. Mais le roi n'éprouve pas beaucoup de sympathie non plus pour la République française et se contente de quelques brefs compliments de circonstance avec son ambassadeur. Il ne se souvient pas de l'avoir rencontré autrefois, quand François-Poncet tente de le lui rappeler pour essayer de mettre un peu de chaleur dans leur entretien. Simple oubli ou désir de retrouver au plus vite sa collection de médailles. On s'en tient là. Mission accomplie dont il ne restera pas grand-chose, se dit François-Poncet, dans le carrosse qui se traîne sur le chemin du retour. Il n'y a pas de Bugatti dans les garages du Quirinal.

Mais, *last but not least*, après l'avoir fait lanterner pendant plusieurs jours contrairement à tous les usages, le Duce a consenti enfin à son tour à recevoir l'ambassadeur de France. Les audiences du dictateur offrent parfois l'occasion de débordements spectaculaires. On ne compte plus les diplomates de haut rang arrivés à l'heure dite qui ont dû attendre plus que de raison dans une antichambre du palais de Venise, avant qu'une porte ne s'ouvre enfin sur le bureau du Duce aussi vaste et sombre qu'une caverne, ni ceux qui se sont fait morigéner sans pitié pour des vétilles, ceux qui n'ont pas pu placer un mot et ceux qui ont été l'objet au contraire de tapes dans le dos, de confidences amicales et de propos caressants. La rumeur selon laquelle il aurait reçu Anthony Eden, élégant et fort civilisé ministre de Sa Majesté, en faisant sa gymnastique torse nu et en déployant une musculature virile propre à impressionner un gringalet à peine sorti d'une de ces usines à femmelettes que sont les collèges anglais, n'a pas été vérifiée, mais le fait est qu'on ne sait jamais à quelle sauce on sera mangé quand le Duce vous cuisine.

François-Poncet ne se fait aucune illusion sur le jugement que Mussolini porte sur lui. L'avantage, avec le Duce, c'est qu'il n'hésite pas à dire tout haut les gracieusetés qui lui passent par la tête. C'est même une méthode chez lui pour désarçonner ses adversaires. « Ah oui, François-Poncet, je l'ai bien jugé à Munich. Je déteste cet ambassadeur à la moustache cirée. C'est ce qu'il y a de pire pour moi, le grand bourgeois français gonflé d'importance. Mais pour qui se prend-il avec sa politesse exaspérante ? Chez nous, un peu de goudron et d'huile de ricin ne lui auraient pas fait de mal pour qu'il en rabatte sur ses grands airs ! » François-Poncet ne se laisse pas impressionner pour autant. Mussolini peut se montrer charmant après avoir été odieux.

Lorsqu'il le reçoit en tenue de ville, il n'est ni charmant ni odieux. Il est seulement froid, poli, professionnel. Il a l'air un peu fatigué, le regard toujours vif et la parole alerte, dans un français parfait teinté d'un léger accent romagnol, mais les traits sont marqués et la silhouette alourdie. Ses maux d'estomac sans doute, pense François-Poncet. Les deux hommes sont assis de chaque côté de sa table de travail où ne traîne aucun papier. Ciano se tient debout derrière son beau-père, totalement impassible, il ne dira pas un mot durant toute l'audience. Mussolini fait mine de s'intéresser à la situation politique en France, les difficultés du président du Conseil, la grève générale. Il accueille les réponses mesurées et conciliantes de François-Poncet sans réagir autrement qu'avec les soupirs et les haussements de sourcils d'un proviseur en face d'un élève indiscipliné. Son seul commentaire se résume à affirmer qu'il a l'expérience des communistes. Pour lui, ils ne sont qu'une vessie qui se dégonfle quand on la traite avec l'autorité nécessaire.

Suivent quelques considérations sur l'instabilité ministérielle en France, cette fois sur le ton d'un médecin qui se désole d'être impuissant à soigner un malade souffrant d'un cancer généralisé. Sans animosité, mais avec une flamme étrange dans le regard. C'est au tour de l'ambassadeur de garder le silence. Pas de surprise au sujet de la guerre d'Espagne : le conflit se termine, Franco a gagné, il serait temps que les Français le comprennent. François-Poncet tente de se sortir de ce mauvais pas en évoquant l'intérêt de consultations permanentes entre les grandes capitales européennes. Mussolini hausse les épaules, cela fait des années qu'il conseille qu'on mette en place une structure régulière à cet effet, et hormis du côté de Berlin, on l'a traité comme s'il voulait monter un « club de charcutiers » – cette expression a un ton familier qui lui plaît. Il y revient et insiste un peu comme pour signifier que l'ambassadeur et lui n'appartiennent pas au même monde. François-Poncet ne relève pas qu'il aurait peut-être été plus simple que ni l'Allemagne ni l'Italie ne quittent la Société des Nations.

Viennent ensuite la Pologne qui est une grande nation et la Russie qui n'est plus en Europe. Ciano, qui a prévu d'aller chasser bientôt avec son épouse dans la région des lacs de Mazurie, à l'invitation de l'incontrôlable colonel Beck, ne cille pas et reste immobile. François-Poncet, dont les petits papiers sont bien en ordre et qui est informé de ce projet d'escapade cynégétique en Pologne, ne peut s'empêcher d'esquisser un sourire à l'idée que la volcanique et capricieuse Edda Ciano puisse se retrouver à partager des tableaux de chasse aux flambeaux dans la nuit glacée d'une forêt enneigée avec des militaires polonais compassés et leurs femmes confites en dévotion. Et il a une pensée pour ce pauvre Litvinov qui s'empêtre à faire les questions et les réponses à la Société des Nations, où il doit se sentir désormais bien seul et sans doute tenaillé par la crainte d'être rappelé brusquement à Moscou, où les pelotons d'exécution ne sont jamais en grève.

Mais il a noté que l'allusion à la Russie est un reproche à peine déguisé à l'adresse de la France, qui a signé un traité d'assistance avec le pays des Soviets, au demeurant bien vague et impossible à mettre en œuvre. À ce stade de la conversation, il lui paraît en revanche inutile d'évoquer l'esprit de concorde qui régnait à Stresa entre la France et l'Italie trois ans plus tôt, puisqu'il n'en reste rien. Il se contente d'entonner la ritournelle obligée sur la volonté de paix qui anime les deux sœurs latines, et Mussolini maugrée sourdement qu'il faut savoir être patient pour progresser. Le dictateur mentionne sa propre patience avec une telle intensité soudaine dans le regard que François-Poncet y perçoit comme une menace.

Le temps prévu pour l'entretien s'est écoulé, il faut prendre congé. Le Duce tient pourtant à respecter les formes, il se lève et raccompagne l'ambassadeur à la porte de son bureau, ce qu'il ne fait pas pour tout le monde. Regretterait-il de s'être montré si froidement correct durant leur échange ? En revanche, pas un mot sur la reconnaissance par la France de l'empereur d'Éthiopie. Au fond de la caverne, dans l'ombre du soir, Ciano n'a pas bougé. De retour au palais Farnèse, François-Poncet rédige son télégramme pour le Quai d'Orsay : la partie est enfin engagée, mais son issue reste incertaine. Il découvre sur sa table de travail une invitation protocolaire de la part de Ciano, pour assister à la prochaine séance de la Chambre des Faisceaux. Les ambassadeurs étrangers, lorsqu'ils y sont conviés, y disposent d'une tribune qui surplombe l'hémicycle et qui leur permet de suivre dans les meilleures conditions le déroulement des débats. François-Poncet relit le carton d'invitation soigneusement calligraphié. Il ira, bien sûr, mais il ne sait pas ce qu'il faut en penser.

La Chambre des Faisceaux, qui ne s'appelle pas encore comme cela mais ça ne saurait plus tarder, offre un spectacle peu réjouissant pour un habitué du débraillé bon enfant de la Chambre des députés de la République. Les six cents conseillers nationaux sont en chemise noire, comme Mussolini, Ciano et les hiérarques du régime qui leur font face sur une estrade. Au-dessus d'eux se tient un vieux monsieur boursouflé à la moustache en crocs, le président de l'Assemblée et le propre père de Ciano, un fasciste de toujours qui a bien profité du régime. Il est muni d'une clochette qu'il fait tinter d'un air las pour les rappels à l'ordre et la sérénité des débats. Mais plutôt que de sérénité, on pourrait parler de torpeur, l'atmosphère générale est sinistre. Les orateurs s'expriment longuement et d'une voix sourde alors qu'ils n'ont, en fait, rien à dire, seulement répéter l'ordre du jour arrêté par le parti. Les applaudissements, qui n'ont pas grand-chose de spontané, et les interpellations consistent à approuver leurs discours. Certains conseillers nationaux coulent des regards de curiosité furtive vers l'ambassadeur de France, qui vient de prendre place à la tribune réservée. On dirait des voyous qui préparent un mauvais coup.

François-Poncet, pour sa part, considère cette assemblée d'hommes en noir avec un air de dignité un peu contrite, comme un vieil ami de la famille oublié assisterait à l'enterrement d'une relation lointaine.

C'est alors que Ciano entre en scène pour prononcer son allocution de politique étrangère. La crise qui suintait depuis trois semaines s'emballe tout d'un coup. Lorsqu'il évoque les relations avec la France et les aspirations naturelles du peuple italien, une vingtaine de chemises noires se dressent soudain et poussent le cri de ralliement qui traînait dans les rues : « *Savoia, Nizza, Corsica, Tunisia, Djibouti ! A noi, a noi !* » Ciano s'interrompt, Mussolini reste impassible, la clochette est muette. La clameur s'amplifie, un tumulte invraisemblable s'empare de toute l'assemblée ; ce sont tous les conseillers nationaux qui hurlent maintenant « *A noi, a noi !* » tournés vers la tribune de l'ambassadeur qui s'est levé, pâle et visage fermé. Certains, les yeux exorbités par la haine, brandissent même le poing en direction de François-Poncet. Il affronte la meute, debout et sans savoir quelle contenance adopter tant il est sidéré par la brusquerie et la violence de l'agression. Ses tentatives pour attirer l'attention de Mussolini et de Ciano sont vaines, leurs regards se dérobent. Autour de lui, les conseillers de l'ambassade, saisis et pantelants, attendent un signe de sa part. Faut-il partir devant un tel affront ou rester jusqu'à ce que l'orage s'apaise ?

François-Poncet n'hésite pas longtemps, il se retire et entraîne ses conseillers à sa suite. Quand il parvient à la porte de la Chambre, au milieu des huissiers affolés qui courent dans tous les sens, il entend encore le vacarme à l'intérieur, la clochette qui tinte enfin mais bien inutilement. À l'extérieur, une petite troupe de manifestants, qui ne sont certainement pas là par hasard, scandent à leur tour furieusement l'obsédant : « *A noi, a noi !* » De retour à l'ambassade, François-Poncet rédige donc une nouvelle demande d'audience à l'adresse du ministre des Affaires étrangères. Elle est pressante et ne s'embarrasse pas de circonvolutions diplomatiques. Ce sera la deuxième rencontre en quelques jours et cette fois, on parlera sérieusement.

Ciano reçoit François-Poncet avec une froideur étudiée. Il porte son uniforme d'officier aviateur de la guerre d'Éthiopie, ce qui n'est évidemment pas bon signe. Mais au fond, il a toujours l'air d'un gamin mal grandi, soit qu'il veuille jouer le bon garçon, soit qu'il emprunte la défroque d'un fasciste pur et dur. Voici un galopin buté qui a été pris en faute et qui ne veut pas le reconnaître, pense François-Poncet. L'entretien s'annonce mal.

——❞——

François-Poncet : Vous m'avez dit qu'il n'y avait que des moustiques entre nous, monsieur le Ministre, lorsque vous m'avez si aimablement reçu à mon arrivée à Rome. Je constate malheureusement que ce sont des éléphants.

Ciano: Que voulez-vous dire, Excellence ?

François-Poncet: Allons, ne faites pas l'étonné, monsieur le Ministre, les incidents survenus en ma présence, à la Chambre des Faisceaux, sont inqualifiables.

Ciano: Dans une assemblée, les représentants de la nation ont le droit d'exprimer librement leurs opinions. Je pense qu'il en est de même dans votre Chambre des députés.

François-Poncet: Je n'ai pas le souvenir que l'on ait jamais insulté un pays étranger à la Chambre des députés après y avoir invité son ambassadeur. Et ni vous ni même le Duce n'avez fait un geste ou dit un mot pour faire cesser un tel esclandre.

Ciano: Le parti fasciste rassemble des sensibilités diverses, c'est ce qui explique son dynamisme et l'adhésion du peuple italien. En revanche, la règle est qu'aucun membre du gouvernement ne doit intervenir lorsque les conseillers interrompent le discours d'un ministre. C'est au président de l'Assemblée qu'il revient de le faire.

Il s'agit bien de son père, pense François-Poncet, une vieille canaille. Aristocrate de fraîche date par la grâce du roi, amiral par la grâce de Mussolini, président de l'Assemblée par la grâce du parti. Vénal et corrompu.

Attention, pas un mot de travers sur mon père ! bouillonne Ciano.

François-Poncet: Je vous remercie pour ces éclaircissements sur certains aspects du droit constitutionnel italien qui m'avaient apparemment échappé. Mais le

Président, monsieur votre père, m'est apparu bien silencieux. Venant de sa part, je n'ai rien entendu.

Ciano: Mon père a l'honneur de présider notre assemblée avec une haute conscience de ses devoirs. Je regrette que vous ayez l'air d'en douter.

François-Poncet: Je ne me permettrais pas de mettre en doute la manière dont monsieur votre père assume ses éminentes fonctions. Je dis seulement que j'attendais qu'il les exerce pleinement.

Ciano: Il y avait trop de bruit! On peut signifier un rappel à l'ordre quand il est perturbé par quelques conseillers nationaux, c'est impossible quand l'indignation est générale. Il faut laisser passer l'orage avant de reprendre les débats.

François-Poncet: Vous avez dû remarquer que j'avais quitté la séance, lorsque le calme est revenu. J'ai pourtant attendu un bon moment, mais c'était donc un long et ténébreux orage. La patience, dont le Duce m'a d'ailleurs vanté les mérites, a forcément des limites. L'Assemblée espérait sans doute une réponse de ma part en me lançant de telles invectives. Je la lui ai donnée en partant. Vous n'êtes pas sans savoir, certainement, que l'agitation a continué devant la Chambre lorsque j'en suis sorti. Les mêmes jeunes gens qui défilent trop souvent devant ma résidence.

Ciano: Je n'y suis pour rien si l'attitude de la France suscite des remous dans le peuple italien. Aucun membre du gouvernement n'est impliqué dans ces manifestations que je déplore, et vous avez pu constater, sûrement, que nos forces de l'ordre ont reçu de strictes consignes pour en éviter les excès éventuels.

François-Poncet: À la bonne heure! La persistance de tels incidents susciterait un surcroît d'inquiétude et pas seulement en France. Lord Perth, mon collègue l'ambassadeur du Royaume-Uni, nous a fait part de l'émotion de son gouvernement après la séance de la Chambre des Faisceaux.

Ciano: Nous recevrons le Premier ministre Chamberlain et lord Halifax à Rome le mois prochain. Nous ne perdrons certainement pas notre temps à aborder ce genre de détails.

François-Poncet: Pardonnez-moi de vous reprendre, monsieur le Ministre, les incidents que j'évoque auprès de vous ne sont pas des détails. En revanche, il est avéré que la France et l'Angleterre travaillent en parfaite entente à l'apaisement des tensions en Europe, et je salue la contribution décisive que le Duce a apportée à nos efforts, ceux de l'Angleterre et de la France, à la conférence de Munich. Toute visite officielle incite à continuer dans cette voie.

Ciano: Nous n'avons aucun différend avec l'Angleterre depuis la levée des sanctions. Je regrette qu'il n'en soit pas de même avec la France.

François-Poncet: Nous avons levé les sanctions en même temps que les Anglais. Et puis, vous me permettrez une appréciation personnelle, ça n'allait pas très loin, l'Italie a pu bénéficier de toutes les livraisons en pétrole dont elle avait besoin pour la guerre d'Éthiopie.

Ciano: Vous donnez un tour déplaisant à notre conversation, Excellence.

François-Poncet: Mais non, loin de là, monsieur le Ministre, je n'en ai aucunement l'intention. Vous préféreriez peut-être que j'évoque le vif plaisir que j'ai ressenti à pouvoir déguster à nouveau ces délicieux *panettones* qui s'étaient retrouvés pris au piège des représailles italiennes.

Ciano: La diplomatie du *panettone*! Il y a quelque chose qui m'échappe en vous, monsieur l'Ambassadeur, vous trouvez toujours le moyen de glisser une anecdote amusante et bien française lorsque l'échange devient précisément désagréable.

François-Poncet: Cela vous change certainement de vos discussions avec le ministre du Reich, Joachim von Ribbentrop. Cet homme est plutôt abrupt, oserais-je dire en étant charitable…

Ciano: Je vous en prie, monsieur l'Ambassadeur! La France n'a pas de leçons à nous donner dans ce domaine quand MM. Ribbentrop et Bonnet signent en grande pompe une déclaration de bon voisinage. Toute la presse de votre pays entonne des chants mélodieux pour s'en réjouir!

François-Poncet: Nous y voilà! On me rapporte de tous côtés que le Duce serait très mécontent de la signature de cet accord.

Ciano: De tous côtés? Pas du nôtre, en tout cas. Je ne sais pas qui vous voyez à Rome depuis votre arrivée.

François-Poncet: Je vous dis mon sentiment. Le Duce verrait dans cet accord un geste inamical de l'Allemagne à son égard, qui ne l'aurait pas prévenu.

Ciano: Vous pensez vraiment que le ministre italien des Affaires étrangères n'était pas informé? Vous imaginez peut-être que je passe mon temps au club de golf avec de jolies femmes! C'est ce que je lis dans vos journaux.

François-Poncet: Loin de moi cette idée. Mettons que les Allemands vous ont informé. Mais puisque nous évoquons la presse, la vôtre, qui est d'ailleurs toujours aussi peu affable à mon égard, persifle en permanence contre la déclaration Bonnet-Ribbentrop qui serait une manœuvre des Français pour séparer l'Allemagne de l'Italie.

Ciano : Nous ne lisons pas les mêmes journaux, monsieur l'Ambassadeur.

François-Poncet : Vous n'avez pas besoin de les lire, puisque c'est vous qui les écrivez ! Pas vous personnellement, bien sûr, il y a assez de talents à votre service. Et je ne parle pas de votre beau-père, le Duce, qui a toujours été un journaliste remarquable.

Ciano : Vous souhaitez encore continuer dans cette voie ? Si les moustiques sont devenus des éléphants, prenez garde, ils peuvent être furieux quand ils chargent.

François-Poncet: Je vous dis le fond de mon sentiment. Le Duce ne décolère pas à propos de cette déclaration, les manifestations antifrançaises viennent de là.

Ciano: Encore ! Je vous ai pourtant dit ce qu'il en est, il ne paraît pas nécessaire d'y revenir. Ribbentrop et Bonnet peuvent bien parapher tout ce qu'ils veulent, le Duce ne s'en préoccupe pas. Il est bien au-dessus de cela.

Soit, ce n'est pas la peine d'insister, il n'en démordra pas, pense François-Poncet. Mais ce que je sais, c'est qu'il déteste Ribbentrop et qu'il résiste le plus possible pour signer le pacte d'Acier entre Berlin et Rome, que les Allemands exigent d'obtenir du Duce.

Ciano se demande comment il va rendre compte de cet entretien à son beau-père. Ce Français est bien tel qu'on le lui avait décrit. Habile et raisonneur, mais ce n'est pas un ennemi.

François-Poncet: En Europe aujourd'hui, les enchères montent.

Ciano: Je préfère ne pas comprendre ce que vous insinuez, Excellence.

François-Poncet : Vous avez très bien compris, monsieur le Ministre, la déclaration apporte un apaisement, mais cela n'indique pas que la tension ne peut reprendre n'importe quand, n'importe où. Vous n'avez pas oublié que j'arrive de Berlin.

Ciano: Je ne l'ai pas oublié, et je sais très bien pourquoi vous êtes ici.

François-Poncet: Pour vous détacher de l'Allemagne? Lourde tâche, vous me surestimez, monsieur le Ministre.

Ciano: Effectivement, tant que la France persistera à ne pas entendre nos justes revendications.

François-Poncet: Oui, je sais: «*A noi, a noi.*» Encore... Ce n'est pas sur de telles bases que l'on pourrait discuter. Et je n'ai pas d'instructions de mon gouvernement pour entamer une négociation dans ce domaine. Mais de vous à moi, on devrait trouver un terrain d'entente sur certains points.

Ciano: Ah oui, lesquels? Voilà enfin une bonne nouvelle. Moi, je retiens surtout ce que vient de dire le président Daladier: «Nous ne céderons pas un mètre carré aux Italiens.»

François-Poncet: On vous a déjà donné des oasis sahariennes et cédé des actions du chemin de fer éthiopien. On pourrait parler de la gestion du port de Djibouti, d'une entrée au conseil d'administration de Suez. Mais il faudrait retrouver l'esprit de la conférence de Stresa.

Ciano: Ah oui, le printemps en Italie, le beau lac, les îles Borromées, votre Flandin qui est si sympathique et n'a que de bons sentiments pour nous. C'était il y a plus de trois ans. Une éternité. On ne construit pas la paix avec des cartes postales et des chansons romantiques.

François-Poncet: Hélas, oui, l'Éthiopie a tout emporté.

Ciano: Détrompez-vous. L'esprit de Stresa est mort en Espagne, il sera enterré avec votre République à l'agonie, il est mort en Tunisie, où vous continuez à opprimer nos Italiens.

François-Poncet: Nous n'opprimons personne, vous confondez avec les Sudètes, qui n'étaient d'ailleurs pas opprimés.

Ciano: Laissons cela, votre gouvernement nous a fait justement parvenir une note sur « l'esprit de Stresa ». Je dois en parler bientôt avec mon beau-père. Nous vous répondrons. Mais je dois vous prévenir, nous allons aussi suivre de très près la tournée que le président Daladier va faire prochainement en Corse et en Tunisie. J'espère qu'il n'y aura pas de débordements désagréables.

François-Poncet: Pourquoi voudriez-vous qu'il y en ait ? Nous avons reçu les meilleurs témoignages de sympathie des anciens combattants italiens en Corse, et le Président recevra vos associations en Tunisie dans un esprit d'amitié et de confiance.

Ciano: Donc, tout est parfait ! C'est sans doute pour cela qu'il a prévu d'inspecter les dispositifs militaires à la frontière libyenne, n'est-ce pas ? Il est vrai que vous avez déjà assez d'ennuis avec les nationalistes arabes qui manifestent contre vous et ce leader Bourguiba que vous avez envoyé en prison.

François-Poncet: Voulez-vous vraiment que nous fassions une comparaison entre nos méthodes en Tunisie et les vôtres en Libye ? Cela nous entraînerait un peu loin de la relative sérénité de notre entretien.

Ciano: Je vous laisse à vos appréciations tendancieuses, mais si j'avais un conseil à donner à votre gouvernement : vous feriez bien de rendre aux Allemands les colonies que le traité de Versailles lui a volées.

François-Poncet: Le Führer s'agite à ce sujet, mais j'ai bien compris à Berlin qu'il n'y attache pas beaucoup d'importance. C'est son espace vital en Europe, à l'est, qui l'intéresse ; les revendications coloniales de l'Allemagne, c'est pour entretenir une tension supplémentaire, rien de moins, rien de plus. Et que faudrait-il lui « rendre », selon votre expression ?

Ciano : Le Togo, le Cameroun, le Tanganyika, le Sud-Ouest africain, des îles de l'Insulinde, tout ce qui a été partagé entre les Alliés.

Une image folle traverse l'esprit de François-Poncet, les Togolais chantant le Horst Wessel Lied. *Ciano a pensé la même chose au même moment et il a du mal à réprimer un fou rire. Ils évitent de se regarder dans les yeux pour ne pas se trahir.*

François-Poncet : Vous pourrez en parler avec les Anglais quand vous les verrez, si cela vous amuse. Ils ont fait pression sur les Belges pour qu'ils cèdent une partie du Congo, et sur les Portugais pour qu'ils abandonnent l'Angola. Vous auriez vu leur tête ! Et celle des Africains, à la perspective d'avoir des maîtres nazis !

Ciano : Je sais bien, ni vous ni les Anglais ne lâcherez vos colonies à Hitler.

François-Poncet : On ne lâchera plus rien à Hitler.

Ciano : Faites bien attention. S'il y a encore des demandes légitimes de sa part, rappelez-vous ce qu'a dit mon beau-père : « Quand le fascisme a un ami, il marche avec lui jusqu'au bout ! Cent quinze millions d'hommes se dressent dans une résolution inébranlable, l'Europe sera fasciste ! »

François-Poncet : Et vous, monsieur le Ministre, souvenez-vous de mon expérience : « Quand on mange de l'Hitler, on en meurt ! » Je vous fais rire, monsieur le

Ministre, tant mieux, plutôt que de pleurer, il vaut mieux rire aux enterrements.

Ciano : Nous sommes arrivés loin du *panettone*, des moustiques et des éléphants. Il nous reste le club de golf et ses jolies femmes, je serais heureux d'y déjeuner un jour avec vous, monsieur l'Ambassadeur.

Ciano a retrouvé soudain son sourire charmeur de joli cœur. L'entretien est terminé. Les deux hommes se quittent dans une atmosphère de détente inattendue.

François-Poncet ne peut s'empêcher d'éprouver un sentiment de sympathie pour Ciano malgré la dureté de leur entrevue, cette alternance de tensions et de moments de récréation presque amicale. Certes, il sort bredouille du ministère des Affaires étrangères, il n'a pas eu droit à des excuses ou à des regrets, mais il n'y a pas eu d'éclats ni de rupture non plus. Il est clair que le ministre et lui appartiennent à deux camps opposés. Leur vision du monde est différente, leurs valeurs ne sont pas les mêmes, ils sont séparés par l'âge, leurs origines, leur moralité personnelle. Le statut familial du gendre de Mussolini, sa carrière prodigieuse et ses responsabilités politiques, qui le désignent comme l'héritier de son beau-père, lui interdisent toutes velléités d'indépendance.

Pourtant, l'ambassadeur perçoit des failles dans l'insolence de ce jeune ambitieux qui met son point d'honneur à s'exprimer en français, la langue du lycée Chateaubriand où les grandes familles inscrivent leurs enfants. Il est possible de lui parler franchement, il supporte les reproches avec calme, ses mouvements d'humeur ne durent pas, il ne ferme pas la porte à la discussion, même lorsqu'elle prend un tour vif et désagréable, il ne manque ni d'esprit de repartie ni d'humour. Il a même l'air de prendre du plaisir à ce genre de joutes. La raideur, la pesanteur et l'hypocrisie germaniques qu'il essaye d'imiter par instants ne lui conviennent pas, il le sait et il n'insiste pas.

Certes, c'est un fasciste avec tout ce que cela implique de cynisme et de gangstérisme, mais il est intelligent et cultivé. Il se rend compte des faiblesses de l'Italie. Elle n'est pas en mesure de faire la guerre, ce serait une folie de s'y laisser entraîner par Hitler. Il en est conscient. François-Poncet le soupçonne de ne pas aimer les Allemands, de se défier de Ribbentrop, de redouter les délires criminels du Führer. Ciano entretient d'ailleurs de bons rapports avec le roi et avec le Saint-Siège, deux pôles de résistance au fascisme, impuissants et silencieux, mais pas abattus. Et puis ce garçon, qui aime sa femme et sa famille, est aussi un viveur adorant s'amuser avec sa petite cour de ricaneurs et prendre du bon temps, pas comme ce sybarite cruel et corrompu de Goering, mais plutôt comme beaucoup de piliers de la douceur de vivre à la romaine, qui rechignent à la mauvaiseté et à la violence.

Il bombardait les Éthiopiens aux commandes de son avion avec de grands éclats de rire, il convoite l'Albanie pour s'y tailler un fief personnel, surtout depuis qu'il a été témoin au mariage du roi Zog avec la ravissante Géraldine qu'il ajouterait bien à son tableau de chasse de don Juan impénitent, mais de là à prêter la main au déclenchement d'une guerre mondiale qui sonnerait tôt ou tard le glas du régime et sa propre fin, il y a une marge importante qu'il n'est pas prêt à enjamber. A-t-il de l'influence sur son beau-père, est-il capable de le ramener à la raison ? François-Poncet n'a pas les réponses à ces questions, mais le simple fait qu'il puisse se les poser est un signe encourageant. L'ambassadeur ira donc déjeuner au golf de Rome si le ministre réitère son invitation. Il préférerait que ces agapes se tiennent au très sélect Circolo della Caccia dans l'enceinte du palais Borghèse, le refuge favori des épigones de la famille royale et de l'aristocratie romaine peu contaminée par le fascisme, mais Ciano ne s'y rend guère, par crainte d'essuyer les reproches de son beau-père, et peut-être aussi parce que les princesses n'y sont pas de son âge[1].

C'est en proie à toutes ces pensées confuses que l'ambassadeur constate que sa voiture doit faire de grands détours pour regagner le palais Farnèse. Les principales artères de Rome sont fermées pour laisser défiler deux cortèges différents : les familles des fascistes méritants qui s'apprêtent à partir pour coloniser la Libye. Le régime leur a promis des lopins de terre et du matériel pour la mise en valeur de leurs arpents. L'inévitable Starace a prévu de leur délivrer un grand discours pour cingler leur enthousiasme et la gratitude qu'ils doivent au Duce. Et devant le Colisée, c'est le retour d'un premier contingent des volontaires d'Espagne, que le roi et Mussolini en personne vont accueillir avec un apparat digne des triomphes de l'ancienne Rome. Des détachements de *balillas* sillonnent déjà les rues avoisinantes, entonnant à pleins poumons : « *Giovinezza !*

1. Galeazzo Ciano, convaincu d'avoir œuvré à la chute de son beau-père Mussolini lors du Grand Conseil fasciste du 24 juillet 1943, est condamné à mort en janvier 1944 et fusillé dans le dos, le sort des traîtres, sur l'injonction des Allemands.

Salve o popolo d'eroi, salve o patria immortale, son rinati i figli tuoi con la fede e l'ideale» («Jeunesse ! Salut au peuple de héros, salut à la patrie immortelle, tes fils renaissent avec la foi et l'idéal»). L'ambassadeur se demande pourquoi ce chant héroïque lui paraît tout à coup si triste et si désespérant.

Galeazzo Ciano, Monsieur Gendre…

Chapitre 22
Les Stukas

Dans ta maison, consens à me conduire;
De ton accueil tu n'auras nul regret.
Les plus brillants trésors dans mon navire
Sont entassés sans nombre, c'est peu dire;
Ami, crois-moi, tu seras satisfait.

Richard WAGNER — *Le Vaisseau fantôme*

Robert Coulondre vient de succéder à François-Poncet, après la conférence de Munich, comme ambassadeur à Berlin. Il était auparavant en Russie, où il a pris toute la mesure de la brutalité ténébreuse du régime stalinien, mais il en est également revenu persuadé de la nécessité d'une alliance avec Moscou pour éviter la guerre en faisant obstacle à la politique hitlérienne d'expansion à l'est contre ce qui reste de la Tchécoslovaquie et contre la Pologne. Accueilli très aimablement au Berghof par Hitler qui lui tient un discours tranquille et rassurant, « je me répète ses dernières paroles, si humaines, et je me prends à espérer je ne sais trop quoi », reçu par les principaux hiérarques du régime nazi qui se sont répandus en sourires et promesses d'amitié, il ne se fait aucune illusion sur la réalité de leurs intentions belliqueuses. Le cycle infernal de la propagande, de la mobilisation de tout l'appareil productif et de la montée en puissance formidable du réarmement, ne peut que conduire à la catastrophe. Il perçoit rapidement que l'hypothèse, *a priori* invraisemblable, d'un rapprochement Hitler-Staline se prépare et que l'Allemagne est en train de prendre de vitesse les démocraties pour sceller une alliance, de fait, avec la Russie. Il considère avec circonspection la déclaration franco-allemande, « à part l'objet précis de la signature, on ne s'entendra sur rien ». Il porte aussi un jugement acerbe sur le ministre des Affaires étrangères du Reich, qui lui a fait une désastreuse impression : « Chez ce Teuton, au demeurant beau garçon, il n'y a rien d'humain que les bas instincts de l'homme : il est vaniteux et envieux jusqu'à la déraison. »

Bien qu'il n'ait pas la prestance de grand style de François-Poncet, Coulondre, avec son air de souris grise, est un diplomate expérimenté, lucide et déterminé, qui a toute la confiance du président du Conseil Daladier, malgré les entreprises insidieuses du ministre des Affaires étrangères Georges Bonnet, qui aurait préféré nommer un homme à lui et se méfie d'un ambassadeur trop subtil pour être manœuvré ou doublé facilement. Spécimen assez rare de « huguenot joyeux, doté d'un grand sens de l'humour pour affronter des temps difficiles », il est très apprécié par tous ses subordonnés à l'ambassade, pour sa bienveillance et son répertoire inépuisable de bonnes histoires. L'un d'entre eux, le jeune et séduisant Paul Stehlin, son attaché militaire pour l'aviation, l'intéresse tout particulièrement. En effet, capitaine et pilote, alsacien d'origine, il a su user de son charme et de son intelligence auprès de l'aide de camp de Goering, Karl-Heinrich Bodenschatz, pour s'infiltrer dans l'entourage du maître de la Luftwaffe comme au sein de l'élite mondaine du régime. Il partage les intuitions pessimistes de l'ambassadeur et se désole de constater que ses mises en garde n'ont suscité aucun écho à Paris. Il s'apercevra d'ailleurs plus tard que ses rapports n'ont tout simplement pas été lus au Quai d'Orsay et prennent la poussière dans un placard de l'état-major du général Gamelin. Très vite, les deux hommes, Coulondre et Stehlin, se retrouvent en territoire de confiance et s'entretiennent très librement, et autant que possible loin des micros, dans les jardins de l'ambassade…

Robert Coulondre: Alors, Stehlin, où en êtes-vous dans votre romance avec Bodenschatz ? Il vous offre toujours des cravates en soie ?

Stehlin: Des cravates en soie… Mais qui colporte de tels bobards, monsieur l'Ambassadeur ?

Robert Coulondre: Berlin est peut-être la capitale du Reich, mais on ne peut comparer avec Paris, il n'y a pas grand monde à voir en dehors des gens qui nous écoutent en permanence. On vit tous les uns sur les autres dans l'univers des ambassades, où on adore ce genre d'histoires pour se distraire. Même le Führer les apprécie beaucoup, paraît-il. Enfin, vous savez tout cela mieux que personne, depuis trois ans que vous êtes ici !

Stehlin: C'était juste une cravate avec l'insigne de la Luftwaffe, un cadeau qu'il fait à tous ses visiteurs au ministère de l'Air.

Robert Coulondre: Les visiteurs de marque, certainement ! Je ne saurais trop vous en féliciter. Vous devriez en demander une pour moi, je la garderai comme souvenir à défaut de pouvoir la porter au Quai d'Orsay…

Stehlin: Je me ferai un plaisir de mettre à profit ce que vous appelez ma romance avec Bodenschatz pour vous servir, monsieur l'Ambassadeur. Mais si je peux me permettre, je trouve que parler de romance pour désigner ma relation de confiance et d'amitié avec l'un des plus hauts responsables au ministère de l'Air est inapproprié.

Robert Coulondre: Les déjeuners, les réceptions, les concerts, le grand jeu, quoi. Vous avez droit à un traitement spécial. Il ne manque que les boîtes de nuit !

Stehlin: Les boîtes de nuit ? On s'y amuse beaucoup moins qu'avant. Votre prédécesseur en était horrifié !

Robert Coulondre: Tiens, tiens, vous avez des regrets ?

Stehlin: Karl-Heinrich Bodenschatz fait tout ce qu'il peut pour m'être agréable. Devrais-je m'en plaindre ?

Robert Coulondre: Il y a une Mme Bodenschatz ? Vous connaissez Frau Bodenschatz ?

Stehlin: Il y a toujours une Frau Bodenschatz dans les hautes sphères du régime. Himmler surveille de très près ce genre de choses. Mais je ne la connais pas. Devrais-je me pencher sur la question, monsieur l'Ambassadeur ?

Robert Coulondre: Allons, allons, ne montez pas sur vos grands chevaux, ne vous formalisez pas si je vous chicane un peu, mon cher Stehlin. Je ne me permettrais pas de mettre en doute la noblesse des sentiments que vous inspirez à votre ami. Ce pauvre aide de camp n'a probablement pas la vie facile avec un patron comme Goering. Un jeune et bel officier français, distingué et cultivé comme vous l'êtes, qui parle si parfaitement l'allemand, incite forcément aux agréments de la camaraderie militaire. Il semble qu'il y ait des traditions de ce genre dans l'armée allemande.

Stehlin : Certainement, monsieur l'Ambassadeur. Mettons qu'il s'agit bien de cela. Nous nous intéressons aux mêmes choses, Karl-Heinrich et moi, au-delà des différences politiques, les échanges littéraires, la musique et l'aviation, surtout l'aviation.

Robert Coulondre : Karl-Heinrich ?

Stehlin : C'est lui qui insiste pour que je l'appelle par son prénom.

Ah, ce garçon, quel charme ! pense Coulondre. On dirait Pierre Richard-Willm. Il était trop jeune pour le Maroc. Heureusement pour lui. Il aurait fait des ravages avec Lyautey !

Et cette fille, comment s'appelait-elle vraiment ? songe Stehlin. Si belle, si gaie, si ardente... jusqu'à ce que je la surprenne en train de fouiller dans mes papiers.

Robert Coulondre : De toute façon, vous savez que je vous encourage sans aucune réserve. Vous savez très bien ce que vous faites et je vous approuve pleinement. Remarquez seulement que c'est tout de même assez rare, un attaché français qui peut piloter comme bon lui semble un avion de la Luftwaffe pour survoler les aéroports militaires et les usines d'armement. De quoi rendre fou de jalousie l'attaché de l'air italien, qui n'a jamais eu un tel privilège.

Paul Stehlin : C'est Goering en personne qui m'a donné carte blanche, Bodenschatz ne fait qu'appliquer la consigne. Et vous savez très bien pourquoi ils se livrent à cette manœuvre avec nous, monsieur l'Ambassadeur.

Robert Coulondre : Oui, bien sûr, comme la visite du général Vuillemin, en somme. Au mois d'août, quelques semaines avant Munich, les discours enflammés d'Hitler à Nuremberg pour arracher les Sudètes, François-Poncet m'a tout raconté.

Paul Stehlin: Vuillemin, notre chef d'état-major de l'armée de l'air, un as de la Grande Guerre, sept victoires homologuées, le héros de la traversée du Sahara aux commandes de son Breguet 300, l'accident, la mort du général Laperrine, la marche dans le désert, l'enfer de la soif, la croisière noire et le Blériot 115 qui s'écrase à Niamey, la jambe de bois fracassée du capitaine Dagnaux, la poursuite de la grande boucle en Afrique noire malgré ses blessures. Un dur à cuire invincible, l'honneur de notre aviation. J'ai suivi tout cela avec passion quand j'étais adolescent. Je découpais les articles dans *L'Illustration*, je collectionnais les vignettes. Je devais forcément devenir pilote lorsque j'ai eu l'âge de choisir.

Robert Coulondre: Vous l'avez rencontré durant sa visite ?

Paul Stehlin: Il m'a gardé tout le temps près de lui, moi le petit attaché militaire au milieu des délégations, des généraux des deux pays, de l'accueil officiel comme ils savent y faire, avec les hymnes, les drapeaux, les banquets, la croix gammée en folie. Il m'a emmené partout avec lui et ils lui ont tout montré. Un type extraordinaire, incroyablement gentil et chaleureux.

Robert Coulondre: On allait pourtant déjà vers la guerre.

Paul Stehlin: Oui et c'était quand même l'euphorie. La presse nazie ne tarissait pas d'éloges pour « le chevaleresque adversaire qui doit servir pour le rapprochement entre nos deux peuples ». Le général Milch, envoyé par Goering, ne cessait d'évoquer le bon vieux temps des combats à la loyale, Guynemer, le Baron rouge, toutes ces histoires, il concluait ses discours en disant : « C'était magnifique, mais pourvu qu'on ne recommence pas, ça ne sera plus jamais pareil. » Il avait les larmes aux yeux et Vuillemin aussi. Mais pendant la parade où les Junkers piquaient sur nous, toutes sirènes hurlantes, nous, les Français, nous gardions le silence tandis que les Allemands nous guettaient du coin de l'œil.

Robert Coulondre : Vous avez lu le rapport de Vuillemin à son retour ? « En cas de guerre, notre aviation sera liquidée en quinze jours. » Il est revenu atterré par ce qu'il a vu et horrifié par notre impréparation, notre retard, la gabegie dans notre plan d'armement, le sabotage du travail dans nos usines. Enfin, vous savez tout cela aussi bien que moi.

Paul Stehlin : C'est pour ça que les Allemands continuent à me laisser me promener si facilement. Il n'y a rien de sentimental dans la « romance » avec Bodenschatz, il obéit seulement aux ordres de Goering, qui veut nous faire peur pour éviter la guerre, alors que Ribbentrop pousse au conflit tout en venant nous bercer avec ses mensonges.

Robert Coulondre : Merci, monsieur l'Attaché militaire, vous n'avez pas besoin de m'éclairer, je l'avais bien compris !

Paul Stehlin : Excusez-moi, monsieur l'Ambassadeur, si je m'échauffe un peu, mais tout ce que j'observe est effectivement tellement inquiétant.

Mais enfin, qu'est-ce qu'ils font de ses rapports à Paris ? s'interroge Coulondre. Est-ce qu'ils les lisent vraiment ?

Reprendre toutes mes notes à François-Poncet, les lui faire passer, pense Stehlin.

Robert Coulondre : Ne vous excusez pas, continuez à vous promener, comme vous dites, pendant que j'envoie des caisses de Pommery à Goering pour le remercier de ses invitations et que je flanque à la corbeille les questions du Quai d'Orsay, qui n'arrête pas de me demander ce que vous fichez à piloter des avions de la Luftwaffe.

Paul Stehlin : On me fait trop d'honneur à Paris !

Robert Coulondre : Certes, mais on s'interroge aussi sur vos relations avec Olga Riegele-Goering, la sœur du maréchal. Elle se répand partout dans Berlin en disant que vous êtes le Français le plus séduisant qu'elle ait jamais rencontré. Ça doit faire plaisir à Bodenschatz !

Paul Stehlin : Je vous en prie, monsieur l'Ambassadeur…

Robert Coulondre : Allons, si on ne peut plus plaisanter ! Vous pensez que c'est encore une manœuvre de Goering ?

Paul Stehlin : Peut-être, même si elle ne me le fait pas sentir. Elle est très surveillée par Himmler et très protégée par son frère.

Robert Coulondre : Elle lui ressemble ?

Paul Stehlin : Un peu plus âgée que lui, blonde, plantureuse, très gaie, toujours à rire. Elle lui ressemble beaucoup, mais sans les reflets inquiétants. Elle m'invite souvent à ses réceptions et même à des dîners en petit comité, avec des artistes, des hommes d'affaires, pas des nazis déclarés, mais enfin on ne sait jamais. Elle vit dans un grand train de maison, les restrictions du plan de quatre ans, ce n'est pas pour elle ! Là-dessus, elle est aussi comme son frère.

Robert Coulondre : Vous parlez politique, elle vous fait passer des messages ?

Paul Stehlin : Jamais. On parle de Paris qu'elle aimerait connaître, de musique et de littérature romantique. Elle évite soigneusement les sujets délicats. Je suis prudent, pour garder le contact, je les évite aussi. S'il y a un message, ce qui est certainement le cas, c'est pour montrer que les Allemands ne sont pas des Boches et que la vie est heureuse sous le IIIe Reich… Elle aime beaucoup danser, aussi, et je suis son cavalier…

Robert Coulondre: Décidément, les fonctions d'attaché militaire ne connaissent pas de limites. Comment vous y prenez-vous depuis que la valse a été interdite, à Berlin comme à Vienne, de quoi faire regretter *Le Beau Danube bleu* aux nazis de l'Anschluss ?

Paul Stehlin: On danse la valse dans les ambassades de Hongrie et de Pologne. Les invités s'en donnent à cœur joie. Elle est aussi très czardas avec les Hongrois et fox-trot avec les Polonais…

Pour ma première réception à l'ambassade, on pourrait peut-être essayer le Lambeth Walk, pense Coulondre.

La prochaine fois, je lui parlerai d'Albert Goering, le frère d'Hermann, se dit Stehlin. Il déteste les nazis et il prend beaucoup de risques. Ça l'intéressera certainement.

Robert Coulondre: Ils feraient bien de se méfier. Vous avez d'autres centres d'intérêt à partager avec cette dame charmante ?

Paul Stehlin: Elle me parle de la Südwestafrika, où elle est née quand son père en était le gouverneur. Elle a gardé la nostalgie d'une enfance enchantée à Windhoek.

Robert Coulondre: Oui, le massacre des tribus namibiennes, l'extermination des Hereros, les premiers camps de concentration, encore pires que ceux où les Anglais, à côté, enfermaient les Boers. Il y a certainement une hérédité dans la famille Goering…

Paul Stehlin: C'est peut-être ça, le message: rendez-nous nos colonies sur lesquelles vous avez fait main basse après la guerre !

Robert Coulondre: Ce serait intéressant que vous en parliez un peu plus avec elle. De toute façon, je suis persuadé que Ribbentrop a abordé le sujet à Paris avec Bonnet, lors de leur entretien en tête à tête au Crillon – nous ne sommes pas si mal renseignés. Le Führer y revient régulièrement, sans trop insister pour l'instant. Merci, mon cher Stehlin, je vous raconterai ma prochaine visite à Paris, j'en rapporterai des cravates pour Karl-Heinrich, de votre part ! Vous savez que j'ai toujours grand plaisir à causer avec vous[1].

Paul Stehlin : À votre disposition, monsieur l'Ambassadeur. Je vous suis infiniment reconnaissant de la confiance que vous m'accordez. Et en soie, les cravates ! Si je puis me permettre[2]…

Hermann Goering – L'ambassadeur Robert Coulondre.

1. Robert Coulondre deviendra ambassadeur en Suisse en 1940, avant de rompre avec le régime de Vichy. Il publiera ses *Mémoires*. Il meurt en 1959.
2. Paul Stehlin finira une brillante carrière militaire comme général d'armée aérienne et comme chef d'état-major de l'armée de l'air, avant de devenir député centriste de Paris en 1968. Opposant à la politique militaire aéronautique de la Ve République, il meurt dans un accident de la circulation en 1975 qui suscitera de nombreuses interrogations.

Chapitre 23
Ennemis pour la vie

Oui, la classe ouvrière est prête à fabriquer des canons et des avions, à condition qu'on ne les livre pas à Hitler, comme on l'a consenti, hier à Munich, en donnant au Führer une partie des armements de la Tchécoslovaquie, alliée de la France. Mais la première condition nécessaire est l'abandon de toute fonction gouvernementale par les responsables du désastre national de Munich.

Maurice THOREZ

Le problème de Paul Reynaud, c'est qu'il pense que personne ne l'aime, hormis quelques gens du monde et la comtesse de Portes, qui s'obstine à dire « nous » chaque fois qu'il prend une décision politique. Comme la bonne du curé quand elle annonce : « Nous disons la messe à 11 heures ! » Il en souffre. Le problème d'Édouard Daladier, c'est qu'il se demande si tout le monde l'aime vraiment, à l'exception des communistes bien sûr, alors qu'il est devenu très populaire, mais il est trop pudique pour l'avouer. Ils s'en inquiètent l'un et l'autre quoiqu'ils affectent de ne pas mélanger la politique aux états d'âme et de savoir en maîtriser parfaitement les contraintes. Ils restent d'incorrigibles sentimentaux, chacun à sa manière. Ils se trompent tous les deux dans leurs impressions et ils ne s'en rendent pas encore compte. Ça viendra seulement plus tard, lorsque, soumis à des tensions insupportables, ils s'effondreront d'un seul coup et se retrouveront alors, déchus et dénigrés, véritablement seuls et abandonnés.

La supériorité intellectuelle et la bravoure incontestable de Paul Reynaud l'isolent dans l'avachissement collectif d'une République où les intelligents sont souvent lâches, tandis que de sonores imbéciles pérorent à la petite semaine et se répandent en furieuses invectives et trahisons sournoises, mais elles lui valent aussi le dévouement passionné de la petite bande de trentenaires brillants et surdiplômés qui turbinent pour lui jusqu'à plus d'heure. Pourtant, le désir de séduire est un démon insatiable qui s'avère inopérant et rend amer lorsque la fougue du roquet dressé de toute la vivacité de sa petite taille met en fuite des adversaires, humiliés et pleins de rancœur. Paul Reynaud a des admirateurs, des obligés, mais pas d'amis.

L'opiniâtreté, la stupéfiante capacité de travail qui entre jusque dans les détails et l'honnêteté foncière d'Édouard Daladier sont citées en exemple, sa brusquerie est mise au compte d'une générosité inquiète et bourrue. Taciturne et embarrassé en société, son côté ramassé sur sa mélancolie et son pessimisme touchent les cœurs du populaire, son éloquence fait vibrer les meetings, mais ses paroles se perdent dans l'impuissance des assemblées. La simplicité et la dignité avec lesquelles il exerce ses fonctions font oublier qu'il est courageux dans les petites choses et souvent irrésolu dans les grandes, peinant à imposer ce qu'il a décidé à bon escient, et adepte du compromis de la moins mauvaise solution, celle de ceux qui lui résistent et qui s'avère être fréquemment la pire. L'ours ne fait peur qu'à ceux qui ne l'ont pas vu contraint de danser au pas que les événements lui imposent.

Édouard Daladier vient du monde courbé des humbles, il en a gardé le goût de l'instruction et une morale exigeante, mais il se redresse souvent trop tard. Myope parmi les aveugles, massif au milieu de tous ceux qui intriguent et s'agitent, il force le respect par ses vertus républicaines, il sait durer dans l'évanouissement général des volontés, et on le garde parce qu'il n'y a finalement personne d'autre de son calibre. Ces deux hommes, Reynaud et Daladier, pourraient être les champions des temps difficiles et en infléchir le cours fatal par leur intelligence, leur patriotisme et leur dévouement au service de l'État, mais ils sont englués dans la faiblesse des institutions, la pratique habituelle des manœuvres politiciennes, l'épuisement d'un pays qui n'en finit pas de célébrer une victoire en trompe-l'œil qui a décimé ses forces vives et lui a fait perdre son âme.

Un autre problème dont les conséquences s'avéreront catastrophiques est qu'ils se méfient l'un de l'autre et qu'au fond ils se détestent, comme on se déteste en politique, ce qui n'interdit pas les déclarations d'amitié, les arrangements provisoires et les complicités de façade, voire le partage d'un même idéal républicain. Mais ils se détestent malgré tout parce que leurs personnalités diffèrent, leurs caractères les empêchent de se comprendre, et surtout parce que leurs ambitions politiques s'entrechoquent. Ils savent tous les deux que la guerre est inéluctable, mais ils s'opposent sur la manière dont il faudra exercer le pouvoir pour la conduire.

Édouard Daladier a traversé toutes les épreuves de la vie parlementaire avant de parvenir au sommet et il se sent profondément légitime comme président du Conseil d'un pays qu'il faudra mettre enfin en ordre de marche. Mais il ne s'interroge pas sur l'avenir de son destin personnel. Paul Reynaud mesure la faiblesse de la France, et il ne doute pas de posséder l'expérience et l'imagination nécessaires pour lui administrer en urgence le remède de cheval dont elle a besoin. Mais, pour réussir comme il l'entend, il lui faut se substituer à Édouard Daladier au poste de président du Conseil. Et il pense que sa réussite assurera sa place dans l'histoire. Leur diagnostic est le même, mais leurs options se heurtent. Il n'est pas impossible que la rivalité de leurs maîtresses respectives, la comtesse de Portes et la marquise de Crussol, qui furent autrefois très liées et se livrent désormais une guerre mondaine sans merci, jette un peu plus d'huile sur le feu et de sel sur leurs blessures.

Pourtant, la situation leur impose de travailler ensemble, Reynaud au ministère des Finances et Daladier à la tête du gouvernement. Au fond, Poincaré et Clemenceau se détestaient aussi, et ils ont quand même gagné ensemble la Grande Guerre.

Au ministère de la Défense nationale. Dans le bureau du président du Conseil, le mercredi 7 décembre, en fin de journée, il fait déjà nuit. Un bon feu brûle dans la cheminée.

Édouard Daladier: Je vous remercie d'être venu jusqu'ici, cher ami, je souhaitais recueillir vos impressions sur la visite du ministre du Reich. Vous y étiez opposé, n'est-ce pas ?

Paul Reynaud: Oh, de la rue de Rivoli à la rue Saint-Dominique, ce n'est pas loin, monsieur le Président. Vous constaterez que je me suis interdit toute déclaration. Vous connaissez ma position depuis que j'ai voté pour les accords de Munich à l'Assemblée. Ne pas entraver les efforts pour la paix et le redressement du gouvernement que vous présidez et auquel j'ai l'honneur d'appartenir.

C'est mon jour de chance, pense Daladier, que de bonnes paroles ! Toujours cette impression qu'il sort de son bain, teint frais, taille bien prise, tiré à quatre épingles, vétiver. Six ans de plus que moi, l'air d'en avoir dix de moins. Je suis sûr qu'il se teint les cheveux.

« Le taureau du Vaucluse » dans son corral, songe Reynaud. Massif, morose, méfiant. Cette odeur de tabac, on n'aère donc jamais cette pièce ? Mais qu'est-ce qu'il fiche ici, les militaires en profitent, il devrait s'installer à Matignon. Bon politique, mais pas chef des armées pour deux sous.

Édouard Daladier: Vous avez assisté comme moi au déjeuner et au dîner officiels. Je vous ai à peine vu, je ne vous ai pas entendu. Votre présence était bien… disons furtive.

Paul Reynaud: Je voulais seulement affirmer une fois de plus ma solidarité au gouvernement et prendre la mesure des accords économiques qui sont en négociation avec des membres de la délégation allemande. Mais je dois avouer que ce n'est pas dans ce genre de rencontres que l'on progresse.

Édouard Daladier: Oui, la bauxite, le houblon, le tourisme. Vous allez pouvoir faire du ski à Bad Gastein cet hiver !

Paul Reynaud : Je préfère l'Alpe d'Huez, c'est près de chez moi, à Barcelonnette ! Quant à mon attitude un peu retenue, à mon silence, vous avez remarqué que notre ministre Bonnet faisait assez de bruit pour tout le monde, ce n'était pas la peine d'en rajouter.

Édouard Daladier : Oui, on peut parler à la Gretchen, mais de là à lui pincer les fesses !…

Paul Reynaud : C'est ce que vous avez dit à Ribbentrop ? Ce n'est pas vraiment son genre, même si votre conversation m'a semblé bien animée.

Édouard Daladier : Pardonnez-moi d'être si cavalier. J'ai trouvé que ces agapes relevaient d'une comédie sinistre, du Bernstein sans le talent. Et nous ne sommes pas au boulevard, malheureusement. D'ailleurs, la formule n'est pas de moi, mais elle résume assez bien ce que j'ai ressenti.

Paul Reynaud : C'est ce que j'apprécie en vous, monsieur le Président. Surtout, ne changez rien.

Édouard Daladier : Le président Caillaux aux petits soins, ce farfadet de Mistler lorgnant sur ses conférences en Allemagne, Anatole de Monzie, notre ministre des Travaux publics, faisant l'éloge des autoroutes allemandes alors qu'il n'est même pas fichu de terminer la porte de Saint-Cloud-Orgeval, agité, visqueux. Ah, il est beau le protecteur de ce lugubre imbécile de Darquier de Pellepoix, vous savez, l'excité du conseil de Paris, un voyou à monocle, l'horreur. Quant à Brinon, ne m'en parlez pas, il porte la trahison sur son visage. Toujours fourré avec cet espion d'Abetz. Celui-là, il ne perd rien pour attendre, au moindre écart, je l'expulse, direct Berlin ! À force de le dire, je finirai bien par le faire !

Paul Reynaud : Finalement, le plus correct, c'était l'ambassadeur d'Allemagne.

Édouard Daladier : Welczeck, un type très bien. Stroheim dans *La Grande Illusion* ! Moi qui n'ai jamais le temps d'aller au cinéma, j'ai vu ce film, c'est remarquable. Welczeck, c'est l'Allemagne de Goethe et de Beethoven, pas celle de Bismarck. Enfin, il est obligé de faire ce qu'on lui dit de faire.

Paul Reynaud : Oui, ce n'est pas Stresemann qui lui donne ses instructions, mais la situation est la même.

Les deux hommes s'observent.

J'aimerais bien le voir en face d'Hitler, pense Daladier. Il ne tiendrait pas cinq minutes. Trop pommadé, trop mondain, trop léger. Une vive intelligence qui ne réfléchit pas assez. On peut s'entendre si c'est moi qui décide.

Il ne peut pas tenir en face d'Hitler, songe Reynaud. Trop lourd, trop terne, trop replié. Les défauts de son intelligence qui l'empêchent d'imaginer. Trop inquiet pour qu'on puisse s'entendre.

Édouard Daladier : L'Allemagne et ses alliés partout autour de nous : le Reich qui s'agrandit sans cesse, l'Italie, bientôt l'Espagne et même la Belgique qui nous lâchent. Il ne nous reste que la « *Nanny* » anglaise et je vous prie de croire que c'est une vieille fille pas commode. Nous nous sommes vus à trois reprises cette année avec les Anglais, chaque fois, on passe un examen. « Vous avez combien d'avions, combien de chars, et votre ligne Maginot est-elle plus solide que la ligne Siegfried, pourquoi n'est-elle pas prolongée jusqu'à la mer ? » Des promesses vagues et l'apaisement à tous crins vis-à-vis de l'Allemagne. Et ils sont en train de faire les yeux doux à Mussolini. Chamberlain et Halifax sont bientôt à Rome, et pendant ce temps, on nous insulte à la porte du palais Farnèse.

Paul Reynaud: Ils sont tous sur la même ligne, les Anglais ? Ils ont quand même Churchill.

Édouard Daladier: Heureusement ! Il est venu inspecter la ligne Maginot, je l'ai vu longuement. Il a encore à peu près confiance en nous. Mais vous savez bien que Churchill, ce n'est plus rien en Angleterre. Il n'a presque personne avec lui à la Chambre des communes. On écoute ses discours comme on regarderait des numéros de cirque, on lit ses articles, il en écrit tout le temps, l'opinion est troublée et se dit qu'il a peut-être raison. Mais il n'a pas voix au chapitre et ceux qui pourraient penser comme lui, Eden, Duff Cooper, ont rendu leur tablier. Chamberlain et Halifax ont fait le vide. Oui, Churchill, c'est désolant, mais il ne peut pas nous aider.

Paul Reynaud: Si vous les rencontrez si souvent, c'est que l'alliance tient encore.

Édouard Daladier: Oui et non. Oui parce que, si Hitler nous attaque, c'est nous qui prendrons le choc, et ils le savent très bien. Et non parce que ce n'est pas avec les deux divisions et les cent cinquante avions qu'ils nous concèdent qu'ils s'engagent vraiment. Ils seront toujours au balcon, bien au chaud dans leur île. Et non, encore, parce que je n'ai plus aucune confiance en Chamberlain qui m'a entraîné à Munich, dans ce traquenard. Il a pris ses grands airs quand il a su que nous allions signer la déclaration franco-allemande, le papier carbone pourtant de celle qu'il a brandie triomphalement à Londres.

Paul Reynaud: D'où vient que nous leur fassions si mauvaise impression, monsieur le Président ?

Édouard Daladier: De la guerre de Cent Ans ! Nous leur avons toujours fait mauvaise impression, et avec

Napoléon, ça ne s'est pas arrangé. Ils veulent l'équilibre en Europe pour qu'on les laisse faire leurs affaires avec leur empire. Comme s'ils n'avaient pas vu que la balance penche complètement du côté de l'Allemagne maintenant. Il ne faut pas toucher à la mer, sinon ils voient rouge, mais ils sont très contents d'avoir passé un accord naval avec Hitler. Vous verrez qu'ils vont faire la même chose avec Mussolini pour la Méditerranée, Gibraltar, Malte, Suez, les robinets de la pompe impériale. Au fond, il n'y a que la famille royale qui nous apprécie, la reine, surtout, qui est très intelligente, « la femme la plus malfaisante d'Europe », a dit Hitler, qui sait jauger ses adversaires. C'est une formule que je reprends souvent pour la retourner contre lui. En revanche, Chamberlain, moi, Alexis Leger, vous peut-être, il nous appelle les vermisseaux. Les vermisseaux, vous vous rendez compte ! Mais la reine, Winston Churchill, ce ne sont pas les divisions qui nous manqueront. En plus, ils ne s'aiment pas, ces deux-là, pour tout arranger.

Paul Reynaud : J'imagine que se rendre à Londres avec notre ministre des Affaires étrangères et notre chef d'État-major de la Défense nationale, ça ne doit pas beaucoup améliorer nos affaires avec les Anglais.

Édouard Daladier : Ils méprisent Bonnet depuis qu'ils ont appris qu'il passe derrière moi pour contredire les instructions que je fais donner à Corbin, notre ambassadeur. Excellente impression, je vous le confirme. Notre pauvre ambassadeur ne sait plus où donner de la tête. Voulez-vous que je vous dise le fond de ma pensée, de vous à moi ?

Paul Reynaud : Dites, monsieur le Président, ça ne sortira pas d'ici.

Il va trop dans le monde avec son affreuse comtesse pour éblouir des imbéciles, songe Daladier. Elle parle à tort et à travers. Au fond, tant pis, qu'on lui répète ce que je pense !

Voilà qui est nouveau, il est tellement harassé qu'il en vient à me faire des confidences. Une feinte de radical pour noyer le poisson, peut-être ? se méfie Reynaud.

Édouard Daladier : Bonnet est un malfaiteur, tout simplement. Mais il a beaucoup trop d'appuis, je ne peux pas m'en séparer. D'un autre côté, comme Bonnet travaille pour l'apaisement, les Anglais, ça les arrange. Pour ce qui est de Gamelin, il s'est tellement embrouillé devant eux avec ses chiffres et ses mensonges, qu'ils n'ont plus aucune confiance en lui. Churchill, d'ailleurs, me l'a confirmé quand je l'ai vu.

Paul Reynaud : Vous auriez dû suivre mes conseils, monsieur le Président, si je peux me permettre. Prendre Paul-Boncour aux Affaires étrangères, plutôt que ce fourbe de Bonnet ; c'est un coriace, il ne transige pas avec le danger allemand, et les Anglais ne le mèneraient pas en bateau. Et vous débarrasser de Gamelin avec toute la clique de vieux généraux qui l'entoure. Ils sont complètement dépassés, ils ne vous obéissent pas, ils n'en font qu'à leur tête. On me dit que vous aviez pensé en faire un maréchal de France, cet artiste pour demoiselles à l'aquarelle, qui a les mains moites et que l'on traite pour une syphilis qu'il a attrapée je ne sais où. Au Brésil, peut-être ? Moi, si j'étais vous…

Édouard Daladier : Vous n'êtes pas moi. Enfin, pas encore ! Paul-Boncour est remarquable, il s'ennuie comme un rat mort à la SDN à Genève, mais il n'a personne derrière lui, trop de personnalité, il ne reste jamais longtemps quelque part. On ne construit pas une majorité avec Paul-Boncour. Gamelin a des états de service impressionnants. Joffre ne l'aurait pas pris avec lui s'il était médiocre, il est très intelligent et ce n'est pas un royaliste, comme la plupart des autres. Si je touche à Gamelin et à toute la clique qui l'entoure, comme vous dites, j'aurai aussitôt Pétain et le président Lebrun sur le râble et le gouvernement sautera. Moi et vous avec. Ce n'est pas le moment. Ah, si vous saviez comme j'en ai assez, moi aussi, de toutes ces vieilles ganaches qui ne cessent de se disputer et ne se mettent d'accord que contre le président du Conseil ! Et d'où sortez-vous cette histoire absurde de maréchal de France pour Gamelin ? Ça traîne chez les maîtres chanteurs de la presse, les Bailby, Carbuccia, Luchaire. Leurs coffres dégoulinent de marks et de lires. Ils mentent comme ils respirent, je le sais.

Paul Reynaud : Mais il y a quelque chose que je ne comprends pas, monsieur le Président ; pourquoi est-ce que vous ne recevez pas le colonel de Gaulle ? Vous savez que je suis en relation étroite avec lui. Il a des idées très justes sur ce que doit être une armée moderne et il nous aiderait à donner un bon coup de pied dans la fourmilière.

Édouard Daladier : Encore ! Vous croyez peut-être que vous êtes le premier à m'en parler ? Ce matin même, l'ambassadeur Bullitt m'en parlait et voilà que vous revenez à la charge ! Même Léon Blum l'a vu et m'en dit beaucoup de bien. J'ai lu *Vers l'armée de métier*, je suis loin d'être le seul. Hitler l'a lu aussi, à ce qu'il paraît. Je vous ferai la même réponse qu'à Bullitt. Les théories du colonel de Gaulle sont extrêmement intéressantes et c'est un officier d'élite, j'en suis parfaitement conscient. Je l'ai vu à l'œuvre lors d'une prise d'armes à Metz. Un baroud incroyable. C'était beau à voir ! Mais il est détesté par le haut commandement, et le maréchal Pétain, qui l'a longtemps protégé, lui voue une animosité farouche. On me l'a décrit comme un homme difficile, intraitable et arrogant, je ne sais pas ce que valent ces jugements, mais je dois les prendre en compte. Et s'il m'est impossible d'écarter Gamelin pour le moment, comment voudriez-vous que j'aggrave encore mon cas vis-à-vis des militaires en faisant venir près de moi un homme qui ne cesse de les critiquer et de les provoquer ?

Paul Reynaud : Vous êtes le ministre des Armées. Nous sommes bien ici au ministère, si je ne me trompe ?

Édouard Daladier : Ah, cher ami, je prendrais votre question au président du Conseil pour une mauvaise plaisanterie, si je ne savais pas que vous êtes aussi inquiet que moi de l'état dans lequel se trouve notre pays. La priorité du ministre des Armées que je suis également, vous avez raison de le rappeler, est de réarmer, et, pour y parvenir, j'ai absolument besoin de vous. Vous avez réussi à dégager vingt-cinq milliards dans votre plan de redressement, il m'en faut plus, beaucoup plus pour acheter les avions dont nous avons besoin aux États-Unis et créer les usines de montage nécessaires.

Paul Reynaud : C'est impossible. Je ne peux pas aller au-delà de l'effort considérable auquel j'ai souscrit, à votre demande. Défendre le franc, c'est aussi défendre le pays.

Édouard Daladier : Toujours la même rengaine ! Est-ce à dire que vous me refusez votre concours et que vous donneriez raison à ceux qui nous pressent de démissionner, les bons apôtres du renoncement, de l'abandon et de la porte ouverte aux menées allemandes ? Il me faut mille avions de plus et les Américains ne font pas de cadeaux.

Paul Reynaud: Je n'ai pas dit que je renoncerais, ni à mon plan, ni à mes fonctions. Mais je n'ai pas de solution à vous proposer.

Édouard Daladier: Il faudra en trouver une. Je me suis engagé auprès de vous, j'ai appuyé votre plan de toutes mes forces et sans faiblir. J'ai obtenu que l'on passe par des décrets-lois, à la hussarde, et l'Assemblée nationale a cédé devant le poids politique que je représente et qui n'est dévolu à personne d'autre, et pas à vous non plus. J'ai cassé la grève générale, j'ai contourné les quarante heures, j'ai été traité de fossoyeur du Front populaire. Je ne vous ai pas lâché. Quand nous fabriquons quarante avions en un mois, les Allemands en fabriquent deux cent cinquante. Quand nos ouvriers travaillent quarante-sept heures, en Allemagne ils travaillent soixante heures. Nous n'avons pas assez de moteurs, pas assez d'usines, les communistes fomentent des grèves et des sabotages. Mille avions américains et on les montera au Maroc si ça s'avère encore impossible ici. Mais vous avez déjà tous les dossiers nécessaires, les rapports de Jean Monnet[1], les expertises de votre cabinet. Ils sont remarquables, tous ces jeunes gens qui travaillent pour vous, ils vous aideront à trouver une solution. Il n'y a plus un jour, plus une minute à perdre. J'ai un bon ministre de l'Air, vous l'appréciez aussi, je crois, il tiendra les objectifs que je lui ai fixés.

1. Jean Monnet, quoique en mauvais termes avec de Gaulle, deviendra commissaire général au Plan et sera considéré comme un père de l'Europe, ce qui lui vaudra les honneurs du Panthéon. Il meurt en 1979.

Tous les petits génies dans son cabinet, dont les dents rayent le parquet, ils doivent avoir des idées, quand même ! pense Daladier. Et son financier miracle, Mannheimer, qui spécule sur les taux de change, il a peut-être des solutions. Ils sont tout le temps fourrés ensemble. C'est un malin, ce Mannheimer, il a réussi à rouler les Allemands en leur piquant la banque Mendelssohn. On n'a plus le temps de mouiller notre vin, il faut regarder partout !

Qu'est-ce qu'il lui trouve à Guy La Chambre ? s'interroge Reynaud. Un brave garçon, mais rien de plus. Même pas fichu de casser les saboteurs communistes quand mes inspecteurs du fisc coincent un officier de la Légion d'honneur à la rédaction du Temps *et un administrateur au* Figaro *qui ont empoché des millions de Goebbels. Des millions ! Et Amourelle, le trotskiste planqué à la présidence du Conseil, qui refile les procès-verbaux des séances secrètes à l'Abwehr; Aubert, l'officier de marine qui divulgue les plans de nos escadres à la Kriegsmarine. Bon, il a fait le ménage, mais dès qu'on tire les fils, on en trouve d'autres.*

Paul Reynaud : Quand je pense qu'on me reproche d'avoir dit qu'il vaut mieux financer la fabrication d'une mitrailleuse qu'une autre borne-fontaine dans un village !

Édouard Daladier : Votre plan commence déjà à marcher, les capitaux reviennent, les réserves d'or se reconstituent, la production reprend. Il faut anticiper sur les retombées ; faites un nouvel emprunt, il sera couvert !

Paul Reynaud : Vous n'êtes pas le ministre des Finances, que je sache.

Édouard Daladier: À Dieu ne plaise ! Mais je suis responsable de notre défense. Nous devons rattraper notre retard, à marches forcées. Vous le savez aussi bien que moi. Enfin, vous voyez bien dans quel état nous sommes en Europe maintenant.

Paul Reynaud: J'ai une carte dans mon bureau. Il me suffit de la regarder.

Édouard Daladier: La Tchécoslovaquie est une plaie béante au centre de l'Europe. Autant de divisions perdues pour nous, avec les usines Škoda en prime. Il faut d'ailleurs écrire Tchéco-Slovaquie maintenant, avec un trait d'union, histoire de dire que c'est l'État fédéral dont Beneš ne voulait pas. La Slovaquie n'attend qu'un signe des Allemands pour s'en détacher. Après, Hitler mangera le reste.

Paul Reynaud: C'est pour cela que vous n'avez pas voulu recevoir Beneš quand il est passé par Paris en partant pour l'exil à Londres ?

Édouard Daladier: C'est parce que je vous demande de l'argent pour mes avions que vous êtes si désagréable ? Beneš a refusé pendant des mois de trouver une solution pour les Sudètes, il est très responsable de la mélasse dans laquelle on s'est retrouvés. D'ailleurs, les Anglais lui ont fait grise mine, pas plus aimables que nous.

Paul Reynaud: Et pendant ce temps, on signe la déclaration franco-allemande et je vais faire de la figuration avec un grand sourire aux réceptions de la République pour Herr von Ribbentrop. Vous savez ce que Bonnet lui a promis quand ils se sont vus seul à seul, cet après-midi ? Car ils se sont vus cet après-midi, j'en suis sûr. Ils sont peut-être encore en train de se partager la Pologne à l'heure qu'il est, le fameux espace vital et tout le tremblement. Je sais qu'ils avaient prévu de se revoir avant les illuminations du Louvre, j'ai mes informateurs au Crillon, le bouquet final avant le feu d'artifice !

Édouard Daladier : Décidément, j'ai du mal à me faire à votre humour, cher ami. Mais c'est de bonne guerre, j'ignorais tout de cet entretien de « rattrapage », en somme. Ce n'était écrit nulle part sur le programme de la visite. Et je ne sais donc pas ce qu'ils ont pu se dire, ce qu'ils se racontent encore. Enfin, ce que Bonnet peut dire n'engage que lui, pas le gouvernement.

Paul Reynaud : C'est dangereux, un ministre qui parle à tort et à travers.

Édouard Daladier : Très dangereux, je vous l'accorde. Après la Tchécoslovaquie ou ce qu'il en reste, Hitler passera à la Pologne. C'est inscrit sur votre carte, la Pologne est encerclée. Mais voyez-vous, s'il s'agissait uniquement de Dantzig et de l'autoroute à travers le corridor, on pourrait encore causer. Dantzig après tout, c'est une ville allemande. Je me suis toujours demandé par quelle aberration on l'avait séparée de l'Allemagne pour la confier à la SDN. J'en parlais avec l'ambassadeur Bullitt, il m'a dit que c'était encore une folie du président Wilson en 19.

Paul Reynaud : Vous ne devriez pas rencontrer si souvent les Anglais, ils vous ont converti à l'apaisement à tout prix.

Édouard Daladier : Je vous ai dit qu'on pourrait peut-être causer, mais Hitler ne cause pas, il fonce. Mais si on est assez fort, il s'arrête, ou, du moins, il peut s'arrêter. Les Allemands récupèrent Dantzig qui leur est déjà acquis, les Polonais gardent le corridor, où on leur a accordé d'énormes crédits pour construire un port bien à eux, ils laissent passer l'autoroute et l'affaire est réglée. Ça reste raisonnable.

Daladier pense à la fameuse carte dans le bureau de Reynaud. Il la connaît par cœur. Il reste un instant silencieux.

Nous y voilà, se dit Reynaud, il nous préparerait un autre Munich que ça ne m'étonnerait pas. Ça ne lui a pas servi de leçon.

Paul Reynaud: Il vous faudra tordre le bras aux Polonais comme vous avez tordu le bras à Beneš. Pour le coup, vous aurez besoin de la nurse anglaise, elle sait mater les enfants difficiles.

Édouard Daladier: Le colonel Beck conduit la Pologne comme un enfant écervelé et tricheur, mais le pire, c'est que nous sommes son allié. C'est acquis, alors il ne s'en préoccupe plus et il flirte avec Hitler, qui le caresse dans le sens du poil après l'avoir hameçonné avec un bout de Tchécoslovaquie. Il humilie notre ambassadeur. Il est certain de disposer d'une armée puissante. En cas de conflit généralisé, vous tiendrez au moins six mois, lui a fait dire Gamelin, le temps pour que l'on vous porte secours !

Paul Reynaud: La voilà, la solution, vous envoyez Gamelin en Pologne, Foch et Weygand l'ont sauvée une première fois, ce sera son tour de la sauver en commandant la grande armée polonaise.

Édouard Daladier: Parlons-en de l'armée polonaise ! Des cavaliers en gants blancs, des chevaux, encore des chevaux, toujours des chevaux. Les chars allemands n'en feront qu'une bouchée. Gamelin, excusez-moi de parler encore de lui, les a persuadés que le matériel allemand est de mauvaise qualité et qu'il tombe tout le temps en panne.

Paul Reynaud: Oui, je ne sais plus à qui il a expliqué cela dans un dîner où il posait en joli cœur devant les dames: si on laisse entrer l'armée allemande en France, elle s'arrêtera après cinquante kilomètres, faute d'avoir assez d'essence. Et c'est à cet homme que vous confiez l'armée française ! De Gaulle dit qu'il faut s'entendre avec les Russes, malgré la répugnance que leur régime nous inspire. En fait, on a déjà un accord avec eux. C'est vague, mais ça peut toujours servir. S'ils peuvent entrer en Pologne, les Allemands réfléchiront à deux fois avant d'attaquer. Mais vous imaginez Beck laissant passer les Russes quand il n'arrive même pas à lâcher Dantzig, qui ne lui appartient pourtant pas ?

Édouard Daladier: Je vous parle de Gamelin, vous me parlez de De Gaulle, on n'en sort pas ! Il n'y a qu'une seule vérité : Hitler applique le programme de *Mein Kampf*. Rien ne l'arrêtera. Pour l'instant, il nous endort avec sa déclaration, il assomme les Polonais, et il se retourne contre nous ensuite. Vous avez lu *Mein Kampf* ?

Paul Reynaud: Pas vraiment, les extraits transcrits par Benoist-Méchin, ça m'a suffi.

Édouard Daladier: Ah celui-là, un nazi déguisé en Français. Ses extraits : ou comment faire passer un verre d'eau de Javel pour un sirop d'orgeat. Ce type s'exprime partout, choyé, applaudi, tout beau tout nouveau, un vrai danger public.

Paul Reynaud: Alors, qu'est-ce qu'on fait ?

Édouard Daladier: On se réarme aussi vite que possible. Vous me trouvez l'argent, je trouve les avions, et alors seulement on peut causer, et si ça ne marche pas, c'est la guerre.

Paul Reynaud: Mourir pour Dantzig ? Allez expliquer cela à une famille de paysans français qui a déjà perdu des grands garçons à la guerre en 14. Ça ne marchera jamais.

Édouard Daladier : C'est pour cela qu'il vous faut faire ce que je vous demande. Si nous sommes suffisamment armés, Hitler va hésiter. Il cessera d'entrer partout comme s'il était chez lui. En attendant, je vais chauffer les oreilles de son cher ami Mussolini, qui ne cesse pas de jouer au fier-à-bras contre nous. Je vais le mois prochain en Tunisie, il va en entendre parler. Si j'arrive à le calmer, ça calmera aussi Hitler, enfin un peu.

Daladier relit mentalement des phrases du discours qu'il prononcera à Tunis : « Les jours sont venus de sceller de façon indestructible l'union de la France et de son empire. » *Son regard traverse Reynaud, l'hôtel de Brienne, la Méditerranée. Il est déjà à Tunis.*

Il faut bien reconnaître que, pour les discours, il est quand même assez fort, pense Reynaud. Cette voix de gros fumeur qui porte loin, la belle langue, ses syntaxes latines.

Il y a des moments où le ministre des Finances regrette de ne pas avoir fait Normale. HEC, c'est bon pour les chiffres, mais pas pour les discours.

Paul Reynaud : Vous n'allez pas à la réception à l'ambassade d'Allemagne ce soir, j'imagine ?

Édouard Daladier : Non, j'ai vu tout ce que j'avais à voir avec Herr von Ribbentrop. Vous me raconterez, il y aura beaucoup de vos amis, les banques, les grandes affaires, les jolies femmes, Flandin sans doute, les Allemands l'adorent depuis qu'il a envoyé un télégramme de félicitations à Hitler après Munich ! Enfin, il en a envoyé un autre à Chamberlain, et ça, personne n'en parle. Franchement, il aurait pu s'abstenir !

Paul Reynaud : Moi non plus, je n'y serai pas. Je rentre rue de Rivoli, j'ai des calculs à faire.

Édouard Daladier: Pas des soustractions, hein, des additions, des multiplications. Je pose le coût d'un avion et je multiplie par mille. Vous voyez, c'est tout simple.

Paul Reynaud: Est-ce que vous vous rendez compte que vous me parlez comme à un enfant, monsieur le Président ? Je suis votre ministre des Finances et vous me traitez mal.

Édouard Daladier: Pardonnez-moi, je ne voulais pas vous froisser. Allons, nous savons l'un et l'autre que les enfants grandissent et qu'Hitler veut nous faire la guerre.

Ils se séparent, chacun perdu dans ses pensées[1].

Paul Reynaud – Édouard Daladier.

1. Après avoir succédé à Daladier, Paul Reynaud sera remplacé comme président du Conseil par le maréchal Pétain le 16 juin 1940. Emprisonné sous Vichy en France puis en Allemagne. Il redeviendra député après la guerre et s'opposera à de Gaulle en 1962, ce qui mettra fin à sa carrière politique. Il meurt en 1966.

Chapitre 24
Un gentil bolchevik

> Lunch *chez Maïski, l'ambassadeur russe. Il me fait penser à un petit gnome des contes pour enfants qui se tourne les pouces dans son horrible salon victorien avec une aussi horrible statuette de Lénine sur le piano. Une grosse femme revêche nous sert de pleines cuillères de caviar avant une triste truite et des purées bizarres. Mais il est intelligent, vif, et pour tout dire sympathique. On en oublierait presque d'où il sort et où il n'a certainement pas envie de retourner.*
>
> Harold NICOLSON — *Journal*

Note personnelle d'Ivan Maïski retrouvée dans les archives de lord Edward Wood, comte d'Halifax, après son décès le 23 décembre 1959. On ignore les raisons de la présence de ce document classé ultra-secret parmi les papiers conservés par l'homme d'État anglais. Il est probable que l'ambassadeur Maïski, à qui il était strictement interdit, comme à tous les diplomates soviétiques, d'écrire un journal personnel et qui était constamment espionné au sein même de l'ambassade, a confié ce texte au comte d'Halifax, qu'il estimait, pour le mettre en sûreté avant son rappel à Moscou, sa mise à l'écart et son arrestation.

Les Français ont descendu encore une marche dans le puits sans fond du discrédit, voire du mépris où les tient le cabinet britannique depuis la prétendue déclaration de paix entre la France et l'Allemagne, qui vient d'être signée en grande pompe à Paris. Je constate, pour ma gouverne d'ambassadeur soviétique, que notre propre convention d'assistance mutuelle avec la France n'a pas pesé lourd pour dissuader les Français de se rapprocher ainsi de l'Allemagne. Nous serions en droit de considérer ce non-événement comme un geste inamical à notre égard. J'attends de savoir ce qu'en pense Souritz, notre ambassadeur à Paris, pour me prononcer plus avant, mais j'imagine déjà la réaction de Pavel Litvinov. C'est un mauvais coup pour notre ministre, qui renforce encore Molotov dans sa campagne auprès du camarade Staline pour se débarrasser de nous tous. Si les Français commencent à pratiquer «*the appeasement*» comme les Anglais, comment parviendrons-nous à contenir le fou furieux de Berlin et sa bande de gangsters ?

Il est vrai qu'elle n'a jamais beaucoup compté, cette convention d'assistance mutuelle. Voulue par Barthou, un as celui-là, avant son assassinat à Marseille, signée avec réticence il y a trois ans par ce machiavel à la petite semaine de Laval, qui l'a rognée autant que possible avec la complicité de Leger, péniblement ratifiée après des débats parlementaires interminables, elle est quasiment tombée aux oubliettes. Les Anglais ont évidemment évité de s'y intéresser et il n'y a que la droite en France pour continuer à la dénoncer comme un instrument aux mains de Thorez pour laisser se poursuivre l'agitation communiste, ce qu'elle n'a pas manqué de faire lors de la grande grève ouvrière que Daladier vient d'ailleurs de briser.

Bref, on patauge, le Front populaire n'existe plus, notre convention s'est dissoute avec le reste, les fascistes sont aux portes de Barcelone et le sinistre Bonnet fait des risettes à cette crapule de Ribbentrop. De toute façon, les Anglais s'en moquent, ils affectent de regarder ailleurs. Ils mettent cette déclaration franco-allemande, cette convention mort-née, sur le compte des habituelles rodomontades des Français et des inconséquences de leur diplomatie erratique. Comment pourrait-on faire confiance à des gouvernements qui changent tout le temps ? Les grands discours entonnés après chaque crise ministérielle n'ont pas de valeur. On l'a bien vu quand Hitler a occupé la Rhénanie. Quelle alliance que celle-là ! Chacun tire de son côté, les Anglais qui prennent le thé dans leur île et les Français paniqués à la perspective de devoir subir tout seuls le choc d'une attaque allemande. Chamberlain n'a promis l'envoi que de deux divisions en cas de guerre. Deux divisions ! Et encore, il chipote sur les raisons d'entrée en guerre si la France est acculée et il réduit davantage le budget de son armée. La défense de la livre avant tout !

Les Français n'ont pas pardonné non plus aux Anglais d'avoir joué Munich en cavalier seul. Chamberlain ravalait Daladier au rang d'une sorte de « *butler* » quémandant les informations, juste bon pour apposer son paraphe à l'abandon et au dépeçage d'un pays qui était pourtant l'allié de la France, la créature et le décalque de sa République. Le fait que Chamberlain ait brandi à son arrivée à Croydon la déclaration de paix qu'Hitler lui a signée comme on jette un os à un petit chien de salon, au lendemain des accords, sans même aviser Daladier, une fois de plus, leur est resté en travers de la gorge. D'où la signature de leur propre déclaration franco-allemande, qui lui ressemble comme une sœur jumelle. Et à y regarder de plus près, on n'y trouve rien de neuf ni d'intéressant. Si on gratte un peu, il manque l'essentiel, la volonté fanatique d'étendre le *Lebensraum*, l'espace vital de l'Allemagne, à l'est, c'est-à-dire contre nous. « Regardez ailleurs, on vous laissera tranquilles, c'est la Russie qui nous intéresse. »

Toute cette agitation est vaine et ne peut que renforcer Hitler, qui promet tout ce qu'on veut, tel un médecin qui verserait des somnifères à un patient fiévreux, pour qu'on le laisse continuer à mener ses méchantes petites affaires et à se réarmer sans frein. Au fond, même si les Anglais raillent la copie qui ne vaudrait pas l'original, il n'est pas impossible qu'ils soient aussi mécontents de constater que le cadavre français bouge encore.

Ils se voient pourtant souvent. Daladier et Bonnet sont venus à Londres avec Gamelin il y a quelques mois pour essayer de faire sauter le verrou des deux divisions et les inciter à réarmer. Ils n'ont rien obtenu, sauf une invitation à dormir à Windsor, où ils ont cru mourir de froid dans des chambres démesurées, malgré les copieuses rasades de gin que la reine leur avait fait servir. Les courants d'air glacés dans des châteaux anglais, il faut avoir vécu comme moi en Sibérie pour s'y habituer. La famille royale est d'ailleurs bien plus attentionnée que le cabinet à l'égard des Français, sans doute sous l'influence de la reine, qui est la force derrière le trône. Elle apprécie leurs bons vins, leurs mots d'esprit, leur art de vivre. En revanche, elle déteste Hitler, qui le lui rend bien. Nettement plus habile et déterminée que ce pauvre bègue de George VI, qui donne l'impression d'avoir encore peur de son père, pourtant bien mort et enterré. C'était un abruti de roi, ce George V, le cousin germain de cet idiot de Nicolas, à qui il ressemblait comme deux gouttes d'eau, en plus méchant et plus égoïste, puisqu'il n'a même pas réussi à le sauver pendant la révolution, quand c'était encore possible. Enfin, tant mieux pour nous.

Quelle curieuse situation que la mienne. Je me retrouve souvent en présence des Romanov qui ont réussi à s'échapper, et de leur parentèle royale, lorsque je suis invité pour des cérémonies à Buckingham. On ne se salue pas, ils me fusillent du regard, mais on en reste là et il n'y a jamais d'incident. Mon épouse les hait, moi ils me sont indifférents. Il faut même que je la retienne, comme lorsqu'elle s'est retrouvée nez à nez avec une lady revêche qui portait une décoration avec l'effigie de la femme du tsar ; elle voulait lui cracher dessus ! Je l'avais pourtant emmenée voir la pièce d'un Français, *Tovaritch*, pour la rendre un peu plus conciliante ; c'était très amusant, mais elle n'a pas ri du tout.

De toute façon, la famille royale et la cour n'ont aucune influence sur la politique et j'ai renoncé à comprendre la bizarrerie d'un tel système. Tout se fait en leur nom, mais ils n'ont pas leur mot à dire, ils bénéficient d'un respect écrasant, le peuple les vénère quand ils ne servent à rien. Dans cette pseudo-démocratie où les débats auxquels j'assiste aux Communes sont très animés, où les syndicats ouvriers sont puissants et peuvent déclencher des grèves générales, et où un socialiste a dirigé le cabinet durant des années, la nostalgie aristocratique est enracinée dans les mœurs, rien ne peut l'extirper. Les ministres se font la courte échelle pour les titres de noblesse, ils sont tous lord, comte ou marquis de quelque chose. La plupart ont des châteaux, des chasses, des fortunes à ne plus savoir qu'en faire. Toujours polis, aimables, spirituels et d'une hospitalité parfaite pour ma femme et moi, qu'ils traitent comme une sorte de bon diable exotique. Ils haïssent les communistes encore plus que les nazis, mais moi, puisqu'il faut m'accepter, eh bien, ils m'acceptent, et je crois même qu'ils m'aiment bien, surtout quand je leur fais parvenir du caviar et de la vodka pour les fêtes. Si tant est que les Anglais puissent aimer d'autres gens qu'eux-mêmes. Au-delà du Channel, il n'y a que des sauvages, plus ou moins éduqués (les Français), efficaces mais pervers et brutaux (les Allemands), ingrats et mal élevés (les Américains), ou carrément barbares (nous, les Russes), tous les autres n'existent pas, juste bons à traîner et à faire rouler le char triomphant de Britannia. Chamberlain a bien résumé cette vision du monde : « À quoi bon se mettre en peine pour des pays dont on ne sait pas où ils se trouvent et dont on n'arrive pas à prononcer le nom. »

Curieusement, les Juifs sont en général plutôt bien vus. L'Angleterre est une banque et une agence de commerce à la dimension d'un empire. Les associés ont appris à se faire confiance et à vivre ensemble, ils ont fini par se mélanger. Le Premier ministre préféré de Victoria, celui qui l'a fait proclamer impératrice des Indes, c'était Disraeli ! Mes amis républicains, H.G. Wells, George Bernard Shaw, J.M. Keynes n'ont jamais réussi à m'expliquer pourquoi la royauté et l'aristocratie jouissent encore d'un tel prestige. Je me demande, chaque fois qu'ils en disent du mal devant moi, avec un air dédaigneux ou courroucé, s'ils ne sont quand même pas attachés à un tel système et parfaitement incapables d'en imaginer un autre. Avec eux, on se croirait dans une de ces familles où l'on vilipende aigrement des cousins plus riches et imbéciles, avant d'enfiler son frac et d'aller dîner chez eux. Moi, d'ailleurs, je me comporte pareillement, même s'il est admis qu'un ambassadeur soviétique n'est pas obligé de porter des souliers vernis. Les Anglais me pardonnent cette curiosité, alors qu'ils ne se sont pas encore remis de l'impolitesse de l'ambassadeur américain Kennedy, qui a présenté ses lettres de créance au roi en pantalon au lieu de passer culotte et bas de soie. Il est d'ailleurs à peu près aussi mal considéré que le fut Ribbentrop lors de son ambassade, jugée misérable hors du petit cercle des amis de l'Allemagne. Kennedy est trop irlandais, trop sûr de lui, trop donneur de leçons, toujours prêt à dire qu'il faut comprendre les nazis. L'«*understatement*» n'est vraiment pas son fort.

Pour en revenir à la visite des Français à Londres, si elle s'est si mal passée au vu de la nullité des résultats et malgré le flot habituel de bonnes paroles sur la solidité de l'alliance, c'est en grande partie à cause de Gamelin qu'ils avaient eu le tort d'emmener dans leurs bagages, et qui a fait une déplorable impression. Gamelin est le grand manitou des forces militaires françaises, il a été le bras droit de Joffre pendant la guerre et a exercé ses talents au Proche-Orient durant le dépeçage de l'Empire ottoman. Ses brillants états de service lui ont valu une grande réputation dans l'opinion, et il concentre tous les pouvoirs du commandement. Bel homme, lettré et distingué, c'est en fait un barbon de comédie comme les Français les adorent sans se demander s'il ne fait pas piètre figure devant les molosses couturés de cicatrices qui obéissent à Hitler comme des robots. Halifax, le *foreign secretary*, qui me traite toujours avec autant de délicieuse courtoisie que si j'étais un des pages accrochés à sa traîne d'ancien vice-roi des Indes, fouaillait le pauvre général de questions insidieuses sur l'état de l'armée française, mais les réponses étaient si grandiloquentes et martiales, en fait tellement vagues et inquiétantes dans leur imprécision, que Daladier est monté au créneau avec des données et des chiffres plus rigoureux pour dissiper le malaise.

Les Français sont fous de laisser leur armée et leur stratégie aux mains d'un vieil homme qui semble incapable et complètement dépassé. Entre autres perles, il aurait soutenu que les blindés allemands sont de piètre qualité mécanique et accumuleraient les pannes ; l'aviation ne servirait à rien d'autre qu'à des missions d'observation ; il ne faudrait surtout pas bombarder des usines ennemies, car elles pourraient être utiles après la victoire. De quelle victoire parle-t-il, quand il n'est pas question de sortir de l'abri de la ligne Maginot ? Selon certaines rumeurs plutôt insistantes, Gamelin serait malade, épuisé par un traitement inopérant contre la syphilis. Mais alors, pourquoi Daladier, qui est un homme sensé, s'obstine-t-il à le soutenir ?

La dernière rencontre entre les pseudo-alliés remonte à quelques jours. Elle s'est déroulée dans un Paris quasiment en état de siège à cause de la grève générale, ce qui ne contribuait pas du tout à ranimer le peu de confiance des Anglais pour le gouvernement de Daladier. De surcroît, la tempête lors de la traversée du Channel fut tellement forte que Chamberlain a bien failli passer par-dessus bord après s'être avancé imprudemment sur le pont du ferry. Halifax l'a retenu de toute la force de son seul bras valide, et, bien que trempé jusqu'aux os par les embruns, le Premier ministre n'a pas pu s'empêcher de faire le faraud, en s'écriant pour les reporters qui le photographiaient comme un vieux chien transformé en serpillière : « Vous avez vu ces vagues ? Comment voudriez-vous qu'il nous arrive quelque chose avec un obstacle pareil ? » Le réflexe traditionnel de l'Anglais maître des mers.

Il pensait évidemment à des envahisseurs allemands qui tenteraient de débarquer, alors qu'il règne en fait ici une sourde inquiétude devant les risques de bombardements aériens. Londres pourrait être rasée en quelques jours par la Luftwaffe et, depuis Munich, on a distribué des masques à gaz dans les familles, multiplié les abris, revu les plans d'évacuation des enfants. Personne n'a l'air de remarquer pourtant que ces mesures contredisent le train de la vie ordinaire et la sérénité officielle. Les théâtres jouent à guichets fermés les pièces de Noël Coward, on donne des bals au Savoy et on y danse gaiement le Lambeth Walk, la *gentry* chasse et joue au golf et les ministres disparaissent chaque week-end à la campagne, à tel point qu'on ne peut joindre aucun responsable en cas de crise. Hitler en profite d'ailleurs pour faire ses mauvais coups le vendredi quand on a éteint la lumière.

Un point positif tout de même, malgré les restrictions budgétaires appliquées à l'armement, le programme concernant l'aviation de guerre a été maintenu. La comparaison avec l'Allemagne est catastrophique, il y a un gros retard à rattraper. Les Anglais ont d'excellents pilotes, mais pas assez d'avions, et ce sont souvent des modèles anciens, quand les Allemands et les Italiens ont largement bénéficié de la guerre d'Espagne pour moderniser les leurs. On est assailli de chiffres sur le nombre d'appareils qui sortent chaque semaine des usines germaniques. Ils sont invérifiables, les Allemands ayant tout intérêt à les gonfler pour se faire craindre encore un peu plus. Mais il est certain que l'écart ne cesse de se creuser. C'est sans doute une des raisons qui expliquent que la rencontre de Paris s'est révélée aussi décevante que les précédentes. Les Français ont encore martelé qu'ils subiraient le plus gros choc en cas d'attaque allemande et ont demandé que les Anglais leur fournissent au moins des avions, puisqu'ils sont restés intraitables sur leur maximum de deux divisions. Ils en ont promis cent cinquante, ce qui est évidemment insuffisant.

Autrement, les conversations ont traîné sur des sujets où l'on n'était pas d'accord. Les Anglais ont demandé pourquoi les Français n'avaient toujours pas pris contact avec Franco, qui est en train de gagner la guerre. Ils ont aussi insisté pour que la marine française patrouille avec la Navy en Méditerranée, au cas où les Italiens menaceraient Gibraltar, les Baléares, Suez et le canal, c'est à croire qu'il n'y a que cela qui les intéresse. Et quand les Français ont soulevé la déprimante question de la garantie des frontières de la Tchécoslovaquie, que Paris et Londres avaient promis d'assurer après Munich, Chamberlain a répondu qu'il fallait attendre qu'Hitler s'y associe. Autant souhaiter que le loup devienne végétarien à la porte de la bergerie. Halifax s'est même payé le luxe d'une repartie humoristique : « Et si les Tchèques profitaient de la garantie pour attaquer l'Allemagne ? » Déjà que Daladier n'a pas la réputation d'être particulièrement rigolo, on ne s'étonnera pas que personne n'ait ri à cette bonne plaisanterie. Il suffit d'écouter la rumeur de Prague pour savoir que la Tchécoslovaquie est moribonde : les Allemands y dictent leurs ordres, font main basse sur les industries, exigent des lois antijuives, excitent les querelles entre les Tchèques et les Slovaques, essuient leurs bottes sur les ministres et le président Hácha, qui ne savent plus quoi faire pour les obliger. Quant à nos camarades du parti communiste, ils sont désormais hors la loi, dans la clandestinité ou en prison. Mais il y a plus inquiétant que ces tiraillements entre les deux alliés, les pleurnicheries des Français, c'est l'amateurisme invraisemblable du cabinet britannique.

En gros, les Français savent que la guerre est inévitable et les Anglais pensent qu'ils peuvent l'éviter. Chamberlain et Halifax s'apprêtent à se rendre à Rome. On a soldé la guerre d'Éthiopie, envoyé les sanctions à la corbeille, et on est persuadé que Mussolini n'attend que quelques cajoleries pour se détacher d'Hitler. Parler avec le Duce, c'est pleurer devant un coffre vide en espérant que les cambrioleurs vont revenir en rapportant l'argent. Daladier leur a mis sous le nez les premiers rapports de l'ambassadeur François-Poncet qui avait fait la même erreur. Il se déplace sous les huées de jeunes fascistes qui lui réclament la Corse et la Tunisie, on l'insulte au Parlement des chemises noires, Ciano et Mussolini lui mentent et le font lanterner. Mais il y a plus grave encore, Chamberlain imagine que, si les deux alliés accordaient à la Pologne la garantie qu'ils n'ont toujours pas assurée à la Tchécoslovaquie, cela suffirait à faire reculer Hitler dans la surenchère sur Dantzig, qu'il est en train de faire monter. Le raisonnement est apparemment imparable, il démontre enfin une volonté de fermeté de la part des deux pays. Mais il est absurde et Daladier se méfie, il connaît trop bien la bande de braillards prétentieux et incapables qui entoure à Varsovie ce jocrisse vaniteux de colonel Beck. Ils sont persuadés de posséder une armée puissante quand ils font défiler des haridelles qui traînent de vieux canons devant des généraux couverts de décorations ; et c'est à ces gens-là qu'on donnerait les clés de la guerre ou de la paix, en les assurant d'un soutien dont ils se serviront sans réfléchir ? Ils ont abusé de la confiance de leurs alliés en profitant de Munich pour arracher un morceau de Silésie aux Tchèques, ils abuseront tout aussi cyniquement de la parole des Anglais et des Français. La paix repose sur un baril de poudre. Ce n'est pas le moment de confier une boîte d'allumettes au colonel Beck. Chamberlain est incapable de le comprendre quand Daladier s'en inquiète à juste titre. Anglais et Français se sont quittés sur ces désaccords, et la guerre s'est rapprochée un peu plus. Au fond, s'ils ont lâché sur les Sudètes, en se déshonorant à Munich, pour gagner du temps, ils n'ont qu'à faire pression sur Beck pour qu'il lâche sur Dantzig, quand il est encore possible de le faire. C'est Clemenceau qui disait, je crois: « Il faut savoir ce que l'on veut. Quand on le sait, il faut avoir le courage de le dire; quand on le dit, il faut avoir le courage de le faire. » Il serait bon qu'ils prennent tous quelques cours du soir.

Ma femme me reproche de nouer trop facilement des amitiés dans la classe dominante. J'y perdrais, selon elle, la rigueur et la dureté révolutionnaires de ma jeunesse, lorsque j'étais encore un proscrit sautant d'une frontière à l'autre, pourchassé par la police du tsar et les espions du capitalisme. Elle juge que Pavel Litvinov et moi-même, nous nous compromettons avec les ennemis de la classe ouvrière et de l'Union soviétique. Elle est pourtant très appréciée à Londres, dans le cercle des ambassadrices, parmi la haute société ainsi qu'à la cour. Elle y fait très bonne impression, avec des manières parfaites et l'élégance de ses toilettes fournies par le magasin spécial de Moscou réservé aux diplomates. Elle calque avec succès son attitude sur celle d'Alexandra Kollontaï, notre ambassadrice à Stockholm, que le roi de Suède reçoit toujours avec beaucoup d'affabilité. Ils parlent broderie et argenterie ancienne, deux marottes du vieux souverain.

Je ne doute pas un instant de la pureté et de l'intransigeance des sentiments révolutionnaires de ma femme, mais je pense aussi qu'elle est inquiète sans me l'avouer devant tout ce qui se passe à Moscou, le durcissement de la répression contre les ennemis du peuple et les traîtres, la multiplication des procès et des condamnations à mort, la campagne menée par la clique du camarade Molotov auprès du camarade Staline pour mettre fin à la politique de coexistence avec les puissances capitalistes et nous éliminer. Molotov a bien sacrifié sa propre femme, qui a été envoyée dans un camp en Sibérie, il n'hésiterait pas à nous faire subir le même sort dès qu'il en aura l'occasion. Je n'ai pourtant pas varié dans mes opinions. Je ne suis pas devenu le valet du capitalisme, un petit bourgeois qui comploterait comme l'une de ces vipères lubriques prêtes à trahir et qui ont avoué leurs crimes. Je souhaite le triomphe de la révolution mondiale et l'avènement du communisme universel. J'applique sans hésiter la ligne du parti. Mais, comme le disait le grand Lénine lui-même, la situation diffère d'un pays à l'autre. L'Angleterre d'aujourd'hui a peu de points communs avec la Russie du tsar. L'intérêt bien compris de l'Union soviétique est d'éviter de se retrouver isolée pour qu'elle puisse poursuivre la construction d'un État fort qui lui permettra de reprendre son élan.

Les directives du camarade Staline sont claires et je m'y conforme. On n'attire pas les mouches avec du vinaigre et c'est pourquoi nous tenons table ouverte à l'ambassade, ma femme et moi. Sur un plan personnel, je reconnais qu'il m'arrive de ressentir parfois des affinités pour tel ou tel de nos ennemis de classe que je suis appelé à rencontrer. La situation s'est d'ailleurs compliquée avec l'envoi à l'ambassade d'agents du Komintern à la demande de

Molotov. Ils nous surveillent en permanence et je n'ai aucun moyen pour contrôler les rapports qu'ils envoient à Moscou et qui parviennent au camarade Staline. Mais j'ai ma conscience pour moi, j'ai toujours travaillé pour la révolution et je continuerai ainsi. Si l'on me rappelle à Moscou, je ferai valoir la rectitude de mon comportement et je servirai encore le parti là où on me demandera de le faire. La sagesse et la clairvoyance du camarade Staline ne devraient pas me faire défaut.

Je n'ai aucun respect pour le Premier ministre Chamberlain, le boutiquier de Birmingham qui s'est nourri de venin réactionnaire depuis son enfance, héritant la soif de pouvoir de son père et de son frère, Joe et Austen Chamberlain. Il est d'ailleurs dénué de leurs capacités manœuvrières, et partage néanmoins l'ignorance de l'étranger, l'arrogance foncière et le mépris du prolétariat propres à sa classe sociale. Clement Attlee, le leader du Parti travailliste, a eu ce cri du cœur, un jour, devant moi : « Neville est le pire de tous, il m'a toujours traité comme de la merde ! » Il n'a aucun ami, seulement des subalternes qu'il tyrannise et des obligés qui craignent d'être congédiés d'un jour à l'autre. Il se réfère sans cesse à la morale et à ses convictions religieuses, mais c'est pure tartuferie de sa part. Il est assidu aux Communes mais ne consulte personne et fait ses coups en douce, comme Daladier l'a amèrement constaté. Il réserve ses seuls épanchements aux jérémiades de sa correspondance avec ses sœurs, les vestales de sa carrière, et il n'hésite pas à en faire fuiter des extraits dans la presse pour se faire plaindre ! Il est tellement imbu de lui-même, si persuadé d'incarner les pseudo-valeurs de fair-play et de supériorité politique des Anglais, qu'il se fait constamment rouler par Hitler, qui l'a méprisé dès leur première rencontre. L'extravagante popularité qu'il a retirée du reniement de Munich a encore obscurci son esprit. Il pense être le grand homme dont l'histoire retiendra qu'il a sauvé la paix et maintenu la grandeur éternelle de l'empire. Je n'ai jamais réussi à obtenir de lui autre chose que des prêches insipides, des paroles hypocrites masquant à peine sa méfiance et son hostilité.

J'ai de l'estime en revanche pour Halifax, quand il est pourtant l'ennemi déclaré de tout ce qui anime mon existence. Son allure, sa haute taille, son élégance, sa politesse, sa diction caractéristique des aristocrates en imposent au petit Juif bolchevique que je suis, mais il y met tant de bonne grâce que je me laisse séduire. C'est un produit caricatural de l'*establishment* qui tient ce pays dans ses griffes. Études à Eton, cette pépinière de gamins efféminés qui sont appelés à hériter des plus hautes charges de l'empire et se perpétuent en épousant des *ladies* à grandes dents qui leur font des flopées d'enfants ; titré à n'en plus finir, baron de ceci, comte de cela – on s'y perd ! –, héraut de la Chambre des lords ; plusieurs fois ministre, et notamment de l'Éducation, où il a surtout laissé le souvenir d'avoir regretté publiquement qu'il n'y ait pas une bonne école pour former des valets et des « *butlers* » ! Mais aussi vice-roi des Indes, auréolé d'un apparat extraordinaire, où il s'est montré implacable dans la défense du colonialisme à coups de pendaisons, mais également assez habile à gérer les revendications légitimes des Indiens soumis à la servitude imposée par leurs maîtres britanniques et à l'obscurantisme féodal de la camarilla des maharajas. Il est le premier à avoir noué une relation confiante avec Gandhi, entraînant Winston Churchill à réviser son jugement sur « le fakir à demi nu ». Il lui est arrivé de le flanquer en prison et de l'en sortir pour définir avec lui les contours d'un futur dominion, contre l'avis et les cris d'orfraie de ses amis politiques. La Chambre des communes en résonne encore.

Souffrant d'un bras atrophié et d'une main en moins, il a rendu son handicap à peu près indiscernable, malgré les moqueries de ses camarades au collège et les contraintes de la vie moderne. Il écrit, chasse, monte à cheval, conduit une automobile de façon normale. Catholique, c'est un serviteur dévoué de la monarchie anglicane, qui pratique sa religion en « saint renard ». Le « Holy Fox », encore une de ces formules de Churchill qui lui valent des rancunes définitives, mais pas celle d'Halifax, trop intelligent pour s'arrêter à ce genre de vétilles. C'est aussi un partisan de l'apaisement vis-à-vis des Allemands, mais pour gagner du temps et non par illusion à la manière de Chamberlain. Il connaît bien les nazis et leur mentalité barbare, depuis qu'il s'est rendu à Berlin à l'invitation de Goering pour une exposition sur la chasse. Il en est revenu épouvanté par leur vulgarité et leur cynisme, malgré les paroles lénifiantes qu'il a pu prononcer à leur propos ; noblesse oblige. Durant cette plongée dans l'enfer du IIIe Reich, son grand style lui a fait aussi commettre quelques impairs, qu'il n'a pas hésité à me raconter avec cet humour pince-sans-rire qui contribue à son charme.

Ainsi, lorsqu'il s'est rendu auprès d'Hitler dans son lugubre Nid d'Aigle, il l'a pris pour un valet de pied, en lui tendant son manteau au sortir de sa voiture, rattrapant son erreur *in extremis* quand le ministre Neurath, au comble de l'affolement, lui a murmuré « *Der Führer, der Führer !* » en lui désignant le petit homme commun et empressé qui lui avait tenu la portière. Il est reparti après leur rencontre horrifié d'avoir entendu Hitler : « Mais enfin, pourquoi n'avez-vous pas fait fusiller Gandhi ? » Pour Halifax, en fait, c'est assez simple : il y a des choses qui ne se font pas. Bien que je sois un révolutionnaire qui a bien retenu les brutales leçons de Lénine, je m'accommode de cette morale, compte tenu de la situation générale que nous connaissons. Le reste du cabinet oscille durant des séances somnolentes entre Chamberlain et Halifax, et je navigue à vue quotidiennement entre les nuances des uns et des autres. Autant l'avouer, ce n'est pas très encourageant, mais ça peut être amusant.

En face d'une bande d'ignares, d'aveugles ou d'illuminés qui gravitent autour de la très malfaisante Lady Astor – le *Cliveden set*, dont fait partie l'ambassadeur auprès du Reich sir Nevile Henderson, comme par hasard –, de lord Londonderry, qui a rendu visite à Hitler à plusieurs reprises, ou du fasciste Leonard Mosley, tous nostalgiques de l'éphémère roi Édouard VIII et malheureusement influents et fortunés, il y a beaucoup de personnages de valeur dans l'*establishment* qui considèrent que la politique d'apaisement à l'égard des Allemands est une catastrophe. Ils disposent de puissants relais dans la presse et d'excellents orateurs aux Communes, et pourtant ils ne parviennent pas à mordre dans l'opinion publique, majoritairement acquise à Chamberlain. Duff Cooper ou Anthony Eden par exemple, étoiles montantes du Parti conservateur, mais qui ont claqué la porte de Downing Street, écœurés par les manigances et la course à l'abîme de Chamberlain. Il reste cependant deux hommes d'une trempe exceptionnelle qui pourraient résister à Hitler. Pour l'un, c'est trop tard et pour l'autre, c'est trop tôt…

Robert Vansittart a été longtemps sous-secrétaire au Foreign Office, c'est-à-dire qu'il exerçait à peu près les mêmes fonctions qu'Alexis Leger au Quai d'Orsay ; homme de lettres également et diplomate aussi talentueux que le Français, mais moins ondoyant et farouchement déterminé à briser les nazis depuis leur accession au pouvoir. Il les a beaucoup pratiqués. Lorsque Ribbentrop était ambassadeur à Londres et essuyait toutes sortes de rebuffades occasionnées par son éducation détestable, il persistait à le recevoir fort aimablement et prenait bien gentiment en notes ses discours filandreux. Durant les Jeux olympiques à Berlin, on le voyait danser comme un jeune homme jusqu'à l'aube avec les rombières du IIIe Reich aux fêtes somptueuses offertes par Goering. Habile donc à leur donner le change pour qu'ils se démasquent toujours un peu plus ; dossiers bien en ordre afin de mesurer l'état de leur course aux armements et les traits de caractère de chacun. Épouvanté comme son ami Halifax par la Nuit de Cristal et les persécutions contre les Juifs. On lui doit cette analyse pertinente : « Nous avons commis l'erreur de prendre les Français pour des Allemands et les Allemands pour des Français. » C'était un peu elliptique, mais en somme pas si difficile à comprendre : nous avons surestimé les Français en les croyant dangereux et nous avons sous-estimé les Allemands en pensant qu'ils étaient faibles. Chamberlain a compris à sa manière. Exaspéré par ses perpétuelles mises en garde qu'il qualifiait de délirantes, il l'a limogé du Foreign Office il y a quelques mois, pour l'installer avec moult félicitations au fauteuil, prestigieux dit-on, de conseiller diplomatique du cabinet, en fait un strapontin devant lequel plus personne ne s'arrête. On le lit encore dans la presse, mais il n'exerce plus aucun pouvoir et son éviction est une perte sévère pour les adversaires de la politique d'apaisement.

L'autre homme, c'est évidemment Winston Churchill, mais il n'est pas encore sorti de sa traversée du désert. Il me faudrait plusieurs volumes pour évoquer la carrière romanesque émaillée de succès fulgurants et de désastres dont nul autre que lui n'aurait pu se relever, ainsi que la puissance torrentielle de sa personnalité qui affole les amateurs ambulants du cabinet, les spectres de la Chambre des lords et les fillettes hystériques des Communes. Il m'a reçu à Chartwell, son manoir du Kent, à plusieurs reprises. Nous avons longuement regardé les poissons rouges dans un bassin, pris le thé avec sa femme, Clementine, celle qui dompte le lion d'une main légère, bu une quantité phénoménale d'alcools avec son soiffard de fils, fumé d'excellents cigares et parlé accessoirement du communisme qu'il exècre, avant de retourner voir les poissons rouges. Il attend la guerre avec impatience. C'est la seule chance qui lui reste de donner sa mesure.

Je cause souvent avec Corbin, l'ambassadeur de France, un vieux diplomate à l'ancienne, fin et distingué, qui ne livre jamais le fond de sa pensée, mais on peut lire sur son visage le dédain qu'il ressent pour son ministre Georges Bonnet, qui lui envoie des instructions officielles conformes à la volonté de Daladier, et des contrordres personnels lui intimant de faire le contraire. Il espère que les Français et les Anglais parviendront à un accord avec l'Union soviétique pour prendre l'Allemagne à revers. Il fait confiance à Daladier pour persuader le roi Carol II de laisser passer l'Armée rouge à condition que nous cessions de lui réclamer la Bessarabie, et il pense qu'il n'y a rien à attendre des Polonais pour obtenir un même droit de passage, tant que Beck occupera le terrain à jouer les fanfarons.

Bref, il n'est pas très optimiste sur le résultat des conversations que les Anglais et les Français devront ouvrir à Moscou avec Vorochilov. Il juge que Chamberlain avance à reculons et qu'il ne fera aucun geste pour que ces discussions aboutissent à une décision concrète, contrairement aux Français et aux efforts qu'ils mettent en œuvre. Si les Anglais persistent dans leur « splendide isolement », si les Français ne parviennent pas à débloquer la situation avec leur gouvernement fragile où les principaux ministres tirent à hue et à dia chacun de son côté, alors il faut s'attendre au pire. Il ajoute en me fixant avec un sourire triste : « Mais ce n'est pas à vous que je dois le dire, n'est-ce pas, cher ami ? » Je lui ai rendu son sourire en gardant le silence. Il y a des moments où je me demande si je ne suis pas devenu, moi aussi, un diplomate à l'ancienne.[1]

L'ambassadeur des Soviets à Londres, Ivan Maïski.

1. Arrêté à Moscou, sous l'accusation d'espionnage au profit des Anglais, quelques jours avant la mort de Staline, Ivan Maïski aura la vie sauve et sera finalement réhabilité. Il meurt à Moscou le 3 septembre 1975.

Chapitre 25
Nuit de Chine, nuit câline

Un bruit de respirations profondes, le même que celui du sommeil, commença à monter du sol: respirant par le nez, les mâchoires collées par l'angoisse, immobiles maintenant, tous ceux qui n'étaient pas encore morts attendaient le sifflet.

André Malraux — *La Condition humaine*

Édouard Daladier est harassé après deux journées passées à surveiller l'agitation brouillonne de Georges Bonnet, qui prend la visite de Ribbentrop pour un triomphe personnel et s'en montre grisé comme une fouine au sortir de l'hiver. Il vient de présider une réunion interminable avec les élus d'Alsace-Lorraine, que les propos rassurants du ministre du Reich n'ont pas du tout rassurés. Pour eux, ce sont des promesses d'Allemands. Le simple fait qu'ils se soient engagés solennellement à respecter l'intangibilité des frontières, comme si cela n'allait pas de soi, est plus inquiétant qu'autre chose. Le président du Conseil a dû les voir un à un pour les ramener à la raison en rabâchant l'argument, usé à force d'avoir trop servi, selon lequel la déclaration est toujours bonne à prendre quand elle ne change rien aux résolutions de son gouvernement vis-à-vis du Reich. En regagnant son bureau, où l'attend une montagne de parapheurs dont il va devoir venir à bout avant que Guy La Chambre ne l'appelle pour lui rendre compte de la réception à l'ambassade d'Allemagne, il ressent encore plus brutalement le fardeau de toute la fatigue qui l'oppresse. Cette fatigue qui ne le quitte pas depuis Munich avec l'accumulation des doutes, des efforts, de la solitude et du vacarme de ses adversaires dans cette course de vitesse pour redresser la France qu'il n'est pas sûr de gagner. Le simple fait de penser à la réception à l'ambassade d'Allemagne, où se pressent « la cour et la ville », comme dirait son amie la marquise de Crussol, alors qu'il se trouve les bras ballants devant tous ces documents à lire et à signer, sans importance pour la plupart, l'épuise encore un peu plus.

Il ouvre la porte-fenêtre qui donne sur le parc silencieux de l'hôtel de Brienne ; le calme de la nuit, l'air froid de l'automne lui font du bien. Il respire profondément, il reprend des forces, il se sent mieux. Les passages à vide ne durent jamais très longtemps pour lui, même si l'énergie rechigne à revenir. Il s'assied à son bureau, allume une Boyards papier maïs et considère sans plus d'hostilité la masse des parapheurs. Mais son regard est aussi attiré par une enveloppe posée sur la table de travail, à laquelle est agrafée une note, où il reconnaît l'écriture du fidèle Marcel Clapier, son directeur de cabinet – le petit mot du soir, comme pour lui dire qu'il pense à lui jusqu'aux heures tardives après de longues journées de travail. « Voilà une lettre personnelle que je me suis permis d'ouvrir, monsieur le Président, elle devrait vous intéresser. La Chine passe toujours après tout le reste et, pourtant, les événements de ces derniers jours nous rappellent qu'elle est bien proche. » Le message éveille l'attention et l'enveloppe est intrigante. Elle est à l'en-tête de l'ambassade de France à Beijing. Beijing ? Enfin, Pékin, pense Daladier, un vieux réflexe du professeur de lycée qu'il fut autrefois, habitué aux anciennes cartes de géographie accrochées dans les salles de classe. Il se demande aussi qui peut donc lui écrire de notre ambassade à Pékin, puisqu'elle n'y est plus depuis que les Japonais occupent la ville. À vrai dire, on ne sait même plus où elle se trouve, cette ambassade, perdue quelque part dans l'immensité de la Chine, bousculée par une guerre dont les lignes changent sans cesse. Oui, le président du Conseil lui-même ne sait plus où a disparu son ambassade, c'est une idée effrayante et risible à la fois, qui le fait sourire dans la fumée de sa Boyards maïs. Il faudrait interroger Leger, il a certainement la réponse : « Monsieur le Secrétaire général, savez-vous où est passée notre ambassade en Chine ? » Mais il est trop tard ce soir pour appeler Leger et lui poser une question si incongrue, et puis on ne sait jamais où le joindre en pleine nuit. À la réception de Ribbentrop ? Avec sa bonne amie Marthe de Fels ? Chez lui près de sa mère et de ses sœurs ?

Édouard Daladier ouvre l'enveloppe. Il retourne la lettre pour déchiffrer la signature, le réflexe habituel pour repérer les raseurs, auquel cas hop, directement à la corbeille. André d'Hormon. Ça lui dit vaguement quelque chose, un spécialiste de la Chine qui fut conseiller diplomatique du gouvernement dans les années vingt, tombé à tout jamais dans la marmite des mandarins, des idéogrammes et de Confucius. Il éprouve de la sympathie à l'égard des types comme lui, qui auront consacré leur vie à tenter de construire un pont entre deux cultures aussi différentes que celles de la France et de la Chine, une sorte de nostalgie pour un genre d'existence qu'il n'a pas connu, études savantes et parfum d'aventures, alors qu'il a été ferré par la guerre dans sa jeunesse. Il n'a jamais voyagé, hormis son voyage de noces en Italie, c'était il y a bien longtemps, et de brefs passages par la Russie et par l'Allemagne en plein chaos de révolutions et de défaites, avec Herriot qui prenait toute la place et discourait tout le temps. Il regrette aussi de ne jamais avoir eu le temps de pouvoir s'entretenir avec quelques-uns des jeunes experts sinisants aux yeux brillants de la division Extrême-Orient du Quai d'Orsay. Il s'agit d'un monde à part dont les codes et le savoir particuliers l'intimident, et c'est aussi le domaine réservé de Leger, qui a été en poste à Pékin, où il fut paraît-il l'amant d'une princesse mandchoue, le confident de plusieurs seigneurs de la guerre, un explorateur du désert de Gobi. Comment savoir, il raconte tellement d'histoires.

Le fait indéniable, en tout cas, est qu'il régente fermement tous ces beaux esprits, impressionnés par son expérience. Daladier en est donc resté aux écrits de Paul Claudel, qui lui ont paru déclamatoires, à *La Condition humaine* de Malraux visitée le chapeau à la main, mais sans adhésion véritable, et aux récits de la « croisière jaune », dont il a surtout retenu les exploits mécaniques. Il pressent pourtant que la tragédie qui se joue en Chine, une fois débarrassée des oripeaux de l'exotisme, ressemble étrangement à celle qui se déroule en Europe, et comme président du Conseil, constamment alerté par le ministre des Colonies Georges Mandel, il garde un œil en éveil sur l'Indochine. Plusieurs soulèvements, impitoyablement réprimés, et l'influence grandissante d'un parti communiste clandestin y font résonner des échos inquiétants des convulsions chinoises. Il commence à lire.

« Monsieur le Président du Conseil et cher ami, pardonnez-moi cette familiarité, mais peut-être vous souvenez-vous de notre rencontre comme j'ai le privilège de pouvoir le faire, car je garde très précisément en mémoire un certain dîner amical pour l'actuel sous-directeur d'Extrême-Orient, Henri Hoppenot, où vous nous aviez fait l'honneur d'être des nôtres. Cela remonte à quelques années. Vous n'exerciez pas encore les hautes fonctions que l'on sait. Nous avions évoqué une comparaison entre les récits homériques que vous possédiez avec une érudition remarquable et *Le Rêve dans le pavillon rouge*, chef-d'œuvre de la littérature chinoise classique que j'avais entrepris de traduire, un travail de longue haleine que je n'ai pas encore pu mener à son terme. Vous étiez également très intéressé par l'histoire passionnante des Jésuites à la cour impériale. Mais vous m'aviez surtout pressé de questions pour connaître l'état de nos affaires en Chine. L'objet de cette lettre est de vous transmettre, au-delà des rapports officiels qui vous parviennent nécessairement, le sentiment personnel d'un homme qui réside à Pékin depuis trente ans, parle couramment la langue dans ses principales variantes et qui a pu rencontrer de nombreuses personnalités chinoises impliquées dans le cours des événements actuels.

La vérité est que l'état de nos affaires en Chine est aujourd'hui désastreux. L'origine de cette situation est à trouver dans l'incident du pont Marco-Polo survenu le 7 juillet 1937, à proximité de Pékin. Saisissant le prétexte de la disparition de plusieurs soldats japonais, l'Armée impériale a attaqué celle de la république de Chine, déclenchant une guerre qui ne dit pas son nom puisqu'elle n'a jamais été déclarée, mais qui se déroule néanmoins de manière impitoyable. On notera pour l'anecdote que les soldats prétendument disparus avaient seulement abandonné leur poste pour se rendre dans les maisons de tolérance de la ville voisine ! L'origine un peu plus lointaine de l'incident remonte aussi à la mainmise par le Japon sur la Chine du Nord accomplie depuis 1931, avec l'instauration notamment de l'État fantoche du Mandchoukouo, dont le titulaire est l'ancien empereur de Chine, renversé par la République vingt ans plus tôt, le jeune Puyi, une marionnette aux mains des Japonais.

Mais si on cherche la racine même de l'invasion, elle se trouve à Tokyo, où la clique militariste exerce le pouvoir au nom de l'empereur Hiro-Hito et avec sa complicité, en réclamant à cor et à cri depuis des lustres la conquête pure et simple de la Chine. Elle est parvenue à ses fins en plusieurs étapes : en annexant la Corée au début du siècle, où elle a imposé une colonisation inhumaine, puis en faisant main basse progressivement sur tout le Nord, une province après l'autre et jusqu'aux frontières de la Mongolie et de l'Union soviétique. Cette avance s'est faite habilement, en profitant de l'anarchie générale, du concours des divers seigneurs de la guerre chinois qui gouvernaient sans frein de vastes fiefs, et qui se sont laissé vaincre ou corrompre par la force japonaise supérieure. J'en ai connu certains, il y en avait de toutes sortes, entre ceux qui prétendaient exercer leur pouvoir avec patriotisme et ceux qui faisaient essentiellement régner la terreur, mais tous dévorés d'ambition, avides de richesses, guerroyant les uns contre les autres avec leurs propres armées rompues aux pires cruautés. Les Japonais ont ramené un semblant d'ordre en usant des mêmes méthodes implacables et en se préparant pour l'étape suivante, la conquête de la Chine tout entière, ce qui est évidemment une bien autre affaire, compte tenu de l'immensité des territoires, des multitudes chinoises infinies, de l'importance des villes industrielles et portuaires, où de grandes familles capitalistes américanisées se partagent les intérêts économiques avec les Européens qui y disposent de vastes concessions relevant uniquement des puissances étrangères. Les envahisseurs se heurtent de surcroît à un obstacle dont ils n'avaient pas suffisamment mesuré l'importance : la république de Chine elle-même, dont l'homme fort est le généralissime Tchang Kaï-chek.

Formé au Japon et en URSS, c'est un nationaliste intransigeant qui se présente comme l'héritier de Sun Yat-sen, le fondateur de la République, mort en 1925. À la tête du parti Kuomintang qu'il tient d'une main de fer, il dispose d'une armée puissante et organisée, louvoie entre les puissances étrangères pour s'équiper, et affiche un mode de vie occidental. Il s'est converti au christianisme pour épouser la belle-sœur de son mentor, une femme remarquablement intelligente et ambitieuse, et se concilie ainsi la dynastie industrielle des Song. Il a aussi finalement conclu une alliance de circonstance avec les communistes après les avoir combattus impitoyablement. Ceux-ci, bien que réfugiés dans une lointaine province, se sont donné pour chef un certain Mao Tsé-toung, obscur bibliothécaire de Pékin que j'ai eu l'occasion de rencontrer pour mes travaux de traduction, mais à qui j'ai eu le tort de ne pas accorder assez d'attention. L'éloignement géographique des communistes est un leurre. Ils se sont infiltrés parmi les lettrés et dans la classe ouvrière, ils ont une armée redoutable, des militants fanatiques, une doctrine à toute épreuve. Mais, pour l'instant, ils font encore mine de respecter leurs accords avec le Kuomintang. La personnalité de Tchang Kaï-chek est insaisissable : renfermé et silencieux, cynique au point de solliciter l'appui des syndicats criminels qui ont la haute main sur tous les trafics liés à l'opium, sans pitié pour ses adversaires, capable de tueries aveugles, mais se réclamant doctement de la sagesse confucéenne et sachant ménager provisoirement certains de ses lieutenants du Kuomintang qui lorgnent vers un accord avec les Japonais, lesquels cherchent évidemment des collaborateurs chinois pour administrer leurs énormes conquêtes.

Cependant, l'invasion japonaise s'est répandue en quelques mois comme une nappe de pétrole inflammable. Les principales villes sont tombées : Pékin, Shanghai, Hankou, Canton et la capitale officielle Nankin, où d'effroyables massacres ont été perpétrés par l'armée japonaise. La conscience humaine se refuse à envisager les cruautés infligées aux populations chinoises, mais, comme les Japonais entendent terroriser la Chine, ils diffusent largement les films et les photographies de leurs crimes. Concours entre soldats à qui décapitera rapidement le plus grand nombre de civils chinois, entraînements à la baïonnette de jeunes recrues sur des prisonniers, femmes et enfants jetés dans des brasiers ou enterrés vivants. Il s'agit de la partie visible de l'iceberg ; entre les incendies, les bains de sang, les bombardements, il y a eu près de trois cent mille morts à Nankin seulement. L'empereur Hiro-Hito ayant signé le décret annulant les conventions sur les lois de la guerre, puisqu'il n'y a pas de guerre officiellement, la barbarie peut s'exercer sans limites. Il suffisait d'y penser.

Notre ambassadeur Paul-Émile Naggiar ayant décidé de transférer les services essentiels à Nankin, qui est d'ailleurs la capitale officielle de la république de Chine, les bureaux de la chancellerie à Pékin m'ont été confiés pour maintenir une présence française symbolique contre toute incursion japonaise – c'est de l'un de ces bureaux, dans le bâtiment vide, que je vous écris cette lettre. Ensuite, les services ont évidemment quitté Nankin et se sont installés à Shanghai. La ville est également occupée par les Japonais, mais l'ambassadeur y bénéficie d'un abri relativement sûr dans la concession française, ainsi que d'un télégraphe et de lignes de téléphone. Il se rend régulièrement à Chongqing, la nouvelle capitale de Tchang Kaï-chek, hors de portée des Japonais, et garde le contact avec nos consuls, répartis des deux côtés de la ligne de front. C'est une performance tout à fait extraordinaire de parvenir ainsi à faire fonctionner notre département pour protéger nos ressortissants et nos intérêts à travers le réseau de nos consulats perdus un peu partout dans cet océan en pleine tempête. Certains ont été bombardés, la plupart se trouvent assiégés par des masses de réfugiés, il faut négocier en permanence avec les occupants japonais qui menacent de couper l'eau et l'électricité pour une raison ou pour une autre selon leur bon vouloir.

Il convient de saluer le courage et la constance de notre ambassadeur et de nos fonctionnaires dans des circonstances si difficiles. Leurs épouses sont aussi soumises à rude épreuve, ce qui n'empêche pas les disputes, les jalousies, les conflits de préséance que l'ambassadeur arbitre comme s'il n'avait rien d'autre à faire ! Pourtant, l'imbroglio chinois est tel que la vie se déroule presque normalement à Shanghai, où la bonne société continue à aller aux courses, aux spectacles, et dîne en smoking sur la terrasse des grands hôtels, pour voir passer les avions japonais. De leur côté, les envahisseurs affectent de respecter les formes diplomatiques et tamponnent aimablement les sauf-conduits pour chaque déplacement, mais il ne faut pas s'y fier, on assiste à de brusques accès d'excitation incompréhensibles et la situation diffère d'une ville à l'autre. Shanghai est gaie, Nankin lugubre comme un immense cimetière, Canton bourdonne de préparatifs militaires pour l'invasion de l'île de Hainan, Pékin est vide d'étrangers et la vie s'y déroule paisiblement sans que l'on soit importuné par le pas cadencé des Japonais. Selon certaines rumeurs, un gouvernement de collaborateurs dissidents du Kuomintang et à la solde de l'Armée impériale serait sur le point d'être installé à Pékin. Il est certain que, même pour le boa constrictor japonais, la digestion de la Chine s'avère difficile : il faut trouver des relais pour faire fonctionner cette gigantesque machine. De toute manière, la conquête marque le pas. L'armée nationaliste a essuyé de lourdes défaites, pourtant elle est capable de regagner du terrain par des contre-offensives qui désarçonnent l'ennemi. Elle a perdu la Chine utile des centres industriels, mais Tchang Kaï-chek peut toujours s'appuyer sur d'immenses ressources ; d'ailleurs, que signifie la Chine utile quand quatre cents millions de Chinois suivent toujours, de gré ou de force, le Kuomintang et son généralissime ?

L'attitude des puissances étrangères fluctue à la cadence des développements militaires. Les Soviétiques se sont retirés du conflit, le désastre de la guerre russo-japonaise du début du siècle ne leur a pas laissé de bons souvenirs, mais ils continuent à soutenir en sous-main les communistes dans leur province perdue. Les Allemands, qui ont armé et encadré les troupes de Tchang Kaï-chek, donnent désormais l'impression d'hésiter. Si Berlin et Tokyo s'alignent de plus en plus, sur place la situation est différente, l'ambassadeur Naggiar et son homologue allemand se concertent d'ailleurs en permanence pour protéger leurs ressortissants. Bien qu'officiellement nazi, le directeur de Siemens à Nankin a prêté main-forte à nos agents consulaires pour sauver plusieurs milliers de Chinois qui étaient pris au piège par l'ennemi. De leur côté, les Américains, qui n'ont pas renoncé au projet fou du magnat de la presse Henry Luce pour convertir la Chine au christianisme, et les Anglais, qui persistent à vouloir commercer avec les Chinois plutôt qu'avec les Japonais encore plus retors, continuent à alimenter en armes Tchang Kaï-chek. Quant à nous, il serait temps que nous prenions enfin conscience de la menace que fait peser la présence japonaise sur notre frontière indochinoise. Ils se sont dangereusement rapprochés depuis la prise de Canton, et pendant ce temps, le jeune empereur d'Annam Bao Dai fait du ski nautique à Hué sur la rivière des Parfums ! Il ne faut jamais oublier que les Japonais sont passés maîtres au jeu des infiltrations sournoises et des échauffourées par surprise qui préludent à des attaques foudroyantes.

En fait, le point névralgique d'un conflit futur entre le Japon et notre pays, ce sont les concessions. Les envahisseurs prétendent respecter officiellement le statut d'extraterritorialité de nos enclaves, mais il est évident qu'ils les convoitent et souhaitent s'en emparer. Le fait qu'elles abritent des masses à peu près incontrôlables de réfugiés où se dissimulent de nombreux agents du Kuomintang entraîne des frictions permanentes. À Tientsin, les Anglais en ont fait l'expérience. Le commandement japonais ayant bloqué l'accès à leur concession en réclamant de se faire livrer de prétendus espions nationalistes et en exigeant une fouille au corps des représentants britanniques lorsqu'ils entrent et sortent, le consul de Sa Gracieuse Majesté a opté pour une solution radicale : il s'est présenté au corps de garde intégralement nu dans sa Rolls-Royce officielle. Cette méthode efficace pour faciliter les contrôles a déclenché les grognements furieux qui caractérisent le Japonais de mauvaise humeur et la mesure a été finalement rapportée. Quant à notre consul, le courageux Charles Jean Lépissier, il a dû se prémunir contre une avalanche insolite : les manieurs de sabre avaient pris en effet la fâcheuse habitude de jeter par tombereaux entiers les têtes des Chinois suppliciés par-dessus les murs de la concession. Horrifié par la façon de faire et le ménage macabre auquel il fallait procéder, notre consul a protesté officiellement avant d'inviter le commandement japonais à un banquet amical où, déconcertés par l'amabilité de leur hôte, les officiers nippons se sont montrés charmants et ont promis de ne plus recommencer. Des enfants repentants qu'on aurait surpris avec les doigts dans le pot de confiture !

Mais il y a des pressions qui sont plus difficiles à maîtriser : les détachements japonais réclament fréquemment de pouvoir traverser les concessions. Il faut obtenir qu'ils soient désarmés et interdire le passage aux unités mobiles. À Shanghai, lors de la prise de la ville, le vice-amiral Le Bigot, qui commande l'escadre en mer de Chine, a trouvé une solution radicale pour leur faire rebrousser chemin : il s'est assis en grand uniforme sur un pliant à l'entrée principale de la concession, en barrant son accès et en déclarant tranquillement qu'il faudrait lui passer sur le corps pour pénétrer dans l'enclave. Impressionnés par le comportement d'un officier supérieur étranger qui n'avait pas été étudié dans les manuels d'opérations militaires, les intrus stupéfaits ont préféré repartir sans insister. Vous connaissez d'ailleurs certainement ce marin au sang-froid digne d'éloges, c'est lui qui a prodigué les premiers soins au président Doumer, en vain malheureusement, lorsqu'il a été assassiné par Gorguloff. On le voit sur les photographies, faisant de grands gestes pour écarter les reporters.

Ces anecdotes appartiennent désormais au récit romanesque foisonnant que la Chine inspire à tous ceux qui ont succombé comme moi à son envoûtement. On écrit beaucoup sur la Chine, le sujet est inépuisable, mais on persiste à mal la connaître. Moi-même, j'y vis depuis bientôt trente ans entouré de mes livres et dans une modestie de moyens qui a l'avantage de me mettre constamment au contact du petit peuple de Pékin. Pourtant, je n'aurais pas la prétention d'affirmer qu'elle n'a plus de secret pour moi et je n'aurais pas non plus l'impudence de vous recommander telle ou telle lecture. Curieusement, le livre de M. Malraux qui a fait grand bruit rend bien compte de l'atmosphère qui régnait à Shanghai bien avant l'arrivée des Japonais, alors qu'il n'a passé que trois jours dans cette ville ! Il s'est donc sérieusement documenté. Cependant, la situation générale évolue très rapidement. Elle est désormais très différente et le but de cette lettre est d'attirer votre attention, modestement, croyez-le, sur des développements politiques qui me font penser à ceux que vous affrontez en Europe dans les fonctions éminentes qui sont les vôtres. Je les perçois certainement de loin, mais cela me permet aussi peut-être de discerner des tendances évidemment très inquiétantes. Je résume : une puissance qui a l'apparence de la grandeur (la Chine), mais qui s'avère faible et divisée, est attaquée par une autre (le Japon), de dimensions bien plus réduites, beaucoup moins peuplée et dénuée de richesses naturelles, mais entièrement mobilisée pour la conquête et fanatiquement endoctrinée. L'agression procède par étapes, à coups d'incidents fallacieux et forgés de toutes pièces, qui sont cyniquement utilisés comme prétextes aux interventions militaires ; son armée est redoutable, bien organisée et équipée, commandée par des chefs implacables. Elle instaure à chaque annexion supplémentaire un régime de cruauté et de terreur inouïes et se renforce encore du pillage méthodique des nouvelles ressources qu'elle contrôle. Cependant, elle parvient aussi à ses fins en suscitant des complicités parmi les élites des provinces conquises, qui se mettent à son service pour en retirer des avantages. Elle profite également de l'absence de réaction des puissances étrangères décervelées par leurs usages démocratiques. Ainsi, je ne donne pas longtemps à l'Allemagne pour qu'elle passe dans le camp de l'agresseur, qui retirera de cette alliance des contributions importantes en termes de propagande et de matériel. À cet égard, il me semble certain que l'un des prochains objectifs de l'envahisseur sera de prendre le contrôle de l'Indochine française, dans le cadre d'un affrontement entre notre pays et le Reich.

Nous disposons ici d'un personnel diplomatique de grande valeur, qui a fourni les preuves de sa compétence et de son courage en maintes occasions. C'est à lui que l'on doit d'avoir pu maintenir l'essentiel de notre présence face à un adversaire sans scrupule, habité par le mensonge, le mépris et la violence. Mais est-il seulement écouté à Paris par les services du Quai d'Orsay ? Vous a-t-on donné à entendre les cris d'alarme, quand l'état d'alerte est déjà largement dépassé ? Disposez-vous des éléments d'information et de réflexion qui vous permettraient de prendre des résolutions urgentes et nécessaires qui s'imposent ? Pardonnez-moi cette insolence, mais le train de Munich ne peut pas passer par Shanghai et Pékin, les gares y sont fermées, aux mains de l'armée japonaise, et celle d'Hanoi ne tardera pas à l'être également.

En espérant que cette lettre vous parviendra et qu'elle pourra servir vos réflexions, je vous prie d'agréer, monsieur le Président du Conseil et cher ami, l'expression de ma bien fidèle et très haute considération. » Signature : « André d'Hormon, conseiller diplomatique ».

Édouard Daladier replie la lettre et la glisse dans sa serviette déjà remplie des dossiers qu'il trimballe toujours avec lui. Il les consulte au petit matin et les extirpe en fonction de ses interlocuteurs, toujours surpris de constater que rien ne se perd dans ses liasses de papier, qui lui permettent d'aborder chaque question dans ses moindres détails. Il faut faire attention quand il demande doucement : « Vous êtes sûr de ce que vous avancez ? », il a toujours la bonne réponse quelque part enfouie dans sa serviette. La lecture l'a accablé. Elle n'a fait que lui confirmer ce qu'il savait déjà, les nuages noirs qui recouvrent l'Europe se déploient jusqu'en Extrême-Orient, la foudre peut s'abattre sur l'Indochine autant qu'à nos frontières. Il est pris d'un de ces accès de colère froide qu'il parvient en général à maîtriser en public, l'orage dévastateur où s'accumulent ses sentiments d'impuissance, de rancune et de solitude.

Il faudrait tous les virer. Bonnet, ce fourbe qui n'arrête pas de trahir, en usant des Affaires étrangères pour saboter le travail de redressement national ; Monzie, ministre en carton des Travaux publics qui ne cesse de fricoter avec les Italiens ; Sarraut, ce menteur invétéré incrusté à l'Intérieur, qui affirme que tout va bien dans les camps infâmes où il enferme les républicains espagnols et ne pense qu'à trouver de bonnes planques pour ses copains francs-maçons ; Gamelin, qui se prend déjà pour un maréchal, s'abrite derrière Pétain et Weygand, les grands ancêtres, et intrigue en permanence auprès des élus pour endormir l'opinion et abreuver le président du Conseil de bonnes paroles invérifiables[1]. Et même le petit La Chambre, qui n'appelle pas ce soir comme prévu, et qui ferait mieux de faire coffrer les saboteurs communistes de ses usines d'aviation plutôt que d'aller faire le joli cœur à l'ambassade d'Allemagne. Oui, les virer tous, les incapables, les corrompus, les paresseux, et reconstruire avec ceux qui ont tout compris, Mandel, Jean Zay, Paul-Boncour, Reynaud sans doute, à condition de le serrer de très près pour qu'il cesse de savonner la planche de son patron en rêvant de le remplacer. Et recevoir peut-être enfin ce colonel de Gaulle dont l'état-major a peur et qu'ils détestent tous dans leur aveuglement et leur grenouillage invétérés. Il doit y avoir une bonne raison et elle est certainement mauvaise. Et virer par la même occasion Chamberlain, l'incarnation doucereuse de la perfide Albion, Halifax, le renard déguisé en bon apôtre, et toute cette clique d'Anglais qui

1. Maurice Gamelin, à la tête de l'armée française, sera limogé en pleine débâcle par Paul Reynaud le 18 mai 1940. Emprisonné sous Vichy en France puis en Allemagne, il écrira ses *Mémoires* pour tenter de se justifier. Il meurt en 1958.

méprisent les Français et ne pensent qu'à préserver les intérêts de leur empire. Et puis Beck aussi, ce matamore de Polonais imbécile qui fait la roue devant les nazis sans avoir compris qu'il est la prochaine cible[1]. La rage de Daladier court jusqu'à Londres et Varsovie, mais il sait qu'elle est inutile. Il ne peut plus remédier à l'état des choses. C'est trop tard, il faut tenir avec le monde tel qu'il est. Il pense un instant qu'il faudrait peut-être parler à Sugimura, l'ambassadeur du Japon, un géant aux dents gâtées qui ressemble à Michel Simon et parle très bien français. Leger l'apprécie et en dit du bien. Mais à quoi bon, il n'en tirera que de bonnes paroles et des mensonges. Il regarde la montagne des parapheurs sur son bureau. Une vague de découragement le submerge. Il pense à sa Norton qui l'attend dans la cour du ministère. Il faut partir, fausser compagnie à la sécurité, rouler dans la nuit de Paris pour se remettre les idées en ordre.

La Norton 16H est une moto de fabrication anglaise, 490 cm^3 et quatre vitesses, qui monte à plus de cent kilomètres-heure en quelques secondes, difficile à manier et dangereuse à la moindre faute, mais il maîtrise parfaitement cette bête sauvage. À le voir tout ramassé sur lui-même, la tête dans les épaules, engoncé dans un gros manteau, Daladier ne donne pas l'impression d'être un sportif accompli. Il monte pourtant très bien à cheval et manifeste une endurance remarquable lorsqu'il fait des randonnées ou de la voile durant les brèves vacances d'été avec la marquise de Crussol. Il partage

1. Józef Beck, ancien lieutenant du maréchal Piłsudski et ministre des Affaires étrangères de la Pologne, s'enfuira en Roumanie lors de l'invasion allemande de 1939. Il meurt en exil en 1944, détesté par ceux qui l'ont connu, et oublié par les autres.

l'enthousiasme de ses fils pour les champions tels que Ladoumègue, l'homme qui court plus vite que son ombre, Gino Bartali, le vainqueur du Tour de France, ou le nouvel astre de la boxe, Marcel Cerdan, le bombardier marocain. Il suit aussi régulièrement l'actualité du tennis et des matchs de football dans *Le Miroir des sports*. D'une rencontre inattendue avec Georges Bernanos lors de la publication des *Grands Cimetières sous la lune*, il a surtout retenu de leur conversation, au demeurant fort amicale, une comparaison très argumentée entre les mérites respectifs de la Norton et de la BSA HP400 de l'écrivain, une autre machine anglaise, plus légère et plus véloce. Ils ont gardé d'ailleurs une estime réciproque insolite de cette complicité de motards, non dénuée d'envie chez Daladier à l'égard de Bernanos, dont la puissante personnalité l'a séduit malgré tout ce qui les oppose, car le farouche homme de lettres a encore la possibilité de se lancer dans de grandes équipées en solitaire sur son engin, quand lui doit se contenter de rares et brèves évasions nocturnes dans la capitale. Avec son casque, ses lunettes, sa canadienne en cuir, le président du Conseil est méconnaissable, et comme il salue selon l'usage les autres motards qu'il lui arrive de croiser, aucun d'entre eux n'imagine son identité.

La Norton longe l'Assemblée nationale et s'engage sur le boulevard Saint-Germain. Elle passe lentement devant le cordon de police qui barre l'entrée de la rue de Lille, et le défilé des voitures qui transportent les invités de l'ambassade d'Allemagne, puis elle accélère brusquement rue du Bac pour traverser la Seine. Daladier est partagé entre une furieuse envie de constater les dégâts entraînés par la déclaration franco-allemande et celle de s'éloigner au plus vite de tous ces nouveaux alliés du Reich.

La façade du théâtre des Ambassadeurs brille parmi les frondaisons des jardins des Champs-Élysées. On y joue à guichets fermés *Les Parents terribles* de Jean Cocteau, dont le succès suscite de violentes polémiques. La presse de droite fustige une pièce ordurière et décadente, elle réclame son interdiction. Le préfet de police hésite, il a consulté le président du Conseil, qui n'a aucune envie de passer pour un censeur. Il n'a pas grande estime pour l'auteur, le milieu qu'il décrit avec complaisance et le parfum de scandale mondain qu'il répand autour de lui, mais son respect de provincial éclairé pour les artistes est plus fort. Jean Zay lui a d'ailleurs aussi confié qu'il trouvait la pièce très belle. La Ville lumière ne peut pas se contenter des seules comédies de boulevard, des amusantes revues de Rip et de Maurice Chevalier, qui triomphe dans *Amours de Paris*. Le spectacle a besoin de provocations pour se renouveler. Et puis Édouard Daladier n'a rien contre les pédérastes en général. Il se fiche bien des rumeurs qui ont couru sur le président Doumergue, le jeune député de la Meuse Louis Jacquinot ou le patron de presse Léon Bailby, qui le déteste pourtant. Il faudra demander ce qu'elle en pense à la marquise de Crussol, mais il ne doute pas de la réponse : « On ne touche pas à Jean Cocteau. » C'est toujours comme ça avec elle, il ne faut pas se laisser encombrer par des détails : « Tout va très bien madame la Marquise. » Voilà que la chanson lui est entrée dans la tête et couvre le bruit saccadé de la moto. C'est toujours pareil avec ce genre de ritournelle : impossible de s'en débarrasser. Ce serin de Clapier la sifflotait dans l'avion au retour de Munich, Leger lui avait jeté un regard incendiaire.

Remontons les Champs-Élysées, c'est le titre du dernier film de Sacha Guitry qui se donne au Normandie, et c'est ce que la Norton est en train de faire. Charles Trenet, Viviane Romance et Michèle Morgan sont partout, à l'affiche de plusieurs films en même temps, dans plusieurs salles, des comédies charmantes, des drames d'atmosphère, des fresques historiques. Le Biarritz, le Marignan, et ailleurs le Rex ou le Gaumont-Palace, des salles comme des cathédrales, les séances comme des liturgies, avec des documentaires, des actualités, des attractions, les orchestres de Jo Bouillon, Richard Blareau, Ray Ventura et leurs collégiens aux entractes des séances du soir. Cela fait longtemps que le pilote de la Norton n'a plus le loisir d'aller au cinéma. Il a laissé au président de la République la sinécure d'honorer de sa présence la première de gala de *Katia*, pour une œuvre de charité. La romance d'amour du tsar Alexandre II et d'une jeune fille obligée de demeurer dans l'ombre. Danielle Darrieux évidemment, un scénario de la princesse Bibesco, le grand chic des soirées mondaines et le Tout-Paris qui braquait ses regards sur le duc et la duchesse de Windsor au lieu de suivre le film, en ricanant que c'était leur histoire qui défilait sur l'écran. Tous ces potins pour les dîners en ville, tous ces gens devant les salles de cinéma, aux terrasses des brasseries, qui déambulent sur l'avenue, cette foule avide de se distraire. Se rendent-ils compte qu'ils marchent au bord d'un gouffre ?

La Norton quitte les Champs-Élysées et emprunte l'avenue Kléber. Daladier veut voir où en sont les travaux de démolition des pavillons de l'Exposition internationale. Elle a été prolongée le plus longtemps possible pour faire oublier une inauguration dans les gravats et combler le déficit, jusqu'à ce que les lézardes et les mauvaises herbes envahissent les bâtiments provisoires. On ne voit plus grand-chose désormais, seulement d'énormes panneaux de réclame avec le bébé Cadum et les meubles Lévitan qui sont « garantis pour l'instant » devant les chantiers où s'abîment les ruines du pavillon soviétique et du pavillon allemand, qui se défiaient avec arrogance au bas du Trocadéro. *Rien à regretter*, pense Daladier. L'Exposition était à l'image de la France qu'il tente de gouverner, superbe et orgueilleuse mais meurtrie par les grèves, les malfaçons, la gabegie bureaucratique et financière. Et puis tous ces hiérarques nazis qui venaient pour visiter et ne cachaient pas leur mépris, quel mauvais souvenir !

La Norton sillonne maintenant l'avenue Henri-Martin jusqu'aux immeubles Walter. Tout est tranquille et silencieux dans la majesté bourgeoise des beaux quartiers. L'air frais de la nuit d'automne, la bruine, l'odeur des feuilles mortes ; Daladier respire mieux, la colère qui l'oppressait s'est dissipée, il a retrouvé son calme, demain sera un autre jour. La Norton, décidément souple et docile sous sa conduite, l'emmène faire un dernier détour par les boulevards de ceinture, il veut revoir les logements qui ont été construits pour les classes populaires. Des centaines de bâtiments modernes et aérés, conçus par de bons architectes et qui se succèdent sur le tracé des anciennes fortifs longtemps abandonnées à la maraude et la misère.

Tout autour de Paris, en vingt ans, la République a effacé la zone, il reste encore beaucoup à faire pour extirper la pauvreté qui ne désarme jamais vraiment, et pourtant le travail a été mené jusqu'au bout et on peut être fier devant le résultat. Bien sûr, Daladier n'a rien construit lui-même, mais il lui revient aujourd'hui de protéger l'œuvre accomplie par des gouvernements trop décriés, et il se doit de relever leur héritage en prouvant qu'ils n'étaient quand même pas sans vertus. Porte de Champerret, il a arrêté le moteur de la moto et fume sa Boyards papier maïs en regardant les immeubles populaires, où çà et là des fenêtres sont encore éclairées malgré l'heure tardive. Il sait quel est son devoir, mais il se demande s'il aura la force de ranimer la confiance et de rassembler les énergies quand viendra le moment de l'épreuve inévitable. Personne ne peut lui donner la réponse.

La Norton le ramène chez lui, dans son petit appartement triste, où sa sœur s'est endormie en lui laissant un frichti sur la table de la cuisine. Il évite de faire du bruit pour ne pas la réveiller, mais il remarque de la lumière filtrant sous la porte de la chambre de Jean, son fils aîné, un garçon de seize ans qui fait tout ce qu'il peut pour contenter son père.

C'est aussi un grand lecteur, bien au-dessus de son âge. Il s'est passionné pour la remise du prix Goncourt à Henri Troyat pour *L'Araigne*, un bon livre certes, mais il a dit à son père que c'est le jeune Jean-Paul Sartre qui aurait dû l'obtenir avec *La Nausée*, ça lui a beaucoup plu, un regard sans concession sur la culture bourgeoise. Daladier n'a plus vraiment le temps de lire et il accueille les jugements à l'emporte-pièce de son fils avec intérêt et indulgence. Le critique littéraire en herbe n'hésite pas non plus à piquer des bandes dessinées à Pierre, son jeune frère ; *Les Pieds Nickelés*, *Bibi Fricotin*, la série américaine *Bicot*. Il soutient qu'on y apprend beaucoup de choses intéressantes sur ce qui se passe. Daladier frappe doucement à la porte et surprend l'adolescent plongé dans la lecture d'un album de *Tintin*. Jean lui montre les vignettes en noir et blanc dessinées par un auteur belge, un certain Hergé déjà bien connu parmi les lycéens. L'album vient de paraître ; Tintin y affronte de grands dangers en Chine alors que les Japonais sont en train de s'emparer de Shanghai. Le fourbe M. Mitsuhirato qui a juré la perte de Tintin, ses complices parmi les affairistes des concessions internationales, les fumeries d'opium et le poison qui rend fou, mais aussi les nobles chinois dont l'intrépide reporter a pris la défense, l'amitié du jeune Tchang qui lui révèle le vrai visage d'une Chine éprise de paix et de justice : rien ne manque à un tableau romanesque et néanmoins exact. *Le Lotus bleu*, c'est le nom de l'album. Jean est passionné par cette histoire. *Encore !* pense son père, en découvrant que son fils en sait désormais autant que lui sur le drame qui se joue en Extrême-Orient[1].

Les massacres de Nankin.

1. Édouard Daladier sera remplacé comme président du Conseil par Paul Reynaud en mars 1940. Emprisonné sous Vichy en France puis en Allemagne, il redeviendra député radical-socialiste après la guerre et sera maire d'Avignon de 1953 à 1958. Il meurt à peu près oublié en 1970.

Chapitre 26
Cabaret de Paris

L'élégance et les bonnes manières entraînent des qualités de courtoisie et d'honneur qui restent de belles vertus françaises, cet esprit chevaleresque, cette noble folie de la vertu, qui n'est pas éteint chez nous mais reste perpétuellement menacé.

André de Fouquières — Cinquante ans de panache

Paul Valéry a refusé de se rendre au grand raout pour le couple Ribbentrop à l'ambassade d'Allemagne. L'invitation était libellée en allemand. Il a prétendu hautement qu'il n'y comprenait rien. Et puis, on ne sollicite pas la présence d'un académicien français à une réception mondaine germanique dans une sorte de circulaire qui fait penser à un prospectus de réclame pour le régime hitlérien, avec cette croix gammée sur le carton et sur l'enveloppe. Georges Mandel et Jean Zay ont pu user d'un autre prétexte. L'invitation leur est parvenue à 15 heures pour le soir même. Le Tout-Paris des ragots et des médisances bruissait depuis deux jours du refus des Allemands à convier les deux ministres juifs, et Gabriel

Péri en avait fait des gorges chaudes dans ses chroniques de *L'Humanité*, daubant sur la tartuferie et la lâcheté d'un gouvernement bourgeois qui prenait ses consignes à Berlin. L'argument lamentable avancé par des sbires du Quai d'Orsay pour expliquer leur absence aux festivités précédentes, où la partie française avait pourtant la main – « seuls les ministres du premier rang au protocole républicain ont été invités, ni le président du Sénat, ni le président de l'Assemblée n'ont été conviés » –, ayant fait un effet déplorable, Georges Bonnet, dûment chapitré par un Leger de fort méchante humeur, a bien été obligé d'en glisser un mot à l'ambassadeur Welczeck, lequel a pris sur lui de faire adresser les précieux bristols aux intéressés, sans prévenir son ministre.

À la fin d'une visite officielle qui a été particulièrement éprouvante pour lui, l'ambassadeur est sujet à une sorte d'ivresse des profondeurs qui lui fait abandonner les précautions élémentaires et considérer sans regret son rappel éventuel et son affectation à une ambassade en Amérique centrale ou au Mandchoukouo. Dans l'euphorie générale d'une mission réussie, Ribbentrop s'est d'ailleurs contenté d'une de ces remarques vénéneuses dont il a le secret : « Décidément, vous êtes bien comme Köster ! », délicate allusion au prédécesseur à Paris de Welczeck, l'infortuné Roland Köster qui refusa de licencier ses collaborateurs juifs et de hisser la croix gammée sur sa résidence, mort d'épuisement après deux années de persécutions insidieuses. Mandel et Zay[1] ont fait remercier l'ambassadeur par leur cabinet « pour son aimable invitation, à laquelle ils ont le vif regret de ne

1. Jean Zay et Georges Mandel, emprisonnés sous le régime de Vichy, seront assassinés par la Milice en 1944.

pouvoir se rendre, leurs occupations les retenant loin de Paris». Fermez le ban !

L'hôtel de Beauharnais brille de tous ses feux en ce soir du 7 décembre 1938. Les gardiens de la paix moulinent à grands coups de sifflet le défilé des voitures officielles et des majestueuses limousines, qui déposent les invités devant le portail ouvert du 78, rue de Lille avant que les chauffeurs n'aillent se garer rue de Solférino ou sur le boulevard. De jeunes attachés d'ambassade escortent aimablement les arrivants jusqu'au fameux portique égyptien surmonté d'un drapeau à croix gammée qui flotte au vent d'automne. Un peu partout, sur les beaux meubles Empire, des portraits du Führer, des cadres avec des photographies dédicacées du duc de Windsor et de Wallis qui sont des habitués de la maison, ainsi que de Leni Riefenstahl, venue pour recevoir la médaille d'honneur de l'Exposition universelle. Le portrait de Bismarck, qui fut ambassadeur à Paris sous le Second Empire pour emberlificoter Napoléon III, trône en évidence sur son bureau. Il manque cependant la lettre où il écrivait à sa femme pour la dissuader de venir le rejoindre : « Tout est au nord, c'est un cloaque humide et froid qui sent le renfermé. »

Plus de trace en revanche du conseiller vom Rath, assassiné quelques semaines plus tôt par le jeune Juif Grynszpan. Sa photographie voilée d'un ruban de deuil a été remisée ailleurs pour l'occasion. L'heure est aux réjouissances, pas au souvenir encore tout frais de la Nuit de Cristal et des persécutions meurtrières infligées à la communauté juive.

En haut de l'escalier d'honneur, Joachim et Annelies von Ribbentrop, tout sourires, accueillent leurs invités avec l'ambassadeur et son épouse. Le ministre des Affaires étrangères du Reich porte son uniforme d'*Obergruppenführer* SS, Annelies une robe longue en dentelle blanche, les dames sont en grande toilette, les messieurs en habit, arborant leurs décorations. De temps en temps, un des petits attachés d'ambassade précise en chuchotant à l'oreille du ministre l'identité d'un des invités qui lui aurait échappé. Les buffets croulent sous les fleurs et les victuailles roboratives, canapés de foie gras, petits pâtés en croûte, saucisses de Thuringe, boudin blanc de Munich, choucroute et dindonneaux farcis, rôtis de porc «*mit Kartoffeln*», pumpernickel au raifort, foie gras, homards, harengs de la Baltique, gâteaux aux airelles et *Sachertorte*, évidemment. On sert des vins du Rhin, toutes sortes de schnaps, du champagne et de la bière, puisque même le Führer en fait servir à sa table. Des serveurs en livrée et bas de soie, qui ont l'air de sortir d'un détachement de la Hitlerjugend, passent avec des plateaux entre les invités. Dans un des salons, un quatuor joue des mélodies viennoises étouffées par le brouhaha des conversations. Pas de *lieder* de Schubert, bien sûr. Depuis que les poèmes du Juif Heinrich Heine ont brûlé avec le reste, on remonte inlassablement *Le Beau Danube bleu.*

Les jolies femmes de Paris ont veillé à faire honneur à leur réputation. Molyneux, Chanel, Piguet, Lelong, Madeleine Vionnet et Maggy Rouff à profusion. Certaines ont gardé leur étole de vison, qu'elles posent sur leurs genoux quand elles s'asseyent. On ne sait jamais, il peut faire si froid en Allemagne. En vérité, il fait très chaud, car il y a tant de monde à l'ambassade ! On a entrebâillé les portes-fenêtres qui ouvrent sur le jardin, et au-delà sur la tombe de Coco, le bichon de Marie-Antoinette, inhumé à l'hôtel d'à côté par des mains pieuses, après avoir été soustrait aux fureurs révolutionnaires.

La belle Mme Piétri, l'épouse de l'ancien ministre à l'élégance de si bon ton, Odette Bonnet, qui ne perd pas une miette de l'heure de gloire de son mari, la princesse Alphonse de Chimay, qui prête son profil parfait aux réclames du parfum *Shanghai*, et la princesse Charles de Rohan, qui assure le même service, avec une rassurante nuance d'embonpoint, pour *Anticipation*, une autre fragrance de la maison Lenthéric, Lisette de Brinon, qui est si rigolote dans le monde qu'elle en ferait oublier à toute cette société froufroutante d'antisémites patentés qu'elle est juive et donc bien partie pour bénéficier d'un statut d'Aryenne d'honneur, ce petit hibou endiamanté d'Hélène Morand et Mme Laurent Monnier (voir l'annuaire des maîtres de forges du Jura) rivalisent d'élégance, de belles manières et de reparties spirituelles.

La marquise de Crussol et la comtesse de Portes, en alerte pour éviter d'avoir à se saluer, se déplacent comme des sirènes d'un groupe à l'autre, avides d'entendre des propos qui seraient utiles à leurs champions respectifs. Autrement, des duchesses qui chassent à courre et ne parlent que de leurs équipages, de petites actrices qui ont signé des contrats avec la UFA, des bourgeoises mariées à des attachés de cabinet qui flanquent leurs enfants en pension pour ne pas obstruer leurs projets d'ascension sociale, des sportives à qui les stades du Reich ont fait perdre la tête, des toupies de la vie mondaine qui ne savent jamais vraiment où elles se trouvent ni avec qui elles discutent. Et puis Cora Madou, qui s'ennuie à surveiller son charmant mari Guy La Chambre du coin de l'œil, en proie à ce refus instinctif d'une fille du peuple qui sent bien que tout ce beau monde n'est pas le grand monde auquel elle aspire d'appartenir.

Annelies von Ribbentrop anime avec une grâce un peu hésitante le cercle des dames et passe soyeusement d'un petit groupe à l'autre, en suivant sa boussole intérieure qui lui indique celles qui méritent une attention et des égards particuliers. Ce n'est pas la trop charmante épouse de l'ambassadeur, Luisa von Welczeck, cette jolie Chilienne qui parle allemand comme un oiseau des îles, qui pourrait lui venir en aide : elle connaît tout le monde à Paris et ne sait pas faire de différences. Avoir hérité d'une des plus grosses fortunes d'Allemagne et en avoir retiré une éducation parfaite et un art consommé de la politesse en société, être constamment mise en valeur par le Führer, qui trouve Emmy Goering un peu trop voyante et que les jérémiades d'épouse trompée de Magda Goebbels ennuient, contrairement au bon genre de la femme du ministre des Affaires étrangères du Reich, est un atout pour les devoirs de représentation officielle.

Pourtant, l'élève appliquée est toujours sourdement inquiète. Il y a forcément dans la délégation allemande des mauvaises langues qui guettent le moindre faux pas et seraient trop contentes d'en faire profiter la clique venimeuse qui lèche les bottes de Goering, l'acerbe ennemi de son mari. La vivacité des Françaises la met aussi mal à l'aise. Elles se comportent comme si elles étaient chez elles, ravies de se retrouver pour échanger des mots d'esprit. Annelies ne possède pas les clés d'une brillante conversation « à la parisienne » et elle se contente d'arborer le sourire figé de celle qui fait semblant de comprendre, et traite les médisances avec indulgence. Les dames bien élevées mettent cette retenue sur le compte de sa distinction naturelle, les autres se glissent à demi-mot que la faute est à sa pratique de la langue française qui reste, somme toute, assez incertaine. Et quand l'épouse d'Horace de Carbuccia, le patron redouté de *Gringoire*, elle-même un peu échauffée par le champagne et la gaieté ambiante, l'invite à lui rendre visite l'été prochain à *La Grande Pointe*, sa somptueuse villa de Sainte-Maxime, « Nous serons entre amis, les Chiappe, les Tixier-Vignancour, Henri Béraud qui est si spirituel, May de Brissac qui déteste les Juifs, comme nous tous ici, et vous savez, il ne faut pas faire attention à ce que l'on raconte, Horace comprend de mieux en mieux l'Allemagne », la réponse d'Annelies se perd dans le bourdonnement général : « J'en serais enchantée, mon mari adore la Côte d'Azur, mais c'est trop tôt pour vous dire oui, je ne sais pas très bien où nous serons l'été prochain. » Ce sont des soirées où tout le monde parle tant qu'à force on n'entend plus grand-chose.

Les messieurs sont moins portés sur les badineries ; persuadés de leur importance, que l'invitation leur a confirmée, ils penchent pour des propos plus sérieux. On n'a pas toujours sous la main un ministre du Reich qui parle à l'oreille d'Hitler. Unanimité des félicitations pour la signature de la déclaration et la promesse d'une entente retrouvée entre la France et l'Allemagne. La cause est entendue une bonne fois pour toutes. Le fantôme bienveillant d'Aristide Briand se promène parmi les invités. Mais il y a des variantes dans l'évaluation de ce qui devrait suivre pour concrétiser de si heureuses espérances. On trouve ceux qui sont déjà en train de découper mentalement des pans entiers de l'Ukraine au profit du Reich et qui jouent à saute-mouton par-dessus la Pologne, « car il est temps de lui faire comprendre qu'il serait grotesque qu'elle fasse une fixation sur Dantzig et le corridor de la Baltique. Ce sont des terres germaniques, bel et bien peuplées d'Allemands ; regardez ce qui vient de se passer à Memel, toute la ville a voté pour le rattachement à l'Allemagne et les Lituaniens ont bien été obligés de s'incliner. Il suffira d'exercer une bonne pression sur les Polonais qui nous doivent tout, pour qu'ils lâchent prise. Ça se réglera comme pour l'Autriche et les Sudètes. On ferait bien d'écouter l'ancien ministre Marcel Déat, on ne va tout de même pas mourir pour Dantzig. »

Et puis il y a tous les autres : ceux qui sont partisans d'une alliance pure et simple avec l'Allemagne plutôt que de continuer à compter sur l'Angleterre, la perfide Albion qui ne pense qu'à ses intérêts ; ceux qui croient qu'Hitler est sincère lorsqu'il déclare à d'anciens combattants en visite à Berlin qu'il partage leur horreur de la guerre ; ceux qui pensent qu'il faut donner un coup de fouet aux affaires et au commerce entre les deux pays, car on ne tire pas au canon sur un partenaire ; ceux qui ont déjà réservé leur hôtel à Garmisch-Partenkirchen pour aller faire du ski à Noël ; ceux qui retiennent de bonnes leçons de l'exemple d'un régime qui a redressé l'Allemagne, « on ne fait pas une bonne omelette sans casser des œufs » ; ceux qui disent qu'il vaudrait mieux se concentrer sur l'empire plutôt que de chercher noise à l'Allemagne en Europe, sous prétexte d'honorer des traités signés n'importe comment avec de petits pays chétifs qui ne nous apportent rien ; ceux qui affirment que tous les malentendus sont la faute du Front populaire et des Juifs ; ceux qui se veulent raisonnables et qui, encore méfiants, prônent la poursuite d'un dialogue ferme mais constant avec l'Allemagne pour écarter tout risque de conflits éventuels. Ils ne sont pas tous pareils, mais ils sont tous à l'ambassade ce soir.

Aimable et lisse, conciliant et prévenant comme le représentant en spiritueux qu'il fut dans une autre vie, Ribbentrop écoute chacun en ne répondant que des banalités d'une voix douceâtre. Elles laissent à ses interlocuteurs, grisés du parfum de la mondanité, l'impression d'un échange amical. De toute façon, les opinions fluctuent en ces temps d'incertitudes et nombreux sont ceux qui ne se souviendront plus, un jour, mais alors plus du tout, de la belle soirée à l'hôtel de Beauharnais. Précisons donc pour leur épargner des trous de mémoire. Otto Abetz[1] a battu le rappel au Comité France-Allemagne, toujours la même liste : héros de la Grande Guerre comme l'aveugle Scapini, plumitifs talentueux et stipendiés tels que Jean Luchaire et Jacques Benoist-Méchin[2], académiciens louchant sur leurs traductions rémunératrices et leurs conférences en Allemagne à la manière de Pierre Benoit, snobs à prétentions intellectuelles façon Bertrand de Jouvenel, et tout le panier bien rempli des idiots utiles du pacifisme bêlant, qui se croient appelés à la noble mission d'œuvrer en faveur de la « Grande Réconciliation ». La galaxie du champagne a gardé le meilleur souvenir de l'excellent courtier devenu ministre.

1. Otto Abetz, devenu ambassadeur du Reich en France durant l'Occupation, sera condamné à vingt ans de prison en 1949. Libéré en 1954, il meurt dans un accident de voiture quatre ans plus tard.
2. Jacques Benoist-Méchin, collaborateur des Allemands sous le régime de Vichy, condamné à mort à la Libération, gracié, libéré en 1954, connaîtra ensuite et jusqu'à sa mort en 1983 un vif succès comme historien et biographe de plusieurs dirigeants arabes.

Il ne coule pas à flots seulement dans les coupes que font passer les serveurs, il se déverse aussi dans les salons, où les meilleures maisons sont représentées, avec l'inénarrable Melchior de Polignac, le suppôt de l'olympisme converti au nazisme par les Jeux de Berlin, en figure de proue. Il ne cesse de rappeler qu'il est le meilleur ami du ministre, et heureusement pour lui, son principal rival en flatteuses relations, Pierre Taittinger, s'est fait excuser. « Les jeunesses patriotes », que ce bonapartiste mal repenti faisait martialement défiler devant lui en les saluant avec le bras tendu de rigueur, n'ont pas encore tout compris aux mouvements d'une girouette agitée par le vent d'est, à moins qu'il n'ait pas encore bien expliqué. Il se rattrapera plus tard.

Parmi la cohorte bien fournie des « amis de l'Allemagne », Fernand de Brinon, qui se targue d'être au mieux avec Hitler, tient la vedette avec ses bonnes façons de marquis et d'homme du monde. À y regarder de plus près, elles sont pourtant contredites par un physique de traître de comédie respirant la suffisance, la lâcheté et la fourberie. Mais au bal des masques, personne ne songe à lui demander d'ôter le sien, et aussi sans doute parce qu'il n'en porte pas. Il régale le petit groupe qui l'entoure par son humour bien connu. Il en a, notamment, de bien bonnes sur les youpins. On se tord de rire à les entendre et on réclame « encore, encore ».

Mais l'amuseur ne veut pas abuser de son répertoire en forçant son talent. Au cas où des journalistes comme Geneviève Tabouis ou Pertinax auraient réussi à s'introduire dans la soirée, attirés comme des papillons par la lumière brune. Il n'y a pas vraiment de risque, mais on ne sait jamais. C'est une sale engeance que ces gens-là, prêts à tout pour écrire un mauvais papier qui coule une réputation. Or, Fernand de Brinon a des petits ennuis d'argent pour soutenir son train de vie de marquis contraint de donner des dîners en remerciements et d'envoyer des fleurs aux maîtresses de maison. Les quelques amis dans la banque et les affaires qui lui viennent en aide pourraient se reconnaître dans ses plaisanteries, et trouver ses traits d'esprit d'un goût discutable. On peut rire de tout mais pas avec tout le monde, hélas, c'est bien connu. Rien à craindre en revanche de la part de Jean Fontenoy, beau gosse ambigu et ancien bolchevik ayant trouvé son chemin de Damas à Nuremberg, déjà passablement alcoolisé à cette heure tardive ; rien à redouter non plus du côté de Georges Suarez, qui vient de vider les tiroirs d'Aristide Briand pour en sortir une série d'articles aux accents pacifistes bien orientés, et qui s'adonne à un repérage compulsif auprès de la délégation allemande pour qu'ils soient repris dans la grande presse de Berlin. On ne cesse de les voir passer, ils ne sont jamais loin. Ces deux journalistes ont bien mérité leur invitation à l'ambassade, ils viennent de plonger dans la lessiveuse à Deutsche Marks et sont en bonne voie de nazification accélérée.

Le président Daladier a laissé à ses ministres la liberté de venir à l'ambassade ou de s'abstenir. Ils ont reniflé pour la plupart le piège d'une photo dans la presse allemande et n'ont fait qu'une apparition furtive, malgré l'insistance de Georges Bonnet à vouloir les promener d'un salon à l'autre. Cependant, quelques personnalités d'envergure n'ont pas hésité à s'afficher auprès du ministre du Reich. Ainsi donc de François Piétri, celui qui a une si jolie femme, plusieurs fois ministre et porte-parole d'une droite civilisée qui voudrait en faire un président de la République, ancien dreyfusard et très hostile aux persécutions antisémites, humaniste cultivé, très attaché à sa Corse natale. Il s'est laissé convaincre de venir pour évoquer les manifestations italiennes qui revendiquent l'île de Beauté et tenter de percer les intentions allemandes, mais Ribbentrop élude la question une fois de plus. « Ce n'est pas au moment où nous renonçons à l'Alsace-Lorraine que nous allons pousser le Duce à vous faire la guerre pour la Corse… » Air connu, débité sur un ton monocorde qui n'engage pas à poursuivre la discussion. François Piétri n'est pas plus rassuré et il se félicite de pouvoir accompagner le président Daladier à Ajaccio le mois prochain. Il lui a déjà fait passer une note très alarmiste à ce sujet. Allez, une coupe de champagne, et on rentre dans notre hôtel de la rue de l'Élysée, dont les fenêtres ouvrent sur le parc de la présidence, il y a tennis tôt demain matin au Racing-Club de France. Ça tombe bien, son épouse le cherche, elle a aussi envie de repartir. On dit des choses ici qu'elle ne souhaite pas entendre.

Le président de l'Assemblée nationale, Édouard Herriot, crée la surprise en débarquant sans prévenir. Émoi général et embarras manifeste du ministre du Reich se retrouvant subitement en présence de l'un de ces dinosaures de la République française qui s'attirent régulièrement les sarcasmes des nazis triomphants. Trop gros, trop lettré, trop habile pour que l'on puisse se contenter de lui imputer seulement l'impuissance et les combines d'une démocratie détestée, qui a été balayée outre-Rhin par le Führer. D'ailleurs, la conversation est brève. Herriot avise le Girodet de l'ambassade pour parler peinture et Ribbentrop, pris en flagrant délit de crasse inculture, acquiesce servilement au cours d'histoire de l'art, comme un cancre essayant de se faire bien voir par son professeur. Annelies accourt au signal de ses alarmes, toujours en alerte, et tire finalement son mari d'un état de panique galopante, en entraînant Herriot vers les buffets, ouvrant la voie à une rassurante comparaison entre les mérites gastronomiques de la cuisine lyonnaise et de la cuisine berlinoise. Mais il y a des photographes allemands qui s'approchent. Le président Herriot s'éclipse. C'est le propre des crocodiles, obèses et immobiles à l'affût de leur proie, ils sont capables de se mouvoir brusquement et de se déplacer à toute allure lorsqu'ils se sentent en danger.

Pierre-Étienne Flandin ne prend pas tant de précautions lorsqu'il s'avance pour saluer Ribbentrop. C'est un autre animal de race, mais dans le genre herbivore et placide, il a l'habitude des séquences houleuses. Il vient d'être giflé publiquement par le royaliste Renouvin pour avoir envoyé son télégramme de félicitations à Hitler après Munich, et *L'Humanité* ne l'appelle plus que « le traître » à longueur de colonnes. Ancien président du Conseil, plusieurs fois ministre, à la tête d'un parti de droite qui compte plus de cent députés, il est le partisan résolu du mouvement pour l'arrangement avec l'Allemagne et du repli de la France sur son empire. Il est donc le bienvenu à l'ambassade. Mais il y a quelque chose qui ne colle pas dans le scénario du valet de l'Allemagne. Flandin est un pessimiste qui pense que la France a été abandonnée par les Anglais et qu'elle n'est pas en état de gagner une guerre contre le Reich. Lettré et cultivé, il déteste les nazis, la Nuit de Cristal l'a scandalisé, tolérant et porté à l'indulgence, il abhorre le Front populaire, mais respecte ses adversaires et voue une réelle estime à Léon Blum ; conservateur et attaché à l'ordre, il croit aux vertus de la France profonde, celle de ses électeurs de l'Yonne pour qui il se dépense sans compter. Prisonnier de ses préjugés, il refuse d'admettre qu'il n'y a plus de place pour la droite civilisée dans l'épreuve qui s'annonce, il ne sent pas qu'il s'est engagé sur une voie sans issue, qui ne lui apportera que la faillite de ses illusions et un injuste déshonneur dont il ne se relèvera jamais.

Mais ce soir, à l'ambassade, c'est encore un des grands notables de la République, qui se juge assez important pour éviter le déraillement généralisé qu'il redoute. Un de plus pour tomber dans l'un des pièges démoniaques que les nazis ont semés à travers toute l'Europe. Sourires, photos, champagne et canapés, tout est bon pour les grands titres de la presse communiste du lendemain : « Le traître est venu toucher son pourboire ».

La réception tire à sa fin, les invités commencent à partir. L'ambassadeur de Tchéco-Slovaquie (notez le tiret qui vient d'apparaître, depuis Munich c'est un pays qui part en lambeaux) s'en est allé parmi les premiers. Décidément très en verve, Fernand de Brinon a son explication : « Son Excellence Osuský n'a pas supporté qu'on lui serve du jambon de Prague ! » On signale aussi deux disparitions au cours de la soirée. Celle de l'académicien Abel Bonnard, dénoncé à la cuisine par un des jeunes serveurs en bas de soie à qui il aurait fait des propositions jugées offensantes. On a mis cet écart de langage sur un désolant défaut de traduction suivant de trop généreuses libations. Un attaché d'ambassade au bord de la retraite, père de famille corpulent et moustachu, a été chargé discrètement par Luisa von Welczeck de ramener l'Immortel chez lui, où l'attendait sa chère maman, habituée à ce genre d'incidents regrettables. On note aussi la disparition d'André de Fouquières, l'arbitre des élégances parisiennes, qui voulait seulement voir si la somptueuse décoration pour laquelle Eugène de Beauharnais avait englouti des fortunes, au grand dam de son beau-père Napoléon, était préservée depuis l'époque où il avait lui-même dirigé le cotillon pour une société bien choisie, avant la Grande Guerre. Après s'être faufilé au premier étage et avoir constaté que la salle de bains et la baignoire de la reine Hortense avaient survécu aux outrages du temps, le sémillant expert en bon goût et bonnes manières, provisoirement rassuré, s'était enfui par une porte de service sans demander son reste. Il reviendra d'ailleurs trois ans plus tard, quand Otto Abetz régnera enfin sur l'ambassade, pour vérifier que la baignoire n'a pas bougé. Enfin, tout s'est bien passé pour les Ribbentrop, ils ont l'impression d'avoir reçu le Tout-Paris et de l'avoir gagné à la cause de l'Allemagne. De retour à Berlin, les mouchards tapis dans la délégation n'auront rien de désagréable à raconter, et l'ambassadeur Welczeck voit s'éloigner la perspective peu enthousiasmante d'un rappel à la Wilhelmstrasse pour une séance de récriminations brutales. Mais il sait que, si le tramway de l'ambassade était bondé pour la réception du ministre du Reich, il était seulement plein de Français frivoles qui se moqueront du tape-à-l'œil de la soirée, et vide en fait de tous ceux qui comptent vraiment à Paris[1].

1. L'ambassadeur Welczeck se retirera prudemment sur ses terres en 1940 et finira ses jours à Marbella en 1972.

À 9 heures du matin, le lendemain, à la gare des Invalides, Joachim von Ribbentrop a retrouvé toute sa morgue, Annelies suit, le visage fermé. Il salue à peine le chef du protocole, les fonctionnaires du Quai d'Orsay et le personnel de l'ambassade. Dans sa hâte de monter dans ce train, il rate une marche et Welczeck le rattrape par le bras pour éviter qu'il ne tombe devant tout le monde. L'incident passe inaperçu, Ribbentrop n'a plus de temps à perdre à faire encore une remarque désagréable. Il est pressé de regagner Berlin. Le Führer l'a convoqué pour une conférence secrète avec les principaux chefs de l'armée, Brauchitsch, Rundstedt, Guderian, et Halder, Keitel et Goering. C'est urgent, Hitler ne veut pas attendre pour mettre au point les plans d'attaque de la France[1].

**La soirée à l'ambassade d'Allemagne
Annelies von Ribbentrop – Marie-Antoinette
Piétri – Odette Bonnet...**

1. Joachim von Ribbentrop sera condamné à mort lors du procès de Nuremberg, en 1946, et pendu le 16 octobre de la même année.

Épilogue
14 octobre 1970 au cimetière du Père-Lachaise

Je ne pensais pas qu'il y aurait tant de fleurs. Un massif de couleurs recouvrait une bonne partie du rond-point Casimir-Perier. Les couronnes du Sénat et de l'Assemblée nationale, des gerbes de plusieurs fondations radicales du Vaucluse et d'ailleurs, les glaïeuls et les iris du conseil municipal d'Avignon et de celui de Carpentras, des corbeilles débordantes de dahlias et de roses rouges envoyées par des associations d'anciens combattants, des cercles laïques de parents d'élèves et de clubs sportifs, et puis pas mal de bouquets encore sous cellophane, adressés par des anonymes, avec des enveloppes épinglées, détrempées par la bruine et sans doute illisibles. Un mélange plutôt émouvant de témoignages officiels conventionnels, plus ou moins obligatoires, et de marques de respect, voire d'affection, pour se souvenir de la longue vie d'un homme oublié.

Beaucoup de voitures aussi, pas toutes neuves pour la plupart, qui avaient obtenu de remonter l'allée centrale pour se garer sur les côtés, et dont s'étaient extirpés de vieux messieurs en noir, en chapeaux de feutre et gros manteaux comme presque plus personne n'en porte encore. Il y avait donc bien plus de monde que je ne l'avais imaginé autour de la statue monumentale du ministre de Louis-Philippe qui surplombe le rond-point, Casimir Perier, emporté par le choléra en 1832, au grand soulagement du roi saluant sèchement la mémoire d'une « âme de banquier scellée dans un coffre-fort ». Habituelle ingratitude des princes. Assez belle, au demeurant, cette effigie romantique d'une sorte d'empereur romain pour une politique à la main lourde, avec ces bas-reliefs allégoriques célébrant l'Éloquence, la Justice et la Force, et cette inscription martiale : « Il défendit avec éloquence et courage l'ordre et la liberté dans l'intérieur, la paix et la dignité nationale à l'extérieur. » Je pensais au miracle de la fidélité aveugle chez les cœurs purs et obstinés qui avaient choisi un tel emplacement pour le dernier hommage au disparu. Le monument aux morts un peu plus bas évoquant sobrement « l'esprit de vie et de lumière » m'aurait semblé plus indiqué. Mais non, tout cela ne me regardait plus depuis longtemps.

La famille se tenait d'un côté, pas plus d'une dizaine d'adultes avec des enfants qui jetaient des coups d'œil furtifs, les anciens collaborateurs et ceux que l'on appelle « les personnalités », qui se saluaient avec précautions, de l'autre. Tout autour, une vraie petite foule d'inconnus qui s'étaient déplacés d'un peu partout et se serraient en silence, les uns près des autres. Peu de femmes, encore moins de jeunes, deux ou trois journalistes à calepins furetant sans entrain, un maigre détachement de gardes mobiles, à l'écart et l'air désœuvré faute d'avoir à rendre les honneurs, pas de curés évidemment, seul un très vieux prêtre en soutane noyé dans l'assistance, certainement un des derniers camarades du temps des tranchées. On avait déposé le cercueil et les tombereaux de fleurs devant la statue, la tombe n'était pas prête ou dans une division éloignée où l'on se serait perdu. Il faisait un temps d'automne, ciel gris et bas, avec un méchant petit vent froid qui montait de Paris étalé en contrebas, la ville indifférente vers laquelle on n'osait pas se retourner. Il ne se passait rien. J'étais arrivé un peu en retard. On ne faisait pas attention à moi, en retrait et seul dans mon coin à l'abri d'un grand cèdre. On n'osait pas se retourner.

Après un moment, finalement, Maurice Faure a pris la parole. Nettement moins âgé que l'assemblée des gérontes qui tendaient l'oreille devant lui, la silhouette massive ceinte de son écharpe de maire de Cahors, la voix forte et bien timbrée de l'habitué des préaux de campagnes électorales, avec une pointe d'accent du Sud-Ouest, l'air du type d'expérience qui sait s'y prendre pour attirer la sympathie et inspirer confiance. Tout de même, pour moi qui ne me mêlais plus guère de la vie politique, Maurice Faure, c'était un peu vague. Un cacique de la IVe République balayée douze ans plus tôt pour avoir trop ressemblé à la précédente, le président d'un Parti radical qui ne représentait plus grand-chose, les pages ternies d'un passé auquel on ne s'intéressait plus, et une poignée d'élus de province cramponnés à des phrases creuses et des combinaisons obsolètes. Les ultimes modérés de l'arrière-cuisine, livides et sans relief, qui venaient de perdre d'ailleurs quelques semaines plus tôt un autre de leurs derniers champions, Félix Gaillard, disparu dans un accident de bateau.

Enfin, comme orateur, Maurice Faure ne donnait pas l'impression d'être menacé par des sables mouvants.

Avec l'assurance de l'agrégé d'histoire qui maîtrise son sujet, il alignait les éloges sonores du défunt, évoquant son courage, son patriotisme, sa probité et ses qualités de cœur. Il ne contournait pas non plus l'inévitable allusion à « la charge de la fatalité qui avait pesé sur lui », une formule suffisamment obscure pour que toute l'assistance puisse hocher la tête d'un air entendu. La référence voilée à une sorte de héros tragique pour des temps sans pitié revigorait des hommes vieux et fatigués, hantés par le sentiment de leurs propres manquements et qui avaient encore besoin d'être rassurés. Pour conclure, il en appelait comme de juste au jugement de l'histoire, qui se montrerait assurément plus clémente à l'égard du disparu que des contemporains acharnés à se disculper de leurs fautes en accablant l'un des leurs. Tout cela très convenu, certes, mais on ne s'attendait pas vraiment à ce qu'il pût en être autrement, même s'il y avait quelque chose de profondément réconfortant à retrouver, presque intactes, les vieilles ficelles de l'éloquence radicale, avancées sans trembler. On se sentait ragaillardi d'avoir entendu seulement ce qu'on voulait entendre. Au fond, je partageais ces sentiments. On n'avait pas été abreuvés de la sempiternelle litanie des dates ou des précisions gênantes. Le 6 février 1934, la rupture du Front populaire, Munich, la drôle de guerre et l'apocalypse finale, autant de feuilles mortes tombées du discours, comme celles qui jonchaient les rangées de tilleuls autour du monument. À d'autres le soin de les ramasser.

Applaudissements de rigueur, et ensuite se présentèrent des élus du Midi, qui insistèrent sur les bienfaits qu'ils avaient pu connaître, louanges au grand homme du

Vaucluse reconnaissant. Avec ici et là des locutions en provençal, sa langue maternelle, à laquelle il lui arrivait de recourir dans les moments de tension ou d'abandon. Affaire de s'attendrir et de faire sourire un peu l'assemblée. Les recoins d'une carrière nichée dans les détours de la grande histoire. Mais ça traînait en longueur, on commençait à s'ennuyer et à se rajuster pour ne pas prendre froid. Arrivé à un certain âge, il faut faire attention, le rhume est traître, il conduit à la pneumonie qui endort les vieux et les emporte. Je n'en étais pas encore là, cependant je scrutais les visages et les allures, je calculais les années. Après une *Marseillaise* chevrotante, les employés des pompes funèbres annoncèrent la fin de la cérémonie. Le parcours jusqu'à la sépulture étant réservé à la famille, ce fut l'éparpillement général, sans trop d'effusions ni de saluts entre des hommes pressés d'en finir, et qui pensaient certainement que leur présence avait suffi à les réconcilier, les messieurs claudiquant vers les voitures, les gens de peu, déçus et fatigués, marchant comme des somnambules vers la vie du dehors, les cafés, le métro.

Je n'avais envie de parler à personne, ma tristesse était d'un autre ordre. Elle relevait des sentiments que j'éprouvais pour ma jeunesse perdue et pour cet homme à qui je n'avais jamais osé dire qu'il l'avait rendue heureuse. Tous ces gens qui quittaient le cimetière ne comptaient plus pour moi. Pourtant, de loin, j'en avais reconnu certains. Le gentil Clapier, son directeur de cabinet qui lui disait gaiement à chaque crise : « Tout ça finira par une belle conférence, monsieur le Président. » Un petit vieillard rabougri maintenant. Il paraît qu'un stade porte son nom du côté d'Orange, tant de dévouement obscur méritait bien une récompense. Le préfet Genebrier, celui qui m'avait recruté un jour d'octobre 38, le fidèle d'entre les fidèles qui lui avait permis de fournir les arguments pour confondre ses juges lors de l'abject procès de Riom, dont Pétain voulait se servir pour lui faire endosser la culpabilité de la défaite. Le seul à ne pas l'avoir abandonné. Très droit, ferme, l'air encore prêt à l'action et à en découdre pour le défendre. Belle carrière républicaine, après la guerre et la Résistance, président d'honneur de l'influente Association du corps préfectoral. Il était dur avec moi, il m'a appris beaucoup de choses et je l'aimais. À quoi bon aller vers lui, on aurait sans doute été trop émus, d'un seul coup, et les épanchements n'ont jamais été dans son genre.

Mais j'ai vu aussi passer quelques grands fauves : Pierre Cot, l'homme de l'aviation, haï par la droite qui l'accusait d'être un agent de Staline, le premier patron de Jean Moulin ; Jules Moch, l'authentique socialiste et l'adversaire acharné des communistes, le briseur des grandes grèves de 47 ; Charles Pomaret, l'instigateur du code de la famille pour que l'on refasse des enfants dans un pays totalement anémié, celui qui imagina une évasion générale du chaudron des traîtrises de Bordeaux en juin 40, il ne put empêcher le piège infernal du *Massilia* ; Suzanne Crémieux, l'organisatrice impeccable de l'évacuation des enfants de la région parisienne ; le général Stehlin, dont l'état-major laissait dormir les rapports alarmants qu'il envoyait de Berlin, où il était attaché militaire, sous des piles de dossiers et sans même les lire. La haute silhouette élégante du sénateur Édouard Bonnefous, chancelier de l'Institut ; André Morice et Max Lejeune encore aux affaires, sénateur-maire de Nantes et sénateur-maire d'Abbeville. Mais celui que j'avais cherché depuis le début, finalement repéré et suivi tout du long la cérémonie, c'était Georges Bonnet, son ministre des Affaires étrangères qui n'avait jamais cessé d'intriguer contre lui et de le trahir. J'avais lu, la veille, ses déclarations à la presse, dégoulinantes de bonnes paroles chagrinées. Je croyais qu'il était mort depuis longtemps, mais non, il était toujours là, bien vivant, redevenu l'homme fort de la Dordogne et léguant à son fils la mairie de Brantôme. Son profil de vautour déplumé venait de s'incliner sans vergogne et avec componction devant la dépouille du disparu. Et d'autres : les notables, en somme, tous décorés, parfois vilipendés pour leurs fautes et parfois respectés pour leur courage, mais tous encore animés d'une furieuse volonté de se raccrocher aux branches et de se justifier dans le vide, ils s'en étaient tirés finalement plutôt mieux que lui après le désastre, en le laissant désarmé face à ses remords.

Je voulais prendre un autre chemin pour sortir du cimetière. Comme je m'apprêtais à gagner la porte nord, près du columbarium et du mur des fusillés de la Commune, j'ai quasiment buté sur la tombe de Stavisky. M. Alexandre, l'escroc dont les méfaits, le prétendu suicide et l'énorme scandale qui suivit déclenchèrent l'insurrection du 6 février 1934, la première démission de l'homme que l'on était en train d'enterrer à quelques mètres de là, et la descente aux enfers de la République. Je restais immobile devant cette tombe où personne ne s'arrête, je voyais se superposer dans mon esprit l'image du corrupteur sans scrupule saisie par la police judiciaire et celle du vieillard tuméfié par l'âge et les épreuves que l'on venait de célébrer au cours de cette étrange cérémonie. Et j'ai été pris alors d'une soudaine envie de retrouver les carnets d'autrefois où je consignais au jour le jour, à l'aube de ma vie d'homme, le temps où j'avais vécu dans l'œil du cyclone.

Journal de Guy de Valombruse,
chartiste, attaché au cabinet d'Édouard Daladier
à vingt-trois ans, en 1938.

Édouard Daladier entre Marcel Clapier et Guy La Chambre.

Un aperçu de quelques lectures

FRANCE

Paul Allard, *Les Favorites de la IIIe République*, Paris, Les Éditions de France, 1942.

Gérard Bauer, *Les Billets de Guermantes*, Porrentruy (Suisse), Aux portes de France, 1947.

Général Beaufre, *Mémoires. 1920-1940-1945*, Paris, Presses de la Cité, 1969.

Jacques Benoist-Méchin, *À l'épreuve du temps. Souvenirs*, Paris, Perrin, 2011.

Jacques Bernot, *Camille Chautemps. Le pouvoir et la défaite*, Paris, Clément Juglar, 2019.

Serge Berstein, *Léon Blum*, Paris, Fayard, 2006.

Célia Bertin, *Jean Renoir*, Monaco, Éditions du Rocher, 2005.

Georges Bonnet, *Défense de la paix*, t. I : *De Washington au Quai d'Orsay*, 1946 ; t. II : *Fin d'une Europe*, 1948, Genève, Constant Bourquin Éditeur.

Horace de Carbuccia, *Le Massacre de la Victoire. 1919-1934*, Paris, Plon, 1965.

Jean-Louis Crémieux-Brilhac, *Les Français de l'an 40*, t. I : *La Guerre oui ou non ?*, t. II : *Ouvriers et soldats*, Gallimard, 1990.

Édouard Daladier, *Journal de captivité 1940-1945*, texte établi et préfacé par Jean Daladier, Calmann-Lévy, 1994.

Olivier Dard, *La Synarchie. Le mythe du complot permanent*, Paris, Perrin, coll. « Tempus », 2012.

Jean Daridan, *Le Chemin de la défaite 1938-1940*, Paris, Plon, 1980.

Marcel Déat, *Mémoires politiques*, Paris, Denoël, 1989.
François Delpla, *Les Papiers secrets du général Doumenc. Un autre regard sur 39-40*, Paris, Olivier Orban, 1992.
Maja Destrem, *L'Été 39*, Paris, Fayard, 1969.
Philippe Durant, *Le Fantôme du cinéma français. Gloire et chute de Bernard Natan*, Paris, La manufacture du livre, 2021.
Alfred Fabre-Luce, *Journal de la France*, t. I : *Mars 1939-juillet 1940*, Bruxelles, La Toison d'Or, 1942.
—, *Journal de la France*, t. II : *Août 1940-avril 1942*, Bruxelles, La Toison d'Or, 1942.
—, *Journal de la France*, t. III : *Mai 1942-mai 1943*, Paris, Imprimerie de Chantenay, 1943.
—, *Journal de la France*, t. IV : *Juin 1943-août 1944*, chez l'auteur, 1944.
Pierre-Étienne Flandin, *Politique française 1919-1940*, Paris, Les Éditions nouvelles, 1947.
André de Fouquières, *Cinquante ans de panache*, Paris, Pierre Horay, 1952.
Éric Freysselinard, *Albert Lebrun, le dernier président de la IIIe République*, Belin, 2013.
Max Gallo, *De Gaulle*, t. I : *L'Appel du destin*, Robert Laffont, 1998.
Général Gamelin, *Servir*, Paris, Plon, t. I : *Les Armées françaises de 1940*, 1946 ; t. II : *Le Prologue du drame, 1930-août 1939*, 1946 ; t. III : *La Guerre, septembre 1939-19 mai 1940*, 1947.
Charles de Gaulle, *Vers l'armée de métier*, Paris, Berger-Levrault, 1934.
Charles Glass, *Les Américains à Paris sous l'Occupation*, Paris, CNRS Éditions, coll. « Biblis », 2012.
Roger Genebrier, *Septembre 39. La France entre en guerre*, Paris, Alta, 1982.
Hélène Hoppenot, *Journal 1936-1940. « Hitler sait attendre. Et nous ? »*, Paris, Éditions Claire Paulhan, 2015.
Julian Jackson, *De Gaulle. Une certaine idée de la France*, Paris, Seuil, 2019.

Jean-Noël Jeanneney, *Georges Mandel. L'homme qu'on attendait*, Paris, Seuil, 2015.

Bertrand de Jouvenel, *Un voyageur dans le siècle*, Paris, Robert Laffont, 1980.

Jean Lacouture, *Léon Blum*, Paris, Seuil, 1977.

—, *De Gaulle*, Seuil, 1984.

Annie Lacroix-Riz, *De Munich à Vichy, l'assassinat de la Troisième République 1938-1940*, Paris, Armand Colin, 2008.

François de Lannoy et Max Schiavon, *Les Généraux français de 1940*, Antony, E.T.A.I., 2013.

Renaud Meltz, *Alexis Léger dit Saint-John Perse*, Paris, Flammarion, 2008.

Jacques Mousseau, *Le Siècle de Paul-Louis Weiller 1893-1993*, Paris, Stock, 1998.

Pascal Ory, *La Belle Illusion. Culture et politique sous le signe du Front populaire 1935-1938*, Paris, Plon, 1994.

—, *Les Intellectuels en France. De l'affaire Dreyfus à nos jours*, Paris, Perrin, coll. « Tempus », 2004.

Claude Paillat, *La Guerre à l'horizon 1930-1938*, Paris, Robert Laffont, 1981.

—, *Le Désastre de 1940. La répétition générale*, Paris, Robert Laffont, 1983.

Pertinax, *Les Fossoyeurs*, Paris, Sagittaire, 1946.

Claude-Jean Philippe, *Jean Renoir. Une vie en œuvres*, Paris, Grasset, 2005.

Charles Pomaret, *Le Dernier Témoin, fin d'une guerre, fin d'une République, juin et juillet 1940*, Paris, Presses de la Cité, 1968.

Jacques Puyaubert, *Georges Bonnet, les combats d'un pacifiste*, Presses universitaires de Rennes, 2007.

Élisabeth du Réau, *Édouard Daladier*, Paris, Fayard, 1993.

Philippe Robrieux, *Thorez. Vie secrète et vie publique*, Paris, Fayard, 1975.

William L. Shirer, *La Chute de la IIIe République. Une enquête sur la défaite de 1940*, Paris, Stock, 1970.

Geneviève Tabouis, *Vingt ans de suspense diplomatique*, Paris, Albin Michel, 1958.
Thibault Tellier, *Paul Reynaud. Un indépendant en politique 1878-1966*, Paris, Fayard, 2005.
Yseult Williams, *La Splendeur des Brunhoff*, Paris, Fayard, 2018.

ALLEMAGNE

Jacques Benoist-Méchin, *Histoire de l'armée allemande*, Paris, Robert Laffont, 1984.
Michael Bloch, *Ribbentrop*, Paris, Perrin, coll. « Tempus », 2011.
Robert Coulondre, *De Staline à Hitler. Souvenirs de deux ambassades 1936-1939*, Hachette, 1950.
Hans Fallada, *Seul dans Berlin*, Paris, Gallimard, Folio, 2014.
Joachim Fest, *Hitler*, t. I : *1889-1933*, t. II : *1933-1945*, Paris, Gallimard, 1973.
André François-Poncet, *Souvenirs d'une ambassade à Berlin. Septembre 1931-octobre 1938*, Paris, Perrin, 2016.
Robert d'Harcourt, *L'Évangile de la force*, Paris, Perrin, coll. « Tempus », 2021.
Ian Kershaw, *L'Europe en enfer 1914-1949*, Paris, Seuil, 2018.
—, *Hitler*, Paris, Flammarion, 2014.
Barbara Lambauer, *Otto Abetz et les Français ou l'Envers de la Collaboration*, Paris, Fayard, 2001.
Tatiana Metternich, *Tatiana. La dame aux 5 passeports*, Olivier Orban, 1987.
Léon Noël, *Une ambassade à Varsovie 1935-1939. L'agression allemande contre la Pologne*, Paris, Flammarion, 1945.
Hermann Rauschning, *Hitler m'a dit*, Paris, Pluriel, 2012.
Joachim von Ribbentrop *De Londres à Moscou. Mémoires*, Paris, Grasset, 1954.
Rudolf von Ribbentrop, *Mon père Joachim von Ribbentrop. Secrets d'État, souvenirs et témoignages*, Bayeux, Heimdal, 2016.

Gitta Sereny, *Dans l'ombre du Reich. Enquêtes sur le traumatisme allemand 1938-2001*, Paris, Points, 2017.

William Shirer, *Le IIIe Reich. Des origines à la chute*, Paris, Stock, 1990.

Albert Speer, *Au cœur du Troisième Reich*, Paris, Fayard, 2011.

Paul Stehlin, *Témoignage pour l'histoire*, Paris, Robert Laffont, 1964.

Antoine Vitkin, *Mein Kampf. Histoire d'un Livre*, Paris, Flammarion, Champs Histoire, 2020.

« Missie » Wassiltchikoff, *Journal d'une jeune fille russe à Berlin 1940-1945*, Paris, Belfond, 2007.

AUTRES SOURCES

Hannah Arendt, *Le Système totalitaire*, Paris, Seuil, coll. « Points », 1995.

Georges-Marc Benamou, *Le Fantôme de Munich*, Paris, J'ai lu, 2008.

Olivier Bernier, *Fireworks at dusk. Paris in the Thirties*, Londres, Little, Brown and Company, 1993.

Marc Bloch, *L'Étrange Défaite*, Paris, Gallimard, Folio, 1990.

Tim Bouverie, *Apaiser Hitler*, Paris, Flammarion, 2020.

Jean-Denis Bredin, *L'Infamie. Le procès de Riom. Février-avril 1942*, Grasset, 2012.

Élisabeth Cerruti, *Je les ai bien connus. Souvenirs d'ambassades*, Paris, Hachette, 2003.

François Charles-Roux, *Huit ans au Vatican 1932-1940*, Paris, Flammarion, 1947.

Michaël Foessel, *Récidive. 1938*, Paris, PUF, 2019.

Comte Galeazzo Ciano, *Journal politique*, Neuchâtel, Éditions de la Baconnière, 1946.

Edda Ciano, *Témoignage pour un homme*, Paris, Stock, 1975.

Anthony Eden, *The Eden Memoirs. Facing the Dictators*, Londres, Cassel, 1962.

André François-Poncet, *Au palais Farnèse. Souvenirs d'une ambassade à Rome 1938-1940*, Paris, Perrin, coll. « Tempus », 2019.

Sigmund Freud & William C. Bullitt, *Le Président Thomas Woodrow Wilson. Portrait psychologique*, Paris, Albin Michel, 1967.

Grégoire Gafenco, *Derniers jours de l'Europe. Un voyage diplomatique en 1939*, Paris, Egloff, 1946.

John Holroyd-Doveton, *Maxim Litvinov. A biography*, Newton Abbot, Woodland, 2013.

Ian Kershaw, *Making friends with Hitler*, New York, Penguin Press, 2005.

Aga Khan, *Mémoires*, Paris, Albin Michel, 1955.

Albert Lebrun, *Témoignage*, Paris, Plon, 1945.

Ivan Maïski, *Journal 1932-1943*, texte établi et commenté par Gabriel Gorodetsky, Paris, Perrin, coll. « Tempus », 2019.

William Manchester, *Churchill*, t. I : *Rêves de gloire 1874-1932*, Paris, Robert Laffont, 1985.

Erika Mann, *Quand les lumières s'éteignent*, Paris, Grasset, 2012.

Pierre Milza, *Mussolini*, Paris, Fayard, 1999.

Anatole de Monzie, *Ci-devant*, Paris, Flammarion, 1942.

Nigel Nicolson, *The Harold Nicolson Diaries 1907-1963*, Londres, Phoenix, 2005.

Pascal Ory, *La France allemande 1933-1945. Paroles du collaborationnisme français*, Paris, Gallimard, Folio Histoire, 1977.

Hannah Pakula, *The Last Empress. Madame Chiang Kai-shek and the birth of Modern China*, Londres, Weidenfeld & Nicolson, 2010.

Gaston Palewski, *Mémoires d'action 1924-1974*, Plon, 1988.

Andrew Roberts, *"The Holy Fox". The life of lord Halifax*, Londres, Weidenfeld & Nicolson, 1997.

Paul-Otto Schmidt, *Sur la scène internationale avec Hitler*, Paris, Perrin, coll. « Tempus », 2018.

Sterling Seagrave, *The Soong Dynasty*, Londres, Sidgwick & Jackson, 1985.

Jean Zay, *Souvenirs et solitude*, La Tour-d'Aigues, Éditions de l'Aube, 2004.

REVUES ET JOURNAUX

L'Illustration ; *Match* ; *Vu* ; *Je suis partout* ; *Life* ; *Le Temps* ; *Paris-soir* ; *Le Figaro* ; *L'Humanité* ; *Frankfurter Allgemeine Zeitung*...

POUR L'ANNÉE 1938, ON RELIRA AUSSI :

Paul Morand, André Gide, Céline, Jean-Paul Sartre, Robert Brasillach, Julien Green, Pierre Drieu La Rochelle, Paul Nizan, Christopher Isherwood, etc.

Parmi les nombreux documentaires disponibles, on verra avec profit *Secrets d'ambassades. Berlin 1933-1939* de Pierre-Olivier François et Jean-Marc Dreyfus.

La déclaration franco-allemande du 6 décembre 1938,
signée au Quai d'Orsay par Joachim von Ribbentrop et Georges Bonnet

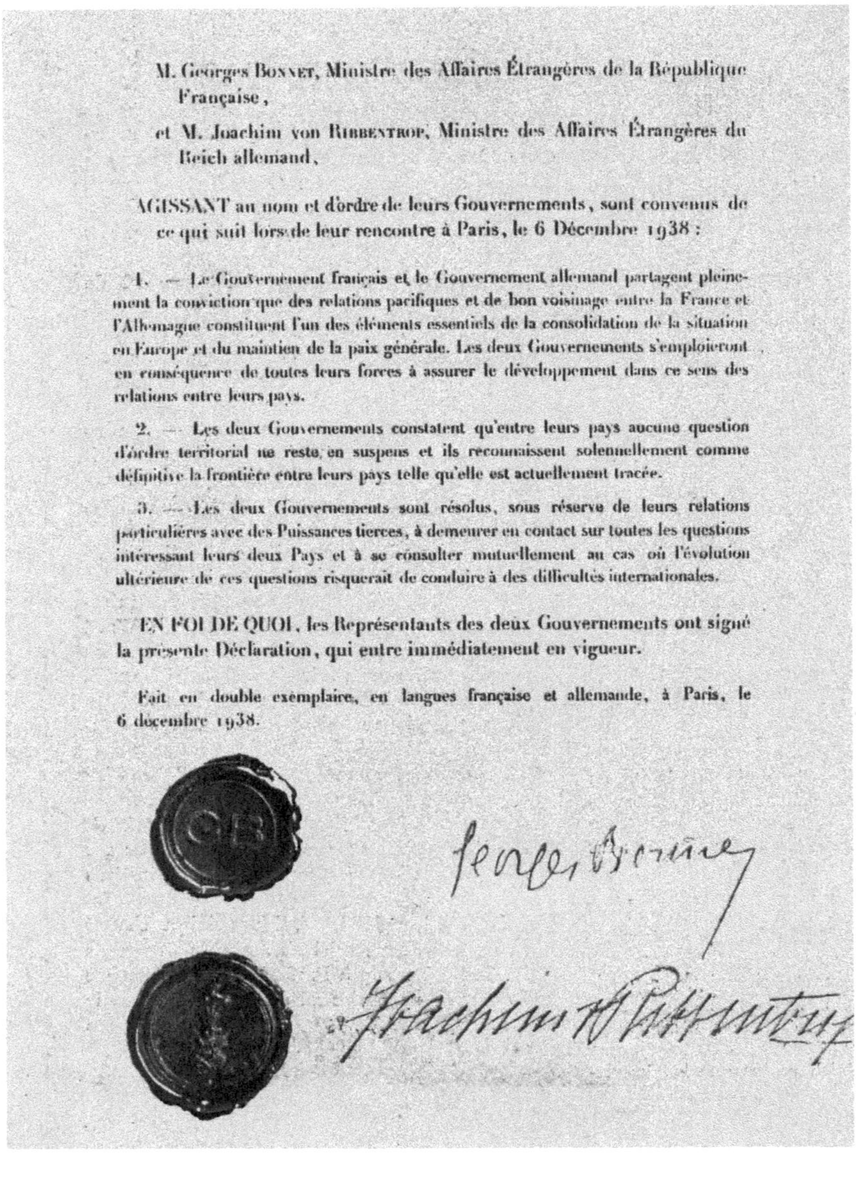

M. Georges BONNET, Ministre des Affaires Étrangères de la République Française,

et M. Joachim von RIBBENTROP, Ministre des Affaires Étrangères du Reich allemand,

AGISSANT au nom et d'ordre de leurs Gouvernements, sont convenus de ce qui suit lors de leur rencontre à Paris, le 6 Décembre 1938 :

1. — Le Gouvernement français et le Gouvernement allemand partagent pleinement la conviction que des relations pacifiques et de bon voisinage entre la France et l'Allemagne constituent l'un des éléments essentiels de la consolidation de la situation en Europe et du maintien de la paix générale. Les deux Gouvernements s'emploieront en conséquence de toutes leurs forces à assurer le développement dans ce sens des relations entre leurs pays.

2. — Les deux Gouvernements constatent qu'entre leurs pays aucune question d'ordre territorial ne reste en suspens et ils reconnaissent solennellement comme définitive la frontière entre leurs pays telle qu'elle est actuellement tracée.

3. — Les deux Gouvernements sont résolus, sous réserve de leurs relations particulières avec des Puissances tierces, à demeurer en contact sur toutes les questions intéressant leurs deux Pays et à se consulter mutuellement au cas où l'évolution ultérieure de ces questions risquerait de conduire à des difficultés internationales.

EN FOI DE QUOI, les Représentants des deux Gouvernements ont signé la présente Déclaration, qui entre immédiatement en vigueur.

Fait en double exemplaire, en langues française et allemande, à Paris, le 6 décembre 1938.

GB

Georges Bonnet

Joachim v. Ribbentrop

TABLE

Du même auteur

Lettres d'amour en Somalie, Regard, 1983.
Tous désirs confondus, Actes Sud, 1988.
Destins d'étoiles, 4 tomes, P.O.L./Fixot, 1991-1992.
Monte-Carlo : la légende, Assouline, 1993.
L'Ange bleu : un film de Josef von Sternberg, Plume, 1995.
Madame Butterfly, Plume, 1995.
Une saison tunisienne, avec Soraya Elyes-Ferchichi, Actes Sud, 1995.
Les Aigles foudroyés, France 2 Éditions Robert Laffont, 1997.
Mémoires d'exil, France 2 Éditions/Robert Laffont, 1999.
Un jour dans le siècle, Robert Laffont, 2000.
Tunisie entre ciel et terre, Mengès/Place des Victoires, 2003.
La Mauvaise Vie, Robert Laffont, 2005.
Le Festival de Cannes, Robert Laffont, 2007.
Maroc, un certain regard, avec Abdellah Taïa, Actes Sud/Malika Éditions, 2007.
Le Désir et la Chance, Robert Laffont, 2012.
La Récréation, Robert Laffont, 2013.
Une adolescence, Robert Laffont, 2015.
Mes regrets sont des remords, Robert Laffont, 2016.
Napoléon III et Victor Hugo, le duel, XO Éditions, 2019.
Sans rancune et sans retenue, XO Éditions, 2021.

Crédits photographiques

P. 15. *N'ayez pas peur. Il est végétarien.* Photo montage de John Heartfield, *Arbeiter Illustrierte Zeitung,* 1936 © D.R.
P. 20. *La nouvelle danse : l'Europa Walk Pax* de Morana © D.R.
P. 27. *Le sous-préfet Albert Guérineau* © D.R.
P. 35.*Joachim von Ribbentrop* © Bettmann/Getty Images.
P. 48. *Georges Bonnet et Joachim von Ribbentrop, le 6 décembre 1938* © D.R.
P. 73. *André François-Poncet et Adolf Hitler en 1937* © Ullstein Bild/Heinrich Hoffmann/Roger-Viollet.
P. 104. *Édouard Daladier* © New York Times Co./Getty Images.
P. 117. *Le président Albert Lebrun et son épouse au palais de l'Élysée en 1935* © Keystone-France /Gamma-Keystone via Getty Images.
P. 148. *Le pape Pie XI (Achille Ratti)* © Fototeca Gilardi / Bridgeman Images.
P. 169. *Aga Khan III* © D.R et *Maxime Litvinov* © D.R.
P. 181. *Joachim von Ribbentrop et Édouard Daladier en décembre 1938* © Jean Moral/L'Illustration/D.R.
P. 200. *Joachim von Ribbentrop et Georges Bonnet signent la déclaration de paix franco-allemande au Quai D'Orsay, 1938* © Hulton-Deutsch/Hulton-Deutsch Collection/Corbis via Getty Images)
P. 219. *Le Kaiser Guillaume II et sa femme, la Kaiserine Hermine* © D.R.
P. 228. *Tatiana Metternich* © akg-images et *Missie Vassiltchikov* © D.R.
P. 251. Alexis Léger (Saint-John Perse) © D.R.
P. 273. *Le mariage de Guy La Chambre et Cora Madou le 24 avril 1938,* photographie du livre « Guy La Chambre, un Malouin illustre, homme de cœur et de devoir » Michel Ladoucette, La vigie, 1979 © D.R
P. 289. Affiche du film *La Règle du jeu* de Jean Renoir, 1939 © Photo12/7e Art/NEF
P. 311. *Joachim von Ribbentrop devant le sarcophage de Sesotris,* Paris-Match, 15 décembre 1938 © D.R.
P. 332. *William C. Bullitt* © D.R
P. 352. *Gaston Palewski* © D.R et *Le colonel Charles de Gaulle* © Photo12/Alamy/mccool
P. 368. Georges Bonnet et *Joachim von Ribbentrop, en visite à l'Arc de Triomphe, 1938 © Roger-Viollet/Roger-Viollet*
P. 398.*Galeazzo Ciano* © Bridgeman Images
P. 408. *L'ambassadeur de France en Allemagne, Robert Coulondre rencontre Hermann Goering* © Photo12/Picture Alliance
P. 428. *Paul Raynaud et Édouard Daladier* © Photo12/Alamy/World History Archive
P. 448. Ivan Maïsky © D.R.
P. 471. *Les massacres de Nankin* © Photo12/Alamy/CPA Media Pte Ltd
P. 488. Réception à l'ambassade d'Allemagne en décembre 1938© Jean Moral/L'Illustration/D.R.
P. 496. *Édouard Daladier entre Marcel Clapier et Guy La Chambre © akg-images*

Composition et mise en pages
Sylvie Denis

Soucieuses de la préservation de l'environnement, les éditions XO utilisent du papier issu de forêts gérées de manière responsable.

FSC
www.fsc.org
MIXTE
Papier issu de sources responsables
FSC® C123930

Impression réalisée par CPI BUSSIÈRE
Saint-Amand-Montrond (Cher), en février 2022

N° d'édition : 4751/01 - N° d'impression : 2060682
Dépôt légal : février 2022

Imprimé en France